Die Belegschaftsabstimmung

Schriften zum Arbeitsrecht und Wirtschaftsrecht

Herausgegeben von Abbo Junker

Band 73

PETER LANG
Frankfurt am Main · Berlin · Bern · Bruxelles · New York · Oxford · Wien

Melanie Amann

Die Belegschaftsabstimmung

PETER LANG
Internationaler Verlag der Wissenschaften

Bibliografische Information der Deutschen Nationalbibliothek
Die Deutsche Nationalbibliothek verzeichnet diese Publikation in der Deutschen Nationalbibliografie; detaillierte bibliografische Daten sind im Internet über http://dnb.d-nb.de abrufbar.

Zugl.: München, Univ., Diss., 2011

D 19
ISSN 1433-4666
ISBN 978-3-631-63279-6

www.peterlang.de

Für meine Familie

Vorwort

Diese Arbeit wurde von der Juristischen Fakultät der Ludwig-Maximilians-Universität München im Wintersemester 2011/2012 als Dissertation angenommen. Meinem Doktorvater Professor Dr. Volker Rieble danke ich für die engagierte Betreuung, vor allem für seine stete Bereitschaft zum kritischen Dialog. Seine wissenschaftliche Leidenschaft und sein klarer Blick auf die praktische Wirkung des Arbeitsrechts haben mich inspiriert.

Meinem Zweitkorrektor Professor Dr. Abbo Junker danke ich für die ehrenvolle Aufnahme meiner Arbeit in seine Schriftenreihe. Die Mitarbeiter des Zentrums für Arbeitsbeziehungen und Arbeitsrecht in München haben mich offen und freundlich aufgenommen und so die Entstehung der Arbeit sehr erleichtert. Dr. Sebastian Kolbe, Dr. Volker Widhammer und Dr. Jochen Zenthöfer verdanke ich wertvolle Hinweise für meine Arbeit.

In der Frankfurter Allgemeinen Sonntagszeitung bin ich meinem Ressortleiter Dr. Rainer Hank zu großem Dank verpflichtet: Er hat mein Projekt mit großem persönlichen Interesse begleitet und mich dadurch sehr angespornt. Der Herausgeber der Frankfurter Allgemeinen Zeitung und der Sonntagszeitung, Holger Steltzner, hat mir Freiräume für die Anfertigung der Arbeit eröffnet, wofür ich ihm danke.

Großer Dank gebührt schließlich meinen geliebten Eltern, meiner Schwester Charlotte und meinen Freunden – allen voran Simone Kaiser, Dr. Rupprecht Podszun, Sonia Reinhardt, Thomas Thiel, Florian Wichelmann und Charlotte Wolff. Sie haben mich zur rechten Zeit ermutigt und abgelenkt.

Frankfurt im Mai 2012

Melanie Amann

Inhaltsverzeichnis

Einleitung

In den Jahren 2010 bis 2012 hat die direkte Demokratie in Deutschland eine Blütezeit erlebt: Die Bürger Hamburgs beendeten im Juli 2010 per Bürgerentscheid die Schulreform ihrer Landesregierung. Die Bürger Bayerns erzwangen ebenfalls im Juli 2010 ein Rauchverbot in Gaststätten. Und die Bürger Duisburgs enthoben Oberbürgermeister *Adolf Sauerland* im Februar 2012 seines Amtes. Stuttgarter Bürger leisten bis heute unter bundesweiter Anteilnahme Widerstand gegen ein Bahnhofsprojekt. Mit der „Faktenschlichtung" durch den früheren CDU-Politiker *Heiner Geißler* entstand dort eine neue basisdemokratische Beteiligungsform.

Geht es nach den Bürgern, könnte direkte Demokratie zur Regel werden: 78 Prozent der Deutschen befürworten dies.[1] Obwohl sie auf allen Ebenen in staatliche Planung einbezogen werden – durch Erörterungstermine, öffentliche Anhörungen, Rechtsschutzmöglichkeiten[2] – verwerfen viele Bürger eben diese Verfahren als undemokratisch und illegitim: Richtern wie gewählten Volksvertretern, von der kommunalen bis zur Bundesebene wird die Fähigkeit abgesprochen, betroffene Belange in einen fairen Ausgleich zu bringen.

Vor diesem Hintergrund ist es verwunderlich, dass die direktdemokratische Bewegung und der Drang nach mehr individueller Selbstbestimmung nicht auch die Arbeitswelt erfassen. Denn auch im Betrieb vertritt, schützt und regiert die Bürger eine demokratisch gewählte Institution: der Betriebsrat. Dieses Gremium, dessen Zuständigkeit so umfassend ist wie die einer Landesregierung, soll individuelle Entfaltung und Eigeninitiative der Belegschaftsmitglieder fördern (§ 75 Abs. 2 BetrVG), kann aber weitgehend unbehelligt von seinen Wählern agieren. Diese spüren die Beschlüsse des Betriebsrats umso direkter: Wann gearbeitet wird, wie der Arbeitslohn verteilt wird und wer in einer Krise den Betrieb verlassen muss – die vom Betriebsrat mitgetroffenen Antworten sind für die Arbeitnehmer viel einschneidender als eine Großbaustelle in ihrer Nachbarschaft.

---

1 TNS Emnid-Umfrage im Auftrag der Bertelsmann-Stiftung, abrufbar über http://www.bertelsmann-stiftung.de in der Rubrik „Presse", Untermenü „Nachrichten" mit dem Datum 13.6.2011 (zuletzt abgerufen 14.4.2012).

2 Eine Chronologie der zahlreichen Bürgerbeteiligungsverfahren für Stuttgart 21 seit 1989 liefert *Rüdiger Soldt* „Nabelschau in Schwaben", F.A.Z. v. 01.12.2010, S. 3.

Seit Jahrzehnten wird die These in der Arbeitsrechtswissenschaft vertreten, dass die Arbeitnehmer trotz oder gerade *wegen* der ausufernden Kompetenzen ihrer Vertreter letztlich Objekte der betrieblichen Mitbestimmung seien, und der Herrschaft des Betriebsrats nicht weniger ausgeliefert seien als zuvor der des Arbeitgebers.[3] Je umfassender die Kompetenzen der Betriebsräte ausgestaltet wurden, desto lauter wurden Rufe nach mehr unmittelbarer Teilhabe für den Einzelnen. Konkrete Vorschläge hierzu wurden unterbreitet, hatten aber oft „aphoristischen Charakter“[4] und fanden nicht den Weg in ein Gesetz.

In dieser Arbeit wird ein detailliertes Konzept für die unmittelbare Beteiligung der „Betriebsbürger“ an Sach- und Organisationsfragen im Betrieb entwickelt. Mit direktdemokratischen Korrekturen im Verhältnis zwischen Belegschaft und Betriebsrat soll die Betriebsverfassung stärker auf ihre dienende Funktion als privatrechtliches, der individuellen Selbstbestimmung verpflichtetes Teilhabesystem ausgerichtet werden.[5] Das Instrument hierzu sind Abstimmungen der Arbeitnehmer, deren Ergebnis rechtsverbindlich wäre. Für die umfassend repräsentativ ausgestaltete Betriebsverfassung wäre dies ein „unerprobtes plebiszitäres Element“[6]. Insofern ist diese Arbeit eine rechtspolitische.

Die Argumente für eine Erprobung von Abstimmungen werden im ersten Teil entwickelt, der vor dem Hintergrund der historischen Entwicklung der Arbeitnehmerbeteiligung auch die bisherigen Abstimmungskonzepte schildert. Sodann wird analysiert, welche kollektiv-unmittelbaren Teilhaberechte das geltende Betriebsverfassungsrecht bietet, in welches System also Abstimmungsregeln zu integrieren wären (§ 2). Will man die sich hieraus ergebende Kompetenzverteilung ändern, muss zuvor geklärt werden, welchem Rechtsträger derzeit betriebliche Teilhaberechte zustehen, welchem Akteur die neu zu schaffende Abstimmungsrechte zuzuordnen wären und ob diese Kompetenzverschiebung auch privatautonom regelbar wäre. Diese Fragen sind Gegenstand des dritten Kapitels. Im abschließenden vierten Teil werden Abstimmungskonzepte entwickelt und auf ihre verfassungsrechtliche Zulässigkeit, ihre Systemgerechtigkeit und Zweckdienlichkeit geprüft.

---

3 Grundlegend *Rüthers* in Betriebsverfassungsrechtliches Mitbestimmungsrecht, S. 8ff.

4 *Birk* in FS Wiese, S. 43 (50).

5 Dazu unter B III 2. (S. 25)

6 *Löwisch* JZ 1996, S. 820.

§ 1 Durch Abstimmung zu kollektiver Selbstbestimmung

A. Argumente für Belegschaftsabstimmungen

Rechtsverbindliche Belegschaftsabstimmungen rühren an eine grundlegende Frage der Betriebsverfassung: Soll die Ordnung eines Betriebs unmittelbar durch Arbeitnehmer und Arbeitgeber gestaltet werden können, oder soll die Arbeitnehmerseite dabei ganz oder teilweise über Repräsentanten agieren? Die geltende Betriebsverfassung verwirklicht vollumfänglich die zweite Variante einer repräsentativen Teilhabe. In dieser Hinsicht ist sie das Ergebnis einer kontinuierlichen Entwicklung seit Mitte des 19. Jahrhunderts.

I. Historische Kollektivierung des Arbeitnehmerschutzes

1. Schutz durch Gremien

In ihrer Entstehungsphase dienten betriebliche Teilhaberechte dazu, den Arbeitern in Fabriken ein Minimum an Schutz vor der Fabrikherrschaft des Arbeitgebers, vor mangelhafter Arbeitssicherheit und wirtschaftlicher Not zu gewähren.[7] Dieser Schutz sollte nicht mehr nur durch behördliche Kontrollen oder Wohlfahrtseinrichtungen wie die Armenpflege gewährleistet werden, sondern eine kollektive Teilhabe der Arbeiter sollte dazu beitragen, Missstände zu verhindern.[8] Für die Durchsetzung dieser Mitspracherechte galt es, die passenden betrieblichen Institutionen zu schaffen, denn nur Gremien mit eigenen Rechten versprachen einen effektiven Arbeitnehmerschutz.

a. Die Gewerbeordnung von 1891

Der erste Schritt hin zu kollektiver betrieblicher Teilhabe war die gesetzliche Anerkennung der Fabrik- und Arbeiterausschüsse, die viele Unternehmer in der zweiten Hälfte des 19. Jahrhunderts freiwillig eingerichtet hatten.[9] Diese Anerkennung erfolgte 1891 mit der Novellierung der Gewerbeordnung durch das Ar-

---

7 Eingehend *Weber* ZfA 1993, S. 517 (519ff.); *Edenfeld* Arbeitnehmerbeteiligung, S. 13.

8 *Kaufhold* ZfA 1991, S. 277 (284ff.).

9 *Edenfeld* Arbeitnehmerbeteiligung, S. 15; *Reichold* Betriebsverfassung als Sozialprivatrecht S. 95ff.

beiterschutzgesetz.[10] § 134a GewO 1891 verpflichtete Unternehmer mit mehr als 20 Arbeitnehmern zum Erlass von Arbeitsordnungen, welche die „wesentlichen Bedingungen des Arbeitsvertrages“[11] regeln sollten – z.B. Arbeitszeiten, Kündigungsfristen oder Betriebsbußen. Vor Erlass der Arbeitsordnungen war *„den in der Fabrik oder in den betreffenden Abtheilungen des Betriebs beschäftigten großjährigen Arbeitern Gelegenheit zu geben, sich über den Inhalt derselben zu äußern.“* Damit wurde der Gedanke Gesetz, dass die Betriebsverhältnisse den Arbeitnehmern nicht als „natürliche Gesetze“ [12] vorgegeben wurden, sondern von ihnen mitgestaltet werden konnten.

Über die Anwendung der Arbeitsordnung sollten Arbeiterausschüsse wachen, deren Gründung jedoch freiwillig (§ 134d GewO 1891) und damit „unvollkommen“ [13] blieb. Auch wegen ihrer schwachen Befugnisse hatten die Gremien fast keine praktische Bedeutung.[14] Viele Vertreter der Sozialdemokratie und der Gewerkschaften lehnten sie zudem ab, weil sie den Mitgliedern eine zu große Nähe zu den Fabrikvorständen unterstellten.[15] Auch heute werden sie verschiedentlich noch als „verlängerter Arm des Arbeitgebers zu Beschwichtigungs- und Disziplinierungszwecken“ bezeichnet.[16] Tatsächlich erfolgte die Anerkennung der Arbeiterausschüsse nicht nur aus sozialen Motiven, sie wurde auch als Weg angesehen, die Betriebe zu befrieden.[17] Die Gewerbeordnungsnovelle war nicht zuletzt durch den politischen Druck ausgelöst worden, den der Streik von 90 000 Ruhrbergarbeitern 1889 erzeugt hatte.[18] Arbeiterausschüsse sollten solche Konflikte in wichtigen Branchen verhindern oder rasch beilegen.

---

10 *Richardi* in Richardi BetrVG Einl. Rn. 8; *Neumann-Duesberg* Betriebsverfassungsrecht, S. 25.

11 Begründung Drucksache 4/1890 S. 21 (zitiert nach *Reichold* Betriebsverfassung als Sozialprivatrecht, S. 125f.

12 *Naphtali* Wirtschaftsdemokratie, S. 149f.

13 So *Flatow/Kahn-Freund* BRG 1920 Einl. S. 2.; ähnlich *Stöckl* Verhältnis zwischen Betriebsrat und Arbeitnehmer, S. 32.

14 *Reichold*, Betriebsverfassung als Sozialprivatrecht, S. 136ff (139f.).

15 *Bergwitz* Rechtsnatur des Betriebsrats, S. 70f.

16 *Bachner* in DKKW BetrVG Einl. Rn. 2.

17 *Teuteberg* Industrielle Mitbestimmung, S. 408.

18 *Edenfeld* Arbeitnehmerbeteiligung, S. 16f.; *Kaufhold* ZfA 1991, S. 277 (287f.).

b. Das Betriebsrätegesetz von 1920

Das Betriebsrätegesetz (BRG) vom 4. Februar 1920 begründete für Arbeitgeber die Pflicht, Betriebsräte zu errichten und schützte diese in der Ausübung ihrer Befugnisse. Ausgehend vom Regelungsauftrag der Sozialgrundrechte der Weimarer Reichsverfassung (Artt. 151, 157, 165 WRV) wurden den Arbeitnehmern Mitbestimmungsrechte in sozialen und personellen Angelegenheiten sowie Beratungsrechte in wirtschaftlichen Angelegenheiten verliehen.[19]

Obwohl das BRG somit an individuelle Rechte anknüpfte, drückte das Regelwerk doch die Idee eines Betriebsverfassungsrechts als sozialer Personenordnung aus: Die individuelle Selbstbestimmung des Arbeiters sollte durch die Ausübung sozialer Autonomie gewährleistet sein.[20] Erst durch die Organisation der Belegschaft konnte der Arbeitnehmer als Einzelner vom Objekt des Arbeitsschutzes zum Subjekt der Arbeitsverfassung werden. Es sei schließlich „technisch ganz ausgeschlossen, dass jeder einzelne Arbeiter irgendwelchen persönlichen, unmittelbaren Einfluss auf Zweck und Leitung des Betriebes bekommt“[21], erklärte der Arbeitsrechtswissenschaftler und Sozialpolitiker *Heinz Potthoff* das Teilhabekonzept des BRG. Er unterschied denn auch zwischen unerwünschter individualvertraglicher Fremdbestimmung und erwünschter sozialer Fremdbestimmung im Arbeitnehmerverband. Der Arbeitnehmer könne „nur als Glied der Belegschaft (...) ein Mitwirkungsrecht haben.“ Als Basis für die Teilhaberechte der Arbeitnehmer zog *Potthoff* deshalb nicht deren Arbeitsverträge heran, sondern das „tatsächliche Arbeitsverhältnis“, das durch die Betriebszugehörigkeit entstehe.[22] Aus der Zugehörigkeit zum Kollektiv leitete danach der einzelne „Kollektivmensch“[23] seine Rechtsstellung ab.[24] Damit lässt sich das Konzept des BRG wie folgt umreißen: *„Nichts für den Einzelnen, alles für den Betrieb.“*[25]

Die Betriebsräte des BRG 1920 waren, anders als die Arbeiterräte, auch nicht mehr als reine Interessenvertreter der Arbeitnehmer konzipiert, sondern

---

19 *Reichold*, Betriebsverfassung als Sozialprivatrecht, S. 236f.

20 *Seelig* Heinz Potthoff, S. 172f.

21 Arbeitsrecht, S. 69; zu *Potthoffs* und *Sinzheimers* Konzepten einer betrieblichen Mitbestimmungsordnung eingehend *Blanke* Soziales Recht, S. 95ff.

22 Arbeitsrecht, S. 48f.; *Seelig* Heinz Potthoff, S. 175f.

23 *Radbruch* Mensch im Recht, S. 16, 35 (37)

24 *Reichold* Betriebsverfassung als Sozialprivatrecht S. 238.

25 *Wittgruber*, Abkehr von der Vertragsfreiheit, S. 54.

sollten im Interesse des Betriebs auch gegen den Einzelnen entscheiden dürfen.[26] Dies verdeutlicht § 86 BRG, demzufolge ein gekündigter Arbeiter oder Arbeitnehmer eine Kündigungsschutzklage nur erheben konnte, wenn zuvor der Arbeiter- oder Angestelltenrat die Kündigung als ungerechtfertigt beurteilt hatte. Dies erläutern die BRG-Kommentatoren *Flatow/Kahn-Freund* folgendermaßen: *„Sinn der Einschiebung des Gruppenrats ist, dass das Einspruchsrecht aus § 84 BRG nicht als reines Individualrecht des Gekündigten, sondern auch als Kollektivrecht der Belegschaft gedacht ist, die dadurch wirtschaftlich und sozial unberechtigten Veränderungen in ihrer Zusammensetzung entgegenzutreten in der Lage ist."*[27] Schutz vor Kündigung wurde dem Einzelnen somit nur gewährt, wenn der Eingriff in seine Rechte auch vom Kollektiv als Eingriff empfunden wurde.

c. Das Betriebsverfassungsgesetz von 1952

Das Betriebsrätegesetz von 1920 wurde während der Zeit des Nationalsozialismus durch das Gesetz zur Ordnung der nationalen Arbeit (AOG) ersetzt und trat nach dem Krieg nicht wieder in Kraft.[28] Stattdessen wurde durch das Kontrollratsgesetz Nr. 22 vom 10. April 1946 eine Rahmenregelung geschaffen, die durch landesrechtliche Vorschriften und die Wahlordnung des Deutschen Gewerkschaftsbundes ergänzt wurde. 1952 trat in der BRD das Betriebsverfassungsgesetz in Kraft, das anders als heute auch die Mitbestimmung der Arbeitnehmer in Leitungsgremien des Unternehmens regelte.[29] Kollektive Gestaltungsinstrumente wie die Betriebsvereinbarung und die Regelungsabrede wurden detaillierter geregelt und effektiver vor Umgehungsversuchen des Arbeitgebers geschützt.

---

26 *Bergwitz* Rechtsstellung des Betriebsrats, S. 96f (m.w.N.); *Wiese* in GK-BetrVG Einl. Rn. 14.

27 *Flatow/Kahn-Freund* BRG 1920 § 86, S. 497. Bezeichnend ist auch die Erklärung der Autoren, wie die Anhörung durch den Gruppenrat abzulaufen hat: *„Das Verfahren beginnt mit einer gerichtsartigen Tätigkeit des Gruppenrats gegenüber dem Gekündigten, die alsdann zu einer vermittelnden gegenüber dem Arbeitgeber wird, um schließlich nach misslungener Vermittlung in einen Prozess mit dem Arbeitgeber zu münden."* (a.a.O. S. 493).

28 *Wiese* in GK-BetrVG Einl. Rn. 17.

29 *Richardi* BetrVG Einl. Rn. 1, 3; *Heise* in Heise/Lembke/v.Steinau-Steinrück BetrVG Einl. Rn. 27.

Das Gesetz forderte von den Betriebsparteien eine vertrauensvolle Zusammenarbeit „zum Wohl des Betriebs und seiner Arbeitnehmer unter Berücksichtigung des *Gemeinwohls*“ (§ 49 Abs. 1 BetrVG 1952). Obwohl die Arbeitnehmer damit als einzelne Rechtsträger benannt wurden, fehlten individuelle Teilhaberechte. Die Selbstbestimmung der Arbeitnehmer erschöpfte sich im Geltungsbereich des BetrVG 1952 in dem Recht, Mitbestimmungsgremien zu wählen und damit die Funktionsfähigkeit der Betriebsverfassung zu sichern.[30]

Infolgedessen hielt sich die kollektivistische Interpretation des Arbeitsverhältnisses aus der Weimarer Zeit auch in der Nachkriegszeit[31]: Der Arbeitsvertrag begründete nach verbreiteter Ansicht ein „personenrechtliches Gemeinschaftsverhältnis“ der Arbeitnehmer zu den anderen Betriebsangehörigen.[32] Dem Ordnungsinteresse der Belegschaft – die verschiedentlich noch als rechtsfähiger Verband interpretiert wurde[33] – müsse sich das individuelle Interesse notfalls unterordnen. Zwar wurde dem Arbeitnehmer ein „kollektivfreier Individualbereich“ zugestanden[34], dieser sollte sich aber nicht aus seinen subjektiven arbeitsvertraglichen Rechten ergeben, sondern aus einer objektiven Grenze zwischen Individual- und Kollektivbereich.[35] Nach diesem Verständnis war der einzelne Arbeitnehmer in der Betriebsverfassung ein „schützenswertes (…), aber nicht streitbares Subjekt“[36].

d. Das Betriebsverfassungsgesetz von 1972

Mit dem Betriebsverfassungsgesetz von 1972 erreichte die betriebliche Teilhabe erstmals eine Entwicklungsphase, in der den Belangen des einzelnen Arbeitnehmers eine eigenständige, dem Kollektiv mitunter vorrangige Bedeutung eingeräumt wurde. Denn es galt nicht mehr, den Arbeitern Schutz vor akuter wirtschaftlicher Not und übermäßiger Arbeitgeberherrschaft zu gewähren, sondern

---

30 *Wiese/Franzen* in GK-BetrVG Vor § 81 Rn. 2; *Neumann-Duesberg* Betriebsverfassungsrecht, S. 120.

31 *Wittgruber* Abkehr von der Vertragsfreiheit, S. 56f.

32 *Neumann-Duesberg* Betriebsverfassungsrecht, S. 59; *Nikisch* in FS Nipperdey, S. 65ff.; *Siebert* in FS Nipperdey, S. 119 (127); zum ganzen *Reichold* Betriebsverfassung als Sozialprivatrecht, S. 377ff. und 392ff.

33 *Galperin* RdA 1959, S. 321 (322, 324); *Siebert* BB 1952, S. 832 (833).

34 *Siebert* in FS Nipperdey, S. 119 (141).

35 *Reichold* Betriebsverfassung als Sozialprivatrecht, S. 394f.

36 *Reichold* Betriebsverfassung als Sozialprivatrecht, S. 394.

ihre berufliche Tätigkeit wurde auch als Ausdruck individueller Persönlichkeitsentfaltung gesehen, die es zu fördern galt.

Zu diesem Ziel wurden erstmals Elemente individueller Mitbestimmung in Gestalt zwingender und unverzichtbarer Rechte des Arbeitnehmers im Gesetz verankert: Neu geschaffen wurden Mitwirkungs- und Beschwerderechte (§§ 81-86 BetrVG 1972), die unabhängig von der Existenz eines Betriebsrats bestehen.[37] Neu war auch der Programmsatz des § 75 Abs. 2 BetrVG 1972, der Arbeitgeber und Betriebsrat zu Schutz und Förderung der freien Entfaltung der Persönlichkeit der Beschäftigten verpflichtete.[38] Da diese Vorschriften allerdings in erster Linie Rechte kodifizierten, welche die herrschende Meinung ohnehin bereits aus der individualvertraglichen Fürsorge- und Treuepflicht des Arbeitgebers ableitete, wurden sie auch als Fremdkörper in der Betriebsverfassung kritisiert.[39]

In dieser Phase setzte sich eine privatrechtliche, vertragsorientierte Interpretation des Betriebsverfassungsrechts durch: Die betriebliche Mitbestimmung wurde nicht mehr als Ordnungssystem für Personenrechtsverhältnisse, sondern als schuldrechtliches Teilhabesystem betrachtet.[40] Damit verbreitete sich auch die Auffassung, dass nicht der Arbeitnehmer eine dienende Funktion in der Betriebsgemeinschaft zu erfüllen habe, sondern das kollektive Teilhabesystem seinen Interessen zu dienen habe.[41] Dies fand Ausdruck in der Gesetzesbegründung des BetrVG 1972, nach der die neuen §§ 81ff. BetrVG die Arbeitnehmer aus ihrer selbst empfundenen „Objektstellung" befreien sollten.[42]

---

37 *Buschmann* in DKKW BetrVG § 81 Rn. 1, 5. *Rambach* in Heise/Lembke/v. Steinau/Steinrück BetrVG Einl. §§ 81-86a, Rn. 1.

38 *Wiese* NZA 2006, S. 1f.

39 *Galperin* BB 1971, S. 137 (140); *Hanau* BB 1971, S. 485 (488f.: Individualrechte „sollten in das BGB eingestellt werden"); heute *v. Hoyningen-Huene* Betriebsverfassungsrecht, S. 13 (Individualrechte in der Betriebsverfassung seien „vom System her problematisch").

40 Etwa durch *Ballerstedt* RdA 1976, S. 5 (9f.); *Wolf* in FS 25 Jahre BAG, S. 709 (720f.); s. auch *Wittgruber* Abkehr von der Vertragsfreiheit, S. 56.

41 *Richardi* in Kollektivgewalt, S. 122ff.; zum Einfluss dieser Schrift *Buchner* in FS Richardi, S. 77ff., 87.

42 BT-Drucksache VI/1786 S. 47; *Fitting* BetrVG (10. Aufl., 1972) § 81 Rn. 1.

Im Widerspruch zu diesem selbstgesetzten Ziel verlieh das BetrVG 1972 allerdings auch den Betriebsräten neue, umfangreiche Befugnisse in sozialen und personellen Angelegenheiten.[43] Deshalb mehrten sich die Stimmen, die den Schutz durch die Betriebsräte als neue Form der Unterdrückung oder Bevormundung der Arbeitnehmer bewerteten.[44] Betriebliche Teilhabe wurde nicht mehr als reiner Schutz vor dem Arbeitgeber interpretiert, sondern als Förderung der individuellen Selbstbestimmung. Diese Selbstbestimmung verlange Unabhängigkeit von jeglicher fremder Gestaltungsmacht, wurde zunehmend argumentiert, und somit auch gegenüber derjenigen der eigenen Vertreter.[45]

2. Das Betriebsverfassungsgesetz von 2001

Auch mit der BetrVG-Novelle von 2001 verfolgte der Gesetzgeber das Ziel, die Individualrechte der Arbeitnehmer weiter zu stärken. Die rot-grüne Bundesregierung stellte fest: *„Die Ansprüche der Arbeitnehmer an ihre Interessenvertretung haben sich geändert.“*[46] Der Einzelne wolle in „Prozesse integriert werden, die zu wichtigen Entscheidungen des Arbeitgebers über Inhalt sowie Bestand des Arbeitsverhältnisses oder zur Gestaltung der Arbeitsorganisation führen“. Dass die Arbeitnehmer immer qualifizierter seien und am Arbeitsplatz immer mehr Verantwortung trügen, müsse sich auch in einer gestärkten Partizipation gegenüber dem Arbeitgeber spiegeln.

Wie dies in der Praxis geschehen sollte, ließ die Reform von 2001 „letztlich im Verborgenen“[47]: Die 1972 eingeführten Individualrechte blieben weitgehend unverändert, wenn man von einem neuen Beschwerderecht (§ 86a BetrVG) und der Übertragung von Betriebsratskompetenzen auf Arbeitsgruppen

---

43 *Edenfeld* Arbeitnehmerbeteiligung, S. 45; *v. Hoyningen-Huene* Betriebsverfassungsrecht, S. 13.

44 *Ballerstedt* RdA 1976, S. 5 (10f.); *Pouyadou* Abhängigkeit des Arbeitnehmers, S. 3, 247; *Rüthers* Mitbestimmungsrecht und Individualbereich, S. 10; *Scheuch* in Demokratie und Mitbestimmung, S. 91f.; *Travlos-Tsanetatos* Regelungsbefugnis der Betriebspartner, S. 70; zuvor schon *v. Nell-Breuning* Freiheit und Bindung, S. 27 (31, 35); heute *Neef* NZA 2001, S. 361ff; *Rieble* Zukunft der Unternehmensmitbestimmung S. 14; *Picker* RdA 2001, S. 259 (265f.); *Wittgruber* Abkehr von der Vertragsfreiheit S. 70f., 75.

45 *Pouyadou* Abhängigkeit des Arbeitnehmers, S. 6; *v. Nell-Breuning*, Freiheit und Bindung, S. 27 (31).

46 Begründung des Regierungsentwurfs vom 2.4. 2001, BT-Drucksache 14/5741 S. 1, 25.

47 *Richardi* Die neue Betriebsverfassung, S. 8.

(§ 28a BetrVG) absieht.[48] Hinzu kam eine „Amtspflicht“[49] für Betriebsrat und Arbeitgeber, Selbständigkeit und Eigeninitiative der Arbeitnehmer und Arbeitsgruppen zu fördern (§ 75 Abs. 2 S. 2 BetrVG). Diese Pflicht müssen die Betriebsparteien bei Einzelmaßnahmen ebenso wie bei der grundsätzlichen Gestaltung der betrieblichen Ordnung beachten – etwa indem sie weniger Weisungen erteilen und mehr Entscheidungsspielräume schaffen.[50] Aktive Teilhaberechte können die Arbeitnehmer aus der Norm allerdings nicht ableiten[51], ihre Persönlichkeitsentwicklung ist gänzlich abhängig von der Förderung durch das Kollektiv.[52]

Mit Pflichten wie derjenigen, den betrieblichen Umweltschutz zu fördern (§ 80 Abs. 1 Nr. 9 BetrVG), hat der Gesetzgeber dem Betriebsrat zudem gesamtgesellschaftliche Aufgaben zugewiesen.[53] Das Gremium übernimmt damit neben seiner Rolle als Beschützer auch die eines Erziehers, der die Arbeitnehmer an „die Verantwortung für die gesellschaftlichen Konsequenzen ihrer gemeinsam ausgeübten Wirtschaftstätigkeit“ erinnern soll.[54] Damit geht das aktuelle Verständnis betrieblicher Teilhabe über ihren ursprünglichen Schutzzweck hinaus.

3. Fazit

Die Entwicklung der Betriebsverfassung verdeutlicht, dass die Arbeitnehmer zunehmend vor der Organisationsgewalt des Arbeitgebers geschützt wurden, in ähnlichem Maße aber unter die schützende Vormundschaft des Betriebsrats gestellt wurde. Die betriebliche Mitbestimmung wurde zwar über die Jahrzehnte

---

48 *v. Hoyningen-Huene* Betriebsverfassungsrecht, S. 15; *Richardi* Die neue Betriebsverfassung, S. 116f.; *Däubler* in DKKW BetrVG Einl. Rn. 40.

49 *Kreutz* in GK-BetrVG § 75, Rn. 126.

50 *Richardi* in Richardi BetrVG § 75 Rn. 45.

51 *Kreutz* in GK-BetrVG § 75 Rn. 126, 136ff.

52 *Rieble* Selbstverantwortung, S. 337 (339).

53 *Konzen* RdA 2001, S. 76 (80); *Reichold* NZA 2001, S. 857 (863); *Rieble* ZIP 2001, S. 133 (140); a. A. *Däubler* in DKKW BetrVG: „traditioneller Kernbereich der Betriebsratsaufgaben“ (Einl. Rn. 41).

54 *Rose* KritJ 2001, S. 163.

immer stärker auf *individuelle*, nicht aber auf *unmittelbare* Teilhabe der Arbeitnehmer ausgerichtet.

Damit widersprach insbesondere der Gesetzgeber von 2001 den eigenen erklärten Zielen. Ob die daraus resultierenden Teilhaberechte den Bedürfnissen der Arbeitnehmer gerecht werden, ist fraglich. Einer möglicherweise unerwünschten „Mediatisierung" von Teilhabe durch Zwischenschaltung des Betriebsrats könnten Belegschaftsabstimmungen mildern.

II. Die Betriebspraxis

Die soeben geschilderte Kritik am repräsentativen Teilhabemodell wird durch die betriebliche Praxis bestätigt. Die gesetzlichen Mitbestimmungsstrukturen werden von den Arbeitnehmern (teilweise einvernehmlich mit dem Arbeitgeber) zunehmend in Richtung informeller Teilhabestrukturen weiterentwickelt.

1. Betriebliche Demoskopie

Für den politischen Bereich zeigt sich die Unzufriedenheit der Bürger mit Sachentscheidungen durch Repräsentanten regelmäßig in Meinungsumfragen. Eine repräsentative Befragung von TNS Emnid am 16. Juni 2011 ergab, dass sich mehr als 70 Prozent der Bürger eine direkte politische Beteiligung auf Bundesebene durch Volksentscheide wünschen.[55] Jeder zweite Umfrage-Teilnehmer sprach „der Politik" die Kompetenz ab, die „dringendsten politischen Probleme der nächsten Jahre" zu lösen. Drei Viertel gaben an, sie würden sich häufiger an politischen Prozessen beteiligen, gäbe es mehr Bürgerbegehren und direkte Mitspracherechte für die Bürger. Volksentscheide hielten mehr als 70 Prozent der Befragten für die wirksamste Form der Bürgerbeteiligung. Diese Ergebnisse werden durch eine neue Umfrage desselben Instituts vom 13. Juni 2011[56] sowie

55 TNS Emnid-Umfrage im Auftrag der Bertelsmann-Stiftung; abrufbar über www.bertelsmann-stiftung.de in der Rubrik „Presse", Untermenü „Nachrichten" mit dem Datum vom 23.7.2010 (zuletzt abgerufen am 14.4.2012).

56 TNS Emnid-Umfrage im Auftrag der Bertelsmann-Stiftung, abrufbar a.a.O. mit dem Datum vom 13.6.2011 (zuletzt abgerufen am 14.4.2012).

durch den von Infratest Dimap erstellten Deutschlandtrend von Dezember 2011 bestätigt[57].

Vergleichbare Untersuchungen über direkte Beteiligung im Betrieb fehlen. In den Begründungen zu Reformen des Betriebsverfassungsgesetzes taucht zwar regelmäßig die Aussage auf, den Arbeitnehmern missbehage ihre Fremdbeherrschung durch den Betriebsrat, und sie fühlten sich trotz umfassender Vertretung durch Betriebsräte weiterhin in einer „Objektstellung"[58]. So heißt es in der Begründung für den Entwurf des BetrVG-Reformgesetzes von 2001: *„Die Ansprüche der Arbeitnehmer an ihre Interessenvertretung haben sich geändert. Mehr Entscheidungsspielraum am Arbeitsplatz und mehr Mitsprache gegenüber dem Betriebsrat sind gefordert."*[59] Der einzelne Arbeitnehmer wolle die „Themen mitbestimmen, derer sich der Betriebsrat annehmen soll", und in „Prozesse integriert werden, die zu wichtigen Entscheidungen des Arbeitgebers über Inhalt sowie Bestand des Arbeitsverhältnisses oder zur Gestaltung der Arbeitsorganisation führen".[60]

Es ist nicht bekannt, aus welchen Quellen sich diese Erkenntnisse speisen. Die Zufriedenheit mit den bestehenden Beteiligungsstrukturen wird zwar regelmäßig untersucht[61], nicht aber das Bedürfnis der Arbeitnehmer nach alternativen und insbesondere direkten Formen der Teilhabe. Vereinzelt zeigen Umfragen, dass die Arbeitnehmer wenig Interesse daran haben, unmittelbar an Grundfragen der Unternehmensstrategie beteiligt zu werden. Sie schätzten aber Versuche ihres Arbeitgebers, sie zum „Mitspieler" für die Gestaltung ihres betrieblichen Umfeldes zu machen.[62] Wo direkte Partizipation ermöglicht wird – von der Arbeit in informellen Qualitätszirkeln, Produktionsteams oder Lerngruppen bis zur

---

57 Umfrage im Auftrag der ARD, abrufbar über http://www.infratest-dimap.de/umfragen-analysen/bundesweit/ard-deutschlandtrend/2011/dezember (zuletzt abgerufen am 14.4.2012).

58 BT-Drucksache VI/1786 S. 47.

59 Regierungsentwurf vom 2.4.2001, BT-Drucksache 14/5741 S. 1, 25.

60 BT-Drucksache 14/5741 S. 26.

61 Siehe z.B. die WSI-Betriebsrätebefragung von 2007 (spätere Befragungen befassten sich nicht mit diesem Thema), veröffentlicht von *Schäfer* WSI-Mitteilungen 2008, S. 291ff., oder die Umfrage von Polis/Sinus (2008) im Auftrag der Böckler-Stiftung, veröffentlicht im Pressebereich auf www.boeckler.de, Mitteilung vom 23.10.2009 (zuletzt abgerufen am 14.4.2012).

62 *Schumann/Kuhlmann/Sanders/Sperling,* VW-Auto 5000, S. 12f.

gesetzlich bereits geregelten (teil-)autonomen Arbeitsgruppe – zeigen sich die Arbeitnehmer mit ihrer selbst geschaffenen Organisation zufriedener als mit der Arbeit der Betriebsräte.[63]

Umgekehrt kann eine unzureichende Einbindung der Arbeitnehmer in Entscheidungen des Betriebsrats dessen Rückhalt in der Belegschaft dauerhaft untergraben. Das verdeutlicht eine repräsentative Umfrage von TNS Emnid und dem Max-Planck-Institut für Gesellschaftsforschung in Köln über die Akzeptanz betrieblicher Bündnisse für Arbeit.[64] Darin zeigten sich 64 Prozent der Arbeitnehmer, deren Löhne und Gehälter von den Betriebsparteien unter das tarifliche Niveau gesenkt worden waren, unzufrieden mit diesen Vereinbarungen: Sie schadeten der Belegschaft. Jeder Dritte gab an, seine Einstellung gegenüber dem Betriebsrat habe sich infolgedessen verschlechtert. „So manche Vereinbarung konnte wohl nur durchgesetzt werden", resümiert *Rehder*, „weil Betriebsräte faktisch das Monopol der Interessenvertretung besetzen."

Auch die Betriebsräte selbst schätzen die existierenden Instrumente für mehr direkte Partizipation der Belegschaft – soweit sie diese kennen. Denn wie die Betriebsrätebefragung des Wirtschafts- und Sozialwissenschaftlichen Instituts der Hans-Böckler-Stiftung (WSI) 2007 ergab, haben zwei Drittel der Betriebsräte in Betrieben mit mehr als 20 Arbeitnehmern noch nie davon gehört, dass sie Aufgaben an Arbeitsgruppen delegieren oder sachkundige Arbeitnehmer in Gestaltungsprozesse einbinden können.[65] Wo sie dies aber wussten und taten, waren 62 Prozent der Betriebsräte mit Arbeitsgruppen zufrieden, 53 Prozent mit der Rekrutierung sachkundiger Kollegen.

2. Abweichende Vertretungsorgane

Die Wahlbeteiligung an Betriebsratswahlen ist mit knapp 80 Prozent konstant hoch.[66] Dennoch wird die rechtliche Monopolstellung der Betriebsräte zunehmend durch alternative Vertretungsorgane (kurz AVO) in Frage gestellt: In je-

---

63 *Müller-Jentsch* Strukturwandel, S. 103f.; *Schumann/Kuhlmann/Sanders/Sperling,* VW-Auto 5000, S. 12.

64 Veröffentlicht von *Rehder* Mitbestimmung 2004, S. 22ff.

65 *Becker/Brinkmann/Engel* WSI-Mitteilungen 2008, S. 305ff.

66 *Stettes* Betriebsratswahlen 2010. Eine Analyse auf Basis einer IW-Umfrage. Abrufbar unter http://www.iwkoeln.de/de/studien/iw-trends/beitrag/53411 (zuletzt abgerufen am 14.4.2012).

dem fünften Betrieb existieren einer jüngeren repräsentativen Betriebsbefragung zufolge abweichende Arbeitnehmervertretungen.[67] Diese haben in jedem zehnten dieser Betriebe den Betriebsrat verdrängt. In einem weiteren Zehntel der Betriebe bestehen AVO zusätzlich zu gesetzlichen Betriebsräten.[68]

Insgesamt bleibt die Verbreitung von Betriebsräten laut IAB-Betriebsrätepanel zwar stabil.[69] Doch der Anteil der Betriebe mit AVO ist inzwischen so groß wie der von Betrieben mit Betriebsrat[70], wenn die alternativen Organe auch eine geringere Beschäftigtenzahl als die Betriebsräte vertreten: Sie sind vor allem in Unternehmen mit 20 bis 100 Beschäftigten zu finden. Dagegen haben 90 Prozent der Betriebe mit mehr als 500 Beschäftigten einen Betriebsrat. Für Unternehmen mit mehr als 1000 Arbeitnehmern gilt dies fast ausnahmslos.[71]

Für die Arbeit der AVO ergaben die Befragungen, dass sie eine geringere Zahl von Themen bearbeiten als Betriebsräte, also spezialisierter sind, und sich nur „nach Bedarf“ treffen.[72] Die von ihnen am häufigsten verfolgten Themen decken sich aber mit den wichtigsten Themen für Betriebsräte: Personalangelegenheiten, Arbeitszeit und Überstunden sowie die Arbeitsorganisation. Auf diesen Gebieten legen die AVO laut Umfrage eine „geringere Beteiligungsintensität“ an den Tag als Betriebsräte. Dies dürfte auch daran liegen, dass das Betriebsverfassungsgesetz ihren Vereinbarungen mit dem Arbeitgeber keine Rechtswirksamkeit beimisst.[73] Dennoch schätzen 84 Prozent der Geschäftsleitungen die AVO als „aktive Mitgestalter“ (70 Prozent sagen dies über Betriebsräte), und 96 Prozent der Gremien sehen sich auch selbst so (im Vergleich zu 74 Prozent der Betriebsräte).[74] Den Rückhalt der selbst geschaffenen Gremien in der Belegschaft schätzen die Geschäftsleitungen deutlich stärker ein, als den der Betriebsräte – die Arbeitnehmer wurden dazu nicht befragt.[75]

---

67 *Hauser-Ditz/Hertwig/Pries* WSI-Mitteilungen 2009, S. 70 (76).

68 *Hauser-Ditz/Hertwig/Pries* WSI-Mitteilungen 2009, S. 70f.

69 *Ellguth* WSI-Mitteilungen 2007, S. 155ff.

70 *Hauser-Ditz/Hertwig/Pries* WSI-Mitteilungen 2009, S. 70 (71).

71 *Hauser-Ditz/Hertwig/Pries* WSI-Mitteilungen 2009, S. 70 (71).

72 *Hauser-Ditz/Hertwig/Pries* WSI-Mitteilungen 2009, S. 70 (73).

73 Siehe dazu unten § 2 A I 4 b aa (S. 116).

74 *Hauser-Ditz/Hertwig/Pries* WSI-Mitteilungen 2009, S. 70 (74).

75 *Hauser-Ditz/Hertwig/Pries* WSI-Mitteilungen 2009, S. 70 (75).

3. Unmittelbare Beteiligung ohne Rechtsrahmen

Auch ohne gesetzliche Regelungen initiieren Betriebsräte und Arbeitgeber Belegschaftsabstimmungen. Ihre Zahl, ihr Gegenstand und ihr Verfahren wurden noch nicht wissenschaftlich erhoben. Nur vereinzelt tauchen die Abstimmungen in der Fach- und Publikumspresse auf, meistens als Randaspekt in der Berichterstattung über betriebliche Bündnisse für Arbeit. Eine umfassende juristische, betriebswirtschaftliche oder sozialwissenschaftliche Analyse der Abstimmungen fehlt noch. Einige Beispielsfälle werden hier geschildert.

a. Schlafhorst, 26. September 2003: Abstimmung über neuen Haustarifvertrag

Im Herbst 2003 informierte der Textilmaschinenbauer W. Schlafhorst AG & Co. in Mönchengladbach die 558 Arbeitnehmer, dass zur Sicherung des Standorts Einschnitte notwendig seien.[76] Im Einvernehmen mit dem Betriebsrat wurde eine geheime Abstimmung abgehalten, in welcher die Arbeitnehmer befragt wurden, ob Unternehmensführung und IG Metall einen neuen Haustarifvertrag aushandeln sollten. Darin sollte die Gewerkschaft nach Vorstellung des Schlafhorst-Managements Mehrarbeit von fünf Wochenstunden ohne Lohnausgleich, einer Lohnentwicklung um 2,5 Prozent unter den tariflichen Vorgaben und einer Prämienkürzung um 10 Prozent zustimmen. Das Weihnachtsgeld sollte 2008 und 2009 um ein Viertel schrumpfen und ein Teil der Führungskräfte auf Urlaubstage verzichten. Im Gegenzug wollte der Arbeitgeber versprechen, die Arbeitsplätze in Gladbach bis 2010 zu erhalten und 50 Stellen aus Tschechien zurück nach Deutschland zu verlagern.[77] 61 Prozent der Beschäftigten – der Teilnehmerkreis wurde nicht auf Gewerkschaftsmitglieder beschränkt – stimmten zu.[78]

---

76 „Lohnverzicht bei Schlafhorst", Westdeutsche Zeitung vom 23.9.2003, online abrufbar über http://www.arbeit-zukunft.de/index.php?itemid=68 (zuletzt abgerufen am 14.4.2012).

77 Schon 1994 hatte Schlafhorst den Arbeitnehmern eine Arbeitszeitverlängerung ohne Lohnausgleich gegen ein Jahr Verzicht auf betriebliche Kündigungen und eine neu gestaltete Altersversorgung angeboten. Das Vorhaben wurde ohne Abstimmung einzelvertraglich umgesetzt, 97 Prozent der Arbeitnehmer stimmten der Umstellung ihrer Verträge zu (hierzu *Adomeit* Regelung von Arbeitsbedingungen, S. 68ff.).

78 „Lohnverzicht bei Schlafhorst", Westdeutsche Zeitung vom 23.9.2003, online abrufbar über http://www.arbeit-zukunft.de/index.php?itemid=68 (zuletzt abgerufen am 14.4.2012).

In diesem Fall zeigt sich, dass Belegschaftsabstimmungen keinesfalls nur ein Kampfinstrument der Arbeitnehmerseite, sondern durchaus im Sinne des Arbeitgebers eingesetzt werden können. Mit einem starken Votum der Belegschaft lässt sich Verhandlungsdruck auf die Gewerkschaft ausüben. Allerdings kam es im Fall Schlafhorst letztlich nicht zu dem von den Arbeitnehmern befürworteten Haustarifvertrag, da die IG Metall – zur Überraschung der Geschäftsführung – nur zu Gesprächen über eine brancheneinheitliche Vereinbarung für Schlafhorst und den Konkurrenten *Rieter* aus Ingolstadt bereit war.[79] Die Schlafhorst-Geschäftsführung beschloss daraufhin, ihr Ziel über Betriebsvereinbarungen und individuelle Vertragsänderungen umzusetzen. Das Verhandlungsergebnis von Betriebsrat und Arbeitgeber – Lohnverzicht gegen Rettung des Standorts – wurde einer weiteren Abstimmung unterzogen, bei der 96,5 Prozent der Arbeitnehmer zustimmten.[80] Die Gewerkschaft erwog rechtliche Schritte, verzichtete aber letztlich darauf.

b. Opel, 17./ 20. Oktober 2004: Abstimmungen über Transfergesellschaft und über wilde Streiks

Zwei Belegschaftsabstimmungen fanden im Oktober 2004 im Opelwerk in Bochum statt; in beiden Fällen war der Betriebsrat Initiator. Anlass waren die Sparpläne des Mutterkonzerns General Motors, der eine Schließung des Standorts Bochum oder den Abbau von mindestens 4000 Stellen in Erwägung zog. Es folgten wilde Streiks gegen den Willen der örtlichen IG Metall, die als „Informationsveranstaltungen" bezeichnet wurden. In der ersten Abstimmung am 17. Oktober wurde den Arbeitnehmern die Frage vorgelegt, ob sie mit der Einrichtung einer Transfergesellschaft einverstanden seien. Die Mehrheit stimmte dagegen.[81]

Drei Tage später folgte auf einer außerordentlichen Belegschaftsversammlung eine weitere Abstimmung über die Frage: „Soll der Betriebsrat die Verhandlungen *[mit der Geschäftsführung, Anm. d. Verf.]* weiterführen und soll die Arbeit fortgesetzt werden?" Gut 4600 Arbeitnehmer stimmten mit Ja, 1700 mit Nein, 57 enthielten sich.

---

79 „Standort weiter unsicher", Westdeutsche Zeitung vom 16.12.2003, abrufbar über http://projekte.wfmg.de/html/news/pressedetail.asp?mclick=4.2&pid=1046 (zuletzt abgerufen am 14.4.2012).

80 „Standort weiter unsicher", Westdeutsche Zeitung vom 16.12.2003 a.a.O.

81 *Rehder*, Zeitschrift für Soziologie 2006, S. 227ff (236f.)

Dieses Beispiel zeigt, dass Belegschaftsabstimmungen ohne klare Verfahrensregeln im Betrieb erhebliche Konflikte erzeugen können. Eine Beteiligung aller an der Abstimmung reicht für eine Akzeptanz des Ergebnisses nicht aus. In Bochum stellte die in der Abstimmung unterlegene Fraktion im Nachhinein das Verfahren in Frage: Die Abstimmung sei „undemokratisch“ gewesen, da die Frage – „vorgegeben von der Gewerkschaft“ – suggestiv formuliert gewesen sei.[82] Denn ein Votum für Verhandlungen konnten die Abstimmenden nur in Verbindung mit einem Votum für ein Ende des Ausstands abgeben. Der Betriebsratschef *Einenkel* bezeichnete die Formulierung selbst im Nachhinein als „sehr unglücklich“ und erklärte sie mit einem Mangel an Erfahrung mit Belegschaftsabstimmungen.[83] Zudem monierten die Kritiker, dass vor der Abstimmung keine Aussprache stattgefunden habe. Insgesamt bewertete *Einenkel* das Instrument aber positiv: Abstimmungen seien ein wirksames Mittel gegen das als „unsolidarisch“ empfundene Co-Management einzelner Betriebsräte und der IG Metall.

Seit 2004 fanden bei Opel in Bochum noch mehrere Belegschaftsabstimmungen statt: Am 16. März 2005 ratifizierten die Arbeitnehmer den „Zukunftsvertrag 2010“, der Gehaltseinbußen und flexible Arbeitszeiten mit einem Standorterhalt verknüpfte.[84] Am 22. Februar 2009 stimmten die IG-Metall-Mitglieder der Belegschaft mehrheitlich dafür, sich eine fällige Lohnerhöhung von 2,1 Prozent nicht auszahlen, sondern gutschreiben zu lassen.[85] Zuletzt stimmten alle Arbeitnehmer am 7. Juni 2010 mehrheitlich dem Vertrag zwischen Opel und der IG Metall zu, der den Beitrag der Belegschaft zum Sparpaket über 20 Millionen Euro regelte.[86]

---

82 „Opel-Mitarbeiter in Bochum beenden wilden Streik“, Spiegel Online v. 20.10.2004, abrufbar über www.spiegel.de/wirtschaft/0,1518,324058,00.html (zuletzt abgerufen am 14.4.2012); „Wir hatten GM doch am Arsch“, taz vom 21.10.2004, S. 4, abrufbar über www.taz.de/1/archiv/archiv/?dig=2004/10/21/a0139 (zuletzt abgerufen am 14.4.2012).

83 „Ich lasse mir nicht alles kaputt machen“, taz v. 17.11.2004, S. 3: online abrufbar über http://www.taz.de/1/archiv/print-archiv/printressorts/digi-artikel/?ressort=wu&dig =2004%2F11%2F17%2Fa0057&cHash= cbbaa6cf31 (zuletzt abgerufen am 14.4.2012).

84 „Opel in Bochum für Zukunftsvertrag“, F.A.Z. vom 18.3.2005, S. 24.

85 „Opelaner sollen auch ihr Urlaubsgeld parken“, WAZ vom 23.2.2009, abrufbar über http://www.derwesten.de/staedte/bochum/opelaner-sollen-auch-ihr-urlaubsgeld-parken-id379224.html (zuletzt abgerufen am 14.4.2012).

86 „Opel-Beschäftigte demonstrieren vor der Börse für Milliardenhilfe“, Die Welt vom 8.6.2010, S. 12.

c. Viessmann, 10. April 1996: Ein Bündel individueller Zustimmungen

Im April 1996 schlug die Geschäftsführung des Heizungsherstellers Viessmann Werke GmbH und Co. KG in Allendorf den Arbeitnehmern ein neues Arbeitszeitmodell vor. Wenn alle Arbeitnehmer im Stammwerk ohne Lohnausgleich wöchentlich drei Stunden Mehrarbeit leisteten, werde das Unternehmen in den folgenden drei Jahren auf betriebsbedingte Entlassungen verzichten und eine Produktionslinie aus einem Werk in der Tschechischen Republik nach Allendorf verlegen. Viessmann war damals als Mitglied des hessischen Metallarbeitgeberverbandes an einen Tarifvertrag gebunden, der eine wöchentliche Arbeitszeit von 35 Stunden vorsah.[87]

Nachdem Betriebsrat und Arbeitgeber das Modell in einer Regelungsabrede vereinbart hatten, wurden die 3760 Arbeitnehmer in individuellen Anschreiben um ihre Zustimmung gebeten. Der Arbeitgeber hatte zuvor eine Mindestzustimmung von 70 Prozent gefordert. Letztlich stimmten nach Unternehmensangaben 96 Prozent der Arbeitnehmer in den Stammwerken zu.[88]

Rechtlich gesehen war das Verfahren keine Belegschaftsabstimmung, da die Arbeitnehmer sich individualvertraglich zu Mehrarbeit bereit erklärten. Unter anderem mit diesem Argument lehnte auch das Arbeitsgericht Marburg sowohl den Unterlassungsanspruch der IG Metall als auch die Anträge der Gewerkschaft auf Amtsenthebung einzelner Viessmann-Betriebsräte zurück.[89]

Seitens des Arbeitgebers wurde aber ausdrücklich darauf hingewiesen, die „Belegschaft" habe entschieden und ihre Arbeitsbedingungen selbst bestimmt.[90] Die zuvor ausgegebene Zielmarke von 70 Prozent Zustimmung für das Vorhaben gab diesem ebenfalls das Erscheinungsbild einer Umfrage beziehungsweise Urabstimmung. Den Arbeitnehmern wurde kommuniziert, dass der Plan nur umsetzbar sei, wenn nicht nur Einzelne, sondern eine Belegschaftsgruppe einer bestimmten Größe positiv votiere. In der Berichterstattung wurde die überwälti-

---

87 *Junker* NZA 1997, S. 1305 (1314).

88 „Ich sehe dem Ausgang des Gerichtsverfahrens gelassen entgegen", Interview mit *Martin Viessmann* in der F.A.Z. vom 7.8.1996, S. 15.

89 ArbG Marburg v. 7.8.1996 – Az. 1 BV 6/96 – NZA 1996, S. 1331; s. auch *Junker* NZA 1997, S. 1305 (1314), der anhand der Entscheidung die Problematik der vertraglichen Inhaltskontrolle durch Gerichte aufzeigt.

90 „Ich sehe dem Ausgang des Gerichtsverfahrens gelassen entgegen", Interview mit *Martin Viessmann* in der F.A.Z. vom 7.8.1996, S. 15.

gende Zustimmung denn auch als Plebiszit der Belegschaft über das Sanierungsvorhaben bezeichnet.[91]

4. Der Fall SAP

Nicht nur hinsichtlich der Regelung betrieblicher Sachfragen kann die Belegschaft unmittelbar einbezogen werden. Auch die Frage, ob es eine betriebliche Vertretung überhaupt geben soll, wird mitunter heftig diskutiert. Das verdeutlicht das Beispiel von Europas größtem Softwarekonzern SAP, der mehr als 13 000 Arbeitnehmer beschäftigt.

Seit seiner Gründung im Jahr 1972 hatte das Unternehmen keinen Betriebsrat gehabt. Im März 2006 ergriffen drei Arbeitnehmer die Initiative für die Einsetzung eines Wahlvorstands. In einer Betriebsversammlung, zu der nur 5632 Wahlberechtigte erschienen waren, stimmten von diesen wiederum nur 9 Prozent für einen Wahlvorstand.[92] Daraufhin beantragten die drei Initiatoren dessen Einsetzung beim Arbeitsgericht gemäß § 17 Abs. 4 BetrVG.[93]

Die Arbeitnehmervertreter im Aufsichtsrat kamen aber einer Entscheidung des Gerichts zuvor: Abermals wurden die Arbeitnehmer zu einer Betriebsversammlung eingeladen, auf welcher dann ein Wahlvorstand eingesetzt wurde.[94] So hatte es zwar den Anschein, dass die betriebliche Mitbestimmung freiwillig installiert wurde. Tatsächlich darf vermutet werden, dass die Belegschaft nur „gestalten wollte, was sie nicht verhindern konnte".[95] Gestützt wird diese Vermutung durch die geringe Wahlbeteiligung sowie durch die Tatsache, dass die Wähler mehrheitlich nicht für die Liste der ursprünglichen Initiatoren der Wahl stimmten.

---

91 „Mehrarbeit ohne Lohnausgleich – Viessmann-Belegschaft stimmt zu", F.A.Z. Rhein-Main/Hessen vom 11.4.1996, S. 54.

92 „SAP-Belegschaft will keinen Betriebsrat", F.A.Z. v. 3.3.2006, S. 14.

93 „IG Metall schaltet Gericht ein", F.A.Z. v. 6.3.2006, S. 19.

94 „SAP gibt nach", F.A.Z. v. 25.3.2006, S. 11; „Betriebsratswahl bei SAP eingeleitet", F.A.Z. v. 31.3.2006, S. 17.

95 Die Zeit v. 10.7.2006 („Gewerkschaft, nein danke"), http://www.zeit.de/online/2006/26/SAP-Betriebsrat (zuletzt abgerufen am 14.4.2012).

5. Fazit

Es gibt keine belastbaren wissenschaftlichen Erkenntnisse dahingehend, dass die Arbeitnehmer mehr direkte Beteiligung an betrieblichen Fragen wünschen – wenn man von den Feststellungen der BetrVG-Reformgesetzgeber von 1972 und 2001 absieht. Doch Ansätze, ihnen die Regelung ihrer eigenen Angelegenheiten zu ermöglichen, verliefen sehr erfolgreich. Dass die Belegschaften mit der Wahrnehmung ihrer Interessen durch gesetzliche Betriebsräte nicht immer zufrieden sind, verdeutlicht die stetig wachsende Zahl von AVO. Dass nicht nur eine *andere*, sondern auch eine *direkte* Beteiligung gewünscht ist, indizieren die zuvor geschilderten Beispiele für Abstimmungen. In diesen Fällen war entweder keine Interessenvertretung durch Dritte gewünscht, oder es wurde deren Tätigkeit misstraut.

Für mögliche Belegschaftsabstimmungen ist zudem die Erkenntnis von Bedeutung, dass direkte oder alternative Teilhabeinstrumente häufig nicht an die Stelle der klassischen Vertretung durch einen Betriebsrat treten, sondern mit dessen Tätigkeit kombiniert werden – z.B. indem die Arbeitnehmer Vereinbarungen der Betriebsparteien ratifizierten. Dies wird bei der späteren Prüfung konkreter Abstimmungsmodelle zu berücksichtigen sein.

III. Das Fundament kollektiv-unmittelbarer Teilhabe

Im Folgenden werden Ansatzpunkte für eine Verankerung der Abstimmungsidee in der Betriebsverfassung untersucht.

Ein Ansatzpunkt ist der Gedanke der „Betriebsdemokratie“: Sofern man betriebliche Mitbestimmung als privatrechtliche Spielart von Demokratie versteht, liegt es nahe, sie auch mit den direktdemokratischen Elemente auszustatten, die schon in den Landes- und Kommunalverfassungen verankert wurden. Deshalb wird zunächst vor dem Hintergrund der Gemeinsamkeiten und Unterschiede von Staats- und Betriebsverfassung geprüft, ob sich aus der demokratischen Idee Argumente für Belegschaftsabstimmungen entwickeln lassen.

Sodann wird untersucht, ob sich anstelle solcher Anleihen im Staatsrecht der privatrechtliche Gedanken der Selbstbestimmung des Arbeitnehmers für Abstimmungen im Betrieb fruchtbar machen lässt. Da die derzeitige Betriebsverfassung auf Kosten der individuellen Selbstbestimmung Repräsentanten mit Regelungsbefugnissen ausstattet, ist außerdem zu prüfen, ob sich Abstimmungen dazu eignen, die Legitimation der daraus entstehenden Regeln zu verstärken – und außerdem eine bessere Amtsführung der Betriebsräte zu bewirken.

1. Betriebsdemokratie

Parallelen zwischen Demokratie im Staat und im Betrieb wurden und werden in der Literatur vielfach gezogen.[96] Das BAG teilt diese Interpretation: *„Das Betriebsverfassungsgesetz ist Ausprägung des Demokratie- und Sozialstaatsprinzips in einem Teilbereich des Rechts."*[97] Die Übertragung des demokratischen Gedankens auf die Betriebe zieht sich wie ein roter Faden durch alle Entwicklungsstufen der Mitbestimmung in Deutschland. Historischer Ausgangspunkt sind die Arbeiten von *Naphtali*[98] und *Sinzheimer*[99], wenn auch für diese Autoren die Betriebsdemokratie nur ein kleiner Baustein in der Demokratisierung der gesamten Volkswirtschaft darstellte: Als soziale Selbstverwaltung der Betriebe waren die Betriebsräte für *Naphtali* und *Sinzheimer* „rein privatwirtschaftlicher Natur"[100] und kamen als Ausgangspunkt für eine demokratische Neuordnung der Wirtschaft nicht in Frage. Den betrieblichen Arbeitnehmervertretern wollten sie nur dienende Funktionen belassen, etwa die Kontrolle der Einhaltung von Tarifverträgen[101] oder „wirtschaftliche Schulungsmöglichkeiten für Kräfte der Arbeiterschaft".[102]

Trotzdem wurden insbesondere *Naphtalis* Schriften auch dann noch als dogmatische Grundlage herangezogen, als sich in den 70er Jahren der Fokus der Demokratisierungsdebatte von der volkswirtschaftlichen auf die Unternehmensebene verlagerte und um die Einführung der paritätischen Mitbestimmung gerungen wurde.[103] Auch die Sachverständigenkommission Mitbestimmung führte

---

96 *Koch* in Schaub, Arbeitsrechtshandbuch, § 210, Rn. 3 (Das BetrVG sei „Spiegelbild der Demokratisierung des Staates."), *Fitting* BetrVG § 1 Rn. 2; *v. Hoyningen-Huene* in FS Stahlhacke, S. 173, 175; *Neumann-Duesberg*, Betriebsverfassungsrecht, S. 60f.; *Hueck/Nipperdey* Lehrbuch des Arbeitsrechts Band II, S. 1063f.

97 BAG v. 10.12.2002 – Az. 1 ABR 7/02 – AP Nr. 59 zu § 80 BetrVG 1972.

98 Wirtschaftsdemokratie, insbesondere die Seiten 162ff.

99 Das Rätesystem, S. 325ff. Zur Entwicklung des wirtschaftsdemokratischen Konzepts *Sinzheimers* und *Naphtalis* siehe *Blanke* Soziales Recht, S. 80ff.

100 *Naphtali* Wirtschaftsdemokratie, S. 164; s. auch Arnold Entstehung des BetrVG 1952, S. 51f.

101 *Sinzheimer* Das Rätesystem, S. 332.

102 *Naphtali* Wirtschaftsdemokratie, S. 163f.

103 *Hohmann-Dennhardt* Entscheidungsstrukturen, S. 17f.; 62ff. (m.w.N.); krit. *Isensee* Der Staat 1978, S. 161ff.

1970 die Teilhabe der Arbeitnehmer auf die Idee der „Demokratisierung der Wirtschaft" zurück, wenn auch mit sichtlichem Unbehagen: *„Gleichwohl erscheint es der Kommission zulässig, wenn vielleicht aus begrifflichen Gründen nicht immer zweckmäßig, ... von ‚Demokratisierung' zu sprechen."*[104] Unter diesen Oberbegriff fasste die Kommission allerdings eine Vielzahl allgemeiner Wertentscheidungen des Grundgesetzes mit und ohne direkten Demokratiebezug: die Vertragsfreiheit und Unternehmerfreiheit, den Wettbewerb und die Tarifautonomie – und nicht zu vergessen die Menschenwürde.[105] Zwingende Anforderungen an die *Organisation* der Mitbestimmung wurden aus dem Demokratieprinzip ohnehin nicht abgeleitet.

Der Gesetzgeber begründete zuletzt 2001 verschiedene Änderungen des Betriebsverfassungsgesetzes mit dem Ziel, „mehr Demokratie im Betrieb" zu leisten.[106] In der Literatur wird dieses Prinzip bis heute für Appelle zur Reform der Mitbestimmung auf Betriebs- und Unternehmensebene bemüht.[107] Längst muss die Demokratie auch zur Lösung alltäglicher betrieblicher Streitfragen wie Whistleblowing[108] herhalten, oder für die Interpretation der Wahlordnung zur Betriebsratswahl[109]. Die Mitbestimmung im öffentlichen Dienst durch Personal-

---

104 Abschlussbericht der Sachverständigenkommission Mitbestimmung (1970), S. 115; anschaulich auch *Biedenkopf* in Demokratisierung der Wirtschaft: „Die Gefahr, die ich in dem Begriff „Demokratisierung" sehe – und das ist natürlich keine Kritik daran, dass er hier verwendet wird, denn er ist ja da, sondern eigentlich der Versuch, seine Bedeutung zu relativieren – ist die, dass dann über Demokratieverständnis gestritten wird." (S. 289).

105 Abschlussbericht der Sachverständigenkommission Mitbestimmung (1970), S. 115f.; Biedenkopf Demokratisierung der Wirtschaft, S. 286.

106 Z.B. § 75 Abs. 2 S. 2 BetrVG (Förderung der Eigeninitiative der Arbeitnehmer), s. die Begründung des Regierungsentwurfs BT-Drucksache 14/5741, S. 45.

107 *Demirovic* WSI-Mitteilungen 2008, S. 387 (391f.): Die Finanzkrise möge als Anlass für eine Stärkung der Wirtschaftsdemokratie durch Ausweitung von Mitbestimmung dienen; s. auch *Däubler* in DKKW BetrVG Einl. Rn. 39.

108 *Blanke* dbr 2010 Nr. 3, S. 9ff.

109 ArbG Berlin v. 18.6.2010 – Az. 28 BV 6977/10 – dbr 2011 Nr. 2, S. 36: Das Gebot, beim Versand von Unterlagen zur Betriebsratswahl kranke Arbeitnehmer zu berücksichtigen, sei auf das „Anliegen kodifizierter Ansätze sogenannter Wirtschaftsdemokratie" zurückzuführen, das schon die „Urahnen moderner Betriebsverfassung ... hatte inspirieren sollen" (sic!).

vertretungen wurde ebenfalls als behutsame Demokratisierung der Verwaltung gedeutet.[110]

An Kritik der Beliebigkeit dieses Demokratiebegriffs und der mangelnden Vergleichbarkeit von Staats- wie Betriebsverfassung fehlt es nicht.[111] Nicht nur wird die Übertragung staatsrechtlicher Strukturprinzipien auf die Wirtschaftswelt abgelehnt.[112] Es wird auch zu Recht darauf hingewiesen, Wirtschaftsdemokratie diene als Kampfbegriff, mit dem sich Kritiker der aus ihm abgeleiteten Teilhabeforderungen als „undemokratisch" abstempeln ließen.[113]

Diese Abnutzung beziehungsweise Instrumentalisierung des Demokratiebegriffs solle hier trotzdem nicht davon abhalten, seine Tragfähigkeit für Belegschaftsabstimmungen zu prüfen.

a. Staats- und Betriebsverfassung – die Gemeinsamkeiten

aa. Zwei Systeme zur Bändigung von Herrschaft

Für die Übertragbarkeit der Demokratie als staatlichem Organisationsprinzip auf die privatrechtliche Betriebsverfassung spricht, dass beide Systeme auf der Idee gründen, Herrschaftsausübung bedürfe rechtlicher Bändigung.[114] Ebenso wenig wie der Staatsbürger zum Objekt staatlicher Herrschaft werden soll, solle der Arbeitgeber im „vermachteten Raum"[115] seines Unternehmens uneingeschränkt über die Betriebsbürger verfügen dürfen.

Diese Bändigung erfolgt über Teilhabe: Die Betroffenen sollen mitwirken an und mitbestimmen über Regelungen, die sie betreffen, und dies auf der Basis

110 Für die Entstehungsphase des Bundespersonalvertretungsgesetzes *Nipperdey* Mitbestimmungsrecht im öffentlichen Dienst, S. 18f., 34ff.; später *Battis* DÖV 1987, S. 1 (4); *Plander* PersR 1990, S. 345 (348); *Wendeling-Schröder* AuR 1987, S. 381 (386).

111 *Di Fabio*, Bitburger Gespräche 2006, S. 163 (173); *Isensee* HdB StR IV § 73 Rn. 40; *Kreutz* Grenzen der Betriebsautonomie, S. 25ff.; *Rieble* NJW 2006, S. 2214, *Scheuch* in Demokratie und Mitbestimmung, S. 91f. Siehe auch *v. Nell-Breuning* Streit um Mitbestimmung, S. 70.

112 *Di Fabio*, Bitburger Gespräche 2006, S. 163 (173).

113 *Rieble* NJW 2006, S. 2214; ähnlich Hohmann-Dennhardt Entscheidungsstrukturen, S. 17f.: Mit ethisch-politischen Postulaten wie der Betriebsdemokratie „scheint die Berücksichtigung von Arbeitnehmerinteressen indiziert".

114 *Reichold* Betriebsverfassung als Sozialprivatrecht, S. 7; Richardi Kollektivgewalt, S. 92f.

115 *Werder* AG 2004, S. 166 (168).

einklagbarer Rechte.[116] Zu diesem Zweck werden nicht nur im Staat, sondern auch im Betrieb die „Autoritätsbeziehungen“[117] über eine Form der Gewaltenteilung gemildert: An die Stelle eines Betriebsabsolutismus mit einseitigem Direktionsrecht des Arbeitgebers tritt eine „betriebliche soziale Ordnung“, die Arbeitnehmer und Arbeitgeber gemeinsam tragen.[118] In diesem System kontrolliert der Betriebsrat ähnlich wie ein Parlament die Regierungstätigkeit des Arbeitgebers. Der Arbeitgeber verliert infolgedessen in wichtigen Bereichen – etwa in sozialen Angelegenheiten, in Personalfragen oder in der Gestaltung der Arbeitsabläufe – seine alleinige Entscheidungsgewalt.

bb. Teilhabe durch Repräsentanten

In beiden Systemen ist die Teilhabe an Gestaltungsmacht überwiegend repräsentativ ausgestaltet: Nach demokratischen Prinzipien gewählte Vertreter regeln Sachfragen mit unmittelbarer und zwingender Wirkung für alle. Die Herrschaft wird nicht von den Wählern ausgeübt, sondern nur durch deren Stimmabgabe legitimiert.[119] Der *status activus* des Einzelnen besteht in der Rolle des Wahlbürgers, der seine Repräsentanten bestimmt, und nicht in der des Stimmbürgers, der Sachentscheidungen trifft.[120]

In der Betriebsverfassung gilt letzteres ohne Ausnahmen: Abstimmungen der Belegschaft über Sachfragen mit Rechtsverbindlichkeit für den Arbeitgeber oder den Betriebsrat sind nicht vorgesehen.[121] Auch die Demokratie im staatsrechtlichen Sinne erweist sich auf Bundesebene als „prononciert antiplebiszitär“[122], indem das Grundgesetz Volksabstimmungen über Sachfragen nur in zwei Ausnahmefällen vorsieht (Artt. 29 und 118 GG). Mehr Ausnahmen gelten auf Kommunal- und Landesebene durch Bürgerbegehren und Bürgerentscheid, Volksbegehren und Volksentscheid, wobei der Gesetzgeber diese Teilhabe nicht nur vor formale Hürden durch Einleitungs- und Abstimmungsquoren stellt, son-

---

116 Vgl. BVerfG v. 2.3.1999 – 2 BvL 2/91 – BVerfGE 99, 367 (392).

117 *Biedenkopf* Demokratisierung der Wirtschaft, S. 286 (290).

118 *Wedde* in DKKW BetrVG Einl. Rn. 117; s. auch Neumann-Duesberg Betriebsverfassungsrecht, S. 61.

119 *Stern* Staatsrecht I, § 18 I 4a).

120 *Krause* HdB StR II § 39 Rn. 25.

121 Siehe dazu § 2 B 2 (S. 133).

122 *Stern* Staatsrecht I, § 18 II 5b).

dern ihr auch inhaltliche Grenzen durch ausgeschlossene Themen wie z.B. Haushaltsfragen setzt.[123]

An dieser Stelle regen sich bereits Bedenken gegen das Heranziehen des Demokratiegedankens für Belegschaftsabstimmungen. Denn es ist zu klären, wem gegenüber eine direktdemokratische Arbeitnehmerteilhabe stattfände: gegenüber den gewählten Repräsentanten oder gegenüber dem Arbeitgeber? Dienten Abstimmungen dazu, nur die unmittelbare Teilhabe der Arbeitnehmer an der Betriebsratsarbeit zu sichern oder auch ihre unmittelbare Teilhabe an der betrieblichen Ordnung und damit an den Entscheidungen des Arbeitgebers?

Das demokratische Staatssystem kennt diese Differenzierung nicht, weil die Regelung von Sachfragen durch Staatsorgane als Regelung durch das Volk gilt.[124] Es gibt im Staatswesen keinen weiteren dem Arbeitgeber vergleichbaren Akteur, dem das Volk entweder selbst oder vertreten durch Abgeordnete gegenüber treten kann. Dagegen verkörpert der Betriebsrat weder personell die Belegschaft noch verkörpern seine Maßnahmen inhaltlich den Willen der „Betriebsbürger“. Bezeichnenderweise halten auch gerade diejenigen, die den Begriff der Wirtschaftsdemokratie verwenden, eine direktdemokratische Beteiligung der Arbeitnehmer für „undurchführbar und illusionär“.[125]

Schon deshalb hilft der demokratische Gedanke nur eingeschränkt weiter für die Einführung von Belegschaftsabstimmungen.

cc. Kein Einfluss der Vertretenen auf System und Akteure

Eine weitere Parallele zwischen der demokratischen Staatsordnung und der betrieblichen Ordnung ist, dass beide nicht an die Zustimmung jedes einzelnen Mitglieds gebunden sind. Beide Systeme existieren unabhängig davon, ob einige oder eine Vielzahl der ihnen angehörenden Bürger sie ablehnen.

In aller Regel erfolgt die Errichtung von Betriebsräten unabhängig von der Zustimmung des Betriebsvolkes: Der Wahlvorstand wird vorrangig vom Gesamt- oder Konzernbetriebsrat bestellt. Drei Arbeitnehmer können seine Einsetzung durch ein Gericht erwirken (§ 17 Abs. 3, Abs. 4 S. 1 BetrVG). Eine Mindestwahlbeteiligung ist nicht erforderlich. Wurde ein Betriebsrat errichtet, er-

123 Zweites Volksentscheid-Ranking, Januar 2007, S. 6, 14f.; abrufbar über http://wissen.mehr-demokratie.de/fileadmin/md/pdf/bund/berichte/2007-ranking-mehr-demokratie.pdf. (zuletzt abgerufen am 14.4.2012).

124 *Krause* in HdB StR II § 39, Rn. 17.

125 Statt aller *Biedenkopf* Demokratisierung der Wirtschaft, S. 286 (287).

folgt die Neuwahl seiner Mitglieder unabhängig von der Akzeptanz des Gremiums in der Belegschaft.[126]

Auch inhaltlich haben die Arbeitnehmer so wenig Einfluss auf die Arbeit ihrer Repräsentanten, wie Bürger Einfluss auf die Arbeit ihrer Bundestagsabgeordneten haben.[127] Dem Betriebsrat steht nach allgemeiner Meinung ein freies Mandat ähnlich dem eines Gemeinderats, Landtags- oder Bundestagsabgeordneten zu.[128] Die Arbeitnehmer können ihn nicht abwählen, so wie sie ihre Bundestagsabgeordneten nicht abwählen können.

b. Staats- und Betriebsverfassung – die Unterschiede

aa. Der „Fabrikherrscher“ als Grundrechtsträger

Betriebe sind nicht Teil des Staates. Ihre Ordnung ist keine Ausübung von Staatsgewalt, die einer Legitimation durch die Staatsbürger bedürfte. Die Betriebsangehörigen verkörpern nicht das Staatsvolk im Sinne des Art. 20 Abs. 2 GG, auch kein „Teilstaatsvolk“, sodass sie ohnehin keine geeigneten Legitimationsträger wären.[129] Das Demokratieprinzip des Art. 20 GG gebietet es auch nicht, die Herrschaftsstrukturen staatsferner Einrichtungen nach diesem Ordnungsprinzip zu gliedern.[130]

Während die Herrschaft der Staatsorgane durch das Grundgesetz legitimiert ist, und das demokratische System des Grundgesetzes wiederum seine Legitimation „in sich selbst“ findet[131], wird die „Fabrikherrschaft“[132] des Unternehmers nicht durch die Existenz der Betriebsverfassung begründet. Sie wird vielmehr vom Betriebsverfassungsgesetz vorausgesetzt. Anders als der Staat benötigt der „Betriebsherrscher“ für seine „Herrschaft über die Arbeitnehmer“ keine verfassungsrechtliche Rechtfertigung, da er mit seiner unternehmerischen Tätigkeit selbst grundgesetzlich garantierte Freiheitsrechte ausübt.[133] Legitimationsgrund-

---

126 Siehe dazu unten § 2 A I 1 b (S. 93).

127 Siehe dazu unten § 2 B I 2 (S. 133).

128 Siehe dazu unten § 3 A II 3 b (S. 151).

129 *Böckenförde* in HdB StR II § 24 Rn. 27, 29f.; *Brocker* Unternehmensmitbestimmung und Corporate Governance, S. 103f.

130 *Böckenförde* in HdB StR II § 24 Rn. 8; *Dreier* in Dreier GG Art. 20, Rn. 67.

131 *Scholz* ZG 1994, S. 1 (29).

132 Neumann-Duesberg Betriebsverfassungsrecht S. 25.

133 *Reichold* Betriebsverfassung als Sozialprivatrecht S. 10.

lage für seine Organisationsgewalt über die betrieblichen Verhältnisse bilden das Eigentumsgrundrecht an seinem Gewerbebetrieb (Art. 14 Abs. 1 GG) sowie der Schutz seiner unternehmerischen Freiheit (Art. 12 Abs. 1 GG). Sein Direktionsrecht gegenüber den Arbeitnehmern wird legitimiert durch die mit ihnen geschlossenen Arbeitsverträge. Deshalb bedarf der Arbeitgeber keiner weitergehenden demokratischen Legitimation durch eine Wahl seines „Betriebsvolkes", er verfasst vielmehr durch die Organisation seines Betriebs erst das Wahlvolk für einen Betriebsrat.[134]

Dass das Eigentumsgrundrecht einer Sozialbindung unterliegt (Art. 14 Abs. 2 GG), stellt weder die Legitimation der vom Arbeitgeber gesetzten betrieblichen Ordnung in Frage, noch entsteht hierdurch der Bedarf nach einer weiteren demokratischen Legitimation der Grundrechtsausübung des Arbeitgebers durch die Arbeitnehmer. Vielmehr ist es Aufgabe des Gesetzgebers, den Umfang der Sozialbindung bei der Ausgestaltung von Inhalt und Schranken des Eigentumsgrundrechts zu konkretisieren, wobei der Schutz des Eigentümers je nach der „sozialen Verflechtung" des Eigentumsobjekts variiert.[135] Als Rechtfertigungsgrundlage für eine „Demokratisierung" der Betriebe taugt Art. 14 Abs. 2 GG aber nicht. Das Grundgesetz ist „nicht Grundlage, sondern enge Grenze für die Umsetzung wirtschaftsdemokratischer Ziele".[136]

bb. Die Betriebsangehörigen als Vertragspartner

Die Weisungsbefugnisse des Arbeitgebers gegenüber den Angestellten ergeben sich aus privatrechtlichen Arbeitsverträgen. Sie werden nicht durch Geburt, Gesetz oder behördlichen Akt begründet. Zum Belegschaftsvolk gehört, wer von seiner Vertragsfreiheit Gebrauch gemacht hat. Die Betriebszugehörigkeit ist daher, anders als die Staatsangehörigkeit, kein der Selbstbestimmung entzogenes Statusverhältnis[137], sondern der Arbeitnehmer kann dem Arbeitgeber Privilegien abtrotzen – z.B. mehr Gehalt, mehr Entscheidungskompetenzen oder längere Kündigungsfristen –, die anderen Betriebsangehörigen nicht zustehen. Stärken lassen sich diese Rechte durch den Beitritt zu einer Koalition, die ihren Mitglie-

---

134 *Kreutz* Grenzen der Betriebsautonomie, S. 25ff.; *Wiese* in GK BetrVG Einl. Rn. 80.

135 *Wendt* in Sachs GG Art. 14 Rn. 85ff. (111, 118ff.).

136 *Isensee* in HdB StR IV § 73 Rn. 40

137 Auch wenn diese Lehre noch unter der Geltung des Betriebsverfassungsgesetzes von 1952 verbreitet war, siehe dazu oben I 1 c (S. 26).

dern bessere Arbeitsverhältnisse aushandeln kann, als diese alleine oder als Mitglieder einer anderen Koalition erreichen könnten.

Für die Arbeitnehmer als privatautonom agierende Vertragsparteien muss es grundsätzlich auch eine freie Entscheidung sein, sich durch Dritte vertreten zu lassen oder selbst zu verhandeln. Sie in ein nicht verhandelbares gesetzliches Vertretungssystem zu zwingen bedarf der Rechtfertigung.[138] Dagegen sind in einem Staatssystem, dessen Bürger gleich und gleichberechtigt sein sollen (Art. 3 Abs. 1 GG), die Staatsangehörigkeit und die daraus resultierenden Rechte und Pflichten nicht verhandelbar.

Bedenken gegen solche Verhandlungen bestehen in einem entwickelten Industriestaat auch deshalb, weil die Abstimmungsthemen zu komplex wären, um sie mit „Ja“ oder „Nein“ zu klären.[139] Eine Volksherrschaft ohne die Vermittlung durch verantwortlich handelnde Organe könnte schnell zur „Herumdebattiererei“ geraten.[140] Dagegen wäre der Teilnehmerkreis für Belegschaftsabstimmungen überschaubar, und ebenso übersichtlich wäre auch der Kreis der Akteure, die auf die Kommunikationsprozesse rund um Abstimmungen Einfluss zu nehmen versuchten. Auf kommunaler und Landesebene sind direktdemokratische Verfahren seit Jahren gängige Praxis, was beweist, dass es möglich und praktikabel ist, auch großen Personengruppen in Streitfragen unmittelbar Gehör zu verschaffen.

cc. Der Betriebsrat als Kooperationspartner

Seine demokratische Wahl legitimiert den Betriebsrat nicht dazu, in die Unternehmensregierung durch einseitige Beschlüsse einzugreifen (§ 77 Abs. 1 S. 2 BetrVG) – die Ordnung des Betriebs wird einvernehmlich erlassen. Die Arbeitnehmer und ihre Repräsentanten bilden auch keine Opposition, deren Anstrengungen sich darauf richten, die „Firmenregierung“ abzulösen. Im Gegenteil: In der konstitutionellen Fabrik des 19. Jahrhunderts wie in der Betriebsverfassung von heute „gesteht die Arbeiterschaft dem Unternehmer ohne weiteres zu, dass er der geborene Herrscher seines Betriebes ist“[141].

138 Dazu sogleich unter 2. (S. 50).

139 *Krause* in HdB StR III § 35 Rn. 17; *Scholz* ZG 1994, S. 1 (30).

140 *Böckenförde* HdB StR III § 34, Rn. 4, 10

141 *v. Nell-Breuning* Zeitfragen S. 160f.

Die Ausübung von Fundamentalopposition könnte mit der Entfernung aus dem Betriebsratsamt sanktioniert werden, mit Abmahnung oder mit Kündigung, also dem Ausschluss aus der „konstitutionellen Fabrik“ – in einem demokratischen Staatswesen undenkbar. Die Arbeitnehmervertretung hat, anders als die parlamentarischen Volksvertretungen, kein eigenes, unveräußerliches Budgetrecht, und hat auch nicht unmittelbar Anteil an der Budget-Planung des Arbeitgebers, wenn man von den Informations- und Beratungsrechten des Wirtschaftsausschusses (§ 106 BetrVG) absieht. Dass das Gremium auf diese Planung mittelbar einwirkt, indem die Mitbestimmung Kosten erzeugt oder strategische Entscheidungen und die Personalplanung beeinflusst, ändert am Gesamtbefund nichts.

c. Fazit

Die Parallelen von Staats- und Betriebsverfassung belegen ähnliche Organisationsstrukturen dieser Teilhabesysteme. Doch die Ähnlichkeiten sind begrenzt und lassen nicht auf vergleichbare Prinzipien und Ziele schließen. Im Gegenteil verdeutlichen die vertragliche Grundlage der Betriebszugehörigkeit und die Grundrechtsträgerschaft des Arbeitgebers, dass im Betrieb nicht staatsrechtliche Bändigung von Herrschaft, sondern privatautonome Kompetenzverteilung gefragt ist.[142]

Für die entscheidende Frage, ob direkte Beteiligung gegenüber dem Arbeitgeber oder gegenüber dem Betriebsrat auszuüben ist, gibt der demokratische Gedanke keine Antwort. Diese findet sich erst, wenn man, statt aus der staatsrechtlichen, aus der privatrechtlichen Perspektive auf die Betriebsverfassung blickt: Danach ist unmittelbaren, individuellen Vereinbarungen zwischen den Arbeitsvertragspartnern stets der Vorzug zu geben. Soweit diese nicht möglich sind und betriebliche Repräsentanten zum Einsatz kommen, muss die Teilhabe der Arbeitnehmer an *deren* Vertretungstätigkeit gesichert sein. Direkte Demokratie im Betrieb wirkt somit nur gegen diejenigen Gremien, die direkte Verhandlungen der Vertragsparteien ersetzen. So erweisen sich Belegschaftsabstimmungen als unmittelbares Teilhabeinstrument auf Kosten der Kompetenzen des Betriebsrats, nicht des Arbeitgebers.

So verstanden würden Abstimmungsregeln gerade die Strukturen schwächen, die Staats- und Betriebsverfassung gemeinsam haben: Sie würden gegen die Errichtung von Vertretungen ohne Zustimmung der Vertretenen wirken, weil die Arbeitnehmer per Abstimmung verbindlich ihre Ablehnung der gesetzlichen

142 *Waltermann* Rechtssetzung durch Betriebsvereinbarung, S. 128.

Interessenvertretung ausdrücken könnten. Je nach Ausgestaltung der Abstimmungsmodelle würden sie auch gegen die Unabhängigkeit und Weisungsfreiheit der betrieblichen Repräsentanten wirken – der Betriebsrat wäre dazu verpflichtet, dem Arbeitgeber den tatsächlichen Willen der Arbeitnehmer zu übermitteln, den die Abstimmungsergebnisse verkörperten.

Belegschaftsabstimmungen erweisen sich somit allenfalls hinsichtlich einzelner Funktionsbedingungen, nicht aber in Zweck und Wirkung, als Mittel zur Demokratisierung der Betriebe.

2. Selbstbestimmung

Anstatt Parallelen zur Staatsverfassung zu ziehen ist die Belegschaftsabstimmung auf das Prinzip der Selbstbestimmung zurückzuführen.[143] Dieses wird von der Verfassung in vielen Ausprägungen geschützt: von der Entscheidung, auf welche Schule die Kinder gehen (Art. 7 Abs. 4 GG) bis hin zur rechtsgeschäftlichen Privatautonomie (abgeleitet aus Art. 2 Abs. 1 GG), also dem Recht, die eigenen Angelegenheiten selbst zu regeln und nur solchen Regelungen Dritter unterworfen zu sein, denen man zugestimmt hat.[144]

Im Arbeitsleben findet Privatautonomie dergestalt statt, dass Arbeitnehmer und Arbeitgeber die Bedingungen ihrer Zusammenarbeit festlegen; für beide Parteien ist dies auch eine Ausprägung ihrer Berufsfreiheit nach Art. 12 Abs. 1 GG.[145] Die Regelungsbefugnis der Parteien umfasst nicht nur den Abschluss des Arbeitsvertrags, sondern auch dessen Umsetzung im betrieblichen Alltag.

Dem Prinzip der Selbstbestimmung würde daher eine Betriebsverfassung am ehesten gerecht, die den Arbeitnehmern in materiellen Fragen einen möglichst

---

143 Zu diesem grundlegend *Riesenhuber* Prinzip der Selbstverantwortung, S. 1ff., zur Geltung im Arbeitsrecht *Rieble* Selbstverantwortung S. 337ff.; zuvor *Löwisch* ZfA 1996, S. 293ff.

144 BVerfG v. 13.5.1986 – Az. 1 BvR 1542/84 – BVerfGE 72, 155 (170); BVerfG v. 7.2.1990 – Az. 1 BvR 26/84 – BVerfGE 81, 242 (254); *Lobinger* RdA 2011, S. 76f., 84; Löwisch ZfA 1996, S. 293 (294f.); *Picker* NZA 2002, S. 761; *Richardi* in Richardi BetrVG Einl. Rn. 130ff.

145 BVerfGE 81, 242 (254); *Junker* NZA 1997, S. 1305 (1306); *Löwisch* ZfA 1996, S. 293ff.

weiten Spielraum für individuelle Vereinbarungen belässt.[146] Stattdessen erfolgt im gegenwärtigen System die rechtsgeschäftliche Regelung der betrieblichen Ordnung größtenteils nicht durch die Arbeitnehmer, sondern wird mit Wirkung für diese von den Betriebsparteien geregelt – statt Privatautonomie gilt Betriebsautonomie.[147]

a. Grenzen individueller Regelungsmacht im Betrieb

Dass der Gesetzgeber kollektiven Gremienentscheidungen den Vorrang vor privatautonomen Vereinbarungen einräumt, ist in den Situationen gerechtfertigt, in denen Einzelvereinbarungen an Grenzen stoßen.

aa. „Strukturelle Unterlegenheit" der Arbeitnehmer

Die erste Grenze besteht in einem faktischen Machtgefälle zwischen den Arbeitsvertragsparteien, das der „strukturell unterlegene" Arbeitnehmer kraft seiner Privatautonomie nicht beseitigen kann.[148] Dieses Gefälle kann sich bereits aus einer Angebotsmacht des Arbeitgebers ergeben, der vielleicht zwischen mehreren Bewerbern für eine Stelle wählen kann. Ein solches Machtgefälle schränkt die Selbstbestimmung des Arbeitnehmers beim Abschluss des Vertrags, bei den Verhandlungen über dessen Inhalt und bei Kündigungen erheblich ein. Verstärkt wirkt der Machtunterschied, sobald der Arbeitnehmer in den Betrieb eintritt, den der Arbeitgeber organisiert. Ohne gesetzliche Grenzen dieser einseitigen Mitbestimmungsordnung, ohne Gegenmachtbildung durch gemeinsames Handeln auf der Arbeitnehmerseite, kann die Organisationsgewalt des Arbeitgebers die Selbstbestimmung des Einzelnen im Betrieb empfindlich beschneiden.[149]

Das Bundesverfassungsgericht leitet aus der grundrechtlichen Gewährleistung der Privatautonomie in Verbindung mit dem Sozialstaatsprinzip (Art. 20 Abs. 1 GG) sogar die Pflicht des Gesetzgebers ab, zur Stärkung der schwächeren

---

146 BAG v. 12.06.1975 – Az. 3 ABR 13/74 – AP Nr. 1 zu § 87 BetrVG 1972; *Wiese* in GK-BetrVG Einl. Rn. 72; *ders.* NZA 2006, S. 1; *Picker* RdA 2001, S. 259 (265); *Blanke/Rose* RdA 2001, S. 92 (95); *Wittgruber* Abkehr von der Vertragsfreiheit, S. 66f.

147 *Kreutz* Grenzen der Betriebsautonomie, S. 99ff.; *Leitmeier* Nachwirkung, S. 99.

148 Vgl. für die Voraussetzungen einer solchen „strukturellen Unterlegenheit" BVerfG v. 19.10.1993 – Az. 1 BvR 567/89, 1044/89 – BVerfGE 89, 214 (229); BVerfGE 81, 242 (254); krit. zur Weite des Begriffs *Junker* NZA 1997, S. 1305 (1308).

149 *Richardi* Kollektivgewalt, S. 123.

Vertragspartei korrigierend einzugreifen.[150] Dieser Korrektureingriff besteht im Erlass der betrieblichen Mitbestimmungsregeln, die einen Ausgleich der Machtverhältnisse über den Einsatz von Repräsentanten bezwecken. Der Ausgleich der Stärkeverhältnisse resultiert damit abermals in einer – diesmal als wohlwollend empfundenen – Fremdbestimmung über den Arbeitnehmer.[151]

Abgesehen von der Frage, ob die strukturelle Unterlegenheit der Arbeitnehmer nicht auch durch deren direkte Teilhabe beseitigt werden könnte, ist auch fraglich, ob sich das geschilderte Machtgefälle in einer von Fachkräftemangel und demographischem Wandel geprägten Arbeitswelt nicht zunehmend einebnet. In vielen Branchen haben qualifizierte Bewerber auf freie Stellen deutlich an Verhandlungsmacht gewonnen. Diese Machtangleichung hinterlässt auch Spuren in der Ordnung der Betriebe: Vom Fabrikherrscher, der unbedarfte, machtlose Arbeiter regiert, ist vor allem im Dienstleistungssektor nicht mehr viel übrig.

Es ist daher fraglich, ob die Gefahren für die individuelle Selbstbestimmung noch so groß sind, dass sie das aktuelle Schutz- und damit Fremdbestimmungsniveau der Betriebsverfassung rechtfertigen. Diese Frage hat eine verfassungsrechtliche Dimension: Die Privatautonomie und der Schutz weiterer Grundrechte vor der strukturellen Übermacht des Arbeitgebers müssen nach dem Prinzip praktischer Konkordanz in Ausgleich gebracht werden.[152] Obwohl der Gestaltungsspielraum des Gesetzgebers auf diesem Gebiet weit ist, stellt sich zumindest rechtspolitisch die Frage, ob nicht Alternativen zum aktuellen, fremdbestimmten System zu finden sind.

bb. Verteilungskonflikte

Die zweite Grenze individualrechtlicher Vereinbarungen besteht im Verhältnis der Arbeitnehmer untereinander. Da die Betriebsangehörigen in einer arbeitsteiligen Organisation nicht unberührt von ihrem Umfeld vor sich hin arbeiten, „so wie die Menschen in der Straßenbahn stehen“[153], entfalten ihre individuelle Ab-

---

150 BVerfGE 89, 214 (232); *Bremeier* Personelle Reichweite, S. 125; siehe auch *Beuthien* ZfA 1988, S. 1 (14): die Betriebsverfassung schütze den „wirtschaftlich und geistig unterlegenen Arbeitnehmer“ bei der Eingliederung in eine fremdbestimmte Arbeitsorganisation.

151 *Löwisch* ZfA 1996, S. 293 (296).

152 *Löwisch* ZfA 1994, S. 293 (299).

153 *Gamillscheg* in FS Fechner, S. 135 (144).

sprachen eine Drittwirkung auf Kollegen.[154] Sie erzeugen oder verschärfen Verteilungskonflikte, sobald sie knappe Güter betreffen. Bei diesen kann es sich um einen Bonus-Topf handeln, um eine Führungsposition oder auch nur um beliebte Urlaubszeiten in den Sommermonaten.[155] Kollisionswirkung entfalten auch privatautonome Regeln für die Ordnung des Betriebs, etwa wenn der Arbeitgeber einer Gruppe erlaubt, Musik zu hören, anderen aber Schonung vor Begleitmusik am Arbeitsplatz verspricht.[156]

Könnte jeder Arbeitnehmer seinen Anteil an diesen Gütern entsprechend seiner Interessen mit dem Arbeitgeber aushandeln, ergäbe dieses Bündel bilateraler Kompromisse keine kollektive ausgleichende Gerechtigkeit, sondern führte zu einer willkürlichen Verteilung der Güter zugunsten verhandlungsstärkerer oder besser gelittener Arbeitnehmer.[157] Wer dann leer ausgeht oder schlechter dasteht als die Kollegen, den dürfte nicht die Aussage trösten, er habe seine Schlechterstellung immerhin selbst ausgehandelt. Die Betriebsverfassung muss somit den Ausgleich zwischen Vertragsfreiheit und Verteilungsgerechtigkeit gewährleisten, mit der Folge, dass die Arbeitsbedingungen nicht mehr nur der Disposition der Individualvertragsparteien unterliegen.[158] Insofern kann die betriebliche Mitbestimmung auch als eine staatliche Umsetzung der privatrechtlichen Rücksichtnahmepflicht verstanden werden.[159]

Ob die Übertragung dieser Grenze der individuellen Selbstbestimmung in die Betriebsverfassung noch zeitgemäß ist, ist zweifelhaft. Die Internationalisierung der Belegschaften und der Unternehmensaktivitäten beispielsweise erschweren es, Verteilungskonflikte mit Instrumenten des deutschen Rechts zu lösen.[160] Die Fragmentierung der Belegschaften in Arbeitsgruppen und die hohe Spezialisierung der Arbeitnehmer können dazu führen, dass Konflikte nur noch für diejenigen verständlich und lösbar sind, die unmittelbar von ihnen betroffen sind: Ein Betriebsrat, der mehrheitlich aus Arbeitnehmern der Buchhaltung be-

---

154 *Hanau* Individualautonomie, S. 105; Wittgruber Abkehr von der Vertragsfreiheit, S. 42f.

155 *Hanau* Individualautonomie, S. 96f.

156 Vgl. BAG v. 14.1.1986 – Az. 1 ABR 75/83 – AP Nr. 10 zu § 87 BetrVG 1972.

157 *Rieble* Arbeitsmarkt und Wettbewerb Rn. 1413f.

158 *Hanau* Individualautonomie, S. 78ff. (81), 103ff. (107); Raab ZfA 2001, S. 31 (36).

159 *Rieble* Zukunft der Unternehmensmitbestimmung, Rn. 31.

160 Dazu *Zinger* Internationalisierung, S. 169f.

steht, mag mit der Frage von Datenschutzregeln für Server-Techniker oder Arbeitszeitregeln für ein chemisches Labor überfordert sein. Soweit in diesen Fällen ein „Notausstieg in den Individualvertrag“[161] nicht möglich ist, sondern eine kollektive Regelung geboten ist, ist entweder eine unmittelbare Regelung durch die Betroffenen zu erwägen oder ihre Teilhabe an der Entscheidung durch die Vertreter.

b. Kollektiv-mittelbare und kollektiv-unmittelbare Teilhabe

Trotz der geschilderten Veränderung der Arbeitswelt ist der Betriebsrat noch wie zur Zeit der Geltung des BRG 1920 derjenige Akteur, den das Gesetz zur Lösung (und Prävention) von Verteilungskonflikten und zum Ausgleich des Machtgefälles zwischen Arbeitgeber und Arbeitnehmer ermächtigt. Seine Vereinbarungen mit dem Arbeitgeber binden kraft Gesetzes auch die Arbeitnehmer.[162] Wenn einzelne Arbeitnehmer dann im Verteilungskonflikt den Kürzeren ziehen, ist dafür nicht die Willkür des Arbeitgebers verantwortlich, sondern ein Verfahren, an dem seine Vertreter teilhatten.[163]

Es fragt sich aber, ob alle betrieblichen Fragen, für die der Gesetzgeber einen kollektiven Regelungsbedarf unterstellt, noch *kollektiv-mittelbar* durch den Betriebsrat als Repräsentant und „Vormund“[164] getroffen werden müssen, oder ob nicht die Betriebsangehörigen *kollektiv-unmittelbar* einzubeziehen sind.

c. Mehr Selbstbestimmung durch Abstimmungen?

Es erscheint auf den ersten Blick widersinnig, individuelle Selbstbestimmung durch ein weiteres kollektives Teilhabeinstrument herstellen zu wollen. In einer durch Abstimmungen geregelten Betriebsverfassung würde der Einzelne auch nur dann effektiv mitbestimmen, wenn er zur Mehrheit zählte. Seine Stimmabgabe kann deshalb grundsätzlich nicht einer privatautonomen Vereinbarung mit dem Arbeitgeber gleichgestellt werden. Auch ein Wahlrecht des Arbeitnehmers zwischen einer tariflichen und einer individualvertraglichen Regelung seiner Arbeitsbedingungen würde seiner Selbstbestimmung besser gerecht als eine Fremdbestimmung durch die Mehrheit der Arbeitskollegen.[165]

---

161 *Löwisch* ZfA 1996, S. 293 (313).

162 *Wiese* in GK-BetrVG Einl. Rn. 68.

163 *Wiese* in GK-BetrVG Einl. Rn. 78.

164 *Neef* NZA 2001, S. 361 (362).

165 Vgl. *Löwisch* ZfA 1996, S. 293 (310).

Allerdings können Abstimmungen nicht von vorne herein als freiheitsfeindlich oder als Gegenbegriff zu individueller Selbstbestimmung verworfen werden.[166] Allein das Recht, über die Wahl eines Betriebsrats abzustimmen, würde jedem Arbeitnehmer mehr Entscheidungsfreiheit eröffnen als ihm derzeit zusteht – nämlich die Freiheit, überhaupt Zustimmung zu dieser Vertretung oder Verzicht auf ihren Schutz auszudrücken zu können. Das Gleiche gilt für die Abwahl von Betriebsräten: Könnten Arbeitnehmer dieses Verfahren im Betrieb initiieren, so wie sie bereits die Abwahl ihrer Aufsichtsräte auf Unternehmensebene initiieren können[167], würde ihr Schutz vor unerwünschter Fremdbestimmung spürbar gestärkt.

Hinsichtlich Abstimmungen über inhaltliche Fragen ist den Kritikern von Mehrheitsentscheidungen zuzugestehen, dass diese Beschlussform der unterlegenen Minderheit keine Selbstbestimmung ermöglicht.[168] Für sie bleibt das Abstimmungsergebnis eine fremdgesetzte Regelung durch die anderen Betriebsangehörigen, die überdies, anders als der Betriebsrat, nur ihren eigenen Interessen verpflichtet sind und nicht der Achtung von Minderheiten oder den Interessen des Betriebs als Ganzem.[169] Es wird noch zu prüfen sein, ob und unter welchen verfahrensrechtlichen Bedingungen diese Wirkung mit dem verfassungsrechtlich gebotenen Minderheitenschutz und der Funktionsfähigkeit der auf Individualschutz gerichteten Betriebsverfassung zu vereinbaren ist.[170]

An dieser Stelle muss der Hinweis genügen, dass der Gesetzgeber auch im Betriebsrat die Achtung von Minderheitenbelangen nicht unter allen Umständen garantiert hat: Beschlüsse fällt das Gremium grundsätzlich mit einfacher Mehrheit der anwesenden Mitglieder (§ 33 Abs. 1 S. 1 BetrVG). Demgegenüber ermöglichen Belegschaftsabstimmungen dem Einzelnen immerhin eine Mitwirkung an und Stellungnahme zu betrieblichen Regelungen, die ihm vorher nicht zustanden.[171] Mit der Stimmabgabe hätte jeder Arbeitnehmer unmittelbar Anteil

---

166 Vgl. *Picker* RdA 2001, S. 259 (267); sowie *Rieble* Zukunft der Unternehmensmitbestimmung Rn. 33: Es darf nicht zum Ziel der Partizipation an Arbeitgeberentscheidungen die Mehrheit die Minderheit dominieren.

167 Dazu unter § 2 A I 2 b (S. 104).

168 *Wiese* in GK-BetrVG Einl. Rn. 80.

169 *Säcker* Gruppenautonomie, S. 426ff; *v. Hoyningen-Huene* Betriebsverfassungsrecht S. 52.

170 Dazu insbesondere § 4 D II 3 (S. 243).

171 Vgl. *Böckenförde* HdB StR II § 24 Rn. 37.

an der Lösung eines Verteilungskonflikts, den derzeit andere für ihn lösen. Es würde somit nicht etwa eine bis dato autonome Entscheidung des Einzelnen „denaturiert, indem man sie demokratisiert“[172]. Vielmehr würde die Abstimmung innerhalb eines ohnehin kollektivierten, institutionalisierten Entscheidungsprozesses einem Gremium Kompetenzen entzogen würden und den ursprünglichen Entscheidungsträgern zurückgegeben würden. Wenn somit der Mangel an Selbstbestimmung auch nicht im Verhältnis von Arbeitgeber und Belegschaft gelindert wird, dann doch im Verhältnis des Einzelnen zum Betriebsrat.[173]

Schon aus Transparenzgründen ist diese Kompetenzverschiebung zu befürworten, denn sie macht Minderheit und Mehrheit in der Belegschaft erst erkennbar. Die Abstimmung förderte zutage, wie sich das Belegschaftskollektiv ausgleichende Gerechtigkeit vorstellt, ohne dass das Betriebsratsvotum diese Wertung fingieren müsste.

d. Fazit

Abstimmungen können individuelle Selbstbestimmung nicht für alle Betriebsangehörigen vollumfänglich verwirklichen. Indem die Arbeitnehmer zur unmittelbaren Mitwirkung an betrieblichen Regelungen berechtigt würden, würde das Prinzip der Selbstbestimmung aber im Vergleich zum geltenden System erheblich gestärkt.

3. Legitimation

Belegschaftsabstimmungen könnten nicht nur die Selbstbestimmung der Arbeitnehmer befördern, sie könnten auch der Rechtssetzung durch den Betriebsrat mehr Legitimation verleihen. Dieser Begriff ist ebenso schwer zu greifen, wie derjenige der Betriebsdemokratie[174] und weckt ebenfalls fachfremde, nämlich staatsrechtliche Assoziationen. Doch drückt die Legitimationsidee letztlich in allen Rechtsgebieten aus, dass fremdgesetzte Regeln einer Rechtfertigung bedürfen.[175] Für privatrechtliche Herrschaftsverhältnisse gilt dies angesichts der

---

172 *Picker* RdA 2001, S. 259 (275).

173 Zu diesen Ebenen *Blomeyer* in GS Dietz, S. 147 (156).

174 Krit. daher *Giesen* Tarifliche Rechtsgestaltung, S. 185ff.

175 *Köbler* Juristisches Wörterbuch: „der Nachweis der Berechtigung eines Verhaltens oder Zustands“; s. auch *Käppler* in FS Kissel, S. 475 (480); *Giesen* Tarifliche Rechtsgestaltung, S. 188.

originären Regelungsmacht des Einzelnen in besonderem Maße.[176] Die kollektive betriebliche Ordnung ist für die Arbeitnehmer eine Form der Fremdbestimmung – Betriebsautonomie ist keine delegierte Selbstbestimmung.[177]

Die Legitimation von Fremdbestimmung kann in der Zustimmung des Regelungssubjektes zu der Regelung liegen, oder in der Tatsache, dass dieses selbst oder der Gesetzgeber den Regulator ermächtigt haben. Wie zu zeigen sein wird, hat die Regelungsmacht des Betriebsrats legitimatorische Schwächen, die Belegschaftsabstimmungen ausgleichen könnten.

a. Erfordernis einer Legitimation des Betriebsrats

Für die Regelungsbefugnis des Betriebsrats überhaupt eine Legitimation zu verlangen mag auf den ersten Blick nicht nachvollziehbar sein: Liegt diese nicht bereits in seinem legitimen Daseinszweck, Schutz und Teilhabe des Arbeitnehmer zu verwirklichen? Verschiedentlich wird suggeriert, betriebliche Mitbestimmung sei streng genommen gar keine Fremdbestimmung, denn sie mildere die Fremdbestimmung durch den Arbeitgeber.[178] Man müsse sich nur eine betriebliche Ordnung ohne die schützende Hand des Betriebsrats vorstellen, dann zeige sich, dass seine Existenz dem Arbeitnehmer nichts nehme, „was er vorher effektiv hatte“[179]. Wer zwischen Belegschaft und Betriebsrat eine künstliche Konfliktlinie etabliere, heißt es, versperre die Sicht auf die viel brisantere Konfliktlinie zwischen Belegschaft und Arbeitgeber.[180]

Die Vertreter dieser Ansicht ignorieren, dass mit der Forderung nach Legitimation kein Werturteil über die zu legitimierende Institution verbunden ist. Es gibt keine gute oder schlechte Fremdbestimmung, nur unterschiedliche Grade von Legitimation für Fremdbestimmung. Dass diese Grade sich proportional zu der Regelungsmacht der Vertreter entwickeln müssen, hat *Schüren* hinsichtlich der tariflichen Normsetzung klargestellt: Je nachdem, ob ein Vertretungsgremium nur für die Anliegen seiner Mitglieder bei einer regelungsbefugten Instanz

---

176 *Säcker* Gruppenautonomie, S. 343.

177 *Müller-Franken* Eingriffe durch Betriebsvereinbarungen, S. 50, 55, 62.

178 *Linsenmaier* RdA 2008, S. 1 (13); *Nebel* Normen des Betriebsverbandes S. 121; *Reuter* in FS Schaub, S. 605 (626ff.); ähnlich *Travlos-Tsanetatos* Regelungsbefugnis der Betriebspartner, S. 66ff.

179 *Lambrich* Tarif und Betriebsautonomie, S. 222.

180 *Lambrich* Tarif- und Betriebsautonomie, S. 221; *Waltermann* Rechtsetzung durch Betriebsvereinbarung, S. 86.

wirbt, oder ob es selbst dazu ermächtigt ist, die Anliegen zu regeln, ist eine unterschiedlich intensive Rückkoppelung zwischen Gremium und Regelungsobjekt erforderlich.[181] Wohlgemerkt: Diese graduellen Legitimationserfordernisse stellt Schüren für Gewerkschaften als privatrechtliche Vereinigungen auf, denen der Einzelne kraft freier Entscheidung beitritt. Erst recht muss seine Forderung für den Betriebsrat als Organ einer staatlich geschaffenen Zwangsvertretung gelten.

b. Bestehen von Legitimation

Bevor Belegschaftsabstimmungen auf ihre legitimierende Wirkung für die betriebliche Ordnung geprüft werden, muss geklärt werden, aus welcher Quelle sich die Legitimation des Betriebsrats speist. Eine Legitimation kraft originärer Regelungsautonomie fehlt dem Gremium zweifellos: Der Betriebsrat existiert nicht, um sich rechtsgeschäftlich zu verwirklichen, sondern um seine repräsentative Funktion zu erfüllen.[182]

aa. Legitimation durch Arbeitsvertrag

In der Privatrechtsordnung Betriebsverfassung ist es naheliegend, die Legitimation der Betriebsautonomie in den Arbeitsverträgen der Arbeitnehmer zu suchen. Ihr freiwilliger Beitritt zum Betrieb, so wird z.B. behauptet, drücke ihre Zustimmung zu der dort geltenden Ordnung (ob mit oder ohne Betriebsrat) aus[183], als wären sie Freizeitparkbesucher, die vor der Achterbahnfahrt ein Schild mit Benutzungsregeln passieren, was als Zustimmung gewertet wird. Auf Arbeitnehmer passt diese Vorstellung schon deshalb nicht so recht, weil der Eintritt in den Betrieb nicht als Freizeitvergnügen, sondern oft aus wirtschaftlicher Notwendigkeit erfolgt.[184] Die Idee, dass im Vertragsabschluss eine Unterwerfungserklärung liegt, rückt das Arbeitsverhältnis zudem wieder in die Nähe eines Statusverhältnisses.[185] Rechtsgeschäftlich kann der Abschluss auch deshalb nicht

---

181 *Schüren* Legitimation, S. 2.

182 *Veit* Funktionelle Zuständigkeit, S. 140ff.; *Kreutz* Grenzen der Betriebsautonomie, S. 99f.; *Leitmeier* Nachwirkung, S. 101.; *Picker* NZA 2002, S. 761; *Travlos-Tzanetatos* Regelungsbefugnis der Betriebspartner, S. 36ff. (38); *Waltermann* Rechtsetzung durch Betriebsvereinbarung, S. 112.

183 *Meyer-Cording* Rechtsnormen, S. 90, 103.

184 So schon *v. Nell-Breuning* Weisungsbefugnis und Mitbestimmung, S. 59; ebenso *Müller-Franken* Eingriffe durch Betriebsvereinbarungen, S. 56ff.; *Travlos-Tzanetatos* Regelungsbefugnis der Betriebspartner, S. 70.

185 S. oben I 1 b (S. 25) und *Müller-Franken* Eingriffe durch Betriebsvereinbarung, S. 59.

als Beitrittserklärung gedeutet werden, weil der Arbeitnehmer nicht das Gegenteil erklären und trotzdem den Vertrag schließen könnte[186] – nach dem Prinzip: Ich bin mittendrin, aber nicht dabei. Auch ein *actus contrarius* fehlte: Wem die Vertretung nicht passt, kann sich ihr nur durch Austritt aus dem Betrieb entziehen – dann gäbe er sein Arbeitsverhältnis auf.[187] Allenfalls lässt sich dem Vertragsabschluss die Bereitschaft entnehmen, sich mit den Kollegen abzustimmen, nicht aber die Zustimmung, dass Dritte diese Abstimmung leisten.

Verschiedentlich wird deshalb nicht der Vertrags*abschluss* als Legitimation des Betriebsrats gewertet, sondern die Mitbestimmung des Betriebsrats als Hilfe zur Umsetzung dieses Vertrags bewertet: Soweit das Gremium nur Einfluss auf die Regeln nehme, die der Arbeitgeber sonst einseitig setzen könnte, biete der Vertrag eine hinreichende Legitimationsgrundlage und Kompetenzgrenze zugleich.[188]

Dann fragt sich aber, welche Legitimation Betriebsratsbeschlüsse haben, die diese vertragliche Kompetenzgrenze überschreiten. Ob sich mit der Idee der Vertragsakzessorietät der Mitbestimmung z.B. auch die Umstrukturierung betrieblicher Sozialleistungen legitimieren lässt, ist fraglich.[189] Der Betriebsrat könnte nach diesem Verständnis auch seine eigene Legitimationsgrundlage ändern, indem er z.B. mit dem Arbeitgeber eine Senkung der arbeitsvertraglichen Altersgrenzen vereinbart[190], oder er könnte diese Grundlage ganz beseitigen, indem er an Auswahlrichtlinien für betriebsbedingte Kündigungen mitwirkt (§ 95 Abs. 1 S. 1 BetrVG).

bb. Legitimation durch Wahl

Eine andere Quelle der Legitimation des Betriebsrats könnte die Wahl sein, mit der er sein Amt erlangt hat. Die Betriebsratsmitglieder sind infolge der Wahl demokratisch legitimiert. Dies bedeutet aber nicht, dass sie es im privatrechtli-

---

186 *Leitmeier* Nachwirkung, S. 101 (m.w.N.); *Waltermann* Rechtsetzung durch Betriebsvereinbarung, S. 89.

187 *Richardi* RdA 1972, S. 8 (10).

188 *Reichold* Betriebsverfassung als Sozialprivatrecht, S. 486ff. (497, 499); *Rieble* Arbeitsmarkt und Wettbewerb Rn. 1418ff. (1423); ähnlich *Franzen* NZA 2006, S. 107 (108); *Lobinger* RdA 2011, S. 76 (85f).

189 *Hänlein* RdA 2003, S. 26 (30).

190 *Hromadka* NZA 1996, S. 1233 (1235).

chen Sinne sind.[191] Denn während im Staatsrecht die Legitimation der Abgeordneten unabhängig von der Zustimmung des einzelnen Bürgers ist, bedarf ein privatrechtlicher Interessenvertreter grundsätzlich der Zustimmung all derjenigen, die er repräsentiert.[192] Interessenvertretung nach dem Mehrheitsprinzip widerspricht der Privatautonomie.

Trotzdem vertritt der Betriebsrat auch Arbeitnehmer, die ihm das Mandat nicht erteilt haben, oder es ihm gerne entzögen, wenn sie dies könnten.[193] Er handelt auch mit Wirkung für diejenigen Arbeitnehmer, die nach seiner Wahl in den Betrieb eingetreten sind. Weil Betriebsratsbeschlüsse hinsichtlich der Nicht-Wähler Legitimationsdefizite aufweisen, hat beispielsweise das Bundesarbeitsgericht entschieden, die Wirkung neuer Ruhegeldvereinbarungen erstrecke sich nicht auf Ruheständler.[194]

Zwar ist auch der Vorstand eines privatrechtlichen Vereins kraft seiner Wahl dazu ermächtigt, die Vereinsgeschäfte zu führen, ohne dass jedes Mitglied ihn gewählt oder überhaupt an der Wahl teilgenommen haben müsste. Dieser Mangel an Legitimation wird jedoch durch den freiwilligen Vereinsbeitritt kompensiert. Der Beitritt zum Betrieb hingegen impliziert, wie soeben dargelegt, gerade nicht die Akzeptanz der Betriebsordnung: Die Belegschaft ist kein Verein oder sonst rechtsfähiger Verband, dem die Arbeitnehmer beiträten.[195] Deshalb liegt auch in der Verfassung des Betriebs durch die Betriebsratswahl keine privatautonome Unterwerfung der Arbeitnehmer unter die Normsetzungsbefugnis des Betriebsrats.[196] Durch die Wahl ist der Betriebsrat somit „binnendemokratisch

---

191 So aber z.B. *Jahnke* Tarifautonomie und Mitbestimmung, S. 108ff.; *Bieder* Verhältnismäßigkeitsprinzip, S. 322; *Nebel* Normen des Betriebsverbandes, S. 54ff., 124ff.; *Richardi* in Richardi BetrVG Einl. Rn. 101 sowie in MünchArbR § 152 Rn. 18; a.A. *Linsenmaier* RdA 2008, S. 1 (5).

192 *Bayreuther* Tarifautonomie, S. 511; *Leitmeier* Nachwirkung, S. 101f.; *Müller-Franken* Eingriffe durch Betriebsvereinbarungen, S. 59ff.; *Säcker* Gruppenautonomie, S. 344.

193 *Leitmeier* Nachwirkung, S. 101f.; dazu auch eingehend § 2 A I 1 (S. 92).

194 BAG GS v. 16.3.1956 – Az. GS 1/55 – AP Nr. 1 zu § 57 BetrVG 1972 (Rn. 22).

195 *Kreutz* Grenzen der Betriebsautonomie, S. 68ff.; *Rieble* Zukunft der Unternehmensmitbestimmung, Rn. 31; *Waltermann* Rechtssetzung durch Betriebsvereinbarung, S. 89f.

196 Für die tariflich gewillkürte Betriebsverfassung nach § 3 BetrVG arbeitet dies heraus *Rolf* Unternehmensübergreifende Betriebsratsstruktur, S. 194f.; für die Reichweite der Betriebsautonomie *Kreutz* ZfA 2003, S. 361 (383f.)

angebunden" an den Willen der Arbeitnehmer[197], ist aber nicht im Sinne einer privatrechtlichen Selbstbestimmungsordnung durch sie legitimiert.

cc. Legitimation durch Gesetz

Mangels einer Legitimierung betrieblicher Regelungsmacht durch privatautonome Delegation bleibt nur die Legitimation kraft staatlicher Delegation: Der Gesetzgeber hat die Kompetenz der Betriebsparteien durch das Betriebsverfassungsgesetz begründet.[198] Diese Legitimation bleibt aber letztlich formeller Natur: Das Betriebsverfassungsgesetz bewirkt die Rechtswirksamkeit der Beschlüsse des Betriebsrats und – etwa im Fall der Betriebsvereinbarung – deren Wirkung für die Arbeitnehmer. Die Regelungsmacht des Betriebsrats gründet somit nicht auf Anmaßung. Mehr als eine Legalität seiner Regelungen ergibt sich aus dem Gesetz jedoch nicht.[199]

c. Mehr Legitimation durch Abstimmungen?

Alle geschilderten Erklärungsansätze verdeutlichen, dass die Legitimation betrieblicher Rechtssetzung nicht lückenlos gewährleistet ist. Das ist nicht gravierend: *„Dass bei privater Rechtsetzung privatautonome Legitimation nicht vollständig gelingt, ist nichts Ungewöhnliches."*[200] Deshalb ist auch ein allgemeiner Gesetzesvorbehalt für alle Beschlüsse des Betriebsrats mit grundrechtlicher Relevanz, wie er verschiedentlich gefordert wird[201], entbehrlich. Er würde die privatautonome Legitimation der betrieblichen Normen ohnehin nicht stärken.

Eine lückenlose materielle Legitimation können auch Belegschaftsabstimmungen nicht leisten, da nicht alle Arbeitnehmer die von ihnen gewünschte Regelung durchsetzen könnten. Dies ist nur in dem unwahrscheinlichen Fall möglich, dass alle dasselbe Regelungsziel verfolgen. Ebenso wie die Betriebsratswahl den Betriebsrat nicht gegenüber Nicht-Wählern oder später in den Betrieb

---

197 *Waltermann* Rechtssetzung durch Betriebsvereinbarung, S. 90.

198 *Bayreuther* Tarifautonomie, S. 519; *Kissel* in FS Söllner, S. 491 (503); *Kreutz* Grenzen der Betriebautonomie, S. 99ff; *ders.* ZfA 2003, S. 361 (383f.); *Leitmeier* Nachwirkung S. 99; Loritz ZfA 1991, S. 1 (8); *Müller-Franken* Eingriffe durch Betriebsvereinbarungen, S. 140ff. (161); *Picker* NZA 2002, S. 769; *Rieble* Arbeitsmarkt und Wettbewerb Rn. 1422, 1434.

199 *Rieble* Zukunft der Unternehmensmitbestimmung, Rn. 22.

200 *Hänlein* RdA 2003, S. 26 (32).

201 *Waltermann* Rechtssetzung durch Betriebsvereinbarung, S. 155; a.A. *Linsenmaier* RdA 2008, S. 1 (6).

eingetretenen Arbeitnehmern legitimiert, sondern nur gegenüber ihren eigenen Wählern, würde diese Rechtfertigung auch dem Abstimmungsergebnis aus Sicht der unterlegenen Minderheit oder der Nicht-Teilnehmer fehlen. Über ihre Belange würden weiterhin Dritte bestimmen, nur mit dem Unterschied, dass die Fremdbestimmung nicht durch den Betriebsrat geschähe, sondern durch eine demokratisch nicht legitimierte Mehrheit.

Dennoch könnten Abstimmungen die Rechtfertigungsgrundlage von Mitbestimmung im Verhältnis zum jetzigen System stärken. Dies gilt auf institutioneller Ebene z.B. für Abstimmungen über die Wahl eines Betriebsrats: Die Zustimmung einer qualifizierten Minderheit der Arbeitnehmer zum Wahlvorgang drückt einen stärkeren Rückhalt der Institution Betriebsrat bei den Wählern aus als eine von drei Arbeitnehmern, dem Gesamt- oder dem Konzernbetriebsrat eingeleitete Wahl.

Auch materiellen Entscheidungen kann die direkte Beteiligung der Arbeitnehmer mehr Legitimation verleihen als eine ausschließliche Beschlussfassung durch Repräsentanten. Mag auch nicht die Zustimmung jedes Einzelnen für eine betriebliche Regelung gesichert sein, gesichert wäre jedenfalls das Recht jedes Einzelnen, seine Interessen vorzutragen und an der Entscheidung gebührend teilzuhaben. Beides ist im geltenden System nur sehr eingeschränkt möglich. Dass nicht alle Arbeitnehmer letztlich ihren Willen bei der Gestaltung des Arbeitsumfelds durchsetzen können, haben sie außerdem durch den Abschluss ihres Arbeitsvertrags akzeptiert: Dieser drückt zwar keine Unterwerfung unter die Betriebsratskompetenz aus, wohl aber die Bereitschaft des Arbeitnehmers, sich mit dem Belegschaftskollektiv zu arrangieren. Dies schließt die Akzeptanz des Risikos ein, im Kollektiv mit den eigenen Interessen in der Minderheit zu sein.

Aus dieser Sicht gewähren Belegschaftsabstimmungen ein hinreichendes Maß an materieller Legitimation, wenn die Abstimmungsregeln das Recht der Minderheit wahren, ihre Interessen vorzutragen und an der Entscheidung gebührend teilzuhaben. Insofern kann man im *Luhmannschen* Sinne von Legitimation durch Verfahren, nämlich durch ein direktes Teilhabeverfahren sprechen. Zwar ist *Loritz* zuzugestehen, dass Verfahrensregeln für die Ordnung von Betrieben allgemein nur eine begrenzte befriedende Funktion haben: Sobald ein Verfahren dem Einzelnen keine Vorteile bringt, wird er dessen Legitimation in Frage stellen.[202] An dieser praktischen Bewährungsprobe müssen jedoch alle Verfahrens-

202 ZfA 1991, S. 1 (8).

regeln für betriebliche Teilhabe scheitern, sodass hierin kein valider Einwand gegen Abstimmungen liegt.

4. Betriebsrat-Governance

Bis hierhin wurde für die Idee von Abstimmungen aus Sicht der Rechte des einzelnen Arbeitnehmers plädiert: Belegschaftsvoten sollen seiner Selbstbestimmung in der Betriebsverfassung dienen und Betriebsratsbeschlüssen ihm gegenüber mehr Legitimation vermitteln. Im Folgenden wird das Bild um eine institutionelle Perspektive erweitert: Abstimmungen dienen auch dazu, das betriebliche Mitbestimmungsorgan auf eine gute Amtsführung hin zu kontrollieren.

Die Aktivitäten der Arbeitgeber stehen zunehmend unter diesem Primat einer guten Corporate Governance. Der Begriff besagt, dass Unternehmen nicht nur gesetzliche Pflichten erfüllen müssen. Sie unterliegen auch einer weitergehenden Kontrolle dahingehend, ob der Rechtsrahmen ihrer Willensbildung den Interessen ihrer externen Bezugspersonen (*stakeholder*) umfassend gerecht wird.[203] Diese externen Interessenträger sind in erster Linie die Anteilseigner einer Gesellschaft. Um der Verantwortung ihnen gegenüber gerecht zu werden, muss die Unternehmensführung nachhaltig wirtschaften, transparent kommunizieren, Risiken adäquat einschätzen oder auch selbst gesetzte Ethik-Regeln einhalten. Auf diese Ziele muss nicht nur das Verhalten der Unternehmensorgane gegenüber externen Akteuren ausgerichtet sein. Auch die Binnenorganisation des Unternehmens, also die Kompetenzen und das Zusammenwirken seiner Organe und der sonstigen betrieblichen Akteure müssen dem Vertrauen der *stakeholder* gerecht werden.[204]

Der Gedanke, dass gute Unternehmensführung auch die Ordnung der Arbeitnehmerbeteiligung umfasst, ist für die Unternehmensmitbestimmung unbestritten: Die Arbeitnehmervertreter sind Teil des Unternehmensorgans Aufsichtsrat.[205] Angesichts der wachsenden Kontrollbefugnisse und Leitungskompetenzen des Aufsichtsrats wird zunehmend in Frage gestellt, dass die Beteiligung

---

203 *v. Werder* in Hommelhoff/Hopt/v.Werder Corporate Governance, S. 4; *Baums* Bericht der Regierungskommission Corporate Governance, S. 6. *Windbichler/Bachmann* interpretieren die Corporate Governance als " wirtschaftsrechtlichen ordre public" (FS *Bezzenberger*, S. 797).

204 *v. Werder* in Hommelhoff/Hopt/v.Werder Corporate Governance, S. 4; *Rieble* in Unternehmensmitbestimmung und betriebliche Mitbestimmung, S. 10.

205 *Loritz* ZfA 2009, S. 477 (504, 509).

der Arbeitnehmer an diesem Organ des Arbeitgebers einer guten Unternehmensführung entspricht.[206]

Die Arbeit der Betriebsräte hingegen wird im Kontext der Corporate Governance fast nur diskutiert, wenn es um ihre Beteiligung an der Umsetzung unternehmenseigener Gesetze geht.[207] Typische Beispiele sind die Teilhabe an der Umsetzung von Ethik-Richtlinien und Verhaltenskodizes. Dass aber auch die Betriebsratsarbeit selbst der Idee einer guten Amtsführung verpflichtet sein könnte oder sollte, wird selten diskutiert.[208] Daran konnte auch die VW-Affäre, der bisher eklatanteste Verstoß gegen gute Mitbestimmungsregeln, nichts ändern. Für dieses Ausklammern des Betriebsrats aus der Good-Governance-Debatte spricht, dass das Gremium in erster Linie die Organisation des Betriebs und die Umsetzung der Arbeitsverträge und Tarifverträge zu unterstützten hat. Seine Tätigkeit bleibt ohne direkten Bezug zu externen Interessenträgern.[209] Die Bereiche, in denen ein solcher Bezug doch besteht, etwa bei der Mitbestimmung über die Lage der Arbeitszeit oder bei der Mitwirkung in wirtschaftlichen Angelegenheiten, sind für die hier vorgenommene Untersuchung nicht relevant: Belegschaftsabstimmungen sind nicht das geeignete Instrument, um eine den Anteilseigner-Interessen gerechte Amtsführung des Betriebsrats zu gewährleisten.

Doch der Governance-Gedanke betrifft nicht nur die Unternehmensführung im engeren Sinne, er lässt sich für alle Institutionen fruchtbar machen.[210] Die Betriebsverfassung mag kein Anwendungsfall für *Corporate* Governance sein, wohl aber für die Idee einer guten *Betriebsrat*-Governance: Während das erstere Konzept das Vertrauen der externen Interessenträger gegen die Unternehmensorgane sichern soll, gebietet das zweite Konzept Vertrauen schaffende Kontrollrechte der Arbeitnehmer gegenüber ihren Vertretern. Die Betriebsräte müssen nach diesem Verständnis nicht nur gesetzlichen Verhaltensregeln gerecht werden, sondern sind in ihrer Amtsführung als den Arbeitnehmern gegenüber umfassend verantwortlich anzusehen. Das bedeutet, dass sie beispielsweise Zu-

---

206 Zu Corporate-Governance-Defiziten der Mitbestimmung und Vorschlägen zu ihrer Beseitigung *Brocker* Unternehmensmitbestimmung und Corporate Governance, S. 186ff.; *Kirchner* AG 2004, S. 197 (200f.); *Säcker* in FS Richardi S. 711 (725ff.).

207 Hierzu in jüngster Zeit z.B. *Heldmann* BB 2010, S. 1235ff.; *Fahrig* Verhaltenskodex; *Klebe/Wroblewski* in GS Zachert, S. 313ff.

208 *Rieble* Unternehmensführung und betriebliche Mitbestimmung, S. 13.

209 *Rieble* Unternehmensführung und betriebliche Mitbestimmung, S. 13.

210 *Rieble* Unternehmensführung und betriebliche Mitbestimmung, S. 15.

rückhaltung üben, wo eigenverantwortliche Regeln durch Arbeitsgruppen möglich sind oder dass sie sich dem sachwidrigen Einfluss betriebsexterner Akteure nach Kräften entziehen.

Im Folgenden wird untersucht, ob eine „gute betriebliche Mitbestimmung" derzeit hinreichend gewährleistet ist und, falls nicht, ob Belegschaftsabstimmungen das geeignete Instrument sind, sie herzustellen.

a. Umfangreiche Regelungsmacht

Eine Grundidee der Corporate Governance von Unternehmen ist die Kontrolle von Machtausübung.[211] Auch wenn man mit den zuvor geschilderten Erklärungsansätzen den Betriebsrat als hinreichend legitimiert ansieht, heißt dies nicht, dass dieser bei der Ausübung seiner Kompetenzen keiner Kontrolle bedarf: *„Die Rechtsgeschichte ist eine Geschichte des Missbrauchs legitimer Machtpositionen."*[212] Auch die Pflicht zu regelmäßigen Rechenschaftsberichten in der Betriebsversammlung (§ 43 Abs. 1 S. 1 BetrVG) kann nicht verhindern, dass ein Betriebsrat sich verselbständigt und eigene Machtinteressen verfolgt.[213]

Dieses Risiko wird verstärkt durch die inhaltliche Bandbreite der Betriebsautonomie, die nach der Rechtsprechung alle Arbeitsbedingungen im materiellen und formellen Sinne umfasst[214], und sich bis in die letzte Verästelung der Betriebsordnung zeigt – bis zur adäquaten Farbe von Haaren und Nagellack[215] oder von Socken für eine Dienstkleidung[216]. Die Dringlichkeit einer „guten Mitbestimmung" ergibt sich zudem aus der Reichweite der Betriebsautonomie: Arbeitsverträge verweisen zunehmend auf Betriebsvereinbarungen.[217] Umgekehrt können Verträge „betriebsvereinbarungsoffen" sein und individuelle Ansprüche

---

211 *Hommelhoff/Schwab* in Hommelhoff/Hopt/v.Werder Corporate Governance, S. 53.

212 So *Rüthers* in Betriebsverfassungsrechtliches Mitbestimmungsrecht, S. 10.

213 *Rüthers* Mitbestimmungsrecht und Individualbereich, S. 8ff.; *Travlos-Tsanetatos* Regelungsbefugnis der Betriebspartner, S. 70; *Säcker* Gruppenautonomie, S. 346f.

214 BAG GS v. 7.11.1989 – Az. GS 3/85 – BAGE 63, 211 (unter C I 2), zuletzt BAG v. 5.7.2011 – Az. 1 AZR 94/10 – ABR 2011, 642; *Kreutz* in GK-BetrVG § 77 Rn. 83; *Lorenz* in Düwell BetrVG § 77 Rn. 28.

215 LAG Köln v. 18.8.2010 – Az. 3 TaBV 15/10 – BeckRS 2011, 65330.

216 BAG v. 13.2.2007 – Az. 1 ABR 18/06 – DB 2007, S. 1592; krit. *Kaiser* in FS Kreutz, S. 183 (m.w.N. aus der Rechtsprechung).

217 *Preis* NZA 2010, S. 361ff.; *Rieble/Schul* RDA 2006, S. 339ff.

durch kollektive Regelungen abgelöst werden[218]. Aus all diesen Gründen haben die Arbeitnehmer ein besonders schützenswertes Interesse an einer funktionierenden Betriebsrat-Governance.

b. Zweckentfremdung von Regelungsmacht

Mehrere Strukturmerkmale der betrieblichen Mitbestimmung wirken gegen eine gute Betriebsrat-Governance. Ein solches Merkmal ist die häufig anzutreffende Doppelfunktion von Betriebsräten als Aufsichtsratsmitgliedern, und ihr damit einhergehendes Rollenverständnis als „Co-Manager".[219] Diese Ämter-Dualität ist rechtlich zulässig, aus Sicht einer guten Amtsführung jedoch problematisch, allein wenn z.B. ein Betriebsratsmitglied auf diesem Wege Informationen erlangt, über welche nur Aufsichtsratsmitglieder verfügen sollten.[220] Diese Einbindung von Betriebsräten in Leitungsorgane des Unternehmens beeinträchtigt auch die Interessen der Arbeitnehmer, deren betriebliches Mitbestimmungsorgan unabhängig von der Unternehmensführung sein soll.[221] Umgekehrt sind die Arbeitnehmer-Aufsichtsräte ebenso wie die Vertreter der Anteilseigner dem Unternehmensinteresse in seiner Gesamtheit verpflichtet[222], wobei die Belange der Arbeitnehmer nur ein Element dieses Gesamtinteresses darstellen. Es besteht die Gefahr, dass in Fällen der Personenidentität zwischen Betriebsräten und Aufsichtsratsmitgliedern Koppelungsgeschäfte geschlossen werden, die weder mit der Überwachungsfunktion der Aufsichtsräte noch mit der rein betrieblichen Mitbestimmungsaufgabe der Betriebsräte vereinbar sind.[223] Dabei können die Aufsichtsräte eine womöglich für die Belegschaft vorteilhafte Lösung einer unternehmerischen Richtungsfrage erkaufen mit der nachteiligen Lösung einer rein betrieblichen Frage.[224]

Ein weiteres kritisches Strukturmerkmal ist die ebenfalls zulässige Doppelung von Betriebsratsamt und Gewerkschaftsamt.[225] Daraus können nicht nur

---

218 BAG v. 12.8.1982 – Az. 6 AZR 1117/79 – BAGE 39, 295.

219 *Rieble* Selbstverantwortung, S. 337 (351); *ders.* BB 2009, S. 2821ff.; differenzierend *Fischer* BB 2007, S. 997.

220 *Brocker* Unternehmensmitbestimmung und Corporate Governance, S. 207.

221 *Rieble* Unternehmensführung und betriebliche Mitbestimmung, S. 18f.

222 *Habersack* in MüKo AktG § 111 Rn. 17.

223 Eingehend *Brocker* Unternehmensmitbestimmung und Corporate Governance, S. 173ff.

224 Für praktische Beispiele siehe *Schneevoigt* ZfA 2005, S. 233 (238f.).

225 Hierzu eingehend *van Straelen* Rollenkonflikt.

Interessenkonflikte resultieren – die Gewerkschaft verfolgt Brancheninteressen, der Betriebsrat davon abweichende betriebliche Interessen – sondern auch konkrete Pflicht- und Rechtsverstöße: Diese können von der vergleichsweise harmlosen Nutzung einer Freistellung zur Erfüllung von Gewerkschaftsaufgaben reichen bis zur Ausübung von Mitbestimmungsrechten nur unter der Bedingung, der betroffene Arbeitnehmer möge der Gewerkschaft beitreten.[226] Umfragen zufolge betreiben Betriebsräte je nach Betriebsgröße zu 85 Prozent (Unternehmen mit 2000 und mehr Arbeitnehmern) bzw. 76 Prozent (500 bis 999 Arbeitnehmer) bzw. 32 Prozent (50 bis 99 Arbeitnehmer) aktive Mitgliederwerbung für ihre Gewerkschaft.[227] Dazu sind sie als Einzelpersonen kraft ihrer Koalitionsfreiheit berechtigt, zugleich ist aber der Betriebsrat als Gremium zur Gewerkschaftsneutralität verpflichtet.[228] Hier tut mehr Kontrolle durch die Belegschaft Not, weil diese Aktivitäten des Betriebsrats die Interessen gewerkschaftsferner oder anderweitig organisierter Arbeitnehmer, etwa Mitglieder einer Spartengewerkschaft, beeinträchtigen können.[229]

„Bad Governance" im Bereich des Betriebsrats kann sich schließlich auch in einer sachwidrigen Einflussnahme auf die Meinungsbildung durch Arbeitnehmervertreter zeigen, z.B. indem der Betriebsrat in allgemeinpolitischen Fragen wie dem Irak-Krieg Stellung bezieht oder die Arbeitnehmer zur Teilnahme an einem Volksentscheid aufruft.[230] Diesen Äußerungen ihrer Vertreter können die Arbeitnehmer nicht ausweichen; kraft seines Amtes tätigt der Betriebsrat sie zudem in ihrem Namen.[231] Damit ist das Neutralitätsgebot des § 74 Abs. 2 S. 3 BetrVG zwar gewahrt, das nur *parteipolitische* Neutralität verlangt.[232] Eine gute Amtsführung liegt darin aber nicht. Im Übrigen kann der Betriebsrat als Kommunikationsorgan auch vom Arbeitgeber zweckentfremdet werden, indem das Gremium dafür eingesetzt wird, der Belegschaft unangenehme Entscheidungen zu verkünden. Dies beeinträchtigt nicht nur einen direkten Austausch der Ar-

---

226 *Van Straelen* Rollenkonflikt, S. 33ff.; *Konzen* in FS Zöllner, S. 799 (807f.).

227 *Behrens* WSI-Mitteilungen 2005, S. 329 (330).

228 *Krause* RdA 2009, S. 129 (137f.).

229 Zur Rolle von Betriebsräten in Arbeitskämpfen *Krummel* BB 2002, S. 1418.

230 BAG v. 17.3.2010 – Az. 7 ABR 95/08 – DB 2010, S. 1649ff.

231 *Wiebauer* BB 2010, S. 3091.

232 Hierzu *Bauer/Willemsen* NZA 2010, S. 1089ff.

beitsvertragsparteien, es kann auch dazu führen, dass Kritiker der so verkündeten Entscheidungen als „Querulanten" dastehen.[233]

Schließlich kann die Zweckentfremdung von Macht auch innerhalb des Betriebsrats erfolgen, was das Beispiel des Opel-Betriebsratsvorsitzenden *Klaus Franz* verdeutlicht, der sich ohne rechtliche Grundlage dafür zuständig betrachtete, dem Arbeitgeber Vorschläge für die Gehaltsentwicklung der anderen Betriebsratsmitglieder zu unterbreiten.[234] Eine solche Praxis erzeugt eine wirtschaftliche Abhängigkeit der Betriebsratsmitglieder von der Person des Vorsitzenden und kann die Mitbestimmung zum Nachteil der Arbeitnehmer beeinträchtigen.

Nicht alle diese Entwicklungen sollen hier rundheraus als illegitim oder als Governance-Verstoß bewertet werden, zumal es an empirischer Forschung zu diesem Thema fehlt. Entscheidend ist, dass die Betriebsverfassung den Belegschaften derzeit keine Instrumente gibt, diese Entwicklung samt ihrer Folgen für die Betroffenen zu bremsen. Ein politisch agierender Betriebsrat kann erst bei der nächsten Wahl abgewählt werden, eine unerwünschte Einflussnahme durch Gewerkschaften auf die Betriebsratstätigkeit nicht abgewehrt werden. Belegschaftsabstimmungen könnten sich als Kontrollinstrument auch in laufenden Amtsperioden erweisen: Eine Ratifizierungspflicht für Betriebsvereinbarungen könnte Druck auf die Betriebsparteien erzeugen, das Zustandekommen und den Inhalt dieser Vereinbarungen näher zu erläutern. Einer unzweckmäßigen Ausübung von Mitbestimmungsrechten könnten Weisungen der Arbeitnehmer an ihre Vertreter entgegen wirken. Eine Abwahl von Betriebsräten könnte insofern präventiv wirken.

c. Intransparente Interessenvertretung

Regelungsmacht steht dem Betriebsrat nicht nur im Interesse der Belegschaft zu, auch das Wohl des Betriebs hat das Gremium zu beachten (§ 2 Abs. 1 BetrVG). Insofern gibt das Gesetz einen zwingenden materiellen Rahmen guter Amtsführung vor, der eine einseitige Vertretung nur der Arbeitnehmerbelange ebenso ausschließt wie die Verfolgung sachwidriger Ziele. Belegschaftsabstimmungen hätten den Rahmen dieser Vorschrift zu achten (soweit die Norm in einem Abstimmungsregime unverändert erhalten bliebe). Verbindliche Arbeit-

233 *Rieble* Unternehmensführung und betriebliche Mitbestimmung, Rn. 22.

234 *Amann* „Opel schmiert seine Betriebsräte", Frankfurter Allgemeine Sonntagszeitung vom 16.10.2011, S. 41.

nehmervoten dürfen nicht bewirken, dass der Betriebsrat seine Amtsführung einseitig auf die Verfolgung von Belegschaftsinteressen ausrichtet.

Das Risiko einer solchen einseitigen Ausrichtung der Betriebsratsarbeit darf aber nicht den Blick auf die Defizite der derzeitigen Interessenvertretung verstellen: Die Betriebsratsarbeit wird durch weitaus mehr Belange beeinflusst, als durch die gesetzlich vorgegebenen. Mitbestimmung kann durch politische Interessen, Gewerkschaftsinteressen, private Machtinteressen der Amtsträger oder Partikularinteressen von Wählergruppen geprägt sein.[235] Im geltenden System herrscht eine weitgehende Intransparenz in der Frage, welches Gewicht welchen Belangen bei einzelnen Entscheidungen beigemessen wurde. Während Aufsichtsräte durch Nr. 5.5.2. des Deutschen Corporate Governance Kodex zur Anzeige von Interessenkonflikten verpflichtet werden, oder Gemeindeordnungen ähnliche Regeln für Interessenkonflikte von Ratsmitgliedern enthalten, fehlen vergleichbare Vorgaben im Betriebsverfassungsrecht.[236] Abstimmungen könnten für mehr Transparenz sorgen, denn sie würden ein Bedürfnis nach Erläuterung und Rechtfertigung von Betriebsratsbeschlüssen erzeugen. Dies könnte der Einbeziehung sachwidriger Interessen in die Mitbestimmung entgegenwirken. Würde die Belegschaft über ein Weisungsrecht gegenüber dem Betriebsrat verfügen, könnten die Arbeitnehmer ihrerseits Interessen artikulieren, die der Betriebsrat derzeit oft nur vermuten kann.

Hier lässt sich eine Parallele zu direkter Bürgerbeteiligung auf kommunaler und auf Landesebene ziehen: Die Bindung politischer Repräsentanten an den per Volksentscheid artikulierten Willen der Vertretenen wird damit begründet, dass die politischen Beschlüsse auf diesen Ebenen konkret und unmittelbar die Angelegenheiten und das Leben der Bürger prägen.[237] Anders als bei Abstimmungen auf Bundesebene sei der Themenkreis überschaubar, eine Antwort mit „Ja“ oder „Nein“ leichter. All dies kann, je nach Größe, erst recht im Betrieb gelten. Die

---

235 *Fischer* NZA 2007, S. 484 (489); *Rieble* Unternehmensführung und betriebliche Mitbestimmung, S. 15f.

236 So schließt § 13 KWahlG NRW Personen von der Übernahme eines Ratsmandats auf, bei denen eine Mandatsführung ohne Interessenkonflikte nicht gewährleistet erscheint. Befangene Gemeinderäte sind von Beschlüssen in entsprechenden Angelegenheiten ausgeschlossen (§ 31 Abs. 1, 2 GO NRW) und müssen ihre Befangenheitsgründe unaufgefordert anzeigen (§ 31 Abs. 4 S. 1 GO NRW); *van Straelen* Rollenkonflikt, S. 38f., 43.

237 *Burgi* Kommunalrecht § 11 Rn. 33.

Beteiligungsrechte des Betriebsrats bestehen in weitaus konkreteren Einzelfragen, und die daraus resultierenden Regelungen haben intensive Folgen für die betriebliche wie private Existenz der Arbeitnehmer: Von der Lage der Arbeits- und Urlaubszeit ist die Organisation des Privatlebens abhängig, von der Gehaltsverteilung die Entscheidung über private Investitionen, von der Mitwirkung an Versetzungen die Verlagerung des Lebensmittelpunkts des Arbeitnehmers. Er sollte deshalb in entsprechende Regelungen unmittelbar einbezogen werden.

d. Professionalisierung – Verkrustung

Betriebsräte entwickeln sich zunehmend zu Berufsfunktionären: Für zwei von drei Arbeitnehmervertretern begann mit ihrer Wahl 2010 die zweite Amtszeit, 42 Prozent traten eine dritte an.[238] Höher noch liegt die Zahl der wiedergewählten Vorsitzenden; sie wird von der Hans-Böckler-Stiftung auf 68 Prozent beziffert[239], vom Institut der Deutschen Wirtschaft auf 74 Prozent.[240] Dies ist einerseits begrüßenswert: Betriebsratsarbeit ist anspruchs- und verantwortungsvoll; Erfahrung kommt den Wählern wie dem Arbeitgeber zugute. Deshalb ist es konsequent, dass der Gesetzgeber bei der BetrVG-Reform von 2001 die Ausweitung des Aufgabenkatalogs von Betriebsräten – Kampf gegen Fremdenfeindlichkeit oder Schutz der Umwelt –mit niedrigeren Schwellenwerten für Freistellungen flankiert hat (§ 38 BetrVG).

Die berufsmäßige Ausübung von Mitbestimmungsrechten widerspricht allerdings der gesetzlichen Vorgabe des Betriebsratsamtes als Ehrenamt.[241] Angesichts der mehrfachen Amtszeiten und dem wachsenden Anteil voll- und teilfreigestellter Betriebsräte (für den Bereich der IG Metall liegt die Freistellungsquote bei 14 Prozent der Mandatsträger)[242] ist es fraglich, ob nicht das Ehrenamtsprinzip an sich überholt ist.[243] Denn in der Praxis verstehen Betriebsräte ihre „Mitbestimmungsarbeit" zunehmend als Tätigkeit, die eine Vergütung ver-

---

238 *Stettes* Betriebsratswahlen 2010. Eine Analyse auf Basis einer IW-Umfrage, S. 10.

239 Trendreport Betriebsratswahlen 2010 der Hans-Böckler-Stiftung, S. 32f.; online abrufbar über http://www.boeckler.de/pdf/p_arbp_231.pdf (zuletzt abgerufen 14.4.2012).

240 *Stettes* Betriebsratswahlen 2010. Eine Analyse auf Basis einer IW-Umfrage, S. 14.

241 *Franzen* in Unternehmensführung und betriebliche Mitbestimmung, S. 51.

242 12,09 Prozent Vollfreistellungen, 2 Prozent Teilfreistellungen laut Trendreport Betriebsratswahlen 2010 der Hans-Böckler-Stiftung, S. 21.

243 So *Rieble* in Unternehmensführung und betriebliche Mitbestimmung, S. 31; a.A. *Fischer* NZA 2007, S. 484 (489).

dient. Das Prinzip der unentgeltlichen Betriebsratstätigkeit wird in manchen Unternehmen unterlaufen: Bei VW wurde der Betriebsratsvorsitzende *Klaus Volkert* wie ein Markenvorstand vergütet.[244] Und bei Opel wurde noch bis Ende 2011 jedem Betriebsrat monatliche „Funktionszulagen" bis zu 1200 Euro gezahlt, die als Vergütung für Mehrarbeit deklariert wurden.[245] Auf den tatsächlichen Nachweis der Überstunden wurde allerdings verzichtet. Solche verdeckten Vergütungsmodelle sind nicht nur rechtswidrig[246], sie gehen auch im wahrsten Sinne des Wortes „auf Kosten" aller Betriebsangehörigen.

Der Selbstbestimmung der Arbeitnehmer dürfte es auch nicht unbedingt zuträglich sein, dass sich ihre Vertreter zu innerbetrieblichen „Funktionseliten" entwickeln. Diese könnten in ihrer frei(gestellt)en Zeit auch solche Entscheidungen an sich ziehen, welche die Vertretenen genauso gut oder besser selbst treffen könnten.[247] Dass mehr Zeit in Betriebsratsarbeit investiert wird, bedeutet zudem nicht, dass die Mandatsträger für diese Arbeit die notwendigen Kompetenzen mitbringen.[248] Die Professionalisierung kann im Gegenteil bewirken, dass die Ausübung des Mandats – auch mangels alternativer Karriereperspektiven – zunehmend dem Erhalt desselben dient und nicht den Interessen der Vertretenen.

Von dieser Entwicklung zeugen die vielen Ratschläge, die Betriebsräten für ihre Öffentlichkeitsarbeit in Fachzeitschriften erteilt werden: Sie erfahren etwa, wie sie sich mit Fotos ins rechte Licht setzen können[249], mit einer Betriebsratszeitung Mitbestimmungserfolge hervorheben können („die Rechnung können Sie getrost an den Arbeitgeber schicken")[250], oder dass „kämpferische Flugblätter" und eine Umfrage über das Verhalten der Führungskräfte das Image beim

---

244 *Rieble* NZA 2008, S. 276.

245 *Amann* „Opel schmiert seine Betriebsräte", Frankfurter Allgemeine Sonntagszeitung vom 16.10.2011, S. 41.

246 BAG v. 9.11.1955 – Az. 1 AZR 329/54 – AP Nr. 1 zu Art IX KRG Nr 22 BRG; *Moll/Roebers* NZA 2012, S. 57ff.; *Rieble* NZA 2008, S. 276ff.

247 *Schüren* Legitimation, S. 190ff. zeichnet diese Entwicklung für Gewerkschaften nach.

248 *Franzen* in Unternehmensführung und betriebliche Mitbestimmung, S. 48.

249 *Heinsius* („Bitte recht freundlich") dbr 2009, S. 20f.

250 *Bossmann* AiB 2011, S. 508 (510); Ratschläge für gelungene Auftritte in der Betriebsversammlung gibt auch *Müller* AiB 2008, S. 281ff.

Wahlvolk verbessern.[251] Unabhängig davon, ob diese Aktivitäten dem Gebot der vertrauensvollen Zusammenarbeit der Betriebsparteien (§ 2 Abs. 1 BetrVG) immer gerecht werden, widersprechen sie einer guten Amtsführung, weil sie in keiner erdenklichen Weise Arbeitnehmerinteressen dienen.

Auch diese Entwicklung könnten Abstimmungen bremsen, da sie eine stärkere Rückkoppelung zwischen Arbeitnehmern und Betriebsrat etablieren würden. Mit diesem Instrument könnte der Gesetzgeber auch Anreize zur Selbstbestimmung setzen und der Apathie der Belegschaft entgegenwirken, die durch starke Funktionseliten häufig erzeugt wird.[252] Konkret könnte dies durch eine Amtsenthebung des Betriebsrats per Abstimmung erreicht werden oder auch durch verbindliche Weisungen der Arbeitnehmer an ihre Vertreter.

5. Zwischenergebnis

Mögen Belegschaftsabstimmungen auch nicht einer Demokratisierung der Betriebe im staatsrechtlichen Sinne dienen, hätten sie doch das Potential, die individuelle Selbstbestimmung der Arbeitnehmer zu stärken. Zudem könnten sie legitimatorische Schwächen der Interessenvertretung durch den Betriebsrat mildern. Auch aus institutioneller Sicht ist die Kontrollwirkung von Abstimmungen im Sinne einer guten Betriebsrat-Governance zu befürworten.

B. Konzepte für Belegschaftsabstimmungen

I. Mögliche Themen und Rechtsfolgen von Abstimmungen

Die Bandbreite der Themen für rechtsverbindliche Abstimmungen der Belegschaft ist groß: Sie sind denkbar zu Fragen der betrieblichen Organisation, etwa über die Wahl eines Betriebsrats oder dessen Entfernung aus dem Amt durch die Wähler.[253] Zur erstgenannten Variante wurden von Politik und Wissenschaft

---

251 *Bossmann* AiB 2011, S. 508ff., der zur Stärkung des Betriebsrats-Images auch zu Negativ-Imagekampagnen gegen den Arbeitgeber rät: „Nutzen [Sie] die Möglichkeiten des Internets und legen [Sie] einen Betriebs-Blog an, in dem Arbeitnehmerinnen ihrem Ärger Luft machen und Kundinnen und Bewerber alles brühwarm mitverfolgen können."

252 *Schüren* Legitimation, S. 194.

253 Dazu § 4 A (S. 176).

Vorschläge vorgelegt, die jedoch angesichts ihrer geringen Regelungsdichte wohl nur als Denkanstöße zu verstehen sind.[254]

Der Gesetzgeber könnte Belegschaftsvoten auch für Sachfragen in Erwägung ziehen und ihnen Abstimmungen etwa über Richtlinien für die Sozialauswahl bei Kündigungen oder über die Verteilung von Lohnzuschlägen ermöglichen. Die Wirkung der Abstimmungsergebnisse kann mit unterschiedlich verbindlichen Rechtsfolgen ausgestattet werden: Die Arbeitnehmer könnten in die Entstehung von Betriebsvereinbarungen einbezogen werden, sei es, indem sie anstelle des Betriebsrats zur Vertragspartei erhoben werden, sei es, indem ihre Beschlüsse in der Betriebsversammlung als verbindliche Weisungen an den Betriebsrat ausgestaltet würden.[255] Den Arbeitnehmern könnte auch das Verhandlungsergebnis der Betriebsparteien zur Ratifizierung vorgelegt werden.[256] Vorschläge aus Wissenschaft und Praxis über derlei Abstimmungen fehlen.[257]

Fraglich ist, ob die Arbeitnehmer überdies in das Wirksamwerden oder die Fortgeltung von Tarifverträgen im Betrieb einbezogen werden sollten. Das Betriebsverfassungsgesetz gewährt den Tarifparteien beispielsweise einen großen Spielraum für Eingriffe in die Organisationsstruktur der Betriebe (§ 3 Abs. 1 BetrVG).[258] Der Gesetzgeber könnte die Wirksamkeit der daraus resultierenden Regelungen von der Zustimmung der betroffenen Arbeitnehmer abhängig machen.[259]

Aber auch in materieller Hinsicht könnten Belegschaftsabstimmungen tarifliche Fragen betreffen: In den zuvor geschilderten Fällen Viessmann und Schlafhorst wurden Belegschaftsabstimmungen zur Legitimationsgrundlage tarifvertragswidriger Betriebsvereinbarungen oder Arbeitsvertragsänderungen gemacht.[260] Obwohl dies angesichts der verfassungsrechtlich geschützten Tarifautonomie problematisch erscheint, wurden Abstimmungen zu tarifvertraglichen

---

254 Dazu sogleich unter II (S. 74).

255 Dazu § 4 D (S. 228).

256 Dazu § 4 E (S. 249).

257 *Birk* in FS Wiese, S. 43ff.

258 Siehe § 2 A I 4 b bb (S. 118).

259 Dazu § 4 C (S. 214).

260 Dazu oben A II 3 (S. 35, 38).

Themen bislang in Politik, Wissenschaft und Praxis am häufigsten diskutiert. Hierzu liegen bereits konkrete Regelungskonzepte vor.[261]

II. Reformvorschläge für Abstimmungen zu Betriebsratswahlen

Sowohl die Reform der Betriebsverfassung, im Zuge derer die Regeln für die Betriebsratswahl geändert wurden[262] als auch der Fall des Unternehmens SAP[263] haben die Frage der Akzeptanz von Betriebsräten und der Freiwilligkeit von Mitbestimmung aufgeworfen. Es wurde vielfach kritisiert, dass die Betriebsversammlung, im Extremfall drei Arbeitnehmer, die Wahl in einem weltweit aktiven Konzern erzwingen können.[264] Dennoch wurden Urabstimmungen als Alternative nur vereinzelt vorgeschlagen.

1. Mindestzustimmung für den Antrag nach § 16 Abs. 2 BetrVG

Die FDP-Bundestagsfraktion forderte aus Anlass des Konflikts bei SAP einen höheren Schwellenwert für den Antrag auf gerichtliche Bestellung des Wahlvorstands: Dieser sollte nach gescheiterter Wahlvorstandswahl durch die Belegschaft nicht schon durch drei Arbeitnehmer zu erzwingen sein (§ 17 Abs. 4 S. 2 i.V.m. § 16 Abs. 2 BetrVG), sondern nur noch möglich sein, wenn mindestens 25 Prozent der wahlberechtigten Arbeitnehmer dies befürworten.[265] Die Fraktion forderte die Bundesregierung am 14. März 2006 auf, einen Gesetzentwurf mit folgendem Inhalt vorzulegen:

> *„Ein Antrag von drei wahlberechtigten Arbeitnehmern oder einer im Betrieb vertretenen Gewerkschaft auf Bestellung eines Wahlvorstandes für die Betriebsratswahl durch das Arbeitsgericht nach § 16 Abs. 2 und § 17 Abs. 4 Betriebsverfassungsge-*

---

261 Dazu sogleich unter III (S. 77).

262 Dazu unter § 2 A I 1 b (S. 93).

263 Siehe oben unter A II 4 (S. 39).

264 Siehe nur *Thüsing* in Richardi BetrVG § 17 Rn. 27: die gerichtliche Bestellung des Wahlvorstands sei ein „Octroi des Betriebsrats gegen den Willen der ganz herrschenden Meinung“.

265 BT-Drucksache 16/967.

setz setzt die Unterstützung von mindestens 25 Prozent der wahlberechtigten Arbeitnehmer voraus."[266]

In der Begründung wird auf das Selbstbestimmungsrecht der Beschäftigten verwiesen, das in unverhältnismäßigem Umfang begrenzt werde durch das Antragsrecht der Gewerkschaft und nur dreier Kollegen. Denn der Organisationsgrad in den Betrieben sinke stetig, und der ausgeprägte Minderheitenschutz gehe auf Kosten von Ruhe und Frieden in der Belegschaft.[267]

Der Antrag lässt offen, wie das Quorum für einen erfolgreichen Antrag zu ermitteln ist. In der Begründung ist von einem „Votum" der Arbeitnehmer die Rede[268], es ist aber zu vermuten, dass den Verfassern eher eine Unterschriftensammlung als eine Belegschaftsabstimmung vorschwebte.

Der Antrag schaffte es nicht auf die Tagesordnung des Bundestages und wurde auch in späteren Wahlperioden nicht mehr eingebracht. In der laufenden 17. Wahlperiode wird das Vorhaben nach Fraktionsangaben nicht mehr verfolgt.

2. Mindestbeteiligung an Betriebsratswahlen

Die gemeinsame Kommission Mitbestimmung der Bundesvereinigung der Deutschen Arbeitgeberverbände (BDA) und des Bundesverbands der Deutschen Industrie (BDI) forderte in ihrem Konzept zur Reform der Mitbestimmung von 2004, „die Legitimation der Betriebsratswahl zu verbessern": Ob ein Betrieb einen Betriebsrat erhalte, solle von einer Mindest-Wahlbeteiligung von einem Drittel der wahlberechtigten Arbeitnehmer abhängig gemacht werden.[269] Bei geringerer Beteiligung sei die Wahl als unwirksam zu bewerten.[270]

3. Urabstimmung über Betriebsratswahlen

Vereinzelt hat auch die Wissenschaft Vorschläge für eine stärkere Legitimation der Mitbestimmung vorgelegt. Eine „qualifizierte Form der Mandatierung durch die Belegschaft" sei notwendig, so *Rieble*, etwa in Gestalt einer Urabstimmung

---

266 BT-Drucksache 16/967, S. 2.

267 BT-Drucksache 16/967, S. 2.

268 BT-Drucksache 16/967, S. 2.

269 Bericht der BDA-Kommission Mitbestimmung vom 1.11.2004, S. 55.

270 Bericht der BDA-Kommission Mitbestimmung vom 1.11.2004, S. 55.

über die Betriebsratswahl oder einer Mindestwahlbeteiligung.[271] Eine Mindestzustimmung von 25 Prozent der Wahlberechtigten sei für die Wahl zu verlangen, denn Mitbestimmung gegen den Willen einer qualifizierten Mehrheit widerspreche dem Partizipationsgedanken.[272] *Löwisch* sieht darin sogar eine Verletzung der Berufsfreiheit.[273] Anstelle einer Abstimmung empfiehlt er aber, die Betriebsratsgegner sollten selbst kandidieren und ein inaktives Gremium etablieren, das auf Freistellungen und die Einrichtung des Wirtschaftsausschusses verzichtet, seine Zustimmungsverweigerungsrechte nicht ausübt und in sozialen Angelegenheiten und bei Betriebsänderungen alle Absprachen der Unternehmensleitung und Arbeitnehmer-Aufsichtsräte befolgt. Andere Autoren beschränken sich auf den Hinweis, die Arbeitnehmer könnten der Betriebsversammlung zur Wahl eines Wahlvorstands fern bleiben oder in der Versammlung die Wahl boykottieren.[274]

4. Bewertung

Für das Modell einer Mindestwahlbeteiligung spricht, dass der Arbeitgeber nicht zwei auf einander folgende Stimmabgaben (Urabstimmung und Betriebsratswahl) und die damit verbundenen Debatten im Betrieb dulden und finanzieren müsste. Zudem könnte das geltende Initiativrecht von Gesamt- und Konzernbetriebsrat für die Wahl (§ 17 Abs. 1 BetrVG) erhalten bleiben, ohne dass dabei der Wille der Belegschaft ignoriert würde.

Andererseits müsste der Arbeitgeber im Modell der Mindestwahlbeteiligung die Kosten einer womöglich fruchtlosen Wahl tragen.[275] Es ist auch fraglich, ob diese Lösung dem Betriebsfrieden zuträglich wäre. Die Enttäuschung der Befürworter einer Betriebsratsgründung dürfte erheblich sein, sollte eine schon vorbereitete und abgehaltene Wahl sich im Ergebnis als ungültig herausstellen. Die daraus folgenden Konflikte könnten heftiger und nachhaltiger ausfallen als die Debatte über einen von der Minderheit erzwungenen Betriebsrat, der sich durch allseits zufriedenstellende Amtsführung bewähren könnte.

---

271 ZIP 2001, S. 133 (136).

272 Zukunft der Unternehmensmitbestimmung, S. 41.

273 BB-Forum 2006, S. 664f.

274 z.B. *Kreutz* in GK-BetrVG § 17, Rn. 33.

275 *Triemel* Minderheitenschutz, S. 157.

Ein weiterer Vorteil der Urabstimmung im Vergleich zu anderen Modellen besteht darin, dass eine Aussprache über die Wahl stattfinden könnte. Die Wahl des Wahlvorstands und die Urabstimmung ließen sich im Regelfall gemeinsam in der Wahlversammlung abhalten. Wie die Erfahrung mit der Wahl der Sprecherausschüsse zeigt[276], ist es ratsam, diese Verfahrensschritte zu verknüpfen, um die Akzeptanz des Gremiums zu stärken.

Eine gesonderte Abstimmung vor der erstmaligen Betriebsratswahl ist somit zu befürworten.

III. Reformvorschläge für Abstimmungen zu Sachfragen

1. Abstimmungen als Hebel gegen Tarifverträge

Belegschaftsabstimmungen zu Sachfragen wurden auf politischer wie auf wissenschaftlicher Ebene fast ausschließlich im Zusammenhang mit der Legalisierung tarifvertragswidriger betrieblicher „Bündnisse für Arbeit" diskutiert.

Diese Betriebsvereinbarungen oder individualvertraglich umzusetzenden Regelungsabreden zielen darauf, das tarifliche Lohnniveau zu senken oder die tarifliche Arbeitszeit ohne Lohnausgleich zu erhöhen, um in einer wirtschaftlichen Krise des Unternehmens Arbeitsplätze zu sichern oder eine Insolvenz abzuwenden.[277] Die Zulässigkeit dieser Bündnisse wurde verstärkt diskutiert in der Phase der Massenarbeitslosigkeit nach der New-Economy-Krise von 2001 bis 2004[278]. Zuletzt tauchte das Thema in der Fachliteratur im Zusammenhang mit der auf die Finanzkrise von 2007 folgenden allgemeinen Wirtschaftskrise auf.[279]

Betrieblichen Abweichungen durch Betriebsvereinbarungen stehen die Kollisionsregeln des § 77 Abs. 3 BetrVG und § 4 Abs. 3 TVG entgegen. Die erstgenannte Norm verhindert *Betriebsvereinbarungen* über Arbeitsbedingungen wie

---

276 *Allinger* NZA 1990, S. 552 (553).

277 Zu den einzelnen Modellen *Benedikt* Kürzung von Tariflöhnen S. 49ff., 56ff., 78ff., 91f.

278 Die historische Entwicklung dieser Debatte schildert *Burkiczak* in Deregulierung des Tarifvertragsrechts, S. 80ff. sowie *Wiedemann* in FS Wißmann S. 185f.; s. auch *v. Hoyningen-Huene/Meier-Krenz* ZfA 1988, S. 293ff. *Möschel* BB-Forum 2005, S. 490ff.

279 *Otto/Walk* BB 2010, S. 373ff.; *Lehmann* BB 2010, S. 2821ff.; die mit diesen betrieblichen Bündnissen einhergehenden Konflikte schildern *Bodegan/Brehmer/Seifert* WSI-Mitteilungen 2011, S. 51ff.

Lohn und Arbeitszeit, die (üblicherweise) tariflich geregelt sind, soweit sie nicht durch Öffnungsklauseln gedeckt sind.[280] § 4 Abs. 3 TVG verhindert *individualvertragliche* Abweichungen von Tarifverträgen, soweit diese nicht durch tarifliche Öffnungsklauseln ermöglicht werden oder eine Regelung „zugunsten" des Arbeitnehmers enthalten.[281] Die Rechtsprechung zu § 4 Abs. 3 TVG, insbesondere der *„Burda"*-Beschluss des Bundesarbeitsgerichts[282], verhindert es, in den Günstigkeitsvergleich zwischen kollektiv- und individualrechtlich gesetzten Arbeitsbedingungen auch außertarifliche Vorteile wie den Erhalt des Arbeitsplatzes einzubeziehen.[283] Das Urteil bekräftigte darüber hinaus, dass die Betriebsparteien die tariflichen Arbeitsbedingungen nicht durch betriebliche Vereinbarungen zur Beschäftigungssicherung unterlaufen dürften. Auch eine individualvertraglich umzusetzende Regelungsabrede zur Beschäftigungssicherung sei unzulässig.

Um entgegen dieser Rechtsprechung und ohne bzw. gegen den Willen der Tarifvertragsparteien die Tarifregelungen zu „flexibilisieren" und zu „deregulieren"[284] wurden verschiedene Reformvorschläge unterbreitet, die auch Belegschaftsabstimmungen einbezogen.

a. Politische Vorschläge

Zuletzt lagen dem Bundestag in der 15. Legislaturperiode Entwürfe der Unionsfraktion[285] und der FDP-Fraktion[286] zur Änderung von Betriebsverfassungsge-

---

280 BAG v. 5.3.1997 – Az. 4 AZR 532/95 – AP Nr. 10 zu § 77 BetrVG 1972 Tarifvorbehalt; *Berg* in DKKW BetrVG § 77 Rn. 126ff.; *Brecht* Umsetzung von Tarifverträgen, S. 207ff. (214). *Fitting* BetrVG § 77 Rn. 97; *Löwisch/Rieble* TVG § 4 Rn. 259; *Wank* in Wiedemann TVG § 4 Rn. 419; 546ff.; *Wiedemann* in FS Wißmann S. 185 (188).

281 *Kempen/Zachert* TVG § 4 Rn. 252 (m.w.N.).

282 BAG 20.4.1999 – Az. 1 ABR 72/98 – AP Nr. 89 zu Art. 9 GG; zust. etwa *Franzen* RdA 2001, S. 1 (2f.); *Richardi* DB 2000, S. 42ff.; abl. *Picker* NZA 2002, S. 761 (767); *Rüthers* NJW 2003, S. 546 (551).

283 *Wank* in Wiedemann TVG § 4 Rn. 436ff.

284 Krit. zu diesen Modebegriffen *Junker* ZfA 1996, S. 383 (404).

285 BT-Drucksache 15/1182. Der Entwurf ist identisch mit der Bundesratsinitiative des Freistaats Bayern vom 22.11.2002, BT-Drucksache 15/406. Einziger – im Kontext von Abstimmungen nicht relevanter – Unterschied ist, dass der bayerische Entwurf für die Zustimmung der Tarifparteien die Schriftform anordnet.

286 BT-Drucksache 15/1225 – der Entwurf ist wortgleich mit dem in BT-Drucksache 14/6548 vom 3.7.2001.

setz und Tarifvertragsgesetz vor, die eine gesetzliche Öffnungsklausel für Tarifverträge schaffen und den Weg für eine neue Interpretation des Günstigkeitsprinzips bereiten sollten. Erklärtes Ziel der Anträge war eine Korrektur des *Burda*-Beschlusses.[287]

aa. Der Vorschlag von CDU und CSU

Der Entwurf der CDU/CSU-Fraktion sah Belegschaftsabstimmungen auf zwei Ebenen vor: Zum einen sollten sie individualvertragliche Abweichungen vom Tarifvertrag legitimieren; zum anderen sollten sie Wirksamkeitsvoraussetzung für tarifvertragswidrige Betriebsvereinbarungen sein.

Für die erste Variante ergänzte der Unionsentwurf den geltenden § 4 Abs. 3 TVG um zwei Sätze:

> *„Bei dem Günstigkeitsvergleich sind die Beschäftigungsaussichten zu berücksichtigen. Eine abweichende Vereinbarung gilt als günstiger für den Arbeitnehmer, wenn der Betriebsrat und die Belegschaft mit Zwei-Drittel-Mehrheit einer solchen Abweichung zustimmen und diese Abweichung nicht über die Laufzeit des Tarifvertrags hinausreicht, von dem abgewichen wird.“*[288]

In der Begründung des Gesetzentwurfs wird die Urabstimmung der Belegschaft ohne weitere Erläuterung als zwingende Voraussetzung bezeichnet, um die Beschäftigungssicherung in den Günstigkeitsvergleich nach § 4 TVG einzubeziehen.[289]

In einem zweiten Schritt empfahl die Unionsfraktion einen neuen § 88a BetrVG als gesetzliche Öffnungsklausel für tarifvertragswidrige Betriebsvereinbarungen, der die Sperrwirkung des § 77 Abs. 3 BetrVG einschränken sollte:

> *(1) Der Betriebsrat oder, falls kein Betriebsrat vorhanden ist, ein von den im Betrieb beschäftigten Arbeitnehmern Beauftragter kann mit dem Arbeitgeber eine Vereinbarung für Beschäftigung treffen und dabei von einem für das Unternehmen geltenden Tarifvertrag abweichen.*
>
> *Die Vereinbarung ist wirksam, wenn*
>
> *- mindestens zwei Drittel der im Betrieb beschäftigten Arbeitnehmer zustimmen,*
>
> *- die Vereinbarung jeder Tarifvertragspartei angezeigt wurde*

---

287 FDP: BT-Drucksache 15/1225, S. 1, 3; CDU/CSU: BT-Drucksache 15/1182, S. 13.

288 BT-Drucksache 15/1182, S. 5

289 BT-Drucksache 15/1182, S. 13.

- keine Tarifvertragspartei der Vereinbarung innerhalb von vier Wochen, nachdem ihr die Mitteilung gemäß Spiegelstrich zwei zugegangen ist, unter Nennung von Gründen widerspricht.

(2) Wird eine Zustimmung vor Ablauf von vier Wochen von beiden Tarifvertragsparteien erteilt, wird die Vereinbarung sofort wirksam.[290]

Die Begründung des Entwurfs enthält keine Erläuterung, warum die Betriebsvereinbarung an eine Urabstimmung gekoppelt wird. Der Entwurf stellt nur klar, dass die Wirkung der Betriebsvereinbarung auf tarifgebundene Arbeitnehmer beschränkt ist.[291] Alle anderen Beschäftigten könnten nur im Wege der zivilrechtlichen Vollmacht in ihren Geltungsbereich einbezogen werden, es sei denn, ihre Arbeitsverträge enthielten eine Bezugnahmeklausel. Denn ein Verhandlungsmandat, das nur von einer Teilgruppe der Belegschaft erteilt wurde, sei „ein gravierender Verstoß gegen die Grundsätze der Privatautonomie".[292] Ob jedoch auch der Teilnehmerkreis an der Belegschaftsabstimmung entsprechend eingeschränkt werden soll, lässt die Begründung offen. Der Wortlaut würde es ermöglichen, dass auch nicht tarifgebundene Belegschaftsmitglieder über die vom Tarifvertrag abweichende Betriebsvereinbarung abstimmen.

Der Gesetzentwurf fand 2003 keine Mehrheit; im Regierungsprogramm von CDU und CSU für die Bundestagswahl 2009 tauchten Belegschaftsabstimmungen dann nicht mehr auf.

bb. Der Vorschlag der FDP

Die FDP ließ das Betriebsverfassungsgesetz unberührt und wollte nur § 4 Abs. 3 TVG um zwei Sätze ergänzen, die individualvertragliche Beschäftigungssicherungsabreden ermöglicht hätten:

„Eine Regelung zugunsten des Arbeitnehmers kann auch dann vorliegen, wenn dieser gegen Aufgabe oder Einschränkung einzelner tarifvertraglich festgelegter Positionen die Aufnahme in ein Arbeitsverhältnis oder den Verzicht des Arbeitgebers auf betriebsbedingte Kündigungen erlangt (betriebliche Beschäftigungssicherungsabrede).

Von der Günstigkeit einer solchen Abrede ist auszugehen, wenn

290 BT-Drucksache 15/1182, S. 6.

291 BT-Drucksache 15/1182, S. 13.

292 BT-Drucksache 15/1182, S. 14.

a) der Arbeitnehmer jederzeit unter Wahrung einer seiner gesetzlichen Kündigungsfrist entsprechenden Ankündigungsfrist die Tarifbedingungen in Anspruch nehmen kann oder

b) ihr der Betriebsrat oder 75 vom Hundert der mit einem entsprechenden Angebot des Arbeitgebers bedachten Arbeitnehmer des Betriebs zustimmen."

Anders als die Union forderte die FDP die Belegschaftsabstimmung somit alternativ zu einer Zustimmung des Betriebsrats, nicht kumulativ. Zudem reduziert der FDP-Entwurf, anders als der der Union, den Teilnehmerkreis der Abstimmung von vorneherein auf die von der Betriebsvereinbarung betroffenen Belegschaftsmitglieder.

Zudem setzt der Entwurf für den Günstigkeitsvergleich eine verbindliche Beschäftigungsabrede von Arbeitgeber und Arbeitnehmer voraus, wohingegen CDU und CSU nur eine Berücksichtigung der allgemeinen „Beschäftigungsaussichten" forderten.[293]

Als Begründung gab die FDP an, die „Entmündigung" der Arbeitnehmer sei zu beenden, die sich betriebliche Vereinbarungen von den Tarifparteien „absegnen" lassen müssten.[294] Die Arbeitnehmer sollten selbst über Annahme oder Ablehnung einer Beschäftigungsgarantie entscheiden können. Angesichts ihrer „gewachsenen Kompetenz" sei eine „alleinige tarifpolitische Verantwortung der tarifpolitischen Koalitionen" nicht mehr zu rechtfertigen.[295]

Dieser Gesetzentwurf wurde, wie der der Unionsfraktion, 2003 abgelehnt. Im Regierungsprogramm der FDP für 2009 war das Konzept noch enthalten[296], der geltende Koalitionsvertrag von Union und FDP greift das Thema jedoch nicht auf.[297]

---

293 *Deinert* in Däubler TVG § 4 Rn. 652d.

294 Beschlussempfehlung und Bericht des Ausschusses für Wirtschaft und Arbeit vom 24.9.2003, BT-Drucksache 15/1587, S. 26.

295 BT-Drucksache 15/1225, S. 3.

296 „Deutschlandprogramm" der FDP zur Bundestagswahl 2009, S. 13, abrufbar über www.deutschlandprogramm.de (zuletzt abgerufen am 14.4.2012).

297 Abrufbar über http://www.cdu.de/portal2009/29145.htm (zuletzt abgerufen am 14.4.2012).

b. Vorschläge aus der Wissenschaft

aa. Rechtswissenschaft

Die Konzepte gehen in ähnliche Richtungen wie die zuvor geschilderten Gesetzentwürfe; verschiedentlich dürften sie diese beeinflusst haben.

Konzen[298] empfiehlt eine gesetzliche Öffnungsklausel für Tarifverträge in „Notfällen" und will ein Votum von „vielleicht 75 Prozent" der Belegschaft als Beweis für eine solche Notlage werten. Denn nur in Notfällen sei diese qualifizierte Mehrheit der Arbeitnehmer überhaupt erreichbar. *Konzen* unterscheidet nicht nach Betrieben mit oder ohne Betriebsrat.

Auch *Hromadka*[299] hat Vorschläge für eine Reform des § 4 Abs. 3 TVG vorgelegt und für Betriebe mit und ohne Betriebsrat Belegschaftsabstimmungen mit unterschiedlichen Mindestzustimmungsraten empfohlen. Sein jüngstes Konzept[300] sieht eine Ergänzung des § 4 Abs. 3 TVG um folgende fünf Sätze vor:

> *„Abweichende Abmachungen zuungunsten der Arbeitnehmer sind zulässig, wenn sie in einer Betriebsvereinbarung getroffen werden, zur Sicherung von Arbeitsplätzen erforderlich sind und 90 Prozent der betroffenen Arbeitnehmer zustimmen. Die Zustimmung von 90 Prozent der Arbeitnehmer begründet die Vermutung, dass die Abweichung zur Sicherung von Arbeitsplätzen erforderlich ist. Die Betriebsvereinbarung endet mit Ablauf eines Jahres, wenn nicht 90 Prozent der betroffenen Arbeitnehmer einer Weitergeltung zustimmen. In Betrieben ohne Betriebsrat kann die Abweichung durch Arbeitsvertrag erfolgen, eine Änderungskündigung ist unter den Voraussetzungen des Satzes 2 sozial gerechtfertigt. Auf Antrag einer Tarifvertragspartei, von deren Tarifvertrag abgewichen werden soll, überprüft das Arbeitsgericht, ob die Voraussetzungen für eine Abweichung vorliegen."*

Ein Quorum von 90 Prozent sei keine „unüberwindbare Hürde", schreibt *Hromadka,* das zeigten die Fälle Viessmann und Burda. Es gelte zu verhindern, dass das Bündnis für Arbeit „an wenigen scheitert". Daher müsse es dem Arbeitgeber gestattet sein, gegen diese Wenigen Änderungskündigungen auszusprechen.[301]

---

298 NZA 1995, S. 913 (919).

299 NZA 1996, S. 1233 (1238f.); DB 2003, S. 42 (47); NJW 2003, S. 1273ff.

300 DB 2003, S. 42 (47).

301 DB 2003, S. 42 (47).

Das Abstimmungskonzept *Adomeits*[302] verlangt „Einmütigkeit der Belegschaft“ über die Notwendigkeit tarifvertragswidriger Betriebsvereinbarungen, ebenfalls ausgedrückt in einer Zustimmungsrate von „etwa 90 Prozent, besser mehr“. *Richardi*[303] empfahl eine Zustimmungsquote von 100 Prozent.

Rieble[304] fordert, dass eine Abstimmung nur die individualvertragliche Lösung vom Tarifvertrag auslösen solle: Ein „überragendes Belegschaftsvotum (etwa: 90%)“ rechtfertige allenfalls die Vermutung, dass wohl auch die Minderheit die Arbeitsplatzsicherung akzeptieren werde. Diese Arbeitnehmer müssten innerhalb einer Frist von zwei Wochen ihren Widerspruch erklären und eine Änderung ihrer Verträge abwehren können.

bb. Wirtschaftswissenschaften

Volkswirtschaftliche Gremien haben sich seit Mitte der 90er Jahre wiederholt zur Unabdingbarkeit oder gesetzlichen „Lockerung“ von Tarifverträgen geäußert.[305] Vorschläge hierzu wurden beispielsweise von der Monopolkommission[306], dem Sachverständigenrat zur Begutachtung der gesamtwirtschaftlichen Entwicklung[307] und dem wissenschaftlichen Beirat beim Bundeswirtschaftsministerium[308] unterbreitet.

Allerdings sahen die Beiträge aus diesem Fachgebiet selten Abstimmungen der Arbeitnehmer vor: Nur der Sachverständigenrat empfahl in seinem Gutachten der Jahre 1999/2000, die Abweichungen von Tarifverträgen von der Zustimmung einer „qualifizierten Mehrheit der Arbeitnehmer“ abhängig zu machen.[309] Nähere Details für diesen Vorschlag wurden nicht genannt.

---

302 Regelung von Arbeitsbedingungen, S. 40ff, 73.

303 NJW 1996, Beil. zu Heft 23, S. 13f.

304 ZfA 2004, S. 1 (63)

305 *Burkiczak* Deregulierung des Tarifvertragsrechts, S. 80ff.

306 10. Hauptgutachten, BT-Drucksache 12/8323, S. 376.

307 Gutachten 1999/2000: BT-Drucksache 14/2223 (Rn. 362); Gutachten 2000/2001: BT-Drucksache 14/4792 (Rn. 438ff.); Gutachten 2001/2002: BT-Drucksache 14/7569 (Rn. 416ff.). Alle späteren Gutachten beschränken sich auf allgemein gehaltene Appelle zur Reform des § 77 Abs. 3 BetrVG und § 4 Abs. 3 TVG. Im aktuellen Gutachten 2011/2012 (BT-Drucksache 17/7710) taucht das Thema nicht mehr auf.

308 Gutachten „Tarifautonomie auf dem Prüfstand“, v. 11.10.2003, S. 35ff.

309 BT-Drucksache 14/2223, Rn. 362.

c. Vorschläge von Verbänden

Die BDA hat 1999 einen Vorschlag für eine Neufassung des § 4 Abs. 3 TVG unterbreitet, der in betriebsratslosen Betrieben auch eine „Mitwirkung der Arbeitnehmer" vorsah.[310] Hintergrund war auch hier die *Burda*-Entscheidung des Bundesarbeitsgerichts. Die BDA wollte die sich aus dem Beschluss ergebenden Unterlassungsansprüche der Gewerkschaft gegen tarifvertragswidrige Absprachen blockieren.[311] Nach diesem Konzept sollten Abweichungen vom Flächentarifvertrag durch individualvertragliche Vereinbarungen als günstiger im Sinne des § 4 TVG gelten, wenn an der Vereinbarung – in betriebsratslosen Betrieben – „zwei Drittel der Belegschaft mitwirken".[312]

Eine rechtsverbindliche Abstimmung bedeutete dies nicht; die „Mitwirkung" sollte darin bestehen, dass die Arbeitnehmer sich mit einer Anpassung ihrer Verträge einverstanden erklären. Erfolgt diese Erklärung durch zwei Drittel der Belegschaftsmitglieder sollte dies, zusammen mit weiteren Voraussetzungen, die Günstigkeit der individualvertraglichen Abweichung vom Tarifvertrag indizieren. Aktuell wird diese „klarstellende Anpassung des Günstigkeitsprinzips" nach BDA-Angaben nicht mehr gefordert.

d. Bewertung

Es kann an dieser Stelle offen bleiben, ob die herrschende Interpretation des Günstigkeitsprinzips nach § 4 Abs. 3 TVG zu befürworten ist[313], oder ob auch außervertragliche Faktoren wie der Arbeitsplatzerhalt in den Günstigkeitsvergleich einbezogen werden sollten[314]. Hier steht vielmehr die Frage im Vordergrund, ob den Arbeitnehmern das Thema „Tarifdispens gegen

---

310 Arbeitsrechtskonzept der BDA von 1999, S. 14f. Online abrufbar: http://www.bda-online.de/www/arbeitgeber.nsf/res/61D1E7AD079F1DACC12574EF0053DA96/$file/Bremskloetze_beseitigen-Beschaeftigung_schaffen.pdf (zuletzt abgerufen am 14.4.2012).

311 Im Arbeitsrechtskonzept a.a.O., S. 14 wird der *„Burda"*-Fall ohne Namensnennung geschildert.

312 Arbeitsrechtskonzept der BDA a.a.O., S. 15.

313 Dafür z.B. *Adam* DZWIR 2005, S. 236 (237); *Franzen* RdA 2001, S. 1 (3); *Heise* in FS 50 Jahre BAG, S. 657 (672f.); *Wank* in Wiedemann TVG § 4 Rn. 376, 445.

314 Dafür *Löwisch/Rieble* TVG § 4 Rn. 256; *Trappehl/Lambrich* NJW 1999, S. 3127ff.; *Buchner* in GS Heinze, S. 115 (118); *Lesch* DB 2000, S. 322 (324f.).

Arbeitsplatzsicherung“ zur rechtsverbindlichen Abstimmung gestellt werden sollte.

Die dafür entwickelten Konzepte lassen sich in zwei Gruppen einteilen: Der ersten zufolge soll in einer Abstimmung eine bestimmte Zustimmungsrate der Belegschaft als *Indiz für die Günstigkeit* tarifvertragswidriger Einzelvereinbarungen (bzw. für einen den Tarifdispens rechtfertigenden Notfall[315]) gelten. Die zweite Gruppe will eine erfolgreiche Abstimmung zur Wirksamkeitsbedingung tarifvertragswidriger *Betriebsvereinbarungen* erklären.

aa. Indizwirkung von Abstimmungen

Das erstgenannte Konzept knüpft an die Zustimmung einer qualifizierten Belegschaftsmehrheit die gesetzliche Vermutung, dass die tarifliche Abweichung zugunsten jedes tarifgebundenen Arbeitnehmers erfolgt. „Günstiger“ ist beispielsweise nach den Gesetzentwürfen von Union und FDP, was 75 Prozent der Arbeitnehmer *und* (Union) bzw. *oder* (FDP) der Betriebsrat dafür halten.

Dieser Ansatz widerspricht bereits dem Grundgedanken des § 4 Abs. 3 TVG, der Abweichungen von Tarifverträgen zugunsten des einzelnen Arbeitnehmers ermöglichen soll, nicht aber zugunsten eines Kollektivs[316]: *„Ob die Belegschaft insgesamt besser da steht, ist nicht entscheidend.“*[317] Das Abstimmungsergebnis indiziert auch nicht Günstigkeit der Vereinbarung für den einzelnen Arbeitnehmer. Für ihn ist entscheidend, wie groß seine individuelle Lohneinbuße ausfällt, wie hoch sein individuelles Kündigungsrisiko ist und wie gut seine individuelle Chance auf eine neue Stelle.[318] Für diese Beurteilung hilft es nicht weiter, die Günstigkeitsbewertung auf eine „möglichst breite Basis“ zu stellen[319]– es sei denn auf die Basis von 100 Prozent der Belegschaft, wie *Richardi* fordert.[320]

---

315 *Konzen* NZA 1995, S. 913 (919),

316 BAG v. 20.4.1999 – Az. 1 ABR 72/98 – AP 89 zu Art. 9 GG; *Wank* in Wiedemann TVG § 4 Rn. 376, 439; *Kempen/Zachert* TVG § 4 Rn. 252 (m.w.N.) sowie *Zachert* AuR 2004, S. 122; *Arbeitsgruppe Tarifvertragsrecht* RdA 2004, S. 65 (69).

317 *Thüsing* in GS Heinze, S. 901 (902).

318 *Adam* DZWIR 2005, S. 236 (237); *Heise* in FS 50 Jahre BAG S. 657 (672f.); *Arbeitsgruppe Tarifvertragsrecht* RdA 2004, S. 69.

319 *Buchner* in GS Heinze, S. 105 (115).

320 NJW 1996, Beil. zu Heft 23, S. 13f.

Die von den Entwurfsautoren geforderte Abstimmung liefe auf einen unzulässigen kollektiven Günstigkeitsvergleich hinaus.[321] Dem Zweck des § 4 Abs. 3 TVG wären die Entwurfsautoren besser gerecht geworden, hätten sie anstelle einer Abstimmung nur die gesetzliche Klarstellung vorgeschlagen, wie das Günstigkeitsprinzip zu interpretieren ist: nämlich dergestalt, dass Nachteile bei Arbeitslohn und Arbeitszeit günstig sein können, wenn sie den Erhalt des Arbeitsverhältnisses verbindlich sichern.[322] Dies wäre im Einzelfall gerichtlich zu prüfen.

Die Abstimmung kann hierfür ebenso wenig als objektives Indiz gewertet werden wie für eine wirtschaftliche Notlage des Arbeitgebers. Die Belegschaft vor Ort mag zwar besser zu dem Urteil befähigt sein, welcher Tarifvertrag auf ihren Betrieb passt als die Gewerkschaft, welche die Belange der gesamten Branche im Auge hat.[323] Auch mag eine hohe Zustimmungsrate darauf deuten, dass die Gegenleistung des Arbeitgebers für den Tarifverzicht einen objektiven Vorteil für die Arbeitnehmer bedeutet.[324] Das Abstimmungsergebnis drückt diesbezüglich aber nur eine *Überzeugung* der Belegschaft aus. Diese kann auf einer Fehleinschätzung beruhen, die vielleicht durch eine entsprechende Kommunikation des Arbeitgebers (und des Betriebsrats) erzeugt wurde.[325] Wie *Rehder* in einer Umfrage ermittelte, lässt sich von der Zustimmungsrate der Arbeitnehmer nicht darauf schließen, dass diese die Konzessionen befürworten oder für sinnvoll halten.[326] Die Bandbreite der vorgeschlagenen Zustimmungsquoten – mal 75 Prozent, mal etwa bzw. mehr als 90 Prozent, mal 100 Prozent – entwertet die Konzepte zusätzlich.

Abstimmungen als Beleg für die Günstigkeit von Tarifabweichungen sind somit abzulehnen.

---

321 Vgl. *v. Hoyningen-Huene* Betriebsverfassungsrecht S. 236; *Richardi* in FS 50 Jahre BAG, S. 1041 (1050); *Thüsing* in GS Heinze, S. 901 (902).

322 *Rieble* ZfA 2004, S. 1 (52) mit dem Hinweis, es genüge für einen Günstigkeitsvergleich nicht, dass der Tarifdispens dem Arbeitgeber nur einen *Anreiz* gegen eine Kündigung schafft.

323 So schon *Adomeit* NJW 1984, S. 26 (27); ebenso *Buchner* in GS Heinze, S. 105 (115).

324 *Arbeitsgruppe Tarifvertragsrecht* RdA 2004, S. 69.

325 *Löwisch* JZ 1996, S. 812ff (820); *Dieterich* RdA 2002, S. 1ff.; ähnlich *Adam* DZWIR 2005, S. 236 (237).

326 Veröffentlicht in Mitbestimmung 2004, S. 22ff.; siehe bereits oben unter A II 1 (S. 31); siehe auch *Arbeitsgruppe Tarifvertragsrecht* RdA 2004, S. 65 (69).

bb. Legalisierung von Betriebsvereinbarungen

Das zweite Abstimmungsmodell dient dazu, mit der Zustimmung der Belegschaft Tarifabweichungen durch Betriebsvereinbarung zu legitimieren. Bedenken bestehen hier schon hinsichtlich des Kreises der Abstimmungsberechtigten: Der gewerkschaftliche Organisationsgrad der Arbeitnehmer in Deutschland schwindet. Deshalb ist davon auszugehen, dass wenn man – entsprechend etwa dem Vorschlag von CDU/CSU für einen § 88a BetrVG – alle „im Betrieb beschäftigten Arbeitnehmer" abstimmen lässt, ein Großteil dieser nicht tarifgebunden sein dürfte. Hinzu kommen übertariflich bezahlte Angestellte.[327]

Das einzelne Gewerkschaftsmitglied, das beigetreten ist, um seine Arbeitsbedingungen zu verbessern, wird durch das Günstigkeitsprädikat der Belegschaft in seiner Selbstbestimmung eingeschränkt: Dass Außenseiter und der Betriebsrat über seine durch den Gewerkschaftsbeitritt erworbenen Rechte disponieren können, ist keine „Ausgestaltung der Tarifautonomie"[328], sondern dürfte als Verletzung derselben zu bewerten sein.[329] Eine Beschränkung des Stimmrechts auf Gewerkschaftsmitglieder wäre weder praktisch durchführbar noch würde sie dem Anliegen der Abstimmung – Arbeitsplatzsicherung für alle gegen Gehaltsverzicht durch alle – gerecht.

Die in der Abstimmung unterlegene Minderheit kann man schwerlich mit dem Hinweis abweisen, es gebe eben immer „diejenigen, die aus Prinzip dagegen sind"[330]. Man darf aus Prinzip dagegen sein, sich den Verzicht auf vertragliche Ansprüche aufzwingen zu lassen. Soweit Tarifverträge in wirtschaftlichen Zwangslagen von vielen als unerwünschte Fremdbestimmung empfunden werden, würde die Abstimmung nur dazu führen, dass Fremdbestimmung auf die betriebliche Ebene verlagert wird.[331] *Adomeit* betont, dass zur sozialen Selbstbe-

---

327 *Löwisch* JZ 1996, S. 812 (820).

328 *Thüsing* in GS Heinze, S. 901 (919).

329 *Arbeitsgruppe Tarifvertragsrecht* RdA 2004, S. 69; *Dieterich* RdA 2002, S. 1ff.; *Drohsel* Gesetzliche Öffnungsklauseln, S. 233f.; *Hanau* RdA 1993, S. 1 (10); *Dieterich* RdA 2002, S. 1 (16f.) *Möschel* BB 2003, S. 1951 (1953ff.) sowie BB 2005, S. 490 (493); *Rieble* ZfA 2004, S. 1 (60); *Zachert* AuR 2004, S. 121ff.; a.A. *Buchner* in GS Heinze, S. 105 (115, 118f.); *Reuter* ZfA 1995, S. 1 (65, 70f., 92f.) für gesetzliche Öffnungsklauseln für freiwillige Betriebsvereinbarungen; *Thüsing* in GS Heinze, S. 901 (915); *Höfling/Burkiczak* NJW 2005, S. 469 (471f.).

330 So aber *Hromadka* NZA 1996, S. 1233 (1236).

331 *Löwisch* ZfA 1996, S. 293 (313).

stimmung des Arbeitnehmers „die lebenswichtige Entscheidung" gehöre, mit welchen Konzessionen er „den Untergang" seines Arbeitgebers vermeiden will. Niemand dürfe ihm dies „von oben" abnehmen, „weder Gewerkschaftler noch Richter (...) noch Professoren". Dass dem Arbeitnehmer jedoch andere Betriebsangehörige „von der Seite" Rechte abknöpfen, dürfte ebenso problematisch sein.

cc. Zwischenergebnis

Alle vorgeschlagenen Konzepte lassen sich nicht mit dem Ziel von Abstimmungen vereinbaren, mehr individuelle Selbstbestimmung der Arbeitnehmer und mehr Legitimation für Betriebsvereinbarungen zu erreichen.[332] Zwar würden auch Abstimmungen über betriebliche Fragen nach dem Mehrheitsprinzip entschieden. Doch handelte es sich bei den Abstimmungsthemen nicht um Fragen des arbeitsvertraglichen Synallagmas wie Arbeitslohn und Arbeitszeit, sondern um Fragen der betrieblichen Ordnung, die zwingend einheitlich zu regeln sind. Auch würden dabei nicht die Rechte von Koalitionsmitgliedern beschnitten. All dies spricht dagegen, diese Abstimmungsmodelle weiter zu verfolgen.

2. Abstimmungen über Arbeitskampfmaßnahmen

Vereinzelt werden betriebliche Urabstimmungen auch für Arbeitskampfmaßnahmen gefordert: So hat *Hettlage* die Forderung erhoben, die Belegschaftsmitglieder aller von Streiks potentiell betroffenen Betriebe sollten dem Arbeitskampf zustimmen.[333] Derzeit sei das Verfahren der Urabstimmung intransparent und anfällig für Manipulation. Arbeitskämpfe hätten einschneidende Folgen für alle Belegschaftsmitglieder, unabhängig von ihrer Gewerkschaftszugehörigkeit, und dies gelte erst recht für die erkämpften Tarifverträge. Zur „Demokratisierung des Streikrechts" sei eine „obligatorische Urabstimmung unter staatlicher Aufsicht" nötig, nach dem Vorbild von Bürgerbegehren und Bürgerentscheid.[334]

Stimmberechtigt sollen alle Arbeitnehmer sein, die von einer Allgemeinverbindlichkeitserklärung der umkämpften Tarifvereinbarung potentiell betroffen wären. Für den Antrag empfiehlt der Autor ein gestaffeltes Unterschriftenquorum nach dem Vorbild der Bayerischen Gemeindeordnung; für die Abstimmung

332 Siehe oben A III 2 (S. 50), 3 (S. 56).

333 ZRP 2003, S. 366ff; BB 2004, S. 714ff., NJW 2004, S. 3299ff.

334 ZRP 2003, S. 366 (368f.)

selbst genüge eine einfache Mehrheit.[335] Auch den Tarifabschluss will der Autor einer Belegschaftsabstimmung unterwerfen, damit der Arbeitgeber sicher sein könne, dass hernach alle Arbeitnehmer durch die Friedenspflicht gebunden seien.[336]

Die CDU/CSU-Mittelstandsvereinigung hat sich 2003 für eine solche Regelung und ein Abstimmungsrecht aller vom Streik potentiell betroffener Belegschaftsmitglieder ausgesprochen.[337] Inzwischen wird diese Forderung nicht mehr erhoben.

Sie wäre auch verfassungsrechtlich nicht umsetzbar. Auch eine „gewerkschaftlich organisierte Minderheit“ (*Hettlage*) darf gegen den Willen einer Mehrheit von Außenseitern von ihrem Streikrecht Gebrauch machen. Dies wurde kürzlich durch die Entscheidung des BAG bestätigt, in der das Prinzip der Tarifeinheit aufgegeben und Minderheitengewerkschaften im Betrieb ein Streikrecht eingeräumt wurde.[338] Anders als von *Hettlage* vertreten kommt es auch nicht darauf an, „im Arbeitskampfrecht die Demokratie ‚vom Kopf wieder auf die Füße zu stellen’“.[339] Obgleich Gewerkschaften demokratisch organisiert sein müssen[340], erfolgt ihre Tätigkeit nicht zu demokratischen Zwecken oder nach demokratischen Prinzipien, sondern dient der Verwirklichung der Privatautonomie und Koalitionsfreiheit ihrer Mitglieder.[341] Mit der Organisation des Arbeitskampfes übt die Gewerkschaft selbst ihre grundrechtlich geschützte Koalitionsfreiheit nach Art. 9 Abs. 3 GG aus.[342] Außenseiter können nicht verlangen, kraft ihrer staatsbürgerlichen Teilhaberechte an Entscheidungen der Gewerkschaft teilzuhaben.

---

335 ZRP 2003, S. 366 (369).

336 ZRP 2003, S. 366 (369).

337 Beschluss auf der 6. Bundesdelegiertenversammlung in Köln am 17./18.10.2003, zitiert nach *Hettlage* BB 2004, S. 714 (716).

338 BAG v. 23.6.2010 – Az. 10 AS 2/10, 3/10 – NZA 2010, S. 778.

339 ZRP 2003, S. 366 (368f.)

340 BVerfG v. 6.5.1964 – Az. 1 BvR 79/62 – BVerfGE 18, 18 = AP Nr. 15 zu § 2 TVG.

341 BVerfG v. 30.11.1965 – Az. 2 BvR 54/62 – BVerfGE 19, 303 = AP Nr. 7 zu Art. 9 GG.

342 BVerfG v. 24.4.1996 – Az. 1 BvR 712/86 – BVerfGE 94, 268 = AP Nr. 2 zu § 57a HRG.

3. Abstimmungen über die Unternehmensstrategie

Der Bundestag befasste sich zuletzt auf Betreiben der Linksfraktion mit Belegschaftsabstimmungen. Die Fraktion brachte am 12. März 2009 aus Anlass der Bankenkrise den Antrag ein, der Bundestag möge die Bundesregierung auffordern, Gesetzentwürfe für ein „Antikrisenprogramm" vorzulegen, das auf „echte paritätische Mitbestimmung" in allen Unternehmen mit mehr als 500 Beschäftigten ziele.[343] Zu Mitbestimmung in diesem Sinne zählt die Fraktion auch Abstimmungen der Arbeitnehmer vor allen „Entscheidungen von erheblicher Bedeutung für die Belegschaft".[344] Es lässt sich aus den wenigen Sätzen des Antrags nur deuten, dass das Abstimmungsrecht der Arbeitnehmer die Kompetenzen ihrer Repräsentanten im Betriebsrat oder Aufsichtsrat nicht verdrängen, sondern ergänzen sollte.

Der Antrag enthält keine Vorschläge, wie die Abstimmung durchzuführen wäre, welche Mehrheiten verlangt werden müssten und welche Wirkung das Abstimmungsergebnis hätte. Ebenfalls fehlen Beispiele für „wesentliche" Entscheidungen, die eine Abstimmungspflicht auslösen könnten. Vorschläge für diese Details werden von der Bundesregierung eingefordert.

IV. Ergebnis

Von den bislang vorgelegten Konzepten empfiehlt sich für eine nähere Prüfung nur die Abstimmung über eine Betriebsratswahl. Abstimmungen zur Feststellung der Günstigkeit tarifwidriger Vertragsänderungen oder zur Legalisierung entsprechender Betriebsvereinbarungen sind abzulehnen.

---

343 BT-Drucksache 16/12245.

344 BT-Drucksache 16/12245, S. 1.

§ 2 Bestandsaufnahme kollektiv-unmittelbarer Teilhaberechte

Ziel der folgenden Darstellung ist es, ein Bild der Belegschaftsbeteiligung zu zeichnen, wie sie derzeit funktioniert. Dazu wird eine Bestandsaufnahme aller kollektiv-unmittelbaren Teilhaberechte erstellt, die den Arbeitnehmern nach geltendem Recht zustehen. Anhand dieser Aufstellung lässt sich untersuchen, wie sich Belegschaftsabstimmungen in das geltende Mitbestimmungssystem einfügen ließen.

Bei dieser Darstellung bleiben Teilhaberechte des Einzelnen, deren Ausübung sich nur reflexartig auf das Belegschaftskollektiv auswirkt, außer Betracht. So können individualvertragliche Absprachen über Teilzeit oder über eine Gehaltserhöhung für die anderen Arbeitnehmer eine größere Arbeitsbelastung oder keine Gehaltserhöhung bedeuten. Kollektiv ausübbar sind solche Rechte aber nicht. Es ist denkbar, diese Sachverhalte auch kollektiv zu regeln, was jedoch auf Kosten eines individualvertragsorientierten Arbeitsrechtssystems geschähe. Die Privatautonomie des einzelnen Arbeitnehmers würde ohne Not zugunsten einer Verbandsautonomie der Belegschaft verdrängt. Die Idee der Belegschaftsabstimmung geht, wie dargelegt, in eine andere Richtung.[345]

Ebenfalls weitgehend ausgeklammert werden in diesem Teil die Teilhaberechte leitender Angestellter oder ihrer Sprecherausschüsse, da sich diese Arbeit mit der Frage von Abstimmungen der Mehrheitsbelegschaft befasst. Sie werden nur berücksichtigt, soweit dies zur Analyse von Teilhaberechten der Restbelegschaft beiträgt.

A. Kollektive Teilhabe an institutionellen Fragen

I. Teilhabe in Form von Abstimmungen

Echte Abstimmungsrechte der Arbeitnehmer finden sich nur vereinzelt in der Betriebs- und Unternehmensverfassung; meistens betreffen sie organisatorische Fragen.

345 § 1 A III (S. 40ff.).

1. Abstimmungen über die Wahl von Vertretungen

Es besteht keine durchsetzbare Pflicht für Arbeitnehmer oder leitende Angestellte, ihre Vertretungsorgane, Betriebsrat und Sprecherausschuss, zu wählen[346], auch wenn der Wortlaut des § 1 Abs. 1 S. 1 BetrVG und § 1 Abs. 1 SprAuG dies suggeriert, indem er feststellt: Vertretungen „werden ... gewählt". Doch obwohl somit beide Institutionen als freiwillige Vertretungen angelegt sind, fällt die Entscheidungsbefugnis der Wähler hinsichtlich der Errichtung ihrer jeweiligen Vertretung äußerst unterschiedlich aus.

a. Abstimmung vor der erstmaligen Sprecherausschusswahl

Das Vertretungsorgan der leitenden Angestellten, der Sprecherausschuss, wird in Betrieben mit mindestens zehn leitenden Angestellten gewählt (§ 1 Abs. 1 SprAuG). Die Existenz dieser Vertretung steht im Belieben der Wahlberechtigten: Gewählt wird nur, wenn zuvor die Mehrheit *aller Wahlberechtigten* schriftlich oder mündlich zugestimmt hat (§ 7 Abs. 2 S. 4 SprAuG). Die mehrheitliche Zustimmung nur der *Versammlungsteilnehmer* genügt nicht.[347]

Zwar können, wie im Fall der Betriebsratswahl, drei leitende Angestellte das Verfahren in Gang setzen (§ 7 Abs. 2 S. 2 SprAuG). Sie können auch selbst für den Wahlvorstand kandidieren; da dieser mit der Stimmenmehrheit nur der Versammlungsteilnehmer gewählt wird, können im Extremfall somit die drei Initiatoren den Wahlvorstand allein bilden.[348] Aber die eigentliche Wahl können sie wegen der erforderlichen Grundabstimmung nicht erzwingen, auch nicht auf dem Gerichtsweg.

Die Abstimmung findet nur vor der erstmaligen Sprecherausschusswahl statt.[349] Die Ansicht *Hanaus*[350], eine Abstimmung sei vor jeder Wahl nötig, hat sich nicht durchgesetzt. Sie widerspricht dem eindeutigen Wortlaut von § 7

---

346 *Richardi* in Richardi BetrVG § 1 Rn. 2. Auf eine Darstellung der Wahl von Jugend- und Auszubildendenvertretung (§ 60 BetrVG), Schwerbehindertenvertretung (§§ 94, 97 SGB IX) sowie der Interessenvertretung nach § 51 Abs. 1 Berufsbildungsgesetz wird hier verzichtet.

347 *Joost* in MünchArbR § 233 Rn. 33.

348 *Bauer* SprAuG § 7 S. 30.

349 *Hromadka/Sieg* SprAuG § 7 Rn. 21f.

350 AuR 1988, S. 261 (262).

Abs. 1 SprAuG, demzufolge für spätere Wahlen der scheidende Sprecherausschuss den Wahlvorstand bestellt.

Das Gesetz sieht keinen *actus contrarius* in Gestalt einer Abstimmung über die Abschaffung des Sprecherausschusses vor, falls die leitenden Angestellten unzufrieden mit dieser Institution sein sollten. In der Literatur wird diese Möglichkeit erst gar nicht thematisiert; im Gegenteil wurde vereinzelt eine Abschaffung der Abstimmung gefordert.[351]

Die Beteiligungs- und Erfolgsquote der Grundabstimmungen über Sprecherausschüsse wurde, soweit absehbar, bislang weder von Wirtschaftsforschungsinstituten untersucht, noch durch die BDA oder die Union der Leitenden Angestellten (ULA). Seit Inkrafttreten des Sprecherausschussgesetzes ist keine einzige gerichtliche Entscheidung in einer Streitigkeit über die Urabstimmung ergangen.[352] Die Wahlbeteiligung lag im letzten Wahljahr 2010 wie in früheren Wahljahren bei 80 Prozent.[353]

b. Keine Abstimmung vor der erstmaligen Betriebsratswahl

aa. Ziel der Erleichterung von Betriebsratswahlen

In Betrieben mit Betriebsrat wird dessen Wiederwahl auf vielen Wegen gesichert. So gilt seit dem BetrVG 1952[354] die Regel, dass der existierende Betriebsrat zum Ende seiner Amtszeit den neuen Wahlvorstand bestimmt (§ 16 Abs. 1 S. 1 BetrVG).[355] Unterlässt er dies, kann der Wahlvorstand auf Antrag von drei Arbeitnehmern oder einer Gewerkschaft gerichtlich eingesetzt werden (§ 16 Abs. 2 BetrVG). Im Fall dieses Unterlassens ist zusätzlich der Gesamt- oder Konzernbetriebsrat zur Bestellung befugt (§ 16 Abs. 3 BetrVG). Wurde das Gremium durch ein Gericht aufgelöst, bestellt dieses den Wahlvorstand für die Neuwahl (§ 23 Abs. 2 i.V.m. § 16 Abs. 2 BetrVG).

Es gibt somit eine Vielzahl an Mechanismen, die eine Durchführung der Wahlen sichern. Aus ihnen lässt sich die Bedeutung ablesen, die der Gesetzge-

---

351 So, allerdings ohne Begründung, *Sieg* in FS Richardi S. 777 (799).

352 *Sieg* AuA 2009, S. 578; auch für die Zeit nach Erscheinen des Beitrags fördern Juris-Recherchen keine Entscheidungen zutage.

353 *Hromadka* ZfA 2010, S. 711f.

354 § 15 Abs. 1 S. 1 BetrVG 1952, zitiert nach *Fitting* BetrVG (3. Aufl., 1953).

355 Für die Benennung des Wahlvorstands nach angefochtener Wahl siehe LAG Schleswig-Holstein v. 7.4.2011 – Az. TaBVGa 1/11 – veröffentlicht in Juris.

ber der Wahl beimisst.[356] Um dem gesetzgeberischen Ziel einer möglichst flächendeckenden Wahl von Betriebsräten zu genügen, werden die Wahlregeln im Schrifttum grundsätzlich „wahlfreundlich" interpretiert: So soll beispielsweise der nachträgliche Widerruf der Einladung zur Wahlversammlung durch einen der drei Initiatoren nicht möglich sein, auch dann nicht, wenn seine Mitstreiter zwischenzeitlich den Betrieb verlassen haben.[357] Denn die einmal ausgesprochene Einladung betreffe „den Rechtskreis anderer", die womöglich im Vertrauen auf diese Initiative eigene Vorstöße unterlassen hätten. Auch die Rechtsprechung wendet die Wahlvorschriften möglichst „wahlfördernd" an.[358]

bb. „Mentorenprinzip" statt Urabstimmung

Mit Ausnahme des Antrags nach § 16 Abs. 2 BetrVG sind die Arbeitnehmer an den geschilderten Wegen zur Betriebsratswahl nicht beteiligt. Dies gilt auch für betriebsratslose Betriebe. Für sie ist keine Wahl-Urabstimmung wie nach dem Sprecherausschussgesetz vorgesehen. Vielmehr hat die BetrVG-Reform 2001 die Teilhabe der Belegschaft an der Bestellung des Wahlvorstands stark eingeschränkt. Vor der Reform hatte im Regelfall eine Betriebsversammlung – einberufen von drei Arbeitnehmern oder einer Gewerkschaft – den Wahlvorstand gewählt (§ 17 Abs. 2 BetrVG 1972). Falls trotz Einladung keine Versammlung stattfand oder kein Wahlvorstand gewählt wurde, konnte dessen Einsetzung wie heute gerichtlich erwirkt werden (§ 17 Abs. 3 BetrVG 1972).

Das Bundesarbeitsgericht hat in seiner Rechtsprechung zu § 17 BetrVG 1972 stets hervorgehoben, wie wichtig die Teilhabe der Arbeitnehmer an der Vorbereitung der Wahl und der Wahl des Wahlvorstands sei.[359] Die Initiatoren sollten nicht über die Belegschaft hinweg Wahlvorstände installieren können.[360]

356 BAG v. 16.8.1983 – Az. 1 AZR 544/81 – AP Nr. 5 zu § 50 BetrVG = NJW 1984, S. 2966f.; *Kohte/Paschke* Anm. zu ArbG Berlin v. 29.5.2009 – Az. 16 BVGa 9922/09 – jurisPR-ArbR 41/2010, Anm. 3.

357 *Kohte/Paschke* a.a.O.

358 BAG v. 14.12.1965 – Az. 1 ABR 6/65 – BAGE 18, 41; kürzlich BAG v. 27.7.2011 – Az. 7 ABR 61/10 – BeckRS 2012, 65284 (Abbruch der Betriebsratswahl nur dann, wenn sie voraussichtlich nichtig ist); LAG München v. 16.6.2008 – Az. 11 TaBV 50/08 – AIB 2009, S. 723.

359 BAG v. 16.8.1983 – Az. 1 AZR 544/81 – AP Nr. 5 zu § 50 BetrVG; BAG v. 26.2.1992 – Az. 7 ABR 37/91 – AP Nr. 6 zu § 17 BetrVG 1972; BAG v. 7.5.1986 – Az. 2 AZR 349/85 – AP Nr. 18 zu § 15 KSchG.

360 BAG v. 26.2.1992 – Az. 7 ABR 37/91 – AP Nr. 6 zu § 17 BetrVG 1972.

Die Formalien der Einladung zur Betriebsversammlung seien unbedingt einzuhalten, da deren Beschlussfähigkeit nicht von einer Mindest-Teilnehmerzahl abhänge. Es gelte zu verhindern, dass eine „kleine Minderheit" im Betrieb der „überwiegenden Mehrheit" die Wahl aufzwinge.[361] Ein nicht demokratisch legitimierter, sondern gerichtlich bestellter Wahlvorstand sei nur ein „Notbehelf"[362]: „Vorrangig gegenüber jedem staatlichen Eingriff" müssten die Belegschaftsrechte sein. Scheitere die Wahl des Wahlvorstands, so das BAG, sollte dies den Wahl-Initiatoren „Anlass geben, nochmals zu überdenken", ob sie ihr Vorhaben weiterverfolgen sollten.[363] In der Wissenschaft wurde mit Blick auf die Entscheidungsfreiheit der Arbeitnehmer sogar diskutiert, ob nicht eine Mindestbeteiligung der Belegschaft an der Wahlversammlung verlangt werden sollte.[364]

Diese Rechtsprechung ist in Unternehmen mit mehreren Betrieben bedeutungslos geworden: Mit der Reform von 2001 hat der Gesetzgeber den Arbeitnehmern das primäre Initiativrecht für Wahlen entzogen und es dem – demokratisch nicht legitimierten[365] – Gesamt- und Konzernbetriebsrat übertragen. Im Wahljahr 2010 wurden zwei Drittel der erstmaligen Betriebsratswahlen von Gesamtbetriebsräten eingeleitet.[366] Diese überbetrieblichen Gremien berufen keine Betriebsversammlung ein, denn hierzu fehlt ihnen die Befugnis[367], sondern bestellen den Wahlvorstand selbst (§ 17 Abs. 1 BetrVG). Entgegen der Forderung des BAG werden die Arbeitnehmer somit nicht einbezogen in die Entscheidung über das „Ob" einer Wahl.

Dies geschieht nur, wenn kein Gesamt- oder Konzernbetriebsrat existiert oder wenn diese Gremien ihre Pflicht zur Bestellung des Wahlvorstands vernachlässigen.[368] In diesem Fall können die Gegner einer Betriebsratswahl die

---

361 BAG v. 7.5.1986 – Az. 2 AZR 349/85 – AP Nr. 18 zu § 15 KSchG.

362 BAG v. 19.3.1974 – Az. 1 ABR 87/73 – AP Nr. 1 zu § 17 BetrVG 1972.

363 BAG v. 19.3.1974 – Az. 1 ABR 87/73 – AP Nr. 1 zu § 17 BetrVG 1972 (Rn. 20).

364 *Jacobs* Wahlvorstände, S. 113f. (m.w.N.).

365 BAG v. 16.8.1983 – Az. 1 AZR 544/81 – AP Nr. 5 zu § 50 BetrVG; *Rieble* ZIP 2001, S. 133 (135).

366 *Stettes* Betriebsratswahlen 2010. Eine Analyse auf Basis einer IW-Umfrage (S. 5).

367 BAG v. 16.11.2011 – Az. 7 ABR 28/10 – NZA 2012, S. 404ff.

368 Es ist strittig, ob Gesamt- und Konzernbetriebsrat verpflichtet oder berechtigt zur Bestellung des Wahlvorstands sind, dafür spricht die Gesetzesbegründung BT-Drucks. 14/5741, S. 38, dafür auch *Kreutz* in GK-BetrVG § 17 Rn. 11, dagegen *Thüsing* in Ri-

Versammlung boykottieren, oder in dieser ihre Ablehnung des Betriebsrats kundtun durch Nichtbeteiligung, negative Stimmabgabe oder Enthaltung bei der Wahl des Wahlvorstands.[369] Diese Wahl setzt die einfache Mehrheit der „anwesenden Arbeitnehmer" voraus, nicht die der abgegebenen Stimmen (§ 17 Abs. 2 S. 1 BetrVG).[370] Dass keine Mehrheit für den Wahlvorstand zustande kommt, ist keine Seltenheit.[371] Das Verhinderungspotential ist angesichts des gerichtlichen Antragsrechts dreier Wahlberechtigter (§ 17 Abs. 4 S. 1 BetrVG) aber von geringer Haltbarkeit.

In der Gesetzesbegründung wurde zur Erklärung des Mentorenprinzips angeführt, dieses spare den Aufwand und die Kosten einer Betriebsversammlung.[372] Der Gesamtbetriebsrat sei überdies nach § 50 Abs. 1 S. 1 BetrVG zuständig für Betriebe ohne Betriebsrat.[373] Zudem wurde argumentiert, Gesamt- und Konzernbetriebsrat träten „gleichsam an die Stelle" der sonst initiativberechtigten drei Arbeitnehmer oder der Gewerkschaft, sodass man ihnen eine „zumindest vergleichbare demokratische Legitimation" einräumen müsse.[374] Die gesetzliche Ermächtigungsgrundlage kann aber nicht eine betriebsdemokratische Legitimation dieser Gremien fingieren. Das Mentorenprinzip entkoppelt die Errichtung der Arbeitnehmervertretung vom Willen der Arbeitnehmer.[375] Insofern erstaunt das Argument *Roses*, das Motiv des § 17 Abs. 1 S. 1 BetrVG bestehe darin, der Fremdbestimmung im Arbeitsrecht ein Instrument der Selbstbestimmung entgegenzusetzen.[376]

---

chardi BetrVG § 17 Rn. 3; LAG Nürnberg v. 25.1.2007 – Az. 1 TaBV 14/06 – veröffentlicht in Juris.

369 *Hanau* RdA 2001, S. 69.

370 LAG München v. 16.6.2008 – Az. 11 TaBV 50/08 – AIB 2009, S. 723; *Nießen* Fehlerhafte Betriebsratswahlen, S. 121f.

371 Dazu zuletzt LAG Düsseldorf v. 17.2.2011 – Az. 11 Sa 1229/10 – AuR 2011, S. 314.

372 Begründung zum Regierungsentwurf für das BetrVerf-ReformG von 2001, BT-Drucksache 14/5741, S. 38; s. auch *Homburg* in DKKW BetrVG § 17 Rn. 1.

373 *Däubler* AuR 2001, S. 1 (2).

374 *Engels/Trebinger/Löhr-Steinhaus* DB 2001, S. 532 (535).

375 *Hanau* RdA 2001, S. 69.

376 *Rose* KritJ 2001, S. 157 (162).

c. Teilhabe an der Entscheidung über weitere Vertretungen

Jenseits der betrieblichen Ebene sind die Arbeitnehmer an der Errichtung weiterer Vertretungsgremien nicht mehr unmittelbar beteiligt, insbesondere nicht an der Frage, ob es diese überhaupt geben soll. Die Arbeitnehmerbeteiligung in Aufsichtsräten ist in den Mitbestimmungsgesetzen in Abhängigkeit von der Rechtsform und Arbeitnehmerzahl der Gesellschaft zwingend vorgeschrieben (§§ 6 Abs. 1, 7 MitbestG, §§ 1, 4 DrittelbG; §§ 1, 4 Abs. 1 Montan-MitbestG); die Arbeitnehmervertreter werden notwendiger Bestandteil von gesetzlich vorgeschriebenen Organen der Gesellschaft.[377]

Ebenfalls zwingend ist die Errichtung eines Gesamtbetriebsrats, der durch die Entsendung der Betriebsratsmitglieder zu seiner konstituierenden Sitzung (§ 47 Abs. 2 BetrVG) entsteht.[378] Der Konzernbetriebsrat wird durch Beschlüsse der Gesamtbetriebsräte errichtet (§ 54 Abs. 1 S. 1 BetrVG).

aa. Insbesondere: Vertretungen in der Europäischen Aktiengesellschaft

Für die Frage der Beteiligungsrechte in der Europäischen Aktiengesellschaft (*Societas Europaea* – SE) sind Abstimmungen nicht vorgesehen. Obwohl die Rechte der Arbeitnehmervertretungen überwiegend Verhandlungssache sind, findet eine Meinungsbildung der Belegschaft über deren Ausgestaltung nicht statt. So wird das besondere Verhandlungsgremium, das die Arbeitnehmerbeteiligung stellvertretend für die Belegschaften aushandelt, auf schriftliche Aufforderung der zuständigen Unternehmensorgane gebildet (§ 4 Abs. 1 SEBG).

Die Errichtung eines SE-Betriebsrats ist nicht zwingend vorgeschrieben; Anhörung und Unterrichtung der Arbeitnehmer in der SE können auch auf andere Weise gewährleistet werden (§ 21 Abs. 2 SEBG).[379] Diese Entscheidung treffen das besondere Verhandlungsgremium und die Vertreter der Gesellschaft. Der Gesetzgeber betrachtet den SE-Betriebsrat aber als Idealfall und sieht seine Errichtung im Rahmen der gesetzlichen Auffangregeln vor (§ 23 SEBG).[380]

Im Bereich der Unternehmensmitbestimmung fordert das SEBG grundsätzlich den Erhalt hergebrachter Mitbestimmungsstatute (§ 1 Abs. 1 S. 2 SEBG).

---

377 *Raiser/Veil* § 7 MitbestG Rn. 2.

378 *Annuß* in Richardi BetrVG § 47 Rn. 23; *Kreutz* in GK-BetrVG § 47 Rn. 29.

379 *Evers/Hartmann* in Manz/Mayer/Schröder § 21 SEBG Rn. 24; *Grobys* NZA 2005, S. 84 (88).

380 *Henssler* in Ulmer/Habersack/Henssler SEBG Einl. Rn. 147.

Wenn eine Verhandlungslösung gelingt, können die Parteien die SE aber auch ganz mitbestimmungsfrei ausgestalten (§ 21 Abs. 3 SEBG).[381] In diesem Fall könnte sich tatsächlich die Arbeitnehmerseite, wenn auch nicht die Belegschaft, sondern ihre Unterhändler, für eine Reduzierung oder Abschaffung von Vertretungsgremien entscheiden. Dieses Verhandlungsergebnis dürfte aber selten auftreten[382]: Nicht nur muss das Verhandlungsgremium solche Beschlüsse mit qualifizierter Mehrheit treffen (§ 15 Abs. 3 SEBG). Auch ist der Beschluss über geringere Mitbestimmungsrechte nicht möglich, wenn die SE durch die Umwandlung eines mitbestimmten Unternehmens entsteht (§ 15 Abs. 6 SEBG).[383] In diesem Fall muss die Mitbestimmungsvereinbarung „alle Komponenten der Arbeitnehmerbeteiligung" auf bisherigem Niveau erhalten (§ 21 Abs. 6 SEBG). Selbst wenn also im Fall der Umwandlung einer mitbestimmten Gesellschaft die Arbeitnehmer der Ansicht sein sollten, dass sich die Mitbestimmung in deutscher Form nicht bewährt hat, könnten sie diese weder abschaffen noch durch eine Eigenkreation ersetzen. Empirische Auswertungen zeigen, dass die meisten vereinbarten Mitbestimmungsregeln das Niveau der gesetzlichen Auffangregeln widerspiegeln.[384]

bb. Insbesondere: Errichtung eines Europäischen Betriebsrats

Wie der SE-Betriebsrat ist auch der Europäische Betriebsrat nicht zwingend vorgeschrieben, anders als es der Wortlaut des § 1 EBRG suggeriert.[385] Über seine Einrichtung verhandeln das besondere Verhandlungsgremium und die Unternehmensführung, d.h. die „zentrale Leitung" nach § 1 Abs. 3 EBRG. Die Arbeitnehmervertreter können mit Zwei-Drittel-Mehrheit beschließen, die Verhandlungen abzubrechen oder gar nicht erst aufzunehmen. Dann wird auf mindestens zwei Jahre kein EBR gebildet (§ 15 Abs. 2 EBRG).

Kraft Gesetzes entsteht das Gremium nur, wenn eine Verhandlungslösung scheitert (§ 9 EBRG). Die Errichtung kraft Gesetzes soll nicht die Entstehung

---

381 *Köklü* in Van Hulle/Maul/Drinhausen 6. Abschn. Rn. 150.; *Evers/Hartmann* in Manz/Mayer/Schröder § 21 SEBG, Rn. 33; *Grobys* NZA 2005, S. 84 (88)

382 *Rieble* BB 2006, S. 2018 (2019).

383 *Weiss/Wöhlert* NZG 2006, S. 121 (126)

384 *Keller/Werner* WSI-Mitteilungen 2007, S. 604 (606).

385 *Blanke* EBRG § 1 Rn. 7.

dieser Gremien befördern, sondern nur verhindern, dass der Arbeitgeber Verhandlungen blockiert.[386]

Ein EBR kann somit zwar nicht gegen den Willen der Arbeitnehmervertreter, wohl aber ohne den Willen der Belegschaft entstehen. Diese ist nur an einer Stelle unmittelbar beteiligt: Die Arbeitnehmer können die Bildung des besonderen Verhandlungsgremiums beantragen (§ 9 EBRG). Das Antragsquorum liegt mit mindestens 100 Stimmen aus mindestens zwei Betriebsstätten deutlich höher als das Quorum für die Wahl eines Betriebsrats nach BetrVG. Ob diese Schwelle erreicht wird oder nicht, sagt mehr über den Rückhalt eines EBR aus, als wenn die Initiative von nur drei Arbeitnehmern (§ 17 Abs. 4 S. 1 BetrVG) ausgeht.

Die Mitglieder im besonderen Verhandlungsgremium werden nicht direkt gewählt, sondern von den betrieblichen Vertretungsgremien bestimmt (§ 23 EBRG), es sei denn, diese existieren nicht. In diesem, praktisch wohl seltenen Fall, wird in der Literatur die Meinung vertreten, die Arbeitnehmer dürften ihre Vertreter im Verhandlungsgremium direkt wählen, und nach Abschluss der Verhandlungen auch ihre Europäischen Betriebsräte.[387]

d. Gründe für die unterschiedlichen Teilhaberechte

Wie viel Einfluss die Arbeitnehmer auf die Errichtung ihrer Vertretungsgremien haben, hängt zum einen davon ab, welchen Status sie selbst im Betrieb genießen – leitender Angestellter oder nicht? – und zum anderen davon, ob es sich um eine Vertretung auf betrieblicher oder europaweit-überbetrieblicher Ebene handelt.

aa. Unterschiedliche Behandlung von EBR, SE-Betriebsrat und Betriebsrat

Die verschiedenen Regeln für deutsche und europäische Vertretungen leuchten grundsätzlich ein: Je höher ein Gremium in der Unternehmensstruktur angesiedelt ist, desto mehr hat es koordinierende und verwaltende Funktion. Für die unmittelbare Gestaltung der betrieblichen Ordnung und der Arbeitsverhältnisse der Belegschaftsmitglieder sind in erster Linie die direkt gewählten Betriebsräte zuständig. Dem EBR und SE-BR stehen nur Informations- und Beratungsrechte zu. Abstimmungen über die Errichtung dieser Gremien einzuführen ist angesichts deren geringer Kompetenzen nicht zum Schutz der Arbeitnehmer-Selbstbestimmung geboten. Diese Abstimmungen würden die ohnehin kompli-

---

386 *Joost* in MünchArbR § 275, Rn. 6.

387 *Blanke* EBRG § 11 Rn. 3f., 14 sowie § 23 Rn. 2 m.w.N.; a.A. *Müller* EBRG § 11, Rn. 2.

zierte Errichtung von EBR und SE-BR unnötigerweise noch komplizierter machen.

bb. Unterschiedliche Behandlung der leitenden Angestellten und der „Normal-Arbeitnehmer"

[1] Die Argumente des Gesetzgebers und der Wissenschaft

Dass Vertretungen je nach Status ihrer Wähler freiwillig oder von Dritten erzwingbar sind, wird in der Literatur wenig diskutiert, obwohl oft betont wird, leitende Angestellte seien nicht weniger schutzwürdig gegenüber dem Arbeitgeber als andere Arbeitnehmer.[388] *Hromadka* bezeichnet es sogar als „Utopie zu glauben, leitende Angestellte könnten ihre Arbeitsbedingungen heute noch individuell aushandeln".[389] Ihnen fehle die Marktmacht, um Arbeitgeberinteressen bei Umstrukturierungen und Personalabbau die Stirn zu bieten. *Bobke-von Camen* erinnert daran: „Auch Führungskräfte haben Sorgen und Nöte!"[390]

Trotz dieses ähnlichen Schutzbedürfnisses wird eine Übertragung der Urabstimmung auf Betriebsratswahlen nur vereinzelt gefordert.[391] Der Sonderstatus der leitenden Angestellten wird, wenn überhaupt, als „sachgemäß"[392] bewertet: Sie hätten unternehmerische Funktionen inne, handelten frei von Weisungen und nähmen eine besondere Vertrauensstellung im Verhältnis zum Arbeitgeber ein.[393] Ihr Wahlrecht zwischen einer individuellen und kollektiven Interessenvertretung trage dieser besonderen Stellung Rechnung.[394] Sie vom Schutz des Betriebsverfassungsgesetz auszunehmen, sichere gar die „Funktionsfähigkeit der Unternehmen": Es müsse in den Betrieben ein Personenkreis bestehen, „dessen Auswahl und Arbeitsbedingungen nicht einem Mitbestimmungsvorbehalt unterliegen"[395]. Auch die Begründung des Entwurfs zum Sprecherausschussgesetz

388 *Richardi* in Richardi BetrVG § 5 Rn. 265; zu ihrem kündigungsrechtlichen Schutzbedürfnis *Junker* in FS Birk, S. 265f.

389 ZfA 2010, S. 711 (721).

390 dbr 2011 (Nr. 2), S. 18.

391 *Franzen* NZA 2008, S. 250 (255); *Löwisch* BB 2006, 664; *Rieble* ZIP 2001, S. 133 (136).

392 *Fitting* BetrVG § 5 Rn. 451.

393 *Joost* in MünchArbR § 233 Rn. 1; *Raab* in GK-BetrVG § 5 Rn. 94; *Trümner* in DKKW BetrVG § 5 Rn. 153, 204ff.

394 *Bauer* SprAuG § 7 S. 30.

395 *Richardi* in Richardi BetrVG § 5 Rn. 266.

erklärt das Abstimmungsrecht mit dieser Sonderstellung der leitenden Angestellten sowie mit der Feststellung, es gebe nicht in jedem Betrieb ein Bedürfnis nach einer kollektiven Vertretung.[396] Die Minderheit solle der Mehrheit der leitenden Angestellten „keine kollektive Vertretung aufzwingen".[397] Ein Bedürfnis nach einem Betriebsrat wird hingegen stets unterstellt und ein Zwang für die Restbelegschaft akzeptiert.

Schließlich wird auch darauf hingewiesen, dass Sprecherausschüsse ohnehin über viel geringere Beteiligungsrechte als die Betriebsräte verfügen. Deshalb müssten die leitenden Angestellten Gelegenheit erhalten, die Vor- und Nachteile des Gremiums abzuwägen.[398]

[2] Stellungnahme

Die geschilderten Unterschiede zwischen leitenden Angestellten und Arbeitnehmern rechtfertigen allenfalls die Existenz *separater* Interessenvertretungen. Sie rechtfertigen es aber nicht, dass die eine Vertretung freiwillig, die andere eine Zwangseinrichtung ist.

Der Verweis auf unterschiedliche Kompetenzen der Gremien überzeugt dabei gerade nicht: Für die Vertretenen ist die Abwägung von Vor- und Nachteilen ihrer Vertretung umso wichtiger, je mehr Macht das Gremium ausüben kann.

Nur vereinzelt wird im Schrifttum darauf hingewiesen, dass hinter den Unterschieden die „unwiderleglich vermutete intellektuelle und vertragsbezogene Unterlegenheit" des Arbeitnehmers steckt, die sich durch das gesamte Arbeitsrecht zieht.[399] Für die Grundabstimmung der leitenden Angestellten wird argumentiert, dass die Mitglieder dieser betrieblichen „Oberschicht"[400] eben „willens und in der Lage sind, ihre Interessen jeweils für sich wahrzunehmen".[401] Dies impliziert, einfache Arbeitnehmer seien dazu nicht in der Lage – ein unzulässiger Umkehrschluss in einem Rechtssystem, das der Selbstbestimmung verpflichtet ist. Auch leitende Angestellte können aus ganz unvernünftigen Motiven auf Institutionen zu ihrem Schutz verzichten. Umgekehrt kann Arbeitnehmern ohne

396 BT-Drucksache 11/2503, S. 38; ebenso *Bauer* SprAuG § 7 S. 30.

397 *Hromadka/Sieg* SprAuG Vor § 1 Rn. 33.

398 *Fitting* BetrVG § 5 Rn. 451.

399 *Rieble* Selbstverantwortung, S. 337 (338)

400 *Trümner* in DKKW BetrVG § 5 Rn. 204.

401 *Hromadka/Sieg* SprAuG Vor § 1 Rn. 33.

unternehmerische Funktion eine kollektive Vertretung ihrer Interessen widerstreben.[402] Dies darf weder pauschal als bedauerlicher Leichtsinn oder Lethargie bewertet werden[403], noch sollte sogleich nach Instrumenten gesucht werden, um die letzten Schlupflöcher für mitbestimmungsunwillige Belegschaften „notdürftig“ zu stopfen.[404]

Im Grundsatz mag es zutreffen, dass etwa ein Fabrikarbeiter mit Migrationshintergrund zur Wahrnehmung seiner Interessen fachlich weniger qualifiziert und auch intellektuell weniger befähigt sein mag als ein Akademiker in leitender Stellung. Aber den Beweis des Gegenteils oder die Äußerung eines gegenteiligen Willens erlaubt die Betriebsverfassung dem Arbeitnehmer nicht. Erhebt man die Fähigkeit des Einzelnen, Interessen und Strategien zu durchschauen, zum Kriterium für die Zuweisung von Teilhaberechten, müsste man mit *v. Nell-Breuning* fordern, dies auch konsequent in anderen Rechtsgebieten zu tun: Mit den selben Argumenten ließe sich gegen ein Stimmrecht für geringqualifizierte Kleinaktionäre von Aktiengesellschaften in der Hauptversammlung streiten.[405]

Gegen dieses Statusdenken hat sich der Gesetzgeber übrigens 2001 bei der Reform der Betriebsverfassung entschieden: Mit der Aufgabe des Gruppenprinzips trägt das Gesetz sozialen Unterschieden zwischen Arbeitern und Angestellten keine Rechnung mehr. Sie sind nicht mehr ihrem tatsächlichen Kräfteverhältnis entsprechend im Betriebsrat vertreten. So kann die geltende Rechtlage dazu führen, dass ein Angestellter sich überwiegend durch Arbeiter vertreten sieht, denen er diese Aufgabe womöglich nicht zutraut.

Eine Abstimmung über die Betriebsratswahl nach dem Vorbild der Sprecherausschusswahl würde diese Wertungswidersprüche beseitigen. Sie brächte Klarheit über den wirklichen Willen der Arbeitnehmer, vertreten zu werden.[406]

---

402 Was sie auch tun: Nach Zahlen der jüngsten „BISS“-Betriebsbefragung treten abweichende Vertretungen keinesfalls nur in Betrieben mit hochqualifizierter Belegschaft auf, sondern gerade im Bereich niedrig qualifizierter Dienstleistungen (WSI-Mitteilungen 2009, S. 70 (72)).

403 In diese Richtung aber *Wendeling-Schröder* DB 2002, S. 206; *Scharff/Zimmermann* AuA 2009, S. 568 (570); krit. *Picker* RdA 2001, S. 259 (266).

404 So aber *Däubler* AcP 175, S. 181 (183); *ders.* in FS Kreutz S. 69 (71).

405 Streit um Mitbestimmung, S. 45.

406 Zum Abstimmungsmodell siehe § 4 A (S. 171).

2. Abstimmungen über die Abberufung von Vertretungen

Wie soeben dargelegt wurde, hat der Gesetzgeber die kollektiven Teilhaberechte im Betrieb hinsichtlich der *Errichtung* von Gremien höchst unterschiedlich ausgestaltet. Das gilt auch für deren *Abberufung*. Die diesbezüglich unterschiedlichen Abstimmungsrechte knüpfen aber nicht an den Status des Wählers, sondern an den Typus des Vertretungsgremiums an.

a. Keine unmittelbare Abberufung von Betriebsräten

Es wird häufig Situationen geben, in denen die Arbeitnehmer mit der Leistung ihrer Vertreter im Betriebsrat nicht zufrieden sind, weil sie beispielsweise an deren Loyalität und Kompetenz zweifeln. Es kann auch vorkommen, dass die Belegschaft die Existenz des Betriebsrats an sich in Frage stellt. Ihre praktischen Reaktionsmöglichkeiten sind jedoch gering.

Falls Betriebsräte grobe Pflichtverstöße begehen, kann ein Viertel der wahlberechtigten Arbeitnehmer eine gerichtliche Auflösung des Betriebsrats oder die Abberufung einzelner Mitglieder beantragen (§ 23 Abs. 1 S. 1 BetrVG). Dieses Antragsrecht gilt auch gegen Mitglieder von Gesamt- und Konzernbetriebsräten, die gröblich gegen ihre Pflichten verstoßen (§§ 48, 56 BetrVG).[407]

Eine Amtsenthebung durch die Arbeitnehmer selbst sieht das Gesetz jedoch nicht vor. § 13 Abs. 2 BetrVG enthält eine Liste von Gründen für das vorzeitige Ende der Amtsperiode eines Betriebsrats. Weder die Abberufung durch die Belegschaft noch eine Neuwahl zählt dazu. Die Liste wird allgemein als abschließend verstanden.[408]

Eine Ausnahme macht das BAG für Betriebsteile im Sinne des § 4 BetrVG: Es gestattet den Wahlberechtigten dieses Betriebsteils, sich zum regulären Wahltermin eine eigenständige Vertretung zu wählen. Damit können sie den Betriebsrat des Hauptbetriebs für ihren Betriebsteil faktisch abwählen.[409] Vorgezogene Neuwahlen seien aber nichtig, deutet das BAG an.[410] Der umgekehrte Fall, dass die Arbeitnehmer eines Betriebsteils ihre eigene Vertretung beseitigen, in-

---

407 Eine gerichtliche Abberufung des EBR oder einzelner Mitglieder ist ebenso wenig möglich wie die Abberufung von SE-Betriebsräten und ihrer Mitglieder.

408 *Schneider* in DKKW BetrVG § 13 Rn. 6; *Fitting* BetrVG § 13 Rn. 20 (jeweils m.w.N.).

409 BAG v. 21.7.2004 – Az. 7 ABR 57/03 – AP Nr. 15 zu § 4 BetrVG 1972 = NZA-RR 2005, S. 671.

410 BAG a.a.O. Rn. 35.

dem sie sich an der Wahl im Hauptbetrieb beteiligen, wird durch § 4 BetrVG ausgeschlossen, der diese Wahl nur in *betriebsratslosen* Teilbetrieben gestattet.[411]

Auch die Betriebsversammlung kann den Betriebsrat oder einzelne Mitglieder nicht des Amtes entheben.[412] Die Versammlungsteilnehmer können ein Misstrauensvotum aussprechen, dieses ist aber rechtlich unverbindlich.[413] Rein deklaratorisch sind auch Beschlüsse der Betriebsversammlung gegen die Neuwahl eines existierenden Betriebsrats oder für seine Abschaffung.

b. Unmittelbare Abberufung von Arbeitnehmer-Aufsichtsräten

Anders als Betriebsräte können Arbeitnehmer-Aufsichtsräte durchaus in einer laufenden Amtszeit abberufen werden. Dies kann sowohl gesellschaftsrechtlich gemäß § 103 Abs. 3 AktG[414] auf dem Gerichtswege erfolgen, wenn ein wichtiger Grund für die Abberufung vorliegt als auch nach den Mitbestimmungsgesetzen.[415] Im ersteren Fall sind die Wahlberechtigten nicht in die Abberufung eingebunden; hier liegt das Antragsrecht beim Aufsichtsrat (§ 6 Abs. 2 S. 1 MitbestG i.V.m. § 103 Abs. 3 AktG) und die Entscheidung beim Gericht.

Im zweiten Fall sind die Akteure zuständig, welche die Aufsichtsräte zuvor gewählt haben (§ 23 MitbestG; § 12 DrittelbG; § 37 SEBG).[416] Damit liegt die Zuständigkeit selten bei den Arbeitnehmern, denn diese wählen ihre Vertreter nur direkt, wenn sich die Mitbestimmung nach Drittelbeteiligungsgesetz richtet (§ 5 Abs. 1 DrittelbG) oder wenn das mitbestimmte Unternehmen weniger als 8000 Arbeitnehmer beschäftigt (§ 9 Abs. 2 MitbestG). In mitbestimmten Unternehmen mit in der Regel mehr als 8000 Arbeitnehmern erfolgt die Wahl durch

---

411 Dazu *Rieble/Klebeck* in FS Richardi, S. 693 (700).

412 *Thüsing* in Richardi BetrVG § 13 Rn. 14f.

413 *Kreutz* in GK-BetrVG § 13 Rn. 33 (m.w.N.).

414 Die Vorschrift ist auf die SE analog anwendbar, vgl. *Henssler* in Ulmer/Habersack/Henssler § 37 SEBG, Rn. 12 (m.w.N.).

415 *Matthes* in GK-MitbestG § 23 Rn. 25.

416 Nur das Montanmitbestimmungsgesetz sieht eine Abberufung durch die Hauptversammlung auf Vorschlag der Betriebsräte vor (§ 11 Abs. 2). Im Fall der SE wird die Abberufung formal durch die Hauptversammlung vollzogen, § 37 Abs. 1 S. 4 SEBG.

Delegierte, es sei denn, die Arbeitnehmer beschließen die Direktwahl (§ 9 Abs. 1 MitbestG).[417]

Da die Arbeitnehmer somit ihre Vertreter nicht oft wählen, sind sie entsprechend selten für ihre Abwahl zuständig. Dies könnte dazu beitragen, die Abwahl von Arbeitnehmer-Aufsichtsräten in der Praxis nicht häufig vorkommt.[418] Dabei sehen die Mitbestimmungsgesetze keine materiellen Hürden vor. Sie verlangen keine Begründung für den Abberufungsantrag und auch keine Darlegung einer Pflichtverletzung. Es genügt, dass die Wähler ihren Vertretern misstrauen.[419]

Indes sind die formellen Hürden hoch: Um Abberufungen aus sachfremden Gründen zu verhindern, schreibt der Gesetzgeber hohe Abstimmungsquoren vor.[420] Ein wirksamer Beschluss setzt die Zustimmung von drei Vierteln der abgegebenen Stimmen voraus (§ 23 Abs. 2 S. 2 MitbestG; § 12 Abs. 1 S. 2 DrittelbG, § 37 Abs. 1 S. 3 SEBG).[421]

c. Die Regelungen für andere Vertretungsgremien

Mitglieder der Gesamt- und Konzernbetriebsräte sowie Europäische Betriebsräte und SE-Betriebsräte können jederzeit von den Bestellungsorganen ohne Nennung von Gründen abberufen werden (§§ 49, 57 BetrVG, § 23 Abs. 4 EBRG, §§ 23 Abs. 1 S. 7, 8ff SEBG).[422]

d. Gründe für die unterschiedlichen Teilhaberechte

aa. Entstehungsgeschichte

Das geltende Recht knüpft die Legitimation der Arbeitnehmer-Aufsichtsräte und der Betriebsräte auf überbetrieblicher Ebene an das Vertrauen ihrer Wähler, die

---

417 Zu dieser Abstimmung über das Wahlverfahren sogleich unter 3. b (S. 108).

418 *Henssler* in Ulmer/Habersack/Henssler § 23 MitbestG Rn. 1.

419 *Wißmann* in WWKK Mitbestimmungsrecht § 23 MitbestG Rn. 1.

420 *Raiser/Veil* § 23 MitbestG Rn. 1, § 12 DrittelbG Rn. 5; *Henssler* in Ulmer/Habersack/Henssler § 37 SEBG Rn. 9.

421 Für den Antrag auf Abberufung sind die Quoren teilweise niedriger: Im Fall der SE-Aufsichtsräte genügen drei wahlberechtigte Arbeitnehmer (§ 37 Abs. 1 S. 2 Nr. 1 SEBG), für Aufsichtsräte nach Drittelbeteiligungsgesetz ein Fünftel der Wahlberechtigten (§ 12 Abs. 1 S. 1 DrittelbG).

422 *Roloff* in Wlotzke/Preis/Kreft BetrVG § 47 Rn. 2, 4 sowie § 57 Rn. 3; *Trittin* in DKKW BetrVG § 47 Rn. 93; *Blanke* EBRG § 23 Rn. 3; *Köklü* in Van Hulle/Maul/Drinhausen Abschn. 6, Rn. 166.

Legitimation der einfachen Betriebsräte hingegen nicht.[423] Dies hat unter anderem historische Gründe. Ein Verfahren zur Abberufung von Betriebsräten wurde erstmals (und letztmalig) im Entwurf für das Betriebsrätegesetz von 1920 vorgesehen.[424] Betriebsratsmitglieder sollten durch geheime Abstimmung in der Betriebsversammlung abzuberufen sein. Der Vorschlag scheiterte, weil man fürchtete, das Risiko von Misstrauensvoten und vorzeitiger Abberufung könnte „vernünftige Arbeiter" von einer Kandidatur abhalten.[425] Wer kandidiere, erfülle ein Amt als „geschobene Kreatur".[426]

In das Betriebsverfassungsgesetz von 1952 wurde die Abberufung ebenfalls nicht aufgenommen. Der Gesetzgeber fürchtete „voreilige Abstimmungen"[427] und einen drohenden Verstoß gegen die Prinzipien der Verhältniswahl: Könnte die Belegschaftsmehrheit unliebsamen Minderheitenvertretern das Mandat entziehen, so die Befürchtung, würde der Minderheitenschutz des Verhältniswahlrechts erheblich beeinträchtigt.[428]

bb. Rechtsprechung des Bundesverfassungsgerichts

Das Bundesverfassungsgericht hat sich mit dem Thema Abberufung bislang nur im Fall von Personalräten befasst[429]; die Argumente der Entscheidung haben angesichts der „gleichen Leitprinzipien und Ordnungsentscheidungen" der öffentlich-rechtlichen und privatrechtlichen Arbeitnehmervertretungen auch für

423 *Henssler* in Ulmer/Habersack/Henssler § 12 DrittelbG Rn. 1.

424 Verhandlungen der Verfassungsgebenden Deutschen Nationalversammlung von 1919/1920, Anlage Nr. 928. (zitiert nach BVerfG v. 27.3.1979 – Az. 2 BvR 1011/78 – BVerfGE 51, 77 (94f.)).

425 Stenographische Berichte über die Verhandlungen der Deutschen Nationalversammlung, 85. Sitzung am 21.8.1919, S. 2727 D, 2735 C, 2746 B (zitiert nach BVerfG a.a.O.).

426 Stenographische Berichte über die Verhandlungen der Deutschen Nationalversammlung, 85. Sitzung am 21.8.1919, S. 2727 D, 2735 C, 2746 B (zitiert nach BVerfG a.a.O.).

427 BT-Drucksache I/1546, S. 9f., 45

428 So argumentierte der Arbeitsausschuss des Bundestags in den Verhandlungen für das BetrVG 1952: BT-Drucksache I/3585, S. 6.

429 BVerfGE 51, 77 (94f.).

Betriebsräte Geltung.[430] Das Gericht erklärte eine Vorschrift im Bremischen Personalvertretungsgesetz für unwirksam, welche die Abberufung von Personalräten durch die Bediensteten ermöglichte. Ein Viertel der Wahlberechtigten konnte nach dem damaligen § 25 Abs. 1 BremPersVG ohne inhaltliche Voraussetzungen eine geheime Abstimmung über die Abberufung einzelner oder aller Personalräte herbeiführen. Für die Amtsenthebung genügte die Zustimmung der absoluten Mehrheit der Wahlberechtigten.

Ein Personalrat, der wegen angeblichen Alkoholmissbrauchs abberufen worden war, legte erfolgreich Verfassungsbeschwerde gegen die Abberufungsregel ein. Das Bundesverfassungsgericht stellte einen Verstoß der Landesnorm gegen das Bundespersonalvertretungsgesetz fest. Dessen Wortlaut schließe einen Mandatsverlust durch Abwahl zwar nicht ausdrücklich aus. Dieser Ausschluss ergebe sich aber aus dem Zusammenhang der Norm mit den „übrigen Bestimmungen des Bundesrahmenrechts und den darin niedergelegten tragenden Grundprinzipien des Personalvertretungsrechts“.[431] Die Abwahl, auch von Minderheitenvertretern im Personalrat durch die absolute Mehrheit der Wahlberechtigten, verstoße gegen die Prinzipien der Verhältniswahl, sei als Sanktionsmöglichkeit gegenüber den Mandatsträgern Ausdruck des Rätegedankens und rücke die Personalvertretung in die Nähe eines imperativen Mandats.[432] Eine unabhängige Repräsentation gebiete es, Abberufungen nur wegen grober Pflichtverletzung und nur aufgrund von Gerichtsurteilen zuzulassen.[433]

cc. Bewertung

Geht man davon aus, dass Betriebsräte wie Personalräte ein freies Mandat genießen[434], lässt sich die Argumentation des Bundesverfassungsgerichts auf sie übertragen. Dann fragt sich allerdings, warum diese Argumente nicht auch im Fall der Aufsichtsräte zum Tragen kommen. Diese werden zwar selten direkt gewählt und im Fall des Drittelbeteiligungsgesetzes auch nicht nach den Regeln der Verhältniswahl (§ 5 Abs. 1 DrittelbG). Insofern hat das Argument des

---

430 *Edenfeld* Arbeitnehmerbeteiligung, S. 171, 419 („Für die Arbeitnehmer macht es kaum noch einen Unterschied, ob sie von einem Betriebs- oder Personalrat vertreten werden.“), ebenso *Richardi* AuR 1986, S. 33.

431 BVerfGE 51, 77 (90f.).

432 BVerfGE 51, 77 (94f.).

433 BVerfGE 51, 77 (95).

434 Siehe dazu auch § 3 A II 3 b (S. 152).

Schutzes von Wählerminderheiten für Aufsichtsräte ein vergleichsweise geringes Gewicht. Doch auch ihre Unabhängigkeit wird durch die Aussicht einer Abberufung gefährdet. Es ist nicht nachvollziehbar, wieso in ihrem Fall hohe Antrags- und Abstimmungsquoren für die Abberufung als ausreichender Schutz angesehen werden[435], für Betriebsräte aber nicht. Zudem ist es fraglich, ob man, wie das Verfassungsgericht es tut, die Möglichkeit einer Abberufung mit der Bindung der Arbeitnehmervertreter an Weisungen gleichsetzen kann.[436] Das Risiko einer Abberufung entspricht gerade nicht einer Weisungsabhängigkeit der Mandatsträger: Verwirklicht es sich, erlischt das Mandat.

Ebenso wenig ist nachvollziehbar, warum für die Abberufung von Aufsichtsräten ein Vertrauensverlust der Wähler genügen soll, für die Amtsenthebung von Betriebsräten hingegen einem Gericht grobe Pflichtverletzungen konkret zu benennen sind.[437] Nach Ansicht *Kleinsorges*[438] verlangt die besondere Kontrollfunktion des Aufsichtsrates, dass seine Mitglieder jederzeit das Vertrauen ihrer Wähler genießen. „Ist dieses Vertrauen – aus welchem Grund auch immer – nicht mehr vorhanden“, müsse eine Amtsenthebung möglich sein.

Diese Argumentation passt auch auf Betriebsräte. Sie üben inhaltlich zwar eine andere Art von Kontrolle über den Arbeitgeber aus als ein Aufsichtsrat und dies ausschließlich auf betrieblicher Ebene. Doch auch diese Kontrolle kann anspruchsvoll sein. Überdies dient sie dem Schutz der Würde und Persönlichkeitsentfaltung der Arbeitnehmer.[439] Diese Schutzfunktion setzt Vertrauen voraus. Zudem können die Mitbestimmungsrechte des Betriebsrats in sozialen Angelegenheiten (§ 87 BetrVG) und bei personellen Einzelmaßnahmen (§ 99 BetrVG) einschneidende Wirkung für die Rechte der Vertretenen haben.

Die Rechtfertigungsgrundlage einer ausschließlich gerichtlichen Amtsenthebung von Betriebsräten bröckelt weiter im Angesicht der Tatsache, dass auch direkt gewählte Bürgermeister vor einer Abwahl durch ihre Wähler nicht gefeit

---

435 *Wißmann* in WWKK § 23 MitbestG Rn. 10.

436 BVerfGE 51, 77 (92).

437 *Oetker* in GK-BetrVG § 23 Rn. 70; *Trittin* in DKKW § 23 Rn. 16ff.

438 In WWKK § 12 DrittelbG Rn. 2.

439 BAG v. 17. 12. 1980 – Az. 5 AZR 570/78 – AP Nr. 4 Bl. 3 zu § 87 BetrVG 1972; *Hanau* Individualautonomie, S. 75, 102ff.; *Wiese* in GK-BetrVG Einl. Rn. 76.

sind.[440] Entsprechende Verfahrensregeln wurden seit Anfang der 90er Jahre in allen Flächenländern außer Bayern und Baden-Württemberg eingeführt.[441] Sie werden durchaus genutzt: Zwischen 1992 und 2008 wurden bundesweit 90 Bürgerentscheide über Abberufungen gezählt. Dabei führten 55 zum Amtsverlust der betroffenen Bürgermeister.[442] Das jüngste Beispiel ist die Abberufung Adolf Sauerlands, des Oberbürgermeisters von Duisburg am 12. Februar 2012. Eine Bürgerinitiative hatte das Abwahlverfahren initiiert, weil man *Sauerland* verantwortlich machte für Planungsfehler bei der Love Parade von 2010, in deren Zuge eine Massenpanik entstanden war und 21 Menschen gestorben waren.

Ob *Sauerland* diese Pflichtverletzungen tatsächlich begangen hatte, spielte für die Zulässigkeit des Abberufungsverfahrens keine Rolle; der einschlägige § 66 GO NRW knüpft die Abberufung von Bürgermeistern nicht an materielle Bedingungen. Dies gilt für alle Gemeindeordnungen: Rechtsschutz können die Betroffenen nur gegen Verfahrensfehler erlangen. Diese Regelungen wurden schon mehrmals gerichtlich gebilligt, insbesondere unter Verweis auf das Erfordernis einer qualifizierten Abstimmungsmehrheit.[443] Problematisiert wurde allenfalls das Zusammenspiel der Abberufungsregeln und der Grundsätze des Berufsbeamtentums (Art. 33 Abs. 5 GG), die für Betriebsräte keine Rolle spielen.[444]

Es ist nicht nachvollziehbar, wieso der Grundrechtsschutz der Arbeitnehmervertreter weiter gehen sollte, als der von kommunalen Wahlbeamten oder

---

440 *Schmidt* Kommunalrecht § 10 Rn. 418, 426; eingehend *Böhme* „Die Abwahl von Bürgermeistern. Institution und Praxis". Verwaltungswissenschaftliche Beiträge der Universität Bamberg, Nr. 38, online abrufbar über http://www.uni-bamberg.de/fileadmin/uni/fakultaetensowi_lehrstuehle/verwaltungswissenschaft/vw2/VB_38_Boehme_Abwahl_von_Buergermeistern.pdf (zuletzt abgerufen am 14.4.2012).

441 Zuerst wurde die Abberufung 1992 in Hessen eingeführt, zuletzt 1999 in Mecklenburg-Vorpommern, s. *Böhme* a.a.O. S. 9; sowie *Burgi* Kommunalrecht § 13, Rn. 4.

442 *Böhme* a.a.O. S. 41 (Stand April 2008).

443 BVerfGE v. 17.10.1957 – Az. 1 BvL 1/57 – BVerfGE 7, 155. Das Urteil betraf die Abberufung der Bürgermeister durch den *Rat*, die Argumente lassen sich aber auf direktdemokratische Abberufungen übertragen. S. auch VG Frankfurt v. 3.8.2005 – Az. 7 E 2234/04 (V) – NVwZ 2006, S. 720ff., demzufolge die Abwahl durch die Bürger kein Akt der öffentlichen Gewalt ist, gegen den der Rechtsweg offen steht, sondern eine kommunalpolitische Entscheidung.

444 BVerwG v. 14.7.1978 – Az.VII C 45.76 – BVerwGE 56, 163; *Frotscher/Knecht* DÖV 2003, S. 620ff.

Aufsichtsräten. Betriebsratsbeschlüsse können sich auf die Betriebsangehörigen mindestens so einschneidend auswirken wie Beschlüsse von Gemeindeorganen auf ihre Wähler. Das gleiche gilt für die Wirkung der Kontrollfunktion der Aufsichtsräte auf die Arbeitnehmer. Fraglich ist ebenfalls, ob der Bestandsschutz eines Amts höher einzuschätzen sein kann als der Schutz des Vertrauens in die Amtsträger.

Deshalb spricht viel dafür, den Arbeitnehmern ein Abstimmungsrecht zu geben, das einerseits eine Abberufung von Betriebsräten gestattet, andererseits aber den Schutz betrieblicher Minderheiten gewährleistet.[445]

3. Abstimmungen über das Wahlverfahren für Vertretungen

Für die Teilhabe der Arbeitnehmer ist nicht nur wichtig, ob sie über die Entstehung ihrer Interessenvertretungen mitbestimmen können. Wichtig ist auch, ob sie diese direkt wählen dürfen. Vereinzelt können die Arbeitnehmer im Wege der Abstimmung auf diese Frage Einfluss nehmen.

a. Wahlverfahren für Betriebsräte und Sprecherausschüsse

Verfahrensregeln für Betriebsrats- und Sprecherausschusswahlen werden allgemein als nicht disponibel angesehen.[446] Abstimmungen der Belegschaften über ein abweichendes Verfahren, zum Beispiel über die Frage einer Direktwahl oder einer Wahl durch Delegierte, sind nicht vorgesehen. Zwar kann nach § 14a Abs. 5 BetrVG in Betrieben mit bis zu 100 Arbeitnehmern ein vereinfachtes Wahlverfahren für einen Betriebsrat beschlossen werden, dies vereinbaren aber der Wahlvorstand und der Arbeitgeber. Umgekehrt kann in Kleinbetrieben nicht beschlossen werden, im förmlichen Verfahren zu wählen.[447]

Das gleiche gilt für EBR und SE-Betriebsrat: Unmittelbaren Einfluss auf Wahlmodus oder Wahlverfahren des jeweiligen besonderen Verhandlungsgremiums haben die Belegschaften ebenso wenig, wie auf Wahlmodus oder Wahlverfahren ihrer eigentlichen Vertreter. Europäische Betriebsräte, ob kraft Vereinbarung oder kraft Gesetzes errichtet, werden nicht direkt gewählt, sondern von den bestehenden Betriebsräten bestimmt (§§ 18 Abs. 2, 23 EBRG). Nur für betriebsratslose Betriebe befürworten einige Stimmen in der Literatur eine Ur-

445 Ein solches wird entwickelt unter § 4 B (S. 191).

446 *Däubler* in DKKW Einl. Rn. 83; *Kraft* in GK-BetrVG § 1 Rn. 57; *Richardi* in Richardi BetrVG Einl. Rn. 134, 141.

447 *Thüsing* in Richardi BetrVG § 14a Rn. 2; *Kreutz* in GK-BetrVG § 14a Rn. 6.

wahl.[448] Für SE-Betriebsräte kraft Gesetzes ist die Urwahl in betriebsratslosen Betrieben gesetzlich vorgeschrieben (§ 23 Abs. 1 S. 2 i.V.m. § 8 Abs. 7 SEBG). Falls ein Betriebsrat besteht, erfolgt die Wahl durch Wahlmänner (§ 23 Abs. 1 S. 2 i.V.m. § 8 Abs. 1 bis 6 SEBG).

Per Abstimmung können die Arbeitnehmer in keinem dieser Fälle eine Direktwahl erwirken. Die Rechtslage insoweit zu ändern dürfte auch nicht sinnvoll sein. Sowohl SE-Betriebsrat als auch EBR sollen grenzüberschreitend einen Informationsfluss von der Unternehmensführung zu den Arbeitnehmervertretern und zwischen den Arbeitnehmervertretungen der beteiligten Unternehmensteile gewährleisten.[449] Über Regelungsbefugnisse mit Wirkung für die Arbeitnehmer verfügen die Gremien nicht. Insofern erscheint der bürokratische Aufwand einer Abstimmung über eine Direktwahl unangemessen hoch. Wollte man die Teilhabe der Belegschaften stärken, böte es sich eher an, die Delegiertenwahl für SE-Betriebsräte durch eine Direktwahl zu ersetzen.

b. Wahlverfahren für Arbeitnehmer-Aufsichtsräte

Während Betriebsräte unabhängig von der Größe eines Betriebs unmittelbar von den Arbeitnehmern gewählt werden, gilt dies, wie geschildert, nicht für alle Arbeitnehmervertreter in Aufsichtsräten: Die Unmittelbarkeit ihrer Wahl wird durchbrochen in Montanunternehmen (§ 6 Abs. 1 S. 2 MontanmitbestG) und in mitbestimmten Unternehmen mit in der Regel mehr als 8000 Arbeitnehmern (§ 9 Abs. 1 MitbestG).

In Unternehmen der Montanindustrie ist dieser Wahlmodus unumkehrbar. Dagegen ermöglicht das Mitbestimmungsgesetz es den Arbeitnehmern, per Abstimmung eine Direktwahl ihrer Vertreter zu beschließen – oder umgekehrt eine Wahl durch Delegierte, falls ihr Unternehmen weniger als 8000 Arbeitnehmer beschäftigt (§ 9 Abs. 2 MitbestG).[450] Die Hürden dafür liegen hoch: Die Abstimmung ist nicht als Regelfall vorgesehen, sie muss von einem Zwanzigstel der Wahlberechtigten beantragt werden. Die Mehrheit muss für die Abweichung vom gesetzlichen Regelfall votieren, und Wirkung zeigt das Abstimmungsergebnis erst bei einer Beteiligung von mehr als 50 Prozent der Wahlberechtigten (§ 9 Abs. 3 S. 3 MitbestG).

---

448 Siehe bereits unter 1 c bb (S. 98).

449 *Kienast* in HdB SE S. 420 Rn. 245ff.

450 SE-Aufsichtsräte werden grundsätzlich durch ein Wahlgremium gewählt (§ 36 Abs. 3 SEBG); Abstimmungen über eine Direktwahl sind hier nicht vorgesehen.

Für eine Aufsichtsratswahl können deshalb bis zu vier Stimmabgaben nötig sein: zuerst für den Antrag auf Abstimmung über die Direktwahl, dann für die eigentliche Abstimmung über die Direktwahl, sodann für die Wahl der Delegierten (falls die Abstimmung erfolglos ist). Schließlich erfolgt noch die eigentliche Wahl der Aufsichtsratsmitglieder in der Delegiertenversammlung. So kann sich das Verfahren ein Jahr lang hinziehen.[451]

Hingegen hieß es in der Gesetzesbegründung, die Urwahl sei kompliziert und die Delegiertenwahl transparent.[452] Der Regierungsentwurf zum Mitbestimmungsgesetz hatte sogar ausschließlich die mittelbare Wahl vorgesehen, denn die Urwahl nach dem zuvor einschlägigen BetrVG 1952 habe in größeren Unternehmen die Willensbildung der Belegschaft erschwert: Die Kandidaten seien den meisten Arbeitnehmern unbekannt gewesen, die Wahlbeteiligung entsprechend niedrig ausgefallen.[453]

c. Bewertung

Nimmt man die gegen eine reguläre Urwahl von Arbeitnehmer-Aufsichtsräten vorgebrachten Argumente ernst, müssten auch bei Betriebsratswahlen in großen Betrieben oder bei Kommunalwahlen Wahlmänner zum Einsatz kommen.[454] Weshalb dies nur bei Aufsichtsratswahlen notwendig ist, bleibt unklar. Die im Regierungsentwurf beklagte Distanz der Wähler zu den Kandidaten wird durch eine Zwischenschaltung von Delegierten nicht beseitigt, sondern verstärkt. Außerdem entfällt nach § 10 Abs. 5 MitbestG die Wahl der Delegierten, wenn nur ein Wahlvorschlag eingereicht wird. So wird das Verfahren zwar billiger und kürzer, aber auch noch undemokratischer als es infolge der Durchbrechung der Unmittelbarkeit der Wahl ohnehin ist.[455] Indem der Gesetzgeber den Wahlmodus an die Arbeitnehmerzahl knüpft, nimmt er auch, anders als angekündigt[456],

451 *Sieg/Siebels* NZA 2002, S. 697, zur Kritik der Unternehmen an Aufwand und Kosten *Sieg* NZA 2000, S. 175 (177).

452 BT-Drucksache 7/4845, S. 6; BT-Drucksache 7/4887, S. 2

453 BT-Drucksache 7/2172, S. 22.

454 *Rieble* Zukunft der Unternehmensmitbestimmung, S. 10 (Rn. 63).

455 *Henssler* in Ulmer/Habersack/Henssler § 10 Rn. 13; *Hoechel* Wahlmännermodell, S. 91; *Scholz*, Paritätische Mitbestimmung S. 117. Das Bundesverfassungsgericht hat eine entsprechende Vorschrift im Gemeinde- und Kreiswahlgesetz von Schleswig-Holstein für verfassungswidrig erklärt: BVerfG v. 30.5.1961 – Az. 2 BvR 366/60 – BVerfGE 13, 1 (17f.).

456 Siehe die Begründung des zuständigen Ausschusses in BT-Drucksache 7/4845, S. 6.

keine Rücksicht darauf, ob kleine oder mittlere Betriebe im Unternehmen existieren, die besonders schutzwürdig wären. Ohnehin ist nicht dargelegt, inwiefern der Einsatz von Wahlmännern die Belegschaften kleiner Betriebe schützt.

Der wahre Grund der Delegiertenwahl dürfte ein anderer sein: Die Wahlmänner, womöglich ihrerseits nicht gewählt, sondern von der im Betrieb dominierenden Gewerkschaft benannt, stabilisieren Mehrheiten für die Aufsichtsratswahl.[457] Das Verfahren ermöglicht es etwa Vertrauensleuten der Gewerkschaften, konkurrierende Wahlvorschläge zu verhindern, Wahlmänner zu disziplinieren und sich Aufsichtsratsplätze mit konkurrierenden Gewerkschaften aufzuteilen. Im Extremfall können die Gewerkschaften so nicht nur ihre eigenen Kandidaten entsenden, obwohl das Gesetz ihnen nur ein Vorschlagsrecht gewährt (§ 7 Abs. 2 MitbestG).[458] Sie können auch an der Belegschaft vorbei die ihnen genehmen *betrieblichen* Kandidaten für den Aufsichtsrat bestimmen.[459]

Die Abstimmung kann somit das einzige Mittel für die Arbeitnehmer sein, um unmittelbaren Einfluss auf die Auswahl ihrer Vertreter zu erlangen. Doch vom gesetzlichen Regelfall abzuweichen ist geradezu abschreckend kompliziert.[460] Vorstöße für eine Vereinfachung im Rahmen der Mitbestimmungsreform von 2002 scheiterten unter anderem am Widerstand der DGB-Gewerkschaften.[461]

Anstatt diese Abstimmung zu erleichtern wäre es besser, sie zugunsten einer Direktwahl ganz abzuschaffen.

4. Abstimmungen über abweichende Vertretungsstrukturen

Belegschaftsabstimmungen über organisatorische Fragen können nicht nur das „Ob" einer Interessenvertretung oder das „Wie" des Wahlverfahrens betreffen. Für die Arbeitnehmerrechte ist auch von Bedeutung, wie ihre Vertretungen *strukturiert* sind und welche *Befugnisse* sie haben. In dieser Hinsicht gibt das geltende Recht mitunter betriebsexternen Akteuren mehr Gestaltungsbefugnisse, als den Belegschaftsmitgliedern.

---

457 Diese Strategie schildert anschaulich *Philipp* in DB 1976, S. 2303 (2305).

458 *Henssler* in Ulmer/Habersack/Henssler § 9 Rn. 1; *Raiser/Viel* § 9 MitbestG Rn. 2.

459 *Philipp* DB 1976, S. 2303 (2307).

460 Die praktischen Konsequenzen schildert *Sieg* in NZA 2000, S. 175 (167f.).

461 *Sieg/Siebels* NZA 2002, S. 699; *Sieg* NZA 2000, S. 175 (178).

a. Abweichende Strukturen für Sprecherausschüsse

aa. Die herrschende Interpretation des SprAuG

Leitende Angestellte können im Wege der Abstimmung eine vom gesetzlichen Regelfall abweichende Struktur ihrer Vertretung beschließen: Gemäß § 20 Abs. 1 S. 1 SprAuG können sie über einen unternehmenseinheitlichen Sprecherausschuss abstimmen, entweder aus Praktikabilität oder weil die Zahl der leitenden Angestellten zu gering für betriebliche Ausschüsse ist.[462]

Ob sie darüber hinaus ihre Vertretungen anders gestalten dürfen, als es das Sprecherausschussgesetz vorsieht, ist in der Literatur umstritten. Die freiwilligen Vertretungen aus der Zeit vor Inkrafttreten des Sprecherausschussgesetzes 1989 waren in ihrer Struktur heterogen und entsprachen oft nicht den späteren Vorgaben des Gesetzes.[463] Das Bundesarbeitsgericht hatte diese Vertretungen und ihre Berechtigung zur Vertretung der leitenden Angestellten anerkannt.[464]

Aber seit Inkrafttreten des SprAuG geht die wohl herrschende Meinung davon aus, dass von seinen Strukturvorgaben nicht durch Eigenkreationen abgewichen werden darf.[465] Demnach verfügen gesetzliche Sprecherausschüsse über ein Vertretungsmonopol für die leitenden Angestellten. Ausnahmen seien nur möglich, wenn die gesetzlichen Voraussetzungen, insbesondere die Mindestzahl leitender Angestellter, für die Gründung eines Sprecherausschusses nicht erfüllt seien.[466] Vertreter dieser Ansicht verweisen auf § 37 Abs. 2 SprAuG, der ein Verfallsdatum für überkommene freiwillige Vertretungen normiert. Aus der Vorschrift sei zu folgern, dass sowohl bestehende als auch künftig zu errichtende Vereinigungen sich nach den Vorgaben des SprAuG zu richten hätten.[467] Pri-

462 *Löwisch* SprAuG § 20 Rn. 1.

463 *Hromadka/Sieg* SprAuG Vor § 1 Rn. 33.

464 BAG v. 19. 2. 1975 – Az. 1 ABR 42/84 – AP Nr. 9 zu § 5 BetrVG 1972.

465 *Däubler* in FS Wißmann S. 275 (278); *Joost* in MünchArbR § 233, Rn. 40ff.; *Kramer* BB 1993, S. 2153 (2155); *Löwisch* SprAuG § 37 Rn. 2; ErfK/*Oetker* Einl. SprAuG Rn. 3, § 37 SprAuG Rn. 6; *Raab* in GK-BetrVG § 5 Rn. 201; *Trümmer* in DKKW BetrVG § 5 Rn. 217; *Wlotzke* DB 1989, S. 173f.; a.A. etwa *Martens* NZA 1989 S. 409ff. und wohl *Kappes* DB 1989, S. 1188ff. (für die Zulässigkeit abweichender Vereinbarungen mit dem Arbeitgeber über die Größe des Sprecherausschusses).

466 *Däubler* in FS Wißmann S. 275 (278); *Joost* in MünchArbR § 233 Rn. 45.

467 *Kramer* Rechtsfragen des SprAuG, S. 37ff; *Hromadka/Sieg* SprAuG Vor § 1 Rn. 33; *Borgwardt/Fischer/Janert* § 37 Rn. 12; *Wlotzke* DB 1989, S. 173f.; kritisch *Martens* NZA 1989 S. 409.

vatautonom errichtete Ausschüsse widersprächen dem Willen des Gesetzgebers: Sie behinderten die Bildung der gesetzlichen Gremien und verstießen gegen das (unter Strafandrohung) stehende Verbot des § 8 Abs. 2 S. 1 SprAuG.[468] Der Versuch, freiwillige durch gesetzliche Vertretungen zu ersetzen, könnte als „unkollegiale" Abwahl dieser Gremien gewertet werden.[469] Die „Sog- und Sperrwirkung" privatautonomer Vertretungen beeinträchtige die freie Entscheidung der leitenden Angestellten nach § 7 Abs. 2 S. 2 SprAuG.[470]

Nur vereinzelt wird dafür plädiert, die nach Ablauf der Frist des § 37 SprAuG frei geschaffenen Sprecherausschüsse zu akzeptieren[471], teils unter der Bedingung, dass diese Gremien nicht die gleichen Unterrichtungs- und Beratungsrechte wie ein gesetzlicher Sprecherausschuss erlangen (auch nicht durch Selbstbindung des Arbeitgebers).[472] Die ULA forderte 2002 eine Streichung des § 37 SprAuG und Raum für freiwillige Vertretungen.[473]

bb. Stellungnahme

Für die Akzeptanz gewillkürter Vertretungen spricht, dass das Abstimmungsrecht der leitenden Angestellten nach § 7 Abs. 2 S. 2 SprAuG an Wert auch dann verliert, wenn sie sich vor die Wahl gestellt sehen, entweder gar keine Vertretung zu wählen oder eine, die nach ihrer Auffassung der Struktur des Unternehmens nicht gerecht werden kann. Die Annahme, der gesetzliche Sprecherausschuss verbiete jegliche privatautonome Gründung von Interessenvertretungen der leitenden Angestellten, unabhängig von ihrem Konkurrenzpotential für das gesetzliche Modell, ist schon mit Blick auf das Grundrecht der autonomen Koalitionsbildung aus Art. 9 Abs. 3 S. 2 GG problematisch.[474] Die Koalitionsfreiheit schützt jegliche Arbeitnehmervereinigungen auch in Unternehmen, unabhängig vom arbeitsrechtlichen Status des leitenden Angestellten, soweit sie

---

468 *Hromadka/Sieg* SprAuG Vor § 1 Rn. 33; *Wlotzke* DB 1989, S. 173f.

469 *Hromadka/Sieg* SprAuG Vor § 1 Rn. 33; ebenso *Raab* in GK-BetrVG § 5 Rn. 202.

470 *Martens* NZA 1989, S. 409 (410).

471 *Martens* NZA 1989, S. 409ff.

472 *Bauer* SprAuG § 1 S. 10f.; *Fitting* BetrVG § 5 Rn. 454.

473 Beschluss des Verbands der Führungskräfte vom 16.2.2002, zitiert nach *Sieg* in FS Richardi, S. 777 (798), der ebenfalls für die Abschaffung des § 37 SprAuG plädiert (S. 799).

474 *Martens* NZA 1989, S. 409 (410), der allerdings für den Fall der privatautonom gebildeten Sprecherausschüsse Art. 9 Abs. 1 GG für einschlägig hält.

auf die Gestaltung der Arbeitsbedingungen oder des Verhältnisses zwischen Arbeitnehmern und Arbeitgeber gerichtet sind.[475]

Aus praktischer Sicht ist zu bedenken, dass die Hürde für die Wahl eines Sprecherausschusses, nämlich die Zustimmung der Mehrheit aller leitenden Angestellten, bereits hoch ist. Könnten die Wahlberechtigten Einfluss auf die Struktur der Vertretung nehmen, würde sich vielleicht eher eine Mehrheit bilden. Umgekehrt könnte die in der Abstimmung um einen gesetzlichen Sprecherausschuss unterlegene Minderheit womöglich mit einem Konzept für eine alternative Interessenvertretung doch noch ihrem Schutzinteresse bei der Mehrheit Gehör verschaffen. Leitende Angestellte stattdessen auf eine Vertretung durch Gewerkschaften zu verweisen[476] dürfte jedenfalls im Hinblick auf deren Funktion und Stellung im Unternehmen keine Lösung sein.

b. Abweichende Strukturen für Betriebsräte

aa. Die Regel: Keine frei geschaffenen Vertretungen

Ähnlich wie die leitenden Angestellten kann auch die Restbelegschaft nach allgemeiner Meinung nicht von den Vertretungsstrukturen des Betriebsverfassungsgesetzes abweichen.[477] Die Vorschriften seien als Arbeitnehmerschutzrecht zwingend.[478] Wie *Plander* formuliert, ist es „den Akteuren auf der Bühne des Betriebsverfassungsrechts im Grundsatz verwehrt, das … Bühnenbild zu verändern".[479]

Auch nach der Rechtsprechung ist der Betriebsrat „die gesetzliche Arbeitnehmervertretung schlechthin"[480]: Solange das Gesetz keine Absprachen über abweichende Strukturen zulasse, könnten diese weder in Tarifverträgen, noch durch Betriebsvereinbarungen oder Einzelabreden geschaffen werden. Die Be-

475 *Jarass/Pieroth* GG Art. 9 Rn. 34; *Löwer* in v. Münch/Kunig GG Art. 9 Rn. 69, 81.

476 So *Däubler* in FS Wißmann S. 275 (278).

477 BAG 19.2.1975 – 1 ABR 55/73 – AP Nr. 9 zu § 5 BetrVG 1972 (unter III b); *Koch* in Schaub Arbeitsrechtshandbuch § 216 Rn. 1; *Kraft* in GK-BetrVG § 1 Rn. 57; *Maschmann/Schipper* in FS Buchner S. 607 (612); *Richardi* in Richardi BetrVG Einl. Rn. 132, 141.

478 *Franzen* NZA 2008, S. 250ff. (m.w.N.).

479 NZA 2002, S. 483; einen historischen Abriss über die zwingende Wirkung der Betriebsverfassung liefern *Spinner/Wiesenecker* in FS Löwisch, S. 375f.

480 BAG v. 19.2.1975 – Az. 1 ABR 55/73 – AP Nr. 9 zu § 5 BetrVG 1972; zur Frage vereinbarter Abstimmungsregeln siehe § 3 C II (S. 121).

triebsverfassung sei vereinbarungsfest. Oder, wie *Däubler* formuliert: Es gilt ein Typenzwang vergleichbar mit dem des Gesellschaftsrechts.[481]

Die Folge ist, dass alle von Arbeitnehmern und Arbeitgebern einvernehmlich geschaffenen „Vertrauensräte" oder ähnliche Einrichtungen – die weit verbreitet sind[482] – nicht die Rechte und Befugnisse des Betriebsverfassungsgesetzes geltend machen können und insbesondere keine Betriebsvereinbarungen mit dem Arbeitgeber schließen können.[483] Dies schließt Sozialpläne ein.[484]

Als Argument für die rechtliche „Nichtexistenz"[485] wird angeführt, der Arbeitgeber könne sonst ihm genehme Vertretungen etablieren und die Befürworter gesetzlicher Betriebsräte als „Störer" ausgrenzen.[486] Ausnahmen werden für den Fall diskutiert, dass diese Gremien Betriebsräten keine Konkurrenz machen: Als zulässig hat das Bundesarbeitsgericht etwa eine autonom geschaffene Vertretung von Tageszeitungsredakteuren angesehen, deren Interessen der Betriebsrat wegen § 118 Abs. 1 S. 1 Nr. 2 BetrVG nur eingeschränkt vertreten kann.[487]

Eine weitere Ausnahme wird gefordert in dem Fall, dass der Arbeitgeber das selbst geschaffene „Nicht-Gremium" über längere Zeit als Verhandlungspartner akzeptiert und etwa einen „Sozialplan" mit ihm geschlossen hat.[488] Für Sonder-

---

481 *Däubler* in FS Wißmann, S. 275 (280).

482 *Hauser-Ditz/Hertwig/Pries* WSI-Mitteilungen 2009, S. 70 (71), zu den Ergebnissen der Befragung siehe oben § 1 A II 2 (S. 33).

483 *Däubler* in FS Wißmann, S. 275 (283f.), ähnlich *v. Hoyningen-Huene* Betriebsverfassungsrecht, S. 108.

484 BAG v. 21.9.1999 – Az. 9 AZR 912/98 – AP Nr. 1 zu § 1 SozPlKontG; *Wendeling-Schröder* DB 2002, S. 206 (211); *Kissel* in FS Söllner S. 143ff.

485 *Däubler* in FS Wißmann, S. 275 (280).

486 BAG v. 19.2.1975 – Az. 1 ABR 55/73 – AP Nr. 9 zu § 5 BetrVG 1972; BAG v. 19.6.2001 – Az. 1 AZR 463/00 – AP Nr. 3 zu § 3 BetrVG 1972; *Däubler* in DKKW BetrVG Einl. Rn. 83; *Engels* in FS Wißmann, S. 302 (303ff.); *Kraft/Franzen* in GK-BetrVG § 3 Rn. 3.

487 BAG v. 19. 6. 2001 – Az. 1 AZR 463/00 – SAE 2002, S. 276.

488 Pro: *Däubler* in FS Wißmann S. 275 (284f.), der argumentiert, ein Vertrauensrat könnte als rechtsgeschäftlicher Vertreter der Arbeitnehmer anzusehen sein. Ähnlich *Thüsing* in Richardi BetrVG § 19 Rn. 77, der den Arbeitgeber an seinen Vereinbarungen mit dem Nicht-Gremium festhalten will aufgrund des Verbots des *venire contra factum proprium.* Dagegen *Kreutz* in GK-BetrVG § 19, Rn. 140f.: Das Verbot des *venire contra factum proprium* könne keine betriebsverfassungsrechtlichen Strukturen begründen.

fälle, wie Unternehmenskonglomerate in Industrieparks, wird vorgeschlagen, der Betreiber der Parks müsse auf die Mitbestimmungsrechte der Arbeitnehmervertretungen seiner Vertragspartner Rücksicht nehmen und diese sich untereinander absprechen lassen.[489] Ob die Arbeitnehmer aus solchen Absprachen klagbare Ansprüche ableiten können, ist jedoch nicht gerichtlich geklärt.

bb. Die Ausnahme: Gesetzliche Öffnungsklauseln

Der Gesetzgeber hat Öffnungsklauseln geschaffen, die abweichende Regelungen für betriebliche Mitbestimmungsstrukturen ermöglichen, wenn die gesetzlichen Strukturen eine wirksame Teilhabe der Arbeitnehmer nicht ermöglichen.[490] Mitbestimmung soll dort gewährleistet sein, „wo unternehmerische Leitungsmacht … konkret entfaltet und ausgeübt wird".[491] Zu diesem Zweck kann die gesetzliche Betriebsstruktur durch eine gewillkürte ersetzt werden.[492]

In zwei Fällen sieht das Gesetz dafür „echte basisdemokratische Abstimmungen" der Arbeitnehmer vor.[493]

[1] Abstimmung nach § 3 Abs. 3 BetrVG

Ein Beispiel für die Teilhabe der Arbeitnehmer an gewillkürten Vertretungsstrukturen ist § 3 Abs. 3 BetrVG, der eine Belegschaftsabstimmung über die Bildung eines unternehmenseinheitlichen Betriebsrats ermöglicht. Dabei handelt es sich nicht etwa um ein selbst *gebildetes* Gremium, sondern um den gesetzlichen Betriebsrat, der nur nach anderen Anknüpfungsregeln *gewählt* wird.[494] Das Abstimmungsverfahren ist nur rudimentär geregelt. Es ist unklar, in welchem Rahmen die Abstimmung stattfindet und welcher Akteur sie organisiert, wenn man von der Vorgabe absieht, dass sie von mindestens drei wahlberechtigten

---

489 *Maschmann/Schipper* in FS Buchner, S. 607 (614f.)

490 Im BetrVG z.B. §§ 38 Abs. 1 S. 4 (Freistellungen); 47 Abs. 4 und Abs. 9 (Errichtung des Gesamtbetriebsrats); 55 Abs. 4 (Zusammensetzung des Konzernbetriebsrats); 72 Abs. 4 und Abs. 8 (Gesamt-Jugend- und Auszubildendenvertretung); 76a Abs. 5 (Kosten der Einigungsstelle), 86 (ergänzende Vereinbarungen über das Beschwerdeverfahren)

491 BAG v. 23.9.1982 – Az. 6 ABR 42/81 – AP Nr. 3 zu § 4 BetrVG 1972.

492 *Rolf* Unternehmensübergreifende Betriebsratsstruktur, S. 7; *Rieble/Klebeck* in FS Richardi S. 693 (694).

493 *v. Hoyningen-Huene* Betriebsverfassungsrecht S. 32.

494 *Rolf* Unternehmensübergreifende Betriebsratsstruktur, S. 6.

Arbeitnehmern einzuleiten ist (§ 3 Abs. 3 S. 2 BetrVG).[495] Es ist davon auszugehen, dass eine einfache Mehrheit der teilnehmenden Arbeitnehmer für den Beschluss genügt.[496]

Ohnehin dürfte die Abstimmungsregel selten zur Anwendung kommen[497], da sie subsidiär zu Regelungsbefugnissen der Tarif- und Betriebsparteien ist: Mit der BetrVG-Reform von 2001 wurde die Kompetenz der Tarifparteien für vereinbarte Vertretungsstrukturen erheblich ausgeweitet (§ 3 Abs. 1 BetrVG). Sie wurden einerseits dazu ermächtigt, anstelle des bisherigen Anknüpfungspunktes für Arbeitnehmervertretungen – den Betrieb im Sinne des § 1 Abs. 1 S. 1 BetrVG – eigene Anknüpfungen zu schaffen (§ 3 Abs. 1 Nr. 1 bis 3 BetrVG). Die in diesen gewillkürten Strukturen gewählten Vertretungen haben die Kompetenzen von Betriebsräten (§ 3 Abs. 5 S. 1 BetrVG). Zudem können die Tarifparteien zusätzliche Vertretungsgremien schaffen (§ 3 Abs. 1 Nr. 4 und 5 BetrVG). Ferner ist die Organisationsbefugnis der Tarifpartner nicht auf ein Unternehmen begrenzt, sondern sie können unternehmensübergreifende Strukturen vereinbaren (§ 3 Abs. 1 Nr. 3, 4 BetrVG).[498] All diese Regelungen haben Wirkung auch für Nichtgewerkschaftsmitglieder.[499]

Damit wollte der Gesetzgeber den Tarifparteien ermöglichen, schnell und flexibel auf wechselnde Unternehmensstrukturen zu reagieren.[500] Diese Aufgabe wurde wegen ihrer „besonderen Tragweite“ nicht den Betriebsparteien, sondern den als „sachnäher“ eingeschätzten Tarifparteien anvertraut.[501]

Deren Vereinbarungen sind vorrangig zu Abstimmungen nach § 3 Abs. 3 BetrVG: Die Vorschrift kommt nur zur Anwendung, wenn es im gesamten Unternehmen keinen Betriebsrat gibt und sonst „keine tarifliche Regelung besteht“. Eine Sperrwirkung für die Betriebsparteien – und damit für die Abstimmung der Arbeitnehmer – entwickelt jeder „andere Tarifvertrag“ (§ 3 Abs. 2 BetrVG),

495 *Donner* Vereinbarungslösungen, S. 27ff.

496 LAG Düsseldorf v. 16.10.2008 – Az. 11 TaBV 105/08 – Beck RS 2009, 68704; *Gaul/Mückl* NZA 2011, S. 658ff.

497 *Gaul/Mückl* NZA 2011, S. 657 (658).

498 *Giesen* BB 2002, S. 1480.

499 *Thüsing* in Richardi BetrVG § 3 Rn. 9, der darin eine „Legitimationslücke“ sieht.

500 So die Begründung des Regierungsentwurfs BT-Drucksache 14/5741, S. 33; s. auch *Hensche* in Däubler TVG § 1 Rn. 802ff.

501 BT-Drucksache 14/5471, S. 34.

auch wenn er nicht die betriebsverfassungsrechtliche Organisation regelt.[502] Ist der Arbeitgeber tarifgebunden, existiert das Abstimmungsrecht der Belegschaft nach § 3 Abs. 3 BetrVG somit nur auf dem Papier.[503] Auch in dieser Hinsicht bleibt ihre Selbstbestimmung hinter der leitender Angestellter (nach § 20 Abs. 2, 3 SprAuG) zurück.[504]

[2] Keine Abstimmung über Betriebsstrukturtarifverträge

Während Abstimmungen nach § 3 Abs. 3 BetrVG somit selten stattfinden dürften, wird die Belegschaft in das Wirksamwerden der viel häufigeren Betriebsstrukturtarifverträge nach § 3 Abs. 1 BetrVG nicht eingebunden. Auch Betriebsstrukturvereinbarungen nach § 3 Abs. 2 BetrVG werden ohne ihre Mitwirkung wirksam, wobei diese Vereinbarungen seltener sein dürften, da jeder geltende Tarifvertrag für sie eine Sperrwirkung erzeugt.[505]

Die mangelnde Belegschaftsbeteiligung erscheint insbesondere hinsichtlich tariflicher Regelungen bedenklich, da die Tarifparteien auf diesem Wege die Zuordnung der Arbeitnehmer in das Zwangsrepräsentationssystem der Betriebsverfassung ändern können, und zwar fort von dem faktischen Anknüpfungspunkt der Belegschaftszugehörigkeit hin zu einer gewillkürten Anknüpfung an den Tarifvertrag.[506]

Praktisch kann die Folge sein, dass ein Betriebsstrukturtarifvertrag die Amtszeit gewählter Betriebsräte vorzeitig beendet (§ 3 Abs. 4 S. 2 BetrVG).[507] Arbeitnehmer, deren Betrieb nach einer Umstrukturierung neu in den Geltungsbereich eines Zuordnungstarifvertrags einbezogen wird, können sich durch weniger Betriebsratsmitglieder vertreten sehen als zuvor.[508] Zudem kann der Arbeitgeber durch den tarifvertraglichen Zuschnitt seines Betriebs unliebsame Betriebsräte entmachten. Umgekehrt kann er seine Betriebsstruktur kraft seiner un-

---

502 So ausdrücklich die Gesetzesbegründung, BT-Drucksache 14/5741, S. 34.

503 Krit. *Hanau* RdA 2001, S. 65 (66); *Konzen* RdA 2001, S. 76 (86); *Reichold* NZA 2001, S. 857 (859).

504 *Löwisch* DB 1999, S. 2209 (2210).

505 Zur Reichweite der Sperrwirkung siehe nur *Kraft/Franzen* in GK-BetrVG § 3 Rn. 37ff.

506 *Giesen* BB 2002, S. 1480ff.; *Löwisch/Rieble* TVG § 1 Rn. 139.

507 *Donner* Verhandlungslösungen, S. 32.

508 Siehe dazu LAG Kiel v. 9.7.2008 – Az. 3 TaBV 4/08 – BB 2008, S. 2681 mit Anm. *Reinhard* in jurisPR-ArbR 8/2009, Anm. 2.

ternehmerischen Freiheit umgestalten, wenn ihm die tarifvertragliche Vertretungsstruktur nicht mehr passt.[509]

Besonders weitreichend ist der Tarifvorbehalt des § 3 Abs. 1 Nr. 3 BetrVG, der es unter sehr unscharf formulierten Bedingungen ermöglicht, Belegschaften unterschiedlicher Unternehmen, die nicht zu einem Konzern verbunden sind, neu zusammen zu fassen und für sie Gremien mit den Kompetenzen gesetzlicher Betriebsräte zu bilden (§ 3 Abs. 5 S. 2 BetrVG).[510] Dafür soll es z.B. genügen, dass ein Unternehmen schuldrechtliche Beziehungen mit Zulieferern unterhält, infolge derer der Betriebsrat des Zuliefererbetriebs in Fragen der sozialen Mitbestimmungen „faktisch keine eigenen Spielräume mehr hat", da z.B. die Produktion völlig vom Geschäftspartner des Arbeitnehmers abhängig ist.[511] Was aber mit entsprechend angepassten Vertretungsorganen geschieht, wenn die Geschäftsbeziehung der beiden Unternehmen endet, ist unklar.[512]

Angesichts dessen verlieren die materiellen Voraussetzungen des § 3 Abs. 1 BetrVG an Bedeutung. Ob eine tarifliche Vertretungsstruktur auch nach einem oder zwei Jahren noch einer „wirksamen und zweckmäßigen Interessenvertretung der Arbeitnehmer" (§ 3 Abs. 1 Nr. 3 BetrVG) oder der „unternehmensübergreifenden Zusammenarbeit von Arbeitnehmervertretungen" (§ 3 Abs. 1 Nr. 4 BetrVG) dient, ist fraglich.

Vor der Reform von 2001 wurden Strukturtarifverträge auf ihre Dienlichkeit behördlich geprüft (§ 3 Abs. 1 BetrVG 1972), sodass der Staat eine Letztverantwortung für das Abweichen von der gesetzlichen Regel trug.[513] Dabei musste die zuständige Behörde den betroffenen Arbeitnehmern Gelegenheit zur Stellungnahme geben (§ 3 Abs. Abs. 2 S. 2 BetrVG 1972), um den Schutz der Nichtorganisierten und Mitglieder anderer Gewerkschaften als der tarifschließenden zu gewährleisten.[514] Heute können die Tarifparteien ohne Kontrollen die Zuständigkeit der Betriebsräte regeln, zu denen die Gewerkschaften durchaus in

---

509 *Giesen* BB 2002, S. 1480 (1482).

510 *Rolf* Unternehmensübergreifende Betriebsratsstruktur, S. 6.

511 *Hensche* in Däubler TVG § 1 Rn. 804.

512 *Scharff/Zimmermann* AuA 2009, S. 568 (570); *Giesen* BB 2002, S. 1480 (1482), eingehend *Gistel* Gewillkürte Betriebsverfassungsstruktur.

513 *Dietz/Richardi* BetrVG Bd. 1 (6. Aufl., 1981) § 3 Rn. 46f.

514 *Donner* Verhandlungslösungen, S. 31 (Fn. 37); *Löwisch/Rieble* § 1 TVG, Rn. 138.

Konkurrenz stehen.[515] § 3 Abs. 1 BetrVG liefert hierfür allenfalls eine formelle Legitimation; zudem wird die Verfassungsmäßigkeit der Norm vielfach in Frage gestellt.[516]

Diese „gesetzgeberische Fehlleistung“[517] könnte durch Belegschaftsabstimmung geheilt werden, mit denen die Arbeitnehmer der „Neuordnung ihres Betriebsgebiets“ materielle Legitimation verschaffen könnten, ähnlich wie der Volksentscheid der Bürger die Neugliederung von Gebietskörperschaften legitimiert.[518] Stattdessen können die Arbeitnehmer derzeit nur im Rahmen ihres Vorschlagsrechts (§ 86a BetrVG) den Betriebsrat dazu bewegen, sich mit abweichenden Strukturen zu befassen, soweit die Tarifparteien nicht schon tätig geworden sind.[519] Auch diese betriebliche Vertretungsregel wäre aber keine von den Arbeitnehmern selbst geschaffene, sondern würde fremd gesetzt.

[3] Abstimmung nach § 4 Abs. 1 S. 2 BetrVG

Der zweite Fall einer Belegschaftsabstimmung über Betriebsstrukturen ist § 4 Abs. 1 S. 2 BetrVG, der im Rahmen der BetrVG-Reform von 2001 eingeführt wurde. Diese wohl nur selten genutzte Regelung[520] gestattet der Belegschaft eines selbständigen Betriebsteils ohne Betriebsrat, per formloser Abstimmung ihre Teilnahme an der Betriebsratswahl des Hauptbetriebs zu beschließen. So können die Arbeitnehmer eine Vertretung erlangen, ohne selbst eine Wahl organisieren zu müssen.[521]

---

515 *Giesen* Tarifliche Rechtsgestaltung, S. 310; *Annuß* NZA 2002, S. 290 (291); *Picker* RdA 2001, S. 259 (285).

516 *Giesen* BB 2002, S. 1480 (1484ff.: Verletzung des Bestimmtheitsgrundsatzes durch § 3 Abs. 1 Nr. 3 BetrVG); *ders.* Tarifvertragliche Rechtsgestaltung, S. 309ff.; *Picker* RdA 2001, S. 259 (282ff.); *Schmiege* Organisationsstrukturen, S. 182ff.; a.A. BAG v. 29.7.2009 – Az. 7 ABR 27/08 – NZA 2009, S. 1424; zust. *Dzida* NZA 2010, S. 80; für eine Verfassungskonformität auch *Annuß* NZA 2002, S. 290ff.; *Fitting* BetrVG § 3 Rn. 9ff.; *Friese* ZfA 2003, S. 237ff.; *Rieble* in Bauer/Rieble ArbR S. 25, 46ff.; *Thüsing* ZIP 2003, S. 693 (694ff.); *Utermark* Organisation der Betriebsverfassung S. 28ff.

517 *Thüsing* in Richardi BetrVG § 3 Rn. 14.

518 *Löwisch/Rieble* TVG § 1 Rn. 139; die Parallele der Neuordnung von Betriebsgebiet und Bundesgebiet wird eingehend behandelt unter § 4 C I 1 b (S. 162).

519 Wobei auch gegen die Regelungsbefugnis der Betriebsparteien Bedenken bestehen, siehe *Rieble* ZIP 2001, S. 136 (138).

520 *Wolf* JArbR Bd. 40 (2003), S. 99 (114).

521 ErfK/*Koch* § 4 BetrVG Rn. 5; *Fitting* BetrVG § 4 Rn. 27.

Die Abstimmung bewirkt, dass die gesetzlich ausnahmsweise angeordnete Verselbständigung eines Teilbetriebs, die zum Schutz der Arbeitnehmer geschieht und die Organisationshoheit des Arbeitgebers beschränkt, zugunsten der regelmäßigen gesetzlichen Vertretungsstrukturen wieder rückgängig gemacht wird.[522] Die Zustimmung der Arbeitnehmer im Hauptbetrieb ist dafür nicht erforderlich, was hinsichtlich deren Selbstbestimmung bedenklich ist.[523]

Wie im Fall des § 3 Abs. 3 BetrVG fehlen nähere Verfahrensregeln für die Abstimmung.[524] Immerhin hat der Gesetzgeber den Arbeitnehmern ermöglicht, ihren Beschluss durch eine neue Abstimmung zu widerrufen (§ 4 Abs. 1 S. 5 BetrVG), anders als bei § 3 Abs. 3 BetrVG.[525] Infolgedessen hat der Ursprungsbeschluss keine Dauerwirkung.[526]

Allerdings wird die Selbstbestimmung der Arbeitnehmer im Betriebsteil nicht so weit interpretiert, dass sie ihre einmal etablierte *eigenständige* Vertretung aufgeben und sich doch unter den Schutz des Betriebsrats im Hauptbetrieb begeben können. Dies ergibt sich unmittelbar aus dem Gesetz: Die Urabstimmung ist gemäß § 4 Abs. 1 S. 2 BetrVG nur in betriebsratslosen Betrieben möglich, und der Revisionsbeschluss nach § 4 Abs. 1 S. 5 BetrVG betrifft nur Abstimmungen über die Teilnahme an der Wahl im Hauptbetrieb. Die Verselbständigung des Teilbetriebs ist somit eine „Einbahnstraße“[527]. Die Arbeitnehmer können sich nur dem Hauptbetriebsrat durch Wahl einer eigenen Vertretung entziehen, aber nicht umgekehrt.[528] Dies ist problematisch, schließlich können die Arbeitnehmer im Betriebsteil zu dem Schluss kommen, dass ihr Teilbetriebsrat zu schwach ist, um ihre Interessen dem Arbeitgeber gegenüber wirksam zu ver-

---

522 *Rieble/Klebeck* in FS Richardi, S. 693; str., a.A. zuletzt LAG München v. 26.1.2011 – Az. 11 TaBV 77/10 – NZA-RR 2011, S. 299ff. (es werde nur Zuständigkeit des so gewählten Betriebsrats begründet); dazu eingehend *Bayreuther* NZA 2011, S. 727ff.; s. auch die Begründung zum BetrVG-Reformgesetz 2001, BT-Drucksache 14/5741, S. 35, die vom „Zuordnungsbeschluss“ des § 4 Abs. 1 S. 2 BetrVG spricht.

523 *Franzen* ZfA 2001, S. 423 (428).

524 *Franzen* in GK-BetrVG § 4 Rn. 21.

525 *Fitting* BetrVG § 3 Rn. 100.

526 *Trümner* in DKKW § 4 Rn. 126f.

527 *Rieble/Klebeck* in FS Richardi, S. 693 (700).

528 BAG v. 21.7.2004 – Az. 7 ABR 57/03 – AP Nr. 15 zu § 4 BetrVG 1972 = NZA-RR 2005, S. 671.

treten. In diesem Fall müssen sie auf den Schutz der Tarifparteien hoffen, die den Teilbetrieb mit einem Strukturtarifvertrag nach § 3 BetrVG dem Hauptbetrieb zuordnen könnten.[529]

II. Weitere institutionelle Teilhaberechte

Jenseits von Abstimmungen im technischen Sinne verfügen die Arbeitnehmer noch über weitere kollektiv-unmittelbare Teilhaberechte in organisatorischen Fragen.

1. Teilhabe an Verhandlungslösungen für Gremien

Während das Betriebsverfassungsgesetz, das Sprecherausschussgesetz und die Mitbestimmungsgesetze wenig Raum für Verhandlungslösungen zu Organisationsfragen bieten, gilt dies nicht für Mitbestimmungsregeln mit internationalem Hintergrund: Die Struktur und die Kompetenzen eines Europäischen Betriebsrates sowie der Arbeitnehmerbeteiligung in der SE überlässt der Gesetzgeber weitgehend den Arbeitnehmervertretern und der Unternehmensführung. Den Gesetzen lassen sich keine Standardmodelle entnehmen, sondern Auffangregeln für den Fall, dass das „freie Verhandeln"[530] über Vertretungsgremien misslingt. Im Fall der SE knüpft der Gesetzgeber die Beteiligungsrechte zusätzlich an Variablen wie den vorhandenen Mitbestimmungsstandard, die Gesellschaftsstruktur der beteiligten Unternehmen oder die Umstände der SE-Gründung.[531]

Für die Arbeitnehmer bedeutet diese Abkehr von starren gesetzlichen Vorgaben allerdings keinen nennenswerten Zuwachs an unmittelbarer Teilhabe. Sie müssen beispielsweise über die Pläne zur Umwandlung des Unternehmens in eine SE nicht informiert werden, wenn Betriebsräte existieren.[532] An Verhandlungen über Mitbestimmungsstatute werden sie nicht unmittelbar beteiligt. Ihre Vertreter in besonderen Verhandlungsgremien und ihre Repräsentanten nach EBRG und SEBG wählen sie nur direkt, wenn im Betrieb kein Betriebsrat exis-

529 *Fitting* BetrVG § 4 Rn. 28.

530 *Däubler* in FS Schaub, S. 95 (104).

531 *Franzen* NZA 2008, S. 250ff.; *Donner* Verhandlungslösungen S. 54ff.; *Wißmann* in FS Wiedemann, S. 685 (690).

532 *Kowalski* DB 2007, S. 2243; *Hinrichs/Plitt* NZA 2010, S. 204 (205).

tiert. Im Fall der SE ist dieses Verfahren auch nur rudimentär geregelt.[533] Informationsansprüche der Arbeitnehmer oder ein Recht auf Anregungen und Vorschläge während der Verhandlungen sehen SEBG und EBRG ebenso wenig vor wie Rechenschaftspflichten des Verhandlungsgremiums gegenüber den Belegschaften. Auch eine Veröffentlichung der Mitbestimmungsvereinbarung oder des EBR-Statuts in den beteiligten Gesellschaften ist keine Voraussetzung für deren Wirksamkeit.[534]

Das Ergebnis wird man wie folgt bewerten müssen: Grundsätzlich ist es notwendig, dass grenzüberschreitende Teilhaberechte der Arbeitnehmer durch Vertreter ausgehandelt werden. Die internationalen Belegschaften unmittelbar in Gespräche über die Details eines Europäischen Betriebsrats oder SE-Betriebsrats einzubeziehen ist nicht praktikabel und dürfte deren Rechte nicht effektiv stärken. Sinnvoll wäre es aber, die Teilhaberechte der Arbeitnehmer im Verhandlungs*prozess* zu stärken, sei es durch Frage- und Vorschlagsrechte oder durch Informationspflichten des Verhandlungsgremiums.

Eine Belegschaftsabstimmung über das Verhandlungs*ergebnis* ist jedoch abzulehnen. Sie liefe dem Mechanismus einer Verhandlungslösung zuwider, wie sie der europäische Gesetzgeber vor allem für Mitbestimmung in der SE verfolgt. Die Verhandlungsparteien sollen für ihre spezifische Unternehmensstruktur Kompromisse und Paketlösungen finden.[535] Selbst wenn es gelänge, den Belegschaften die sehr technischen Ergebnisse zu vermitteln, müsste im Fall ihrer Ablehnung die aufwändige und kostspielige Verhandlungsphase[536], möglicherweise auch das zweistufige Wahlverfahren für die Wahlmänner und die Mitglieder in den Verhandlungsgremien, neu beginnen. Zusätzlich verkompliziert würde der Abstimmungsprozess, wo die Belegschaften von Auslandsgesellschaften zu berücksichtigen wären.[537]

Das Legitimationsproblem der Vereinbarungen stellt sich insbesondere im Fall des EBR auch nicht mit besonderer Schärfe. Die Gestaltungsautonomie des besonderen Verhandlungsgremiums und der Unternehmensführung ist be-

---

533 *Hinrichs/Plitt* NZA 2010, S. 204 (205).

534 *Hoops* Mitbestimmungsvereinbarung, S. 109; *Oetker* in FS Konzen, S. 635 (641).

535 *Kisker* RdA 2006, S. 206 (207).

536 Siehe die Darstellung bei *Kowalski* DB 2007, S. 2243 (2246ff.).

537 Zu den praktischen Schwierigkeiten der Einbindung internationaler Belegschaften siehe *Däubler* in FS Schaub, S. 95 (106f.)

grenzt[538]: Die Verhandlungspartner dürfen dem EBR weder erzwingbare Mitbestimmungsrechte oder die Kompetenz zum Abschluss von Betriebsvereinbarungen verleihen, noch dürfen sie Verfahrensregeln für eine solche Mitbestimmung vereinbaren.[539] Zwar wurden die Auskunftsansprüche und Beteiligungsrechte des EBR durch die EBRG-Novelle vom Juni 2011 gestärkt, doch haben die Änderungen vielfach klarstellenden Charakter und übernehmen die zuvor herrschende Interpretation des EBRG.[540] Auch der SE-Betriebsrat verfügt nur über Anhörungs- und Unterrichtungsrechte (§§ 28, 29 SEBG).

2. Einberufung von Versammlungen

Ein weiteres kollektives Teilhaberecht der Arbeitnehmer besteht hinsichtlich der Einberufung von Betriebsversammlungen. Grundsätzlich ist dafür der Betriebsrat zuständig (§ 43 Abs. 1 S. 1 BetrVG). Ein Viertel der wahlberechtigten Arbeitnehmer kann aber gemäß § 43 Abs. 3 S. 2 BetrVG die Einberufung zu einem gewünschten Thema erzwingen.[541] In der Literatur wird allgemein vertreten, dass ein Viertel der Wahlberechtigten auch die Tagesordnung regulärer Versammlungen ergänzen darf.[542]

Falls man das Forum der Betriebsversammlung für die Durchführung von Belegschaftsabstimmungen nutzen wollte, müssten wohl die Regeln für die Einberufung angepasst werden. Zum Beispiel könnte es notwendig sein, für Belegschaftsabstimmungen das Antragsquorum der Arbeitnehmer zur Einberufung der Versammlung anzupassen. Zudem wäre ein Recht des Arbeitgebers zur Einberufung von Betriebsversammlungen zu erwägen, das derzeit nicht besteht.[543]

---

538 *Däubler* in DKKW EBRG § 18 Rn. 14.

539 *Däubler* in FS Schaub, S. 95 (111), der Ausnahmen zulassen will für verbindliche Abmachungen über die praktische Durchführung von Unterrichtung und Anhörung, soweit diese im gesetzlichen Modell vorgesehen sind.

540 *Hohenstatt/Kröpelin/Bertke* NZA 2011, S. 1313 (1314f.); *Pauken* ArbR Aktuell 2012, S. 657ff.

541 Für die leitenden Angestellten ergibt sich das Recht aus § 15 Abs. 1 S. 2 SprAuG.

542 *Fitting* BetrVG § 42 Rn. 30; *Annuß* in Richardi BetrVG § 43 Rn. 34.

543 Er kann nur Belegschaftsversammlungen einberufen, solange diese nicht die Betriebsversammlungen aushebeln, BAG v. 27 6.1989 – Az. 1 ABR 28/88 – AP Nr. 5 zu § 42 BetrVG 1972 = NZA 1990, S. 113ff.; *Koch* in Schaub Arbeitsrechtshandbuch, § 223 Rn. 1.

Schließlich ist zu klären, ob für Belegschaftsabstimmungen die gesetzlichen Regeln für die Häufigkeit von Betriebsversammlungen anzupassen wären, etwa für dringliche Abstimmungsthemen. Derzeit schreibt § 43 Abs. 1 S. 1 BetrVG als Regelfall eine Versammlung in jedem Kalendervierteljahr vor und gestattet eine weitere außerplanmäßige Versammlung je Kalenderhalbjahr (§ 43 Abs. 1 S. 4 BetrVG).

3. Einrichtung von Arbeitsgruppen

Mehr direkte Partizipation der Arbeitnehmer an der betrieblichen Mitbestimmung bezweckte der Gesetzgeber mit der Vorschrift über Gruppenarbeit (§ 28a BetrVG), die bei der Reform von 2001 in das Betriebsverfassungsgesetz eingefügt wurde.[544] Arbeitnehmergruppen sollten Angelegenheiten, die nur ihre spezifische Aufgabe und die Organisation ihres unmittelbaren Umfeldes betreffen, autonom regeln dürfen. In der Begründung des Regierungsentwurfs werden beispielhaft Themen wie die Arbeitszeit und die Urlaubsplanung genannt.[545] Originäre Kompetenzen verleiht die Vorschrift der Arbeitsgruppe nicht, vielmehr überträgt der Betriebsrat der Arbeitsgruppe seine Kompetenzen auf der Basis einer Rahmenvereinbarung mit dem Arbeitgeber.[546]

Die Arbeitnehmer können dieses „Element direkter Demokratie"[547] aber nicht selbst initiieren.[548] Der Einzelne kann die Gründung einer Arbeitsgruppe anregen (nach §§ 80 Abs. 1 Nr. 3 und 86a S. 1 BetrVG gegenüber dem Betriebsrat, nach § 82 Abs. 1 S. 2 BetrVG gegenüber dem Arbeitgeber). Fünf Prozent der Arbeitnehmer können erzwingen, dass das Thema Arbeitsgruppe auf die Tagesordnung des Betriebsrats gesetzt wird (§ 86a S. 2 BetrVG), und ein Viertel der Wahlberechtigten könnte eine Betriebsversammlung zum Thema Gruppenarbeit erwirken (§ 43 Abs. 3 S. 1 BetrVG). In der Versammlung kann die Mehrheit sodann beantragen, der Betriebsrat möge sich mit dem Thema befassen (§ 45 S. 2 BetrVG). Letztlich steht die Existenz der Arbeitsgruppe aber im Gutdünken des Betriebsrats: Weder eine Arbeitnehmergruppe noch der einzelne Ar-

544 BT-Drucksache 14/5741, S. 25f.

545 Regierungsentwurf vom 2.4.2001, BT-Drucksache 14/5741 S. 29.

546 *Engels* in FS Wißmann, S. 302 (303); *Raab* in GK-BetrVG § 28a Rn. 3.

547 *Thüsing* in Richardi BetrVG § 28a BetrVG Rn. 2.

548 *Löwisch* BB 2001, S. 1790 (1792).

beitnehmer hat ein einklagbares Recht auf Übertragung dieser Befugnisse.[549] Umgekehrt kann der Betriebsrat Arbeitsgruppen verhindern, indem er keine Rahmenvereinbarung schließt oder eine bestehende nicht nutzt.[550]

De lege ferenda könnte der Gesetzgeber den Arbeitnehmern das Recht gewähren, mit einem Belegschafts- oder Abteilungsvotum entweder Verhandlungen über die Rahmenvereinbarung oder unmittelbar die Einrichtung der Arbeitsgruppe zu erzwingen. Dafür spricht, dass die vom Gesetzgeber bezweckte Teilhabe in der Arbeitsgruppe nach geltendem Recht selten stattfindet. Die Rechtsprechung hat sich, soweit ersichtlich, noch nie mit der Vorschrift beschäftigt.[551] Nach der jüngsten WSI-Betriebsrätebefragung kennen 65,7 Prozent der Betriebsräte in Unternehmen mit 20 bis 40 Arbeitnehmern den § 28a BetrVG nicht.[552] Betriebe dieser Größe machen 60 Prozent des Betriebsbestandes in Deutschland aus.[553] Von denjenigen Betriebsräten, denen die Vorschrift bekannt ist, gaben nur 14 Prozent an, sie zu nutzen, und nur 34 Prozent erwägen, dies in Zukunft zu tun.[554] Wenn Gruppenarbeit stattfindet, dann ohne die vom Gesetzgeber vorgesehene Rahmenvereinbarung, die Gruppenautonomie erst herstellt: 91 Prozent der befragten Betriebsräte gaben an, aus Sorge vor „Verlust von Handlungsspielräumen" keine Rahmenvereinbarung geschlossen zu haben.[555] Dies deckt sich mit früheren Umfragen zu § 28a BetrVG, die Thüsing dazu bewogen, die Norm als *„dead letter law"* zu bezeichnen.[556] *Lindes* nicht repräsentative Umfrage förderte 2003 keine einzige Rahmenvereinbarung zutage, dafür in jedem zweiten Betrieb reguläre Betriebsvereinbarungen über Gruppenar-

---

549 *Fitting* BetrVG § 75 Rn. 176; *Rose* KritJ 2001, S. 157 (173); *Wedde* in DKKW § 28a Rn. 3 und 42.

550 *Nill* Selbstbestimmung Seite 76; *Kreutz* in GK-BetrVG § 75 Rn. 135.

551 Nur bzgl. Sonderfragen wie den Rechten der Schwerbehindertenvertreter in Arbeitsgruppen (LAG Schleswig-Holstein v. 10.9.2008 – Az. 3 TaBV 26/08 – veröffentlicht in Juris), oder bzgl. der Frage, ob der Betriebsrat in seiner Geschäftsordnung die Zuständigkeit nach § 28a BetrVG dem Betriebsausschuss übertragen darf (LAG Frankfurt v. 24.9.2009 – Az. 9 Ta BV 69/09 – veröffentlicht in Juris).

552 *Becker/Brinkmann/Engel* WSI-Mitteilungen 2008, S. 305 (307).

553 *Becker/Brinkmann/Engel* WSI-Mitteilungen 2008, S. 305 (307).

554 *Becker/Brinkmann/Engel* WSI-Mitteilungen 2008, S. 305 (309).

555 *Becker/Brinkmann/Engel* WSI-Mitteilungen 2008, S. 305 (308f.).

556 *Thüsing* in Richardi BetrVG § 28a Rn. 3; siehe auch *Linde* AiB 2002 S. 334; *Richter/Schneider* AiB 2004 S. 161.

beit.[557] *Linde* schließt daraus, dass die Betriebsparteien „sich ihre Ermächtigungsgrundlage für Gruppenarbeit selbst schaffen".[558] Mit einem Abstimmungsrecht gerichtet auf die Einrichtung von Arbeitsgruppen könnten die Arbeitnehmer die Untätigkeit ihres Betriebsrats überwinden.

Dies ist allerdings überflüssig, wenn man der in der Literatur vertretenen Auffassung folgt, die schon aus § 75 Abs. 2 S. 2 BetrVG ein Recht auf eine ermessensfehlerfreie Entscheidung des Betriebsrats auf Einsetzung einer Arbeitsgruppe ableiten will[559] – mit Ermessensreduzierung auf null, wenn keine sachlichen Gründe dagegen sprechen.[560] Aber wie *Nill* überzeugend ausführt, wollte der Gesetzgeber ausdrücklich die volle Verfügungsgewalt des Betriebsrats über seine Mitbestimmungsrechte erhalten.[561]

III. Fazit

Wie gezeigt wurde, enthält das geltende Recht unbefriedigende und teilweise widersprüchliche Regelungen hinsichtlich der Abstimmungsrechte der Arbeitnehmer über Organisationsfragen der Betriebsverfassung.

Der Gesetzgeber hat den Arbeitnehmern eine Vielzahl von Strukturen zur Vertretung ihrer Interessen zur Verfügung gestellt. Ihre Freiheit, von institutionellen Teilhaberechten keinen Gebrauch zu machen oder Vertretungsstrukturen den betrieblichen Bedürfnissen anzupassen, ist dagegen nur dürftig ausgestaltet.[562] Wahlverfahren können durch nicht demokratisch legitimierte Einrichtungen oder kleinste Minderheiten initiiert werden. Das Recht, Vertretungen abzulehnen, ist an den Status des Arbeitnehmers geknüpft: Eine Abstimmung über Sprecherausschüsse ist zulässig, eine Abstimmung über betriebliche Vertreter nicht. Hier ist eine Anpassung der Rechte der Restbelegschaft an die der leitenden Angestellten geboten.[563]

---

557 *Linde* AiB 2004 S. 334 (335).

558 *Linde* AiB 2004 S. 334 (337f.).

559 Vgl. die Darstellung bei *Raab* NZA 2002 S. 474 (478).

560 *Löwisch* BB 2001 S. 1734 (1740).

561 Selbstbestimmung S. 77.

562 S. oben I 1 (S. 92).

563 Dazu § 4 A (S. 176).

Zudem wird das Vertrauen der Arbeitnehmer in ihre Vertreter unterschiedlich geschätzt, je nachdem, um welche Gremien es sich handelt: Aufsichtsräte können voraussetzungslos, wenn auch unter der formellen Bedingung großer Abstimmungsmehrheiten, abberufen werden, Betriebsräte nicht.[564] Auch hier ist eine Angleichung der Regeln in Richtung einer Stärkung der Belegschaftsrechte gegenüber ihren Vertretungsorganen in Erwägung zu ziehen.[565]

Von den Wahlverfahrensregeln für Aufsichtsräte können die Belegschaften im Wege der Abstimmung abweichen, indem sie eine Direktwahl ihrer Vertreter beschließen, von den Wahlregeln für ihre Betriebsräte nicht.[566] In diesem Fall liegt die Lösung aber nicht in einer Abstimmung über die Betriebsratswahl, sondern in einer Lockerung der abschreckend komplizierten Wahlregeln für Aufsichtsräte zugunsten einer Direktwahl.

Auch die Organisation der Betriebsverfassung ist, soweit sie disponibel ist, der Disposition der Arbeitnehmer weitestgehend entzogen[567]: Zwar ermöglicht das Betriebsverfassungsgesetz Abstimmungen über einen unternehmenseinheitlichen Betriebsrat oder über die Teilnahme eines Betriebsteils an der Betriebsratswahl des Hauptbetriebs. Nicht möglich ist hingegen ein Referendum über Strukturtarifverträge, über welche die Tarifparteien den Arbeitnehmern, ob Gewerkschaftsmitglieder oder nicht, in viel größerem Umfang die Organisation ihrer Interessenvertretungen vorschreiben können. Auch ein solches Referendum verdient nähere Prüfung.[568]

Wo der Gesetzgeber den Arbeitnehmern „autonome" Teilhabe in der Arbeitsgruppe ermöglichen wollte, hat er diese von der Zustimmung des „autonomen Apparats"[569] Betriebsrat abhängig gemacht (II 3). So beschränkt sich die institutionelle Teilhabe der Arbeitnehmer vor allem auf das „betriebsinterne Verwaltungsgeschehen"[570].

564 S. oben I 2 (S. 103).

565 Dazu § 4 B (S. 191).

566 S. oben I 3 (S. 110).

567 S. oben I 4 (S. 113).

568 Dazu § 4 C (S. 214).

569 *Picker* ZfA 2005, 360.

570 *Picker* ZfA 2005, 360.

B. Kollektive Teilhabe an Sachfragen

I. Teilhabe in Form von Abstimmungen

Nicht nur zu organisatorischen Fragen, auch zu inhaltlichen Themen sieht das geltende Recht Abstimmungen der Belegschaft vor.

1. Rechtsgeschichte: § 1 Abs. 4 S. 2 KSchG a.F.

In der Zeit vom 1. Oktober 1996 bis zum 31. Dezember 1998 ermöglichte § 1 Abs. 4 S. 2 KSchG rechtsverbindliche Belegschaftsabstimmungen über Auswahlrichtlinien für betriebsbedingte Kündigungen:

§ 1 KSchG [Sozial ungerechtfertigte Kündigungen]

(4) Ist in einem Tarifvertrag, in einer Betriebsvereinbarung nach § 95 des Betriebsverfassungsgesetzes oder in einer entsprechenden Richtlinie nach den Personalvertretungsgesetzen festgelegt, wie die sozialen Gesichtspunkte nach Absatz 3 Satz 1 im Verhältnis zueinander zu bewerten sind, so kann die Bewertung nur auf grobe Fehlerhaftigkeit überprüft werden. Das gleiche gilt für eine Richtlinie mit Regelungen im Sinne des Satzes 1, die ein Arbeitgeber in Betrieben oder Verwaltungen ohne gewählte Arbeitnehmervertretung mit Zustimmung von mindestens zwei Dritteln der Arbeitnehmer des Betriebes oder der Dienststelle schriftlich erlässt. Satz 2 ist auf Kündigungen anwendbar, die nach Ablauf von sechs Monaten nach Erlass der Richtlinie erklärt werden.

Weitere Verfahrensvorschriften fehlen ebenso wie Vorgaben für die Änderung oder Aufhebung der Kündigungsrichtlinien.

In der Gesetzesbegründung heißt es, man erhoffe sich von Auswahlrichtlinien „eine größere Rechtssicherheit bei betriebsbedingten Kündigungen".[571] Drei Jahre später wurde die Vorschrift allerdings gerade mit dem Argument abgeschafft, sie sei zu unsicher: Zu viele rechtliche Fragen lasse die Norm offen, insbesondere zum Verfahren der Abstimmung sowie zu Änderung und Aufhebung der Richtlinien.[572] Dass der Gesetzgeber sich gegen eine Füllung dieser Lücken und für die Abschaffung des § 1 Abs. 4 S. 2 KSchG entschied, wurde damit begründet, dass die Norm ein „systemwidriger Einbruch in das Betriebsverfassungsrecht" und „praxisfremd" sei: Die „Kleinunternehmer" mit Betrieben ohne Betriebsrat, die man mit der Vorschrift erreichen wolle, hätten kein Inte-

571 BT-Drucksache 13/5107, S. 30.

572 BT-Drucksache 14/45, S. 23.

resse daran, sich in ihrer zukünftigen Sozialauswahl durch Richtlinien einzuschränken.[573] Überhaupt sei die Belegschaftsabstimmung „verfehlt“, da sie Arbeitnehmerrechte auf „rechtlich problematische Weise“ beschneide.

Die Reaktionen der Wissenschaft auf die Vorschrift waren verwundert[574] bis ablehnend[575] ausgefallen. Löwisch hielt sie zwar für verfassungsrechtlich unbedenklich, aber bezweifelte (im Nachhinein zu Recht), dass sie praktische Bedeutung entfalten werde.[576] Giesen bezeichnete es als problematisch, dass „mittelbar oder unmittelbar jeder Arbeitnehmer über den Arbeitsplatz seines Kollegen mitentscheidet und umgekehrt“.[577] Verschiedene Richtlinienentwürfe könnten in „Wahlkampf“ zueinander treten, was im Zweifel auf Kosten der „unbeliebtesten Minderheit“ im Betrieb gehen könnte – wie ein „Skatspiel, bei dem die Spieler mit Zweidrittelmehrheit darüber bestimmen, wer verliert“.[578] Ascheid kritisierte, § 1 Abs. 4 S. 2 KSchG lasse ein Mindestmaß rechtsstaatlich gebotener Verfahrenskontrolle vermissen.[579] Bader nannte die Norm einen „Fremdkörper im arbeitsrechtlichen Rechtsquellensystem“[580]. Ein Fortschritt im Sinne unmittelbarerer Mitbestimmung und direkter Demokratie sei in ihr nicht zu sehen, „geht es doch nur darum, die Belegschaft in die Verwaltung des Mangels einzubeziehen“. Da der Gesetzgeber alle Beteiligten hinsichtlich des Verfahrens „weitestgehend allein“ lasse, werde es Jahre dauern, bis die Gerichte die Reihe von Problemen um die Vorschrift endgültig gelöst hätten.

So lang dauerte es aber dann nicht: Die Norm wurde 1999 abgeschafft und hat, soweit ersichtlich, kein einziges Mal ein Gericht beschäftigt. Ihren Kritikern ist zuzustimmen, dass eine unmittelbare Einbeziehung der Arbeitnehmer an der Sozialauswahl nicht dem Ziel von Abstimmungen gerecht wird, die Legitimati-

---

573 BT-Drucksache 14/45, S. 17.

574 *Birk* in FS Wiese, S. 43 wirft die Frage auf, ob die Norm „ein spontaner Einfall während des Gesetzgebungsverfahrens“ gewesen sein könnte. Grundsätzlich hält er aber eine stärkere Einbeziehung der Belegschaft in „einer Reihe von Fällen“ für „sogar notwendig“ (S. 53).

575 *Lorenz* DB 1996, S. 1973ff.; *Bader* NZA 1996, S. 1125 (1130ff.).

576 NZA 1996, S. 1009 (1011).

577 ZfA 1997, S. 145 (165).

578 *Giesen* ZfA 1996, S. 145 (165f.)

579 RdA 1997, S. 333 (342).

580 DB 1996 S. 1130 (1131).

on betrieblicher Rechtssetzung zu stärken. Denn die Arbeitnehmer könnten so über den Verbleib ihrer Kollegen im Betrieb mitentscheiden, ohne dass sie bei dieser Entscheidung wie der Betriebsrat an soziale Erwägungen gebunden und dem bestmöglichen Ausgleich widerstreitender Interessen verpflichtet wären. Das Ziel einer möglichst weitreichenden Privatautonomie der Arbeitnehmer rechtfertigt gerade nicht ihre Einflussnahme auf die Fortgeltung oder Beseitigung der Arbeitsverträge Dritter. Während für die Regelung der Ordnung des Betriebs nicht unbedingt ein neutraler Interessenvermittler eingesetzt werden muss, ist dies für die Frage der Zugehörigkeit zum Betrieb wohl erforderlich. Deshalb muss man § 1 Abs. 4 S. 2 KSchG a.F. wohl als ein richtiges Instrument mit falschem Einsatzgebiet bezeichnen.

2. Die aktuelle Rechtslage

Das geltende Betriebsverfassungsgesetz ermöglicht Abstimmungen der Belegschaft in der Betriebsversammlung (§ 45 S. 2 BetrVG). Die Versammlungsteilnehmer können dem Betriebsrat Anträge unterbreiten und zu seinen Beschlüssen Stellung nehmen, was eine Meinungsbildung im Wege der Abstimmung voraussetzt.[581] Abstimmungen sind möglich über alle Angelegenheiten, die der Betriebsrat schon geregelt hat oder die zur Regelung anstehen oder die einen Zusammenhang mit der Tätigkeit der Arbeitnehmer des Betriebs aufweisen.[582] Auch ein Misstrauensvotum gegen den Betriebsrat ist zulässig.[583]

Allerdings dürften diese Teilhaberechte in der Praxis schon dadurch eingeschränkt sein, dass der Betriebsratsvorsitzende die Versammlungsleitung inne hat (§ 42 Abs. 1 S. 1 BetrVG) und durch seine Moderation allzu viel Mitbestimmung über die Mitbestimmung verhindern kann. Vor allem fehlt den Beschlüssen der Betriebsversammlung nach dem Wortlaut des Betriebsverfas-

---

581 *Tautphäus* in Düwell BetrVG § 45 Rn. 12f.; *Annuß* in Richardi BetrVG § 45 Rn. 26.; für leitende Angestellte ergibt sich das Recht aus § 15 SprAuG (*Löwisch* SprAuG § 15 Rn. 12).

582 *Weber* in GK-BetrVG § 45 Rn. 4; *Berg* in DKKW BetrVG § 42 Rn. 3, § 43 Rn. 8ff.

583 Siehe oben A I 2 a (S. 103).

sungsgesetzes jegliche Rechtsverbindlichkeit[584], ähnlich wie den Beschlüssen der Gemeindebürger in einer Bürgerversammlung[585].

Auch Stellungnahmen der Belegschaft zu bereits geregelten Angelegenheiten sind für das Gremium unverbindlich. Das Betriebsverfassungsgesetz verpflichtet den Betriebsrat noch nicht einmal ausdrücklich dazu, sich überhaupt mit den verabschiedeten Anträgen zu befassen. Eine Befassungsfrist fehlt ebenfalls. Zwar wird in der Literatur verschiedentlich eine Befassungspflicht angenommen[586], bislang hat die Rechtsprechung diese aber nicht bestätigt.

Hinsichtlich der Wirkungslosigkeit der Belegschaftsbeschlüsse fällt das Betriebsverfassungsgesetz sogar hinter alle Gemeindeordnungen zurück: Diese verpflichten den Gemeinderat durchgehend dazu, sich der Beschlüsse der Bürgerversammlung innerhalb einer bestimmten Frist anzunehmen.[587] Der Betriebsrat hingegen darf Belegschaftsanträge nur „nicht grundlos ignorieren"[588].

Die Betriebsversammlung kann dem Betriebsrat auch nicht seine Befugnisse entziehen, um sie selbst auszuüben.[589] Erst recht ist keine Abberufung einzelner Mitglieder oder des ganzen Betriebsrats möglich.

3. Das Potential rechtsverbindlicher Belegschaftsabstimmungen

Sofern man Belegschaftsabstimmungen nicht ausschließlich schriftlich ausgestalten will, erscheint für ihre Durchführung die Betriebsversammlung als geeigneter Rahmen. Sie ist schon nach geltendem Recht das Forum, in dem alle Betriebsangehörigen in regelmäßigen Abständen zusammen kommen und wo eine kollektive Willensbildung der Betriebsangehörigen stattfindet.[590] Hier

---

584 Vgl. BAG v. 27.6.1989 – Az. 1 ABR 28/88 – AP Nr. 5 zu § 42 BetrVG 1972; *Wedde* in DKKW BetrVG Einl. Rn. 109.

585 VGH Baden-Württemberg v. 3.1.1991 – Az. 1 S 3033/90 – VBlBW 1991, 216; *Geis* Kommunalrecht § 10 Rn. 55; *Krause* in HdB StR III § 35 Rn. 40.

586 Z.B. von *Joost* in MünchArbR § 224 Rn. 72; *Annuß* in Richardi BetrVG § 45 Rn. 31.

587 Eine jeweils dreimonatige Befassungsfrist für Beschlüsse der Einwohnerversammlung regeln § 20a Abs. 4 GO B.-W.; Art. 18 Abs. 4 S. 1 GO BY, § 22 Abs. 4 S. 1 SächsGemO.

588 *Roloff* in Wlotzke/Preis/Kreft BetrVG § 45 Rn. 15.

589 *Fitting* BetrVG § 42 Rn. 10; *Richardi* in Richardi BetrVG Einl. Rn. 103.

590 *Joost* in MünchArbR § 223, Rn. 1.

könnten alle Arbeitnehmer über das Abstimmungsthema informiert werden, und es könnte eine Aussprache stattfinden.

Die thematische Zuständigkeit der Betriebsversammlung ist schon jetzt sehr weit gefasst, nur eben nicht die „gemeinschaftliche Rechtszuständigkeit“[591] ihrer Teilnehmer: Ihre im Wege der Abstimmung gebildete kollektive Meinung läuft ins Leere. *„Die aktive Teilhabe der Arbeitnehmer an der Ausgestaltung der betriebsverfassungsrechtlichen Ordnung ist durch die Wahl erschöpft“*, stellte das Bundesarbeitsgericht fest.[592]

Eine Reform könnte den Abstimmungsergebnissen der Betriebsversammlung unterschiedliche Grade von Rechtsverbindlichkeit verleihen: Zum Beispiel könnte eine erfolgreiche Abstimmung zur Wirksamkeitsvoraussetzung für Betriebsvereinbarungen erhoben werden. Der Gesetzgeber könnte der Belegschaft ferner ermöglichen, den Betriebsrat im Wege der Abstimmung anzuweisen, eine gewünschte Maßnahme zu ergreifen, z.B. Verhandlungen mit dem Arbeitgeber über eine neue Betriebsvereinbarung zur Zeiterfassung zu führen.

Auch ein Belegschaftsvotum mit unmittelbar rechtsgestaltender Wirkung ist vorstellbar, etwa dergestalt, dass die Abstimmung einen Beschluss des Betriebsrats kassieren oder ersetzen könnte, beispielsweise den Beschluss zur Kündigung einer Betriebsvereinbarung.

Entsprechende Reformen müssten allerdings die Rechtstellung des Betriebsrats und der Betriebsversammlung sowie ihr Verhältnis neu austarieren. Rechtsverbindliche Abstimmungen könnten der Belegschaft Rechtsfähigkeit und der Betriebsversammlung Vertretungsmacht für die Arbeitnehmer verleihen. Beides ist nach geltendem Recht nicht der Fall. Der Betriebsrat verlöre sein Vertretungsmonopol für die Belegschaft, und die Betriebsratsmitglieder müssten eine Einschränkung ihrer freien Amtsführung hinnehmen. Wie sich dies auf die Funktionsfähigkeit des betrieblichen Teilhabesystems und die Belange des Arbeitsgebers auswirkt, wird noch zu prüfen sein.[593]

Für Abstimmungen mit verbindlicher Außenwirkung wäre ferner ein wirksamer Minderheitenschutz zu gewährleisten. § 45 S. 2 BetrVG enthält keine Regeln für die Beschlussfassung der Betriebsversammlung, insbesondere verlangt die Norm keine qualifizierten Mehrheiten für die Beschlussfassung. Es ist davon

---

591 *Fabricius* in GK-BetrVG (4. Aufl., 1987) vor § 42 Rn. 17.

592 BAG v. 27.6.1989 – 1 ABR 28/88 – AP Nr. 5 zu § 42 BetrVG 1972.

593 Siehe dazu § 4 D (S. 223) und E (S. 249).

auszugehen, dass Beschlüsse mit einfacher Mehrheit der Anwesenden gefasst werden können.[594] Für eine rechtsverbindliche Abstimmung könnten je nach Gegenstand und Rechtsfolge qualifizierte Mehrheiten nötig sein. Ferner müsste das Antragsrecht für Beschlüsse überdacht werden. Derzeit ist etwa ein Beschlussantrag des Arbeitgebers – jenseits des § 43 Abs. 3 BetrVG – nicht möglich.

II. Weitere Teilhaberechte in Sachfragen

1. Teilhabe durch Anregungen und Vorschläge

Einzelne Arbeitnehmer oder Arbeitnehmergruppen können über Anregungen und Vorschläge an den Betriebsrat (§§ 80 Abs. 1 Nr. 3 und 86a BetrVG) unmittelbar Einfluss auf dessen Arbeit nehmen und Entscheidungsprozesse anstoßen. Die Normen sollen sicherstellen, dass Kommunikationsversuche der Arbeitnehmer vom Betriebsrat nicht ignoriert werden.

Nach § 80 Abs. 1 Nr. 3 BetrVG können die Arbeitnehmer Anregungen – das umfasst Beanstandungen, Vorschläge und Beschwerden – an das Gremium richten. Dieses muss sich mit ihnen befassen und die Arbeitnehmer über den Ausgang dieses Befassens unterrichten.[595] § 86a BetrVG geht insofern nicht weiter[596]; die Vorschrift stellt nur klar, dass der Arbeitnehmer das Recht hat, Themenvorschläge (der Begriff ist also etwas enger formuliert als die „Anregung") für die Betriebsratssitzung zu unterbreiten. Diese Vorschläge muss der Betriebsrat ohnehin schon wie jede Anregung nach § 80 Abs. 1 Nr. 3 BetrVG entgegen nehmen. In beiden Fällen muss die Anregung oder der Vorschlag nicht die persönliche Lage des Arbeitnehmers betreffen; eine „Popularanregung" ist möglich, anders als im Fall der Beschwerde (§§ 84f. BetrVG). Inhaltliche Grenzen ergeben sich nur durch die Zuständigkeiten des Betriebsrats.[597]

Ob das Thema auf die Tagesordnung der Betriebsratssitzung gesetzt wird, steht allerdings im Ermessen des Vorsitzenden.[598] Erzwingen können dies mindestens 5 Prozent der Arbeitnehmer (§ 86a S. 2 BetrVG). Sie können verlangen,

---

594 *Fitting* BetrVG § 45 Rn. 33.

595 *Kraft/Weber* in GK-BetrVG § 80 Rn. 35.

596 *Franzen* ZfA 2001 S. 423 (440); *Wiese* BB 2001 S. 2267 (2268); Schiefer/Worzalla NZA 2012, S. 1396 (1401): § 86a BetrVG sei „praktisch bedeutungslos".

597 *Wiese* BB 2001, S. 2267 (2269).

598 BT-Drucksache 14/5741, S. 47.

dass das Thema in den nächsten zwei Monaten in einer regulären Betriebsratssitzung behandelt wird. Ein Viertel der Belegschaft kann außerdem eine Sondersitzung des Betriebsrats zu dem gewünschten Thema erzwingen (§ 29 Abs. 3 BetrVG).[599] Die inhaltliche Entscheidung über Vorschläge liegt aber im Ermessen der Betriebsratsmitglieder; Rechtsmittel sind nicht vorgesehen.[600]

Schon vor Inkrafttreten dieser Regelung wurde die weitgehende Wirkungslosigkeit dieser Rechte kritisiert.[601] Diese Rechtslage belegt augenfällig, dass Abstimmungen den Vorschlägen der Arbeitnehmer mehr Gewicht verleihen könnten.

2. Teilhabe in der Arbeitsgruppe

Die Teilhaberechte der Arbeitnehmer sind schon bei der Einrichtung von Arbeitsgruppen nach § 28a BetrVG schwach ausgeprägt.[602] Dies setzt sich fort bei der Tätigkeit und Willensbildung in der Arbeitsgruppe, zu welchen das Gesetz keine Regelung trifft[603], abgesehen von den Mehrheitsverhältnissen. Über die Details der Gruppenarbeit schließen Betriebsrat und Arbeitgeber eine Rahmenvereinbarung. Dies klingt nach einer flexiblen, geradezu maßgeschneiderten Lösung. Indes könnten die Gruppenmitglieder eine solche Lösung ebenso gut, wenn nicht besser selbst schneidern, indem sie sich z.B. eine Geschäftsordnung geben.

Ist eine Arbeitsgruppe nach § 28a BetrVG eingerichtet, dürfen ihre Mitglieder mit dem Arbeitgeber verhandeln und mit Wirkung für ihre Gruppe mit dem Arbeitgeber Vereinbarungen ähnlich einer Betriebsvereinbarung schließen.[604] An Vorgaben oder Weisungen des Betriebsrats sind sie dabei nicht gebunden, diesem verbleibt auch keine konkurrierende Regelungskompetenz.[605] Allerdings

---

599 *Buschmann* in DKKW BetrVG § 86a Rn. 15.

600 *Buschmann* in DKKW BetrVG § 86a Rn. 17.

601 *Annuß* NZA 2001, S. 367; *Neef* NZA 2001, S. 361 (363).

602 Siehe oben A II 3 (S. 127).

603 *Raab* in GK-BetrvG § 28a Rn. 44.

604 Im Detail ist umstritten, ob es sich dabei um echte Betriebsvereinbarungen handelt, dagegen *Thüsing* in Richardi BetrVG § 28a Rn. 26 (nur „weitgehend Rechtscharakter der Betriebsvereinbarung"); *Wedde* in DKKW BetrVG § 28a Rn. 57ff.; dafür *Natzel* DB 2001, S. 1362 (1363).

605 *Raab* NZA 2002, S. 474 (475).

kann das Gremium sich seine Befugnisse jederzeit über sein Widerrufsrecht „zurückholen“ und so kontrollieren, ob die Arbeitsgruppe ihre Freiheit „gemeinverträglich nutzt“[606]. Nach Rückholung seiner Kompetenzen kann das Gremium auch die Vereinbarungen der Gruppe beseitigen.[607]

Umfassend ist auch der Einfluss des Betriebsrats auf die Arbeit von Gruppen, die der Arbeitgeber im Rahmen seines Direktionsrechts einrichtet. Hier verhindert das Mitbestimmungsrecht nach § 87 Abs. 1 Nr. 13 BetrVG, dass die Gruppe ihre Arbeit eigenverantwortlich regelt. Der Regierungsentwurf von 2001 erklärt dies mit der Gefahr einer „Selbstausbeutung der Gruppenmitglieder“ und der „Ausgrenzung leistungsschwächerer Arbeitnehmer“ infolge von Gruppendruck.[608] Dahinter müsse das Anliegen des § 75 Abs. 2 S. 2 BetrVG (Förderung von Selbständigkeit und Eigeninitiative) zurücktreten. Den Arbeitsgruppen unterstellt der Gesetzgeber so letztlich eine Unfähigkeit zur Regelung ihrer eigenen Angelegenheiten.[609] Oder, wie *Hanau* formuliert: *„Die Reaktion ... auf das Phänomen teilautonomer Gruppenarbeit ist also eine umfassende Ermächtigung an den Betriebsrat, eine Einschränkung dieser Autonomie durchzusetzen.“*[610] Den Gruppenmitgliedern sollte stattdessen die Regelungskompetenz für eigene Angelegenheiten eingeräumt werden.

3. Ungeschriebene Teilhaberechte?

Ein gesetzlich nicht normiertes Instrument kollektiv-unmittelbarer Teilhabe der Belegschaft ist die Arbeitnehmerbefragung. Nach der Rechtsprechung können sowohl der Betriebsrat als auch der Arbeitgeber die Meinung der Belegschaft zu betrieblichen Themen erfragen: Für den Betriebsrat ist dies zulässig, wenn sich das Umfragethema im Rahmen seiner Aufgaben gemäß § 87 BetrVG hält und wenn die Aktion nicht den Betriebsablauf oder Betriebsfrieden stört. Eine Zustimmung des Arbeitgebers wird dann nicht für erforderlich gehalten.[611] Umge-

---

606 *Rieble* ZIP 2001, S. 133 (142).

607 *Hayden* AiB 2010, S. 287 (290).

608 Regierungsentwurf vom 2.4.2001, BT-Drucksache 14/5741 S. 47.

609 *Franzen* ZfA 2001, S. 435; *Rose* KritJ 2001, S. 157 (173).

610 *Hanau* RdA 2001, S. 73.

611 BAG v. 8.2.1977 – Az. 1 ABR 82/74 – AP Nr. 10 zu § 80 BetrVG 1972 (Rn. 27ff.). Anlass für den Beschluss war die Umfrage einer Jugendvertretung, aber die Entscheidung klärt auch die Befugnisse des Betriebsrats. Ebenso entschied zuletzt das ArbG Berlin, Beschluss vom 24. 10. 2007 – Az. 77 BVGa 16633/07 – AiB 2008, S. 424.

kehrt sind Befragungen durch den Arbeitgeber, sofern sie systematisch und nicht anonym erfolgen, in aller Regel nach § 94 Abs. 1 S. 1 BetrVG (nicht nach § 87 Abs. 1 Nr. 1 BetrVG[612]) mitbestimmungspflichtig.[613] Das gilt insbesondere dann, wenn sie als systematische „Compliance"-Untersuchungen durch Dritte erfolgen.[614] Der Betriebsrat kann Auskunft über die Auswertung verlangen, wenn es hinreichend wahrscheinlich ist, dass die Erkenntnisse seine Arbeit beeinflussen.[615]

Die Belegschaftsvoten sind unverbindlich; ob ihnen in manchen Betrieben verbindliche Wirkung beigemessen wird, lässt sich nicht absehen. Ob die Befragung auch aus der Mitte der Belegschaft initiiert werden kann, wurde noch nicht gerichtlich geklärt. Aus §§ 80 Abs. 1 Nr. 3, 86a BetrVG lässt sich nur ableiten, dass die Arbeitnehmer dem Betriebsrat Befragungen und Abstimmungen unverbindlich vorschlagen können. Auch Mechanismen zum Schutz der Belegschaft vor Manipulation durch Umfragen hat die Rechtsprechung nicht entwickelt. Dabei besteht das Risiko, dass die Befragung entweder nur dazu dient, dem Arbeitgeber eine Rechtfertigung für ohnehin geplante Maßnahmen zu verschaffen, oder dem Betriebsrat ein betriebspolitisches Druckmittel gegen den Arbeitgeber in die Hand geben soll.

Jenseits von Umfragen können Arbeitnehmer sich nach herrschender Meinung nicht auf ungeschriebene Teilhaberechte berufen.[616] Auch § 75 BetrVG kann nicht als Grundlage für ein Recht der Arbeitnehmer herangezogen werden, Abstimmungen zu initiieren und durchzuführen. Die Vorschrift verpflichtet zwar die Betriebsparteien dazu, die Persönlichkeitsentfaltung (Abs. 2 S. 1) so-

---

612 BAG v. 18.4.2000 – Az. 1 ABR 22/99 – NZA 2000, S. 1176; *Ohlendorf/Fuhlrott* ArbR Aktuell 2010, S. 623.

613 LAG Frankfurt v. 29.8.2002 – Az. 5 TaBVGa 91/02 – DB 2004 S. 386; LAG Köln v. 21.4.1997 – Az. 3 TaBV 79/96 – NZA-RR 1997, S. 481; *Ohlendorf/Fuhlrott* ArbR Aktuell 2010, S. 623; *Wisskirchen/Glaser* DB 2011, S. 1447ff.; *Wybitul/Böhm* RdA 2011, S. 362ff. mit dem Hinweis, dass u.U. nur einzelne Fragen mitbestimmungspflichtig sind (365).

614 *Sieg* in FS Buchner, S. 859 (862f.; 871ff.); *Rudkowski* NZA 2011, S. 612 (615).

615 BAG v. 8.6.1999 – Az. 1 ABR 28/97 – NZA 1999, S. 1345ff. Befragungen über die geplante Teilnahme an der Betriebsversammlung sind eine Behinderung der Betriebsratsarbeit, ArbG Bremen-Bremerhaven v. 7.12.2005 – Az. 7 BV 68/05 – AiB 2005, S. 756.

616 *Wiese* in GK-BetrVG Einl. Rn. 84.

wie die Selbständigkeit und Eigeninitiative (Abs. 2 S. 2) der Arbeitnehmer zu fördern. Deren Persönlichkeitsentfaltung findet auch in Form der Mitgestaltung der betrieblichen Ordnung und der Arbeitsabläufe statt.[617] Die Vorschrift soll die Betriebsparteien auch laut Gesetzesbegründung dazu anhalten, „mehr Demokratie im Betrieb zu leisten“.[618]

Praktische Folgen hat dieses Ziel jedoch nicht; neue Mitbestimmungsrechte oder individualrechtliche Ansprüche der Arbeitnehmer oder demokratiefördernde Regelungsbefugnisse des Betriebsrats lassen sich aus § 75 BetrVG jedenfalls nicht ableiten.[619] Dies wäre auch abzulehnen, denn jede Ausweitung der Teilhaberechte der Arbeitnehmer bedeutete eine Einschränkung der Rechte des Arbeitgebers. Dies setzt eine gesetzliche Grundlage voraus, welche die Grenzen der Gestaltungsfreiheit des Arbeitgebers möglichst klar benennt.

De lege ferenda könnte § 75 BetrVG in Richtung eines Initiativrechts der Arbeitnehmer auf Belegschaftsabstimmungen mit verbindlicher Wirkung weiterentwickelt werden. Bis dahin findet die Arbeitnehmerbeteiligung eine Grenze in den geschriebenen Mitbestimmungsregeln.

III. Fazit

Die Mitwirkungsrechte der Arbeitnehmer in Sachfragen ermöglichen es ihnen in erster Linie, kollektive Prozesse und Entscheidungen Dritter anzustoßen.[620] Unmittelbaren, verbindlichen Einfluss auf die Regelung betrieblicher Angelegenheiten durch den Betriebsrat haben sie nicht. Beschlüssen der Belegschaft in der Betriebsversammlung fehlt eine verbindliche Rechtsfolge. Das gleiche gilt für die Ergebnisse von Befragungen, die ohnehin von den Arbeitnehmern nicht erzwingbar und auch nicht gegen Missbrauchsabsichten geschützt sind. Vorschläge der Arbeitnehmer kann, muss der Betriebsrat aber nicht berücksichtigen; Befassungsfristen fehlen.

Auf Entscheidungen autonomer Arbeitsgruppen erlangt der Betriebsrat Einfluss über die Rahmenvereinbarung oder sein Mitbestimmungsrecht nach § 87

---

617 *Kreutz* in GK BetrVG § 75 Rn. 131f.

618 So die Begründung des Regierungsentwurfs zum BetrVerf-Reformgesetz 2001, BT-Drucksache 14/5741, S. 45.

619 *Wiese* NZA 2006 S. 1 (5f.); *Fitting* BetrVG § 75, Rn. 4, 176; *Kreutz* in GK-BetrVG § 75, Rn. 92.

620 *Wiese* in GK-BetrVG Band 1 Einl. Rn. 118.

Abs. 1 Nr. 13 BetrVG. Arbeitet eine Arbeitsgruppe nicht zur Zufriedenheit des Betriebsrats, kann er sich seine Kompetenzen „zurückholen".

Die Arbeitnehmer haben somit im System der betrieblichen Mitbestimmung nur eine Hilfsfunktion.[621] Ihre Befugnisse gewährleisten primär das Funktionieren der Betriebsverfassung und weniger ihre individuelle Selbstverwirklichung und kollektive Teilhabe. Wer Mitbestimmung als „grundsätzliche Wertentscheidung" dafür sieht, dass der Einzelne im Betrieb „nicht fremd gesteuert, nicht in existenzieller Abhängigkeit vom unkontrollierten Willen eines Dritten oder von `Systemzwängen`" gehalten werden soll"[622], der muss feststellen: Das geltende Mitbestimmungssystem verfehlt dieses Ziel. Belegschaftsabstimmungen mit rechtsverbindlicher Wirkung könnten ein Weg sein, die geschilderten Defizite zu beseitigen.

621 *Wiese* NZA 2006, S. 1.

622 *Däubler* in DKKW BetrVG Einl. Rn. 47.

§ 3 Zuordnung der Teilhaberechte durch die Betriebsverfassung

Im vorangegangenen Teil der Arbeit wurde geklärt, in welche betrieblichen Angelegenheiten das Belegschaftskollektiv derzeit unmittelbar einbezogen wird. Dabei wurde herausgearbeitet, dass die Arbeitnehmer zwar an vielen Sach- und Organisationsfragen unmittelbar beteiligt werden, ihre Teilhabe jedoch oft keine verbindliche Rechtsfolge zeitigt.

Bevor konkrete Konzepte für die Änderung dieses Teilhabesystems entwickelt werden, ist zunächst zu klären, welchen Akteuren – Betriebsrat oder Arbeitnehmern? – dieses System Beteiligungsrechte zuweist und wie infolgedessen die Rechtsbeziehungen der Akteure zu verstehen sind. Dies ist von Bedeutung, da rechtsverbindliche Abstimmungen diese Rechtsbeziehungen ändern könnten. Sodann wird untersucht, ob die gesetzliche Kompetenzverteilung nicht privatautonom zugunsten von Abstimmungen zu ändern ist. Dies könnte gesetzliche Abstimmungsregeln entbehrlich machen.

A. Träger der gesetzlichen Teilhaberechte

I. Das Problem und seine Relevanz für Belegschaftsabstimmungen

Das Betriebsverfassungsgesetz benennt für Teilhaberechte der Arbeitnehmerseite stets ausdrücklich den Akteur, welcher sie auszuüben hat: Der Betriebsrat „hat mitzubestimmen" über die in § 87 Abs. 1 BetrVG genannten Angelegenheiten, und ist gemäß § 77 Abs. 2 S. 1 BetrVG Vertragspartei für Betriebsvereinbarungen. Dagegen übt „der Arbeitnehmer" das Beschwerderecht nach § 84 BetrVG aus oder darf dem Arbeitgeber gegenüber Vorschläge und Stellungnahmen abgeben (§ 82 Abs. 1 S. 2 BetrVG).

Im Fall der Arbeitnehmer herrscht Einigkeit, dass sie individuelle Teilhaberechte nicht nur ausüben, sondern diese ihnen materiell zugeordnet sind.[623] Im Fall des Betriebsrats ist dies nicht eindeutig, da seine Mitbestimmungsrechte auch den Arbeitnehmern oder der Belegschaft zustehen könnten. Die Betriebsräte wären dann nur dazu ermächtigt, fremde Teilhaberechte auszuüben.

---

623 *Wiese* in GK-BetrVG Einl. Rn. 120; *Fitting* BetrVG § 81 Rn. 1.

Das Betriebsverfassungsgesetz enthält keine Hinweise auf ein vertretungsähnliches Rechtsverhältnis zwischen Betriebsrat und Belegschaft. Unter anderem daraus leitet eine verbreitete Ansicht ab, der Betriebsrat sei selbst Träger der betrieblichen Teilhaberechte.[624] Wäre er nur rechtszuständig, so wird argumentiert, müsste das Innenverhältnis zwischen den Arbeitnehmern und ihren Repräsentanten genauer ausgestaltet sein.

Die Gegenansicht versteht den Betriebsrat als Akteur im eigenen Namen, aber nicht kraft eigenen Rechts. Rechtsträger seien die Arbeitnehmer, entweder individuell[625] oder in ihrer (tatsächlichen oder rechtlich verfassten) Gesamtheit als Belegschaft[626]. Der Betriebsrat müsse diese Rechte ausüben, da das Belegschaftskollektiv nicht rechtsfähig sei[627] und die einzelnen Arbeitnehmer die Beteiligungsrechte als Kollektivrechte nicht ausüben könnten.[628]

Die Klärung der Rechtszuordnung ist bedeutsam, da Belegschaftsabstimmungen sich in genau dieser Kompetenzverteilung zwischen Arbeitnehmern und Betriebsrat abspielen. Sie betreffen nicht das Betriebsverhältnis, also die Rechtsbeziehung zwischen Arbeitgeber und Betriebsrat. Sie betreffen auch nicht das Arbeitsverhältnis, also die Beziehung zwischen Arbeitgeber und Arbeitnehmer. Vielmehr betreffen sie das Innenverhältnis der Arbeitnehmerschaft und ihrer Repräsentanten.[629] Mit diesem Verhältnis müssten Abstimmungen entweder in Einklang gebracht werden oder das Verhältnis müsste neu gestaltet werden.

---

624 BAG v. 16.7.1985 – Az. 1 ABR 35/83 – AP Nr. 21 zu § 99 BetrVG 1972; *Fitting* BetrVG § 1 Rn. 190; *Heinze* ZfA 1988, S. 53 (63); *Kreutz* Grenzen der Betriebsautonomie, S. 18f.; *Veit* Funktionelle Zuständigkeit, S. 130; *v. Hoyningen-Huene* in MünchArbR § 212 Rn. 13; *Waltermann* Rechtssetzung durch Betriebsvereinbarung, S. 139ff.; wohl auch *Wedde* in DKKW BetrVG Einl. Rn. 112ff.

625 *Belling* Haftung des Betriebsrats, S.110; *Jacobi* Grundlehren, S. 295f.

626 *Wiese* in GK-BetrVG Einl. Rn. 120; *Neumann-Duesberg* Betriebsverfassungsrecht S. 358ff.; *Hueck* Die Betriebsvereinbarung, S. 40 (49); *Bergwitz* Rechtsstellung des Betriebsrats, S. 466; *Galperin/Löwisch* BetrVG Vor § 1 Rn. 19; *Siebert* BB 1952, S. 832 (833) – differenzierend *Lobinger* RdA 2011, S. 76 (79).

627 *Neumann-Duesberg* Betriebsverfassungsrecht S. 358.

628 *Bergwitz* Rechtsstellung des Betriebsrats, S. 466.

629 Zu den Begriffen *v. Hoyningen-Huene* NZA 1989, S. 121ff, *ders.* Betriebsverfassungsrecht § 4 Rn. 9ff.

II. Zuordnung der Teilhaberechte

1. Der Betriebsrat als Rechtsmachtträger

a. Wortlaut und Systematik des Betriebsverfassungsgesetzes

Soweit man das Betriebsverfassungsgesetz nicht ohnehin als rein pragmatische Kodifikation ohne „subtile Systematik“ versteht[630], können sich beide Ansichten auf Wortlaut und Systematik des Betriebsverfassungsgesetzes berufen. Dieses betont einerseits in der Überschrift zu Teil 4 die „Mitwirkung und Bestimmung der Arbeitnehmer“ und im Titel zu dessen Unterabschnitt 2 die Mitwirkungsrechte „des Arbeitnehmers“. Der Betriebsrat wird auf das Handeln „zum Wohl der Arbeitnehmer“ verpflichtet (§ 2 Abs. 1 BetrVG), zu Schutz und Förderung ihrer Persönlichkeitsentfaltung, Selbständigkeit und Eigeninitiative (§ 75 Abs. 2 BetrVG) und auf die Vertretung der Belegschaftsinteressen (§ 80 Abs. 1 Nr. 1, 2 BetrVG).[631] Ruft der Betriebsrat die Einigungsstelle an, entscheidet diese mit Rücksicht auf die Belange „der betroffenen Arbeitnehmer“ (§ 76 Abs. 5 S. 3 BetrVG), nicht mit Rücksicht auf die Konfliktpartei Betriebsrat. Überdies wird dem Betriebsrat allgemein die Rechts- wie die Vermögensfähigkeit abgesprochen.[632] All dies spricht dafür, dem Gremium nicht die betrieblichen Teilhaberechte zuzuordnen.

Ebenso gut können Vertreter der Gegenmeinung auf die Vielzahl konkreter Rechte und Pflichten verweisen, die der Gesetzgeber ausdrücklich „dem Betriebsrat“ zuweist, und zu deren Achtung der Arbeitgeber verpflichtet ist.[633] Das Verhältnis des Betriebsrats zur Belegschaft gestaltet der Gesetzestext weder organschaftlich noch stellvertretungsähnlich[634]: Sieht man von § 86a BetrVG ab, so wird den Arbeitnehmern nirgends die Möglichkeit eingeräumt, die Amtsführung des Betriebsrats inhaltlich zu steuern, auch fehlen Vorschriften über einen Missbrauch der Vertretungsmacht oder eine Abberufbarkeit durch die Arbeitnehmer.[635] Insofern unterscheidet sich das deutsche Betriebsverfassungsgesetz

630 *Kreutz* Grenzen der Betriebsautonomie, S. 23.

631 *Lobinger* RdA 2011, S. 76 (78).

632 BAG v. 29.9.2004 – Az. 1 ABR 30/03 – BAGE 112, 96 (97f.); BAG v. 19.1.2010 – Az. 1 ABR 62/08 – AP Nr. 49 zu § 99 BetrVG 1972 Versetzung. *Richardi* in Richardi BetrVG Einl. Rn. 108ff.

633 *Rosset* Rechtssubjektivität des Betriebsrats, S. 39f.

634 *Kreutz* a.a.O., S. 28 m.w.N.

635 So *Hueck* Die Betriebsvereinbarung, S. 41.

vom österreichischen Arbeitsverfassungsgesetz, das den Betriebsrat ausdrücklich als „Organ der Arbeitnehmerschaft“ bezeichnet (§ 40 Abs. 1 S. 1 ArbVG).[636] Der deutsche Betriebsrat ist zudem parteifähig vor Gericht (§§ 10, 83 Abs. 3 ArbGG) und die Rechtsprechung räumt ihm Unterlassungsansprüche zur Sicherung „seiner Rechte“ ein.[637] All dies zeichne ein Gesamtbild eines umfassend handlungsfähigen Rechtsträgers, heißt es vielfach.[638]

b. Zweck des Betriebsverfassungsgesetzes

Da Wortlaut und Systematik beide Ansichten stützen, ist nach anderen Zuordnungskriterien zu suchen. Dabei ist die „Grundabsicht“ des Gesetzgebers, welchem Zweck und wessen Interesse ein Regelwerk dient, von entscheidender Bedeutung.[639] Die Antwort auf diese Frage ist im Fall der betrieblichen Teilhaberechte unstreitig – sie dienen nur Schutz und Selbstbestimmung der Arbeitnehmer.[640] Diese sollen auf ihre Arbeitsbedingungen einwirken können; ihre Unterlegenheit dem Arbeitgeber gegenüber gilt es zu kompensieren.[641] Mal gilt der Schutz eines Mitbestimmungsrechts einzelnen Arbeitnehmern (§ 87 Abs. 1 Nr. 5 oder §§ 99ff. BetrVG;), mal zielt er auf Gruppen (§ 87 Abs. 1 Nr. 9, 13 BetrVG), mal auf die Belegschaft als ganze (§§ 92ff.; 106; 111ff. BetrVG), aber nie auf den Betriebsrat, der in fremder Interessensphäre agiert.

Dessen Mitglieder haben zwar ein Recht auf Freistellung (§ 37 BetrVG) und sind vor Kündigung und Versetzung (§§ 78, 103 BetrVG) geschützt. Aber auch diese Statusrechte dienen nur der Teilhabe der Arbeitnehmer, an deren Ausübung der Betriebsrat nicht gehindert werden soll.[642] Das gleiche gilt für den Rechtsschutz des Betriebsrats gegen die Missachtung seiner Befugnisse durch

---

636 Zur Rechtsstellung des österreichischen Betriebsrats *Schrammel* in FS Schwarz, S. 295 (301f.; 304ff.).

637 BAG v. 3.5.1994 – Az. 1 ABR 24/93 – AP Nr. 23 zu § 23 BetrVG 1972.

638 BAG v. 23.6.1992 – Az. 1 ABR 9/92 – AP Nr. 55 zu § 77 BetrVG 1972; *v. Hoyningen-Huene* RdA 1992, S. 355; *Boemke* ZfA 1992, S. 473 (483); *Richardi* in Richardi BetrVG Einl. Rn. 99, 108ff.; *Preis* in Wlotzke/Preis/Kreft BetrVG § 1 Rn. 43; *Jawad* Rechtsfähigkeit des Betriebsrats, S. 38.

639 *Larenz/Canaris* Methodenlehre der Rechtswissenschaft, S. 149.

640 *Wiese* in GK-BetrVG Einl. Rn. 77 (m.w.N.); *Travlos-Tzanetakis* Regelungsbefugnis der Betriebspartner, S. 23f.

641 *Däubler* AuR 1982, S. 6 (9).

642 *Wedde* in DKKW § 37 Rn. 1.

den Arbeitgeber. Alle Schutzansprüche und Machtbefugnisse eines Betriebsrats sind mit dem Amt verbunden, das er durch die Wahl erlangt.[643]

Den Betriebsrat hingegen als Rechtsträger zu verstehen, führte z.B. dazu, dass „sein" Mitbestimmungsrecht hinsichtlich der Lage der Arbeitszeit (§ 87 Abs. 1 Nr. 3 BetrVG) die Zuständigkeit der Arbeitnehmer restlos verdrängen würde[644], ohne Rücksicht darauf, ob deren Arbeitsverträge anderes vorsehen.[645]

c. Quelle möglicher Rechte des Betriebsrats

Die Trennung von Rechtsträgerschaft und Rechtsausübung mag manchen gekünstelt erscheinen[646], doch die Gegenmeinung kann ihrerseits das Auseinanderfallen von Rechtsträger und Interessenträger auf Betriebsrat und Arbeitnehmer nicht ohne Kunstgriffe erklären: Der Betriebsrat übe eigene Rechte als Sachwalter „im Solidarinteresse der Belegschaft"[647] aus, heißt es. Dem ist entgegen zu halten, dass es eine gängige Konstruktion im deutschen Recht ist, Rechtsträgerschaft und Rechtsausübungsmacht zu trennen. Dies gilt etwa für den Testamentsvollstrecker, den Vormund und für Organe juristischer Personen. Dagegen fallen Rechtsträger und Interessenträger selten auseinander.[648]

Eine Parallele ließe sich zu einem Treuhänder ziehen, der ebenfalls fremde Rechte zur Ausübung im Interesse des Treugebers erwirbt.[649] Doch abgesehen davon, dass Treuhandverhältnisse die Ausübung von Vermögensrechten betreffen[650] und der Betriebsrat nicht den typischen Restriktionen eines treuhandähnlichen Verhältnisses unterliegt, fragt es sich, wie der Betriebsrat „seine" Rechte

---

643 *Reichold* Betriebsverfassung als Sozialprivatrecht, S. 448, 459; *Belling* Haftung des Betriebsrats, S. 111; *Konzen* ZfA 1985, S. 469 (485).

644 So entschieden in BAG v. 3.6.2003 – Az. 1 AZR 349/02 – BAGE 106, 204 (216); ebenso BAG v. 12.10.1994 – Az. 7 AZR 398/93 – AP Nr. 66 zu § 87 BetrVG 1972 Arbeitszeit.

645 Darauf weist *Lobinger* hin: RdA 2011, S. 76 (78 m.w.N.); ebenso *Müller-Franken* Eingriffe durch Betriebsvereinbarung, S. 349; *Veit* Funktionelle Zuständigkeit, S. 317ff.

646 *Kisker* in FS Geiger, S. 243 (260).

647 *Waltermann* Rechtsetzung durch Betriebsvereinbarung, S. 139.

648 „Geradezu privatrechtswidrig" – *Lobinger* RdA 2011, S. 76 (79); *Heinze* ZfA 1989, S. 53 (66) m.w.N.

649 MüKo/*Schramm* Vor § 164 BGB Rn. 28; diesen Vergleich zieht das BAG im Urteil zur Ruhegeldordnung v. 30.1.1970 – Az. 3 AZR 44/68 – BAGE 22, 252 (267).

650 Soergel/*Leptien* Vor §164 BGB Rn. 53.

und „seine“ Rechtssetzungsautonomie erlangt hätte. Originär stehen sie ihm nicht zu, denn dies würde bedeuten, dass den Arbeitnehmern in Betrieben ohne Betriebsrat keine originären Teilhaberechte zustünden. Dabei ist das Gegenteil unbestritten: Sie haben nur darauf verzichtet, eine Ordnung zur effektiven Ausübung ihrer Rechte zu schaffen.[651]

Lehnt man diese Lösung ab, müssten die Betriebsräte „ihre“ Rechte in irgendeiner Form erlangen, am ehesten kraft gesetzlicher Delegation im Augenblick der Wahl.[652] Nimmt man jedoch an, dass der Betriebsrat durch die Wahl unmittelbar Träger von Teilhaberechten wird, dann würde dies bedeuten, dass die Belegschaftsmitglieder mit der Stimmabgabe diese Rechte verlören. Dies entspricht weder dem Wortlaut, noch dem Schutzzweck des Gesetzes. Fraglich ist ohnehin, wie dann die Rechtsposition der Belegschaftsmitglieder zu qualifizieren wäre, die nach der Wahl in den Betrieb eingetreten sind.

d. Schlussfolgerung

Überzeugender ist somit die Ansicht, die denjenigen, dessen Interesse ein Recht dient, auch als seinen Träger ansieht.[653] Da die Arbeitnehmer aus rechtlichen und tatsächlichen Gründen nicht zur Durchsetzung ihrer Rechte in der Lage sind, wurde das Organ Betriebsrat geschaffen – dem aber infolgedessen nicht die Teilhaberechte selbst zufielen.[654] So argumentiert auch das Bundesverfassungsgericht für das Personalvertretungsrecht, das zwischen Bediensteten und Personalrat ein ähnliches Verhältnis etabliert, wie die Betriebsverfassung zwischen Betriebsrat und Arbeitnehmern. Das Gericht identifiziert die Bediensteten als Träger der Beteiligungsrechte, die der „Wahrung ihrer Menschenwürde und Persönlichkeitsentfaltung in der Dienststelle“ dienten.[655] Der Personalrat sei nur zuständig und befugt zur Wahrnehmung dieser Rechte.

651 *Wendeling-Schröder* DB 2002, S. 206ff.

652 *Adomeit* Rechtsquellenfragen, S. 136ff.

653 *Bergwitz* Rechtsstellung des Betriebsrats, S. 139 (141).

654 *Däubler* AuR 1982, S. 6 (9); *Belling* Haftung des Betriebsrats, S. 113; *Konzen* ZfA 1985, S. 469 (484).

655 BVerfG v. 26.5.1970 – Az. 2 BvR 311/67 – BVerfGE 28, 314 (322f.).

2. Die Arbeitnehmer als Rechtsträger

Wer den Betriebsrat als Träger von Teilhaberechten ablehnt, muss klären, wem sie dann zustehen: der Belegschaft (aber ist diese rechtsfähig?), dem einzelnen Arbeitnehmer (aber handelt es sich nicht um kollektive Teilhaberechte?) oder der Gesamtheit der individuellen Arbeitnehmer (wie wäre diese rechtlich zu qualifizieren?).

Die Belegschaft scheidet nach ganz herrschender Meinung als Träger der Beteiligungsrechte aus, da sie mangels einer verbandsmäßigen Struktur, weisungsgebundener Organe und einem eigenen Satzungsrecht nicht rechtsfähig ist.[656] Sie ist nur die „Bündelung der arbeitsvertraglich begründeten Rechtsstellungen der einzelnen Arbeitnehmer".[657] Aus demselben Grund ist die Betriebsversammlung nicht Rechtsträgerin; sie ist nichts anderes als die Belegschaft in einer anderen Erscheinungsform.[658]

Eine Teilrechtsfähigkeit der Belegschaft stößt zudem auf Schwierigkeiten in Fällen, in denen die Mitbestimmung durch den Betriebsrat nur einzelnen Arbeitnehmern dient und nicht dem Kollektiv. Um diese Schutzwirkung dogmatisch zu erklären, müsste man entweder die Einzelpersonen in die Schutzwirkung der Belegschaftsrechte gegenüber dem Arbeitgeber einbeziehen, oder das Verhältnis von Betriebsrat und Belegschaft als ein Verhältnis zugunsten Dritter verstehen.[659]

Derartige eher abseitige Konstruktionen sind nicht erforderlich, wenn man die Mitbestimmungsrechte nicht der Belegschaft als Summe aller Arbeitnehmer zuordnet, sondern diesen individuell.[660] Dagegen spricht auch nicht, dass die

---

656 *v. Hoyningen-Huene* MünchArbR § 212 Rn. 13; *Konzen* ZfA 1985, S. 469 (484) m.w.N.; *Neumann-Duesberg* Betriebsverfassungsgesetz, S. 203ff.; *Wedde* in DKKW BetrVG Einl. Rn. 92ff.; a.A. *Richardi* in Richardi BetrVG Einl. Rn. 85: „Es handelt sich nicht um Rechte und Pflichten der einzelnen Arbeitnehmer, sondern die Rechte und Pflichten werden der Belegschaft zugeordnet, die dadurch keine rechtliche Einheit wird. ... Der einzelne Arbeitnehmer hat Befugnisse innerhalb der Betriebsverfassung nur als Mitglied der Belegschaft."

657 *Heinze* ZfA 1988, S. 53 (56).

658 *Fitting* § 42 Rn. 9f.; *Rieble* AuR 1995, S. 245 (246).

659 Diese Lösungsversuche entwickelt und verwirft *Belling* Haftung des Betriebsrats, S. 116.

660 a.A. *Richardi* in Richardi BetrVG Einl. Rn. 85.

Arbeitnehmer ihre Teilhaberechte nur zum Teil individuell und größtenteils gemeinsam ausüben.[661] Es trifft nicht zu, dass die Teilhaberechte „ihrer Struktur nach niemals vom einzelnen Arbeitnehmer ausgeübt werden“ könnten.[662] Dieses kategorische „niemals“ mag für die aktuelle Struktur der Betriebsverfassung gelten. Diese Systementscheidung könnte der Gesetzgeber aber durchaus anders treffen, etwa indem er Belegschaftsabstimmungen einführte.

Im Ergebnis ist somit an der Rechtsträgerschaft der Arbeitnehmer festzuhalten. Wie man ihre Rechtsausübungsgemeinschaft qualifiziert, hat dann zwar dogmatischen Erkenntniswert, aber keine rechtspraktischen Konsequenzen mehr.

3. Das Verhältnis zwischen Betriebsrat und Arbeitnehmern

a. Rechtsnatur

Nachdem festgestellt wurde, dass die Teilhaberechte der Betriebsverfassung den Arbeitnehmern zustehen, ist zu klären, welche Beziehung zwischen diesen und dem Betriebsrat besteht.[663] Für Belegschaftsabstimmungen ist diese Frage von Bedeutung, da sich aus ihr der Grad der Abhängigkeit des Betriebsrats vom Willen der Vertretenen ergibt.

Der Schluss liegt nahe, dass in einer privatrechtsakzessorischen Mitbestimmungsordnung die Arbeitnehmer als Rechtsträger in der Lage sein müssten, inhaltlich und organisatorisch Einfluss auf ihre Vertreter nehmen zu können. Gerade das Gegenteil ist aber der Fall: Der Gesetzgeber hat die Unabhängigkeit des Betriebsrats zwar nicht ausdrücklich angeordnet, den Arbeitnehmern aber keine Möglichkeit eingeräumt, ihre Vertreter abzuberufen, deren Tätigkeit durch verbindliche Vorgaben zu steuern und Abweichungen von diesen Vorgaben durch Abwahl zu sanktionieren.[664]

Aufgrund dieser Regelungen hat sich seit Mitte der 50er Jahre die Ansicht durchgesetzt, dass der Betriebsrat ein gesetzlicher Repräsentant des Arbeitneh-

---

661 *Konzen* ZfA 1985, S. 469 (485).

662 So aber *Richardi* in Richardi BetrVG Einl. Rn. 103.

663 Zu diesem Thema eingehend *Bergwitz* Rechtsstellung des Betriebsrats, insb. S. 291-358.

664 § 2 A I 2 a (S. 103).

merkollektivs ist[665], und nicht etwa ein rechtsgeschäftlicher Stellvertreter nach §§ 164ff. BGB[666] oder ein Organ der Belegschaft, des Betriebsverbands oder der Betriebsverfassung[667]. Gegen die letztgenannten Interpretationen spricht bereits, dass die Belegschaft zwar eine „gemeinschaftsverbundene Personenvielheit" ist[668], aber kein rechtsfähiger Verband, der den Betriebsrat durch einen organisationsrechtlichen Akt zu seinem Organ erheben könnte.[669]

Gegen die Organ-Theorie spricht ferner, dass ein Organ im gesellschaftsrechtlichen Sinne das Werkzeug ist, durch welches ein Rechtssubjekt seinen Willen bildet oder ausführt. Doch die Belegschaft ist nicht nur kein Rechtssubjekt, der Betriebsrat handelt auch nicht in Ausführung des Willens, den die Belegschaftsmitglieder in der Betriebsversammlung bilden.[670] Gegen eine Parallele zur rechtsgeschäftlichen Stellvertretung spricht, dass der Betriebsrat im eigenen Namen handelt.[671]

Näher liegt es, mit der herrschenden Meinung den Betriebsrat als gesetzlichen Repräsentanten zu verstehen: Er leitet seine Befugnisse weder aus einer privatrechtlichen Vereinbarung mit den Belegschaftsmitgliedern ab, noch aus

---

665 BAG v. 2.11.1955 – Az. 1 ABR 30/54 – BAGE 2, 175 (179); BVerfGE 51, 77 (81); in der älteren Literatur: *Biedenkopf* Grenzen der Tarifautonomie, S. 273; *Gester* RdA 1960, S. 406 (412); *ders.* Stellung von Belegschaft und Betriebsrat, S. 129 (154); *Jacobi* Grundlehren, S. 301ff; *Molitor* in FS Herschel, S. 105 (112); in der neueren Literatur; *Bergwitz* Rechtsstellung des Betriebsrats, S. 432ff.; *v. Hoyningen-Huene* in MünchArbR § 212 Rn. 12; *Reichold* Betriebsverfassung als Sozialprivatrecht, S. 548; *Richardi* in Richardi BetrVG Einl. Rn. 101; *Wedde* in DKKW BetrVG Einl. Rn. 112ff. (jeweils m.w.N.).

666 *Jacobi* Grundlehren, S. 298ff.; *Hueck/Nipperdey* Lehrbuch des Arbeitsrechts Band II S. 472ff., 545.

667 Eine umfassende Darstellung der Organtheorien liefern jeweils m.w.N. *Schuster* Mehrköpfiger Betriebsrat, S. 6ff.; *Jawad* Rechtsfähigkeit des Betriebsrats, S. 14ff.

668 *Jacobi* Grundlehren, S. 296.

669 *Bergwitz* Rechtsstellung des Betriebsrats, S. 355f.; *Schuster* Mehrköpfiger Betriebsrat, S. 58; a.A. *Galperin* RdA 1959, S. 321 (326).

670 *Neumann-Duesberg* Betriebsverfassungsrecht, S. 229f.

671 *Heinze* ZfA 1989, S. 53 (57); *Wedde* in DKKW BetrVG Einl. Rn. 94.

seiner Wahl, sondern aus dem Gesetz.[672] Seine Existenz wird auch durch Fluktuationen der Belegschaft nicht angetastet.[673]

b. Konsequenzen dieser Deutung

aa. „Freies Betriebsratsmandat"?

Vertreter der herrschenden Repräsentationstheorie gehen davon aus, dass der Betriebsrat ein „freies, betriebspolitisches Mandat"[674] im quasi staatsrechtlichen Sinne innehabe; ein „imperatives Mandat" wird geradezu kategorisch abgelehnt.[675] Nur dieser Status gewährleiste eine unabhängige Pflichterfüllung durch die Betriebsräte.[676] Obwohl diese anders als Abgeordnete keine Immunität oder Indemnität genössen[677], führten sie doch ein „Eigenleben" ähnlich dem der Abgeordneten[678]. Dafür spreche auch die Gestaltung des Betriebsratsamts als unentgeltliches Ehrenamt (§ 37 Abs. 1 BetrVG).[679]

Gegen diesen Vergleich der Betriebsräte mit Abgeordneten bestehen ähnliche Bedenken wie gegen die Übertragung der demokratischen Idee auf die privatrechtliche Betriebsverfassung.[680]

[1] Unabhängigkeit der Betriebsräte...

Die Entstehungsgeschichte des Betriebsverfassungsgesetzes zeugt von dem Bemühen, den Betriebsräten eine größtmögliche Unabhängigkeit zu verleihen. Dieses Anliegen lässt sich bis zum Betriebsrätegesetz von 1920 zurückverfolgen. In dessen Entstehungsphase stand es „auf des Messers Schneide, ob Arbeiterräte nach sowjetischem Vorbild in den Betrieben die Herrschaft übernehmen wür-

---

672 Dazu bereits unter § 1 A III 3 b (S. 58).

673 *Molitor* in FS Herschel, S. 104 (112).

674 *v. Hoyningen-Huene* Betriebsverfassungsrecht, S. 64.

675 BAG v. 27.6.1989 – Az. 1 ABR 28/88 – AP Nr. 5 zu § 42 BetrVG 1972; einhellige Ansicht auch in der Literatur: früher *Sinzheimer* Arbeitsrecht S. 224ff.; heute *Fitting* § 1 Rn. 190; *Wedde* in DKKW Einl. Rn. 113; *v. Hoyningen-Huene* in MünchArbR § 212 Rn. 12 (alle m.w.N.).

676 BVerfGE 51, 77 (81).

677 BAG v. 11.12.1975 – Az. 2 AZR 426/74 – AP Nr. 1 zu § 15 KSchG 1969 (unter II 3 c)); BAG v. 16.10.1986 – Az. 2 ABR 71/85 – AP Nr. 95 zu § 626 BGB (unter II 4).

678 *Neumann-Duesberg* Betriebsverfassungsrecht, S. 195.

679 *Richardi* RdA 1972, S. 143, *Baumann* Rechtsstellung des Arbeitnehmers, S. 143.

680 Siehe oben § 1 A III 1 c (S. 49).

den".[681] Dies wurde von den revolutionären Räten und der USPD befürwortet, von der sozialdemokratischen Reichsregierung und den Gewerkschaften jedoch abgelehnt.[682] Betriebsräte nach diesem Vorbild hätten sich durch ein politisches Rollenverständnis ausgezeichnet, an der unternehmerischen Führung des Betriebs mitwirken dürfen und Richtlinien und Weisungen der ihnen übergeordneten Arbeiterräte befolgen müssen.[683]

Das Gegenteil schrieben letztlich – ausgehend vom Konzept *Sinzheimers* – Art. 165 WRV und das Betriebsrätegesetz vor.[684] Die Arbeiterräte wurden von externen politischen Einflüssen ebenso entkoppelt, wie von Weisungen der Gewerkschaften oder höherrangigen Räte.[685] Anstatt wie gefordert eine Kontroll- und Verfügungsgewalt über die Unternehmen zu erlangen, wurden die Betriebsräte zu einer gleichberechtigten Mitwirkung befähigt.

Ähnliches galt für Weisungen der Belegschaft an den Betriebsrat: Der Entwurf des Betriebsrätegesetzes 1920 gestand den Arbeitnehmern noch ausdrücklich zu, die Tätigkeit des Betriebsrats zu bewerten, sie also gutzuheißen oder zu missbilligen (§ 30 BRG-Entwurf).[686] Dieser Vorschlag wurde ebenso wenig Gesetz wie die im Entwurf noch enthaltene Amtsenthebung der Betriebsräte durch die Belegschaft. Mit dieser Aufgabe wurden erst Schlichtungsausschüsse betraut (§ 39 Abs. 2 BRG), mit dem BetrVG 1952 dann die Arbeitsgerichte.[687]

Bei späteren Reformen wurden die Weisungsunabhängigkeit der Betriebsräte und das Abberufungsmonopol der Gerichte nicht mehr grundsätzlich in Frage gestellt. Zwar forderten die Gewerkschaften in der Nachkriegszeit, die Betriebsräte mit der „Durchführung und Überwachung" betriebsextern festgelegter sozi-

---

681 *Gamillscheg* AuR 1991, S. 272 (273); s. auch *Gast* BB 1992, S. 1634; *Stöckl* Verhältnis des Betriebsrats zum Arbeitnehmer, S. 37ff.

682 *Edenfeld* Arbeitnehmerbeteiligung, S. 20.

683 *Nörr* ZfA 1992, S. 361 (364); *Bergwitz* Rechtsstellung des Betriebsrats, S. 75, 88.

684 *Blanke* Soziales Recht, S. 82ff. (83); *Reichold* Betriebsverfassung als Sozialprivatrecht, S. 277ff.

685 *Arnold* Entstehung des BetrVG 1952, S. 5f; *Badura* in HdB StR II § 25 Rn. 44; *Nörr* ZfA 1992, S. 361 (364, 376).

686 Zitiert nach *Bergwitz* Rechtsstellung des Betriebsrats, S. 434; s. auch *Belling* Haftung des Betriebsrats, S. 56 (Fn. 107).

687 *Reichold* Betriebsverfassung als Sozialprivatrecht, S. 281ff.; s. auch § 2 A I 2 (S. 103).

aler und wirtschaftlicher Ziele zu beauftragen.[688] Zudem hat der Gesetzgeber den Gremien mit der Reform von 2001 gesellschaftspolitische Aufgaben übertragen, die mit der Vertretung der Arbeitnehmerinteressen nur mittelbar oder gar nicht in Bezug stehen. Doch die grundsätzliche Unabhängigkeit der Betriebsräte, vor allem ihre Weisungsfreiheit von der Belegschaft ist, soweit ersichtlich, unbestritten.

[2] ... aber kein betriebspolitisches Mandat

Die soeben geschilderte Unabhängigkeit und die demokratische Wahl der Betriebsräte gebieten es aber nicht, sie als eine Art betriebliche Abgeordnete anzusehen. Diese Parallele zwischen Betriebsvertretern und Volksvertretern ist schon deshalb bedenklich, weil sie der privatrechtlichen Natur der Betriebsverfassung zuwiderläuft. Dies suggeriert fälschlicherweise, dass Betriebsräte wie Abgeordnete um ihrer selbst willen Schutz genießen[689] – und verschleiert, dass ihr Schutz nur dem Schutz der originär berechtigten Arbeitnehmer dient. Anders als Abgeordnete *verkörpern* Betriebsräte nicht ihr Wahlvolk, sie üben die Rechte ihrer Wähler, also der Betriebsangehörigen, in deren Interesse aus.[690] Dabei steht es ihnen anders als Bundestagsabgeordneten (Art. 38 Abs. 1 S. 2 GG) nicht frei, ob sie Wählerinteressen berücksichtigen oder sich nur von ihrem Gewissen leiten lassen.[691] Arbeitnehmervertreter sind auch nicht gefeit davor, für ihre Beschlüsse zur Rechenschaft gezogen zu werden.[692] Dass sie die für staatsrechtliche Repräsentanten typische „Würde und Autorität ... eines ‚Herrn' und nicht eines ‚Dieners'" besitzen, wie vereinzelt vertreten wird, darf auch bezweifelt werden.[693]

Es ist schließlich widersprüchlich, einerseits Betriebsratsbefugnisse als „Pflichtrechte" im primären Interesse der Arbeitnehmer zu verstehen, andererseits von einem gänzlich freien „Repräsentationsmandat" auszugehen.[694] Ein solches Mandat anzunehmen, würde bedeuten, den Betriebsräten unbedingte,

688 *Naphtali* Wirtschaftsdemokratie – ihr Wesen, Weg und Ziel, S. 22, 163f.; *Arnold* Geschichte des BetrVG 1952, S. 53; 132ff.

689 *Schulze-Fielitz* in Dreier GG Art. 46 Rn. 8f.; ähnlich *Jarass/Pieroth* GG Art. 46 Rn. 3.

690 Vgl. *Dreier* Jura 1997, S. 249 (255); *Bergwitz* Rechtsstellung des Betriebsrats, S. 434f.

691 *Magiera* in Sachs GG Art. 38 Rn. 46ff.

692 *Schuster* Mehrköpfiger Betriebsrat, S. 57; zur weiter gehenden Freiheit der Abgeordneten *Nolte* DVBl. 2005, S. 870 (871, 875).

693 So aber *Bergwitz* Rechtsstellung des Betriebsrats, S. 444.

694 So aber *Thüsing* in Richardi BetrVG § 23 Rn. 3ff.

originäre Unabhängigkeit *von den Arbeitnehmern* zuzugestehen. Diese Unabhängigkeit ist zwar aktuell ein Strukturmerkmal der Betriebsverfassung. Ob sie jedoch auch deren unbedingte Funktionsbedingung ist oder ob der Teilhabe der Arbeitnehmer nicht besser gedient ist, wenn ihre Vertreter an ihr tatsächliches, in Abstimmungen artikuliertes Interesse gebunden sind, wird noch zu prüfen sein. Ein Regelungsmodell für Weisungen der Arbeitnehmer an den Betriebsrat wird daher unter § 4 C eingehend geprüft.

bb. Eingeschränkter Rechtsschutz der Belegschaft

Das gesetzliche Vertretungsverhältnis zwischen Betriebsrat und Arbeitnehmern zeichnet sich nicht nur durch Weisungsfreiheit, sondern auch durch mangelnden Rechtsschutz der Belegschaft gegen Regelverstöße durch den Betriebsrat aus: „Während seiner Amtszeit unterliegt er *de iure* nur der Kontrolle des Arbeitsgerichts", schreibt *Däubler*.[695] In der Praxis ist auch diese Kontrolle oft wirkungslos: Das Abberufungs- oder Auflösungsverfahren nach § 23 BetrVG wegen grober Pflichtverstöße kann die Amtsperiode der Arbeitnehmervertreter überdauern.[696] Mit der Amtszeit endet das Verfahren; es wird auch dann nicht fortgeführt, wenn der neue Betriebsrat personenidentisch mit dem alten ist.[697]

Bis zur Rechtskraft der arbeitsgerichtlichen Entscheidung bleibt das Betriebsratsmitglied oder das Gremium im Amt, es sei denn, das Arbeitsgericht untersagt auf Antrag per einstweiliger Verfügung vorläufig die Amtsausübung (§ 85 Abs. 2 ArbGG i.V.m. § 940 ZPO). Dies wird für den Betriebsrat als Ganzen jedoch von der herrschenden Meinung abgelehnt, da die Arbeitnehmerbelange sonst „überhaupt nicht mehr wahrgenommen würden".[698] Dies überzeugt jedenfalls nicht im Fall eines Auflösungsantrags durch die Arbeitnehmer: Mit ihm drücken 25 Prozent der Wahlberechtigten gerade den Wunsch aus, der Betriebsrat möge ihre Rechte „überhaupt nicht mehr" wahrnehmen. Zumindest auf

---

695 AuR 1982, S. 6 (9).

696 *Rieble* Selbstverantwortung, S. 337 (351f.).

697 BAG v. 29.4.1969 – Az. 1 ABR 19/68 – AP Nr. 9 zu § 23 BetrVG; krit. *Oetker* in GK-BetrVG § 23 Rn. 82; ErfK/*Eisemann* § 23 BetrVG Rn. 20f.

698 *Oetker* in GK-BetrVG § 23 Rn. 109; ebenso ErfK/*Eisemann* § 23 BetrVG Rn. 20. *Thüsing* hält eine „Zwischenregelung" des Gerichts für zulässig, lässt aber offen, wie diese aussehen soll (in Richardi BetrVG § 23 Rn. 65).

diesen Antrag hin muss eine den Betriebsrat an der Amtsausübung hindernde einstweilige Verfügung zulässig sein.[699]

Jenseits einer Beteiligung an einem Antrag auf Amtsenthebung kann der einzelne Arbeitnehmer sich nicht gegen fehlerhafte Beschlüsse des Betriebsrats wehren. Eine Kontrolle von Betriebsvereinbarungen auf Rechtsverstöße kann er nicht erwirken, diese findet nur im Rahmen eines Abberufungsantrags nach § 23 BetrVG statt.[700] Rechtsschutz des Einzelnen gegen eine fehlerhafte Anhörung vor seiner Kündigung oder eine fehlerhafte Mitwirkung des Betriebsrats etwa am Entzug seiner Dienstwohnung, an der Festlegung seines Urlaubs oder an seiner Eingruppierung ist ebenfalls nicht vorgesehen.[701] Eine Haftung des Betriebsrats für fehlerhafte Amtshandlungen ist weitgehend ausgeschlossen.[702]

Dies wird von der Rechtsprechung mit dem Schutz des Arbeitgebers begründet, zu dessen Lasten Mitbestimmungsfehler des Betriebsrats, insbesondere Willensmängel bei der Beschlussfassung, nicht gehen könnten.[703] Die Betroffenen werden auf ihren individualrechtlichen Schutz, etwa den nach Kündigungsschutzgesetz verwiesen, auf den Antrag auf Amtsenthebung nach § 23 BetrVG sowie auf die Möglichkeit, den Betriebsrat eben bei nächster Gelegenheit abzuwählen.[704]

Dieser schwache Rechtsschutz wird verstärkt durch die fehlende Möglichkeit der Arbeitnehmer, aus negativen Erfahrungen mit Betriebsräten Konsequenzen ziehen, etwa indem sie sich gegen eine Neuwahl entscheiden: Im Fall einer Auflösung des Gremiums ist ein neuer Betriebsrat zu wählen (§ 13 Abs. 2 Nr. 5 BetrVG). Faktisch besteht eine Errichtungspflicht, da das Arbeitsgericht

---

699 *Rieble* Selbstverantwortung, S. 337 (352).

700 BAG v. 30.1.1970 – Az. 3 AZR 44/68 – BAGE 22, 252 (267); BAG v. 27.8.1996 – Az. 3 AZR 466/95 – AP Nr. 22 zu BetrAVG § 1 Ablösung; *Koch* in Düwell/Lipke ArbGG § 81 Rn. 17.

701 *Rüthers* Mitbestimmungsrecht und Individualbereich, S. 8; *v. Hoyningen-Huene* ZRP 1978, S. 184.

702 *Belling* Haftung des Betriebsrats, S. 6ff.; krit. auch *Neef* NZA 2001, S. 361 (363).

703 BAG v. 4.8.1975 – Az. 2 AZR 266/74 – AP Nr. 4 zu § 102 BetrVG 1972.

704 BAG a.a.O. unter III 5.; *v. Hoyningen-Huene* ZRP 1978, S. 184 (m.w.N.).

von Amts wegen unverzüglich einen Wahlvorstand einsetzt (§ 23 Abs. 2 S. 1 BetrVG). Ein dem Amt enthobener Betriebsrat ist weiterhin wählbar.[705]

Ob diese Schutzlücken durch Abstimmungen gefüllt werden sollten, wird unter § 4 D geprüft.

cc. Ausgleich von Interessen ohne Arbeitnehmereinfluss

Betriebsräte sind zwar nicht an Weisungen der Vertretenen gebunden, aber deren Interessen verpflichtet. Sie müssen drei Interessenbereichen gerecht werden: dem Betrieb, der Belegschaft und dem einzelnen Arbeitnehmer (§ 80 Abs. 1 BetrVG).[706] Divergierende Belange muss der Betriebsrat identifizieren, sie abwägen und sodann das als gemeinsam oder als vorrangig identifizierte Interesse durchsetzen.[707] Ergebnis dieses Prozesses ist nicht die Verfolgung des objektiven Belegschaftsinteresses, sondern eine vom Betriebsrat subjektiv empfundene Richtigkeit.[708] Deshalb ist der Begriff des „Solidarinteresses", dem der Betriebsrat verpflichtet sein soll, auch irreführend[709]: Wären die Arbeitnehmer nicht so „unsolidarisch" und ihre Interessen nicht so heterogen, bräuchte man keine Betriebsräte.

Infolgedessen wird jeder Betriebsrat auch bei Achtung aller Schranken seiner Regelungsmacht regelmäßig dem Willen und den Interessen vieler oder weniger Betriebsangehöriger zuwider handeln: Entweder indem er das Interesse einer Minderheit zu Lasten der Mehrheit bedient, z.B. durch besondere Arbeitszeiten für Mütter oder Pausen zur Pflege religiöser Riten. Oder indem er die Mehrheit zulasten der Minderheit schützt, etwa durch eine Betriebsvereinbarung über Raucher- und Nichtraucherbereiche. Der Interessenausgleich kann, muss aber nicht objektiv richtig sein (sofern es so etwas wie „objektive Richtigkeit" in diesem Bereich überhaupt geben kann). In jedem Fall können die Arbeitnehmer

---

705 *Fitting* BetrVG § 23 Rn. 30; *Oetker* in GK-BetrVG § 23 Rn. 91; *Trittin* in DKKW BetrVG § 23 Rn. 63.

706 BAG v. 3.7.1996 – Az. 2 AZR 813/95 – AP Nr. 3 zu § 84 ArbGG 1979 (Rn. 41); *v. Hoyningen-Huene* Betriebsverfassungsrecht S. 52; *Lobinger* RdA 2011, S. 76 (77); *Säcker* Gruppenautonomie, S. 426ff.; ebenso schon *Flatow/Kahn-Freund* Betriebsrätegesetz 1920, § 1 Anm. 3 (zitiert nach *Arnold* Entstehung des BetrVG 1952, S. 9 (Fn. 1).

707 *Wiese* in GK-BetrVG Einl. Rn. 73ff.

708 *v. Hoyningen-Huene* Billigkeit im Arbeitsrecht, S. 165.

709 *Waltermann* Rechtssetzung durch Betriebsvereinbarung, S. 139; krit. *Rüthers* Mitbestimmungsrecht und Individualbereich, S. 8, 24.

auf ihn nur durch unverbindliche Vorschläge, Beschwerden oder Anträge Einfluss nehmen. Wer das subjektive Richtigkeitsempfinden des Betriebsrats nicht teilt, für den gibt es keine rechtliche Abhilfe.[710]

Auch die Kontrolle des Interessenausgleichs durch Dritte stößt an Grenzen: Ansätze der Rechtsprechung, eine Billigkeitskontrolle von Betriebsvereinbarungen zu etablieren[711], sind in der Praxis doch auf eine Rechtskontrolle hinausgelaufen, etwa auf Verstöße gegen den Gleichbehandlungsgrundsatz oder den Grundsatz von Treu und Glauben.[712] Ähnlich fruchtlos und nicht zielführend muss der Einsatz anderer externer „Interessenkontrolleure", wie der gewerkschaftlichen Vertrauensleute bleiben.[713] Dass Gewerkschafts- und Belegschaftsinteressen divergieren können, liegt auf der Hand.[714]

Letztlich müssen alle Versuche scheitern, die „Fairness" oder „Interessengerechtigkeit" von Mitbestimmungsentscheidungen durch Dritte kontrollieren zu lassen.[715] Sie liefen nur darauf hinaus, die Wertung des Betriebsrats durch eine weitere subjektive, nur eben betriebsferne Wertung zu ersetzen. Deshalb stellt sich die Frage, ob sich die Amtsführung des Betriebsrats nicht stärker an den tatsächlichen Willen der Belegschaft koppeln ließe. Es bietet sich an, den Interessenausgleich, wie ihn der Betriebsrat vorgenommen hat, in der Belegschaftsabstimmung auf die Probe zu stellen. So ließe sich zumindest das reale und nicht nur das fiktive Belegschaftsinteresse feststellen. Entsprechende Abstimmungsmodelle werden unter § 4 C und § 4 D geprüft.

B. Träger der Abstimmungsrechte

Wenn betriebliche Teilhaberechte den Arbeitnehmern zustehen, stellt sich die Frage, wer Träger der neu zu schaffenden Abstimmungsrechte wäre. Diese

---

710 *Rieble* Zukunft der Unternehmensmitbestimmung S. 9 (22f.).

711 BAG v. 30.1.1970 – Az. 3 AZR 44/68 – BAGE 22, 252 (267); BAG v. 24.3.1981 – Az. 1 AZR 805/78 – AP Nr. 12 zu § 112 BetrVG 1972.

712 *Richardi* in Richardi BetrVG § 77 Rn. 117ff.; *v. Hoyningen-Huene* Billigkeit im Arbeitsrecht, S. 136, 162f.; *Käppler* in FS Kissel, S. 475 (495); *Löwisch* SAE 1985, S. 324 (325).

713 AuR 1982, S. 6 (9).

714 *Gamillscheg* AuR 1991, S. 272 (274).

715 *Junker* NZA 1997, S. 1305 (1306); *Kreutz* in GK-BetrVG § 77 Rn. 297.

Rechte könnten entweder den einzelnen Arbeitnehmern oder dem Belegschaftskollektiv zugeordnet werden.

Das Ziel von Belegschaftsabstimmungen ist es, den einzelnen Arbeitnehmern unmittelbare Teilhabe an betrieblichen Prozessen zu ermöglichen. Mit der Stimmabgabe könnte jeder Abstimmungsberechtigte seine persönliche Zustimmung oder Ablehnung einer betrieblichen Regelung oder einer Betriebsratswahl ausdrücken. Die Abstimmungsbeteiligten könnten so auch ihr Vertrauen oder Misstrauen gegenüber einzelnen Mitgliedern des Betriebsrats ausdrücken. All dies dient der individuellen Persönlichkeitsentfaltung der Arbeitnehmer und ihrer Selbstbestimmung im Betrieb.

Diesen Zielen widerspräche es, die Abstimmungsrechte dem Belegschaftskollektiv zuzubilligen, das an sich kein schutzwürdiges Interesse an Teilhabe hat. Die Belegschaft verkörpert nur die Gemeinschaft der individuell schutzwürdigen Arbeitnehmer. Wäre das Abstimmungsergebnis ein Beschluss der Belegschaft, müsste diese für die Beschlussfassung rechtlich verfasst werden, was ebenfalls den Zielen von Abstimmungen zuwider liefe: Mit ihr soll nicht die Institution Betriebsrat durch ein konkurrierendes kollektives Mitbestimmungsorgan ergänzt werden.

Abstimmungsrechte sind folglich als Individualrechte zu qualifizieren. Daran ändert auch die Tatsache nichts, dass die Arbeitnehmer verbindliche Rechtsfolgen ihrer Abstimmungsrechte nur in einem Akt der kollektiven Willensbildung auslösen könnten. Obwohl im Abstimmungsergebnis die individuellen Willensäußerungen nicht mehr identifizierbar wären, läge trotzdem kein Beschluss der Institution Belegschaft oder der Betriebsversammlung vor, sondern ein Votum ihrer Teile, der Arbeitnehmer. Dies entspricht dem Bürger- oder Volksentscheid. Auch bei ihm steht das Stimmrecht nicht einem Kollektiv von Stimmberechtigten zu, sondern jedem einzelnen Bürger.

Als zivilrechtliches Teilhabeinstrument ist die Belegschaftsabstimmung am ehesten vergleichbar mit einem Gesamtakt, beispielsweise mit der Stimmabgabe von Wohnungseigentümern in der Eigentümerversammlung. In beiden Fällen liegt ein Bündel gleichgerichteter Willenserklärungen von Mitgliedern einer nicht rechtsfähigen Personengemeinschaft vor, gerichtet auf ihre Gesamtwillensbildung.[716] Wie diese Willenserklärung wäre auch die Auslegung der

716 BGH v. 23.9.1999 – Az. V ZB 17/99 – BGHZ 142, 290 (294); MüKo/*Commichau* Vor § 1 WEG Rn. 39, 47.

Stimmabgabe der Arbeitnehmer nach § 133 BGB eröffnet.[717] Vergleichbar ist die Abstimmung auch mit Beschlüssen von Vereinsmitgliedern auf einer Mitgliederversammlung, deren Voten ebenfalls einen Gesamtakt darstellen.[718] Wie das Votum der Vereinsmitglieder bringt die Abstimmung der Arbeitnehmer „die kollektive und rechtsverbindliche Entscheidung der Gemeinschaft zum Ausdruck".[719]

Wie das Abstimmungsrecht in Vereinen wäre die Stimmabgabe in der Belegschaftsabstimmung ein höchstpersönliches Recht, das mit der Person des Arbeitnehmers verbunden und nicht übertragbar wäre (§ 38 S. 2 BGB). Und wie bei anderen Gesamtakten würde eine wirksame Abstimmung nicht die Willensübereinstimmung aller Erklärungsberechtigten voraussetzen.[720] Solange die Abstimmung formell ordnungsgemäß angebahnt und durchgeführt würde und notwendige Zustimmungsraten erreicht würden, hinderte das Fernbleiben oder abweichende Votum von Arbeitnehmern nicht die Wirksamkeit des Abstimmungsergebnisses.[721]

C. Spielraum für gewillkürte Abstimmungsregeln

Bevor Regelungsmodelle für Abstimmungen entwickelt und bewertet werden, soll erörtert werden, ob kollektiv-unmittelbare Teilhabe kraft vertraglicher Vereinbarung einführbar ist. Dann wäre eine Lösung durch den Gesetzgeber verzichtbar. Für den Erlass gewillkürter Abstimmungsregeln kommen sowohl die Tarifparteien als auch die Betriebsparteien in Frage. Auch individuelle Vereinbarungen zwischen Arbeitgeber und Belegschaft sind denkbar.

---

717 Vgl. BGH v. 19.9.2002 – Az. V ZB 37/02 – NJW 2002, S. 3629ff..

718 Vgl. *Reichert* Vereinsrecht, Rn. 1395, 1674f.; Soergel/*Hadding* § 32 BGB Rn. 21a, 25; Palandt/*Heinrichs/Ellenberger* § 31 BGB Rn. 9.

719 BGH v. 10.9.1998 – Az. V ZB 11/98 – BGHZ 139, 288 (297) = NJW 1998, S. 3713 (3715).

720 BGH NJW 1998, S. 3713 (3715); Palandt/*Heinrichs/Ellenberger* Überbl. vor § 104 BGB Rn. 12.

721 Vgl. Palandt/*Heinrichs/Ellenberger* § 32 BGB, Rn. 7.

I. Tarifliche Abstimmungsregeln

Hier ist zunächst an die Konstellation zu denken, dass ein Tarifvertrag die Arbeitnehmer dazu ermächtigt, rechtsverbindlich abzustimmen (1.). Solche Tarifklauseln könnten sowohl Abstimmungen zu organisatorischen Fragen betreffen, nämlich die Frage einer Betriebsratswahl, als auch die Abberufung von Betriebsräten. Sie könnten aber auch materielle Fragen wie die unmittelbare Beteiligung von Arbeitnehmern an Betriebsvereinbarungen oder die Möglichkeit verbindlicher Weisungen der Belegschaft an den Betriebsrat betreffen.

Die zweite denkbare Konstellation ist, dass die Tarifparteien ihre eigenen Vereinbarungen durch die Belegschaft ratifizieren lassen (2.), z.B. Tarifverträge nach § 3 Abs. 1 BetrVG über abweichende betriebliche Mitbestimmungsstrukturen.

1. Tarifklauseln über Abstimmungen

Tarifliche Regeln über Belegschaftsabstimmungen würden in das betriebsverfassungsrechtliche Teilhabesystem eingreifen. Auf diesem Gebiet ist die Regelungsmacht der Tarifparteien begrenzt. Die Grenze wird von Rechtsprechung und Literatur unterschiedlich weit gezogen, je nachdem ob organisatorische oder materielle Mitbestimmungsfragen tangiert sind.

a. Abstimmungen zu organisatorischen Fragen

Tarifliche Abstimmungsregeln zu Organisationsfragen würden die Zuständigkeitsregeln des Betriebsverfassungsgesetzes modifizieren. Zum Beispiel würden Abstimmungsklauseln über eine Betriebsratswahl entgegen § 17 BetrVG den Gesamt- und Konzernbetriebsräten die primäre Zuständigkeit für die Berufung von Wahlvorständen entziehen und die Voraussetzungen für Wahl-Betriebsversammlungen modifizieren. Mit Klauseln über eine Abberufung von Betriebsräten durch die Belegschaft würden die Tarifparteien entgegen § 23 BetrVG neben der Zuständigkeit der Gerichte eine neue Zuständigkeit der Arbeitnehmer für dieses Thema schaffen.

Nach ganz herrschender Meinung sind solche Eingriffe der Tarifparteien in die organisatorischen Vorgaben der Betriebsverfassung unzulässig und damit unwirksam.[722] Die gesetzlichen Vorgaben für die Zusammensetzung, Bildung

722 BAG v. 10.2.1988 – Az. 1 ABR 70/86 – AP Nr. 53 zu § 99 BetrVG 1972; BVerfGE 94, 268 (285); *Friese* Kollektive Koalitionsfreiheit, S. 279ff.; *Kempen* in Kempen/Zachert Grundl. Rn. 271; *Wiedemann* in Wiedemann TVG Einl. Rn. 351 (353); *Löwisch/Rieble*

und Organisation des Betriebsrats seien „zweiseitig zwingend“[723]: Die Tarifparteien könnten betriebliche Mitbestimmungsstrukturen auch nicht zu Gunsten der Arbeitnehmer verändern.

Zwar umfasst die Tarifautonomie grundsätzlich alle Bedingungen, unter denen Arbeitnehmer abhängige Arbeit leisten, und damit auch die Ordnung des Betriebs.[724] Den Erlass betriebsverfassungsrechtlicher Organisationsnormen ermöglicht auch ausdrücklich das Tarifvertragsgesetz (§ 1 Abs. 1 TVG), das die Reichweite der Tarifmacht abschließend definiert[725] und die Wirkung betriebsverfassungsrechtlicher Tarifnormen auch auf Arbeitnehmer-Außenseiter erstreckt (§ 3 Abs. 2 TVG).[726]

Dennoch wird allgemein angenommen, dass die gesetzlichen Organisationsregeln des Betriebsverfassungsgesetzes die Regelungsmacht der Tarifparteien einschränken.[727] Dies ergebe sich aus der Notwendigkeit, das Zwangssystem Betriebsverfassung zwingend einheitlich zu organisieren.[728] Seine Geltung und sein Inhalt könnten nicht von der Mitgliedschaft in einer Koalition abhängig sein, sondern müssten auf demokratisch legitimierte Gesetze gründen. Das gelte vor allem für das Wahlrecht für die Zwangsvertretung Betriebsrat. Alles andere würde bedeuten, dass die Gewerkschaften durch ihre „Privatgesetze“ das Zu-

---

TVG § 1 Rn. 137; *Rolf* Unternehmensübergreifende Betriebsratsstruktur, S. 14; *Teusch* Organisation der Betriebsverfassung, S. 40f.; *Däubler* in DKKW BetrVG Einl. Rn. 72f.; *Preis* in Wlotzke/Preis/Kreft BetrVG § 3 Rn. 1; alle jeweils m.w.N.

723 *Wiedemann* in Wiedemann TVG Einl. Rn. 350; ebenso *Friese* ZfA 2003, S. 237 (251); *Annuß* NZA 2002, S. 290 (292).

724 BAG v. 18.8.1987 – Az. 1 ABR 30/86 – AP Nr. 23 zu § 77 BetrVG; BAG v. 10.2.1988 – Az. 1 ABR 70/86 – AP Nr. 53 zu § 99 BetrVG 1972; *Friese* Kollektive Koalitionsfreiheit, S. 291f.; *Rieble/Klumpp* MünchArbR § 169 Rn. 22

725 BVerfG v. 18.11.1954 – Az. 1 BvR 629/52 – BVerfGE 4, 96 (107f.).

726 *Rieble/Klumpp* MünchArbR § 162 Rn. 18.

727 BVerfGE 94, 268 (284) (ein „Normsetzungsrecht“ der Tarifparteien, „aber kein Normsetzungsmonopol“); *Säcker/Oetker* Tarifautonomie, S. 170ff.; a.A. *Giesen* Tarifvertragliche Rechtsgestaltung, S. 360 (363), der annimmt, dass betriebsverfassungsrechtliche Tarifnormen im Sinne des Tarifvertragsgesetzes von vorneherein nur solche sein können, deren Erlass das Betriebsverfassungsgesetz ausdrücklich gestattet.

728 BAG v. 10.2.1988 – Az. 1 ABR 70/86 – AP Nr. 53 zu § 99 BetrVG; *Friese* Kollektive Koalitionsfreiheit, S. 120f.; *Löwisch/Rieble* TVG § 1 Rn. 201f.; *Oetker* in Wiedemann TVG § 3 Rn. 138.

standekommen der Betriebsräte, die ihnen bei der Wahrnehmung der Arbeitnehmerinteressen Konkurrenz machen, beeinflussen könnten.[729] Auch über Organisationstarifverträge nach § 3 BetrVG können die Tarifparteien nur die Struktur der Vertretungen regeln, nicht aber deren Wahl, Amtszeit oder Geschäftsführung.[730]

Für die zwingende Organisation der Betriebsverfassung sprechen auch Öffnungsklauseln wie § 3 BetrVG, die in einem grundsätzlich dispositiven System nicht notwendig wären.[731] Zudem wird darauf verwiesen, dass der Gesetzgeber schon in seiner Begründung zum BetrVG 1952 die betrieblichen Mitbestimmungsstrukturen explizit für zwingend erklärt hat.[732] Spätere abweichende Reformvorschläge wurden nie aufgegriffen.[733]

Diese Argumente überzeugen. Andere Ansichten, die das Betriebsverfassungsgesetz grundsätzlich dispositiv interpretieren, „solange nicht politische Grundentscheidungen des Gesetzgebers betroffen sind“[734], haben sich nicht durchgesetzt.[735] Immer wieder werden zwar Rufe nach einer Flexibilisierung *de lege ferenda* laut[736], doch die herrschende Interpretation des Betriebsverfas-

729 *Friese* ZfA 2003, S. 237 (240).

730 *Scharff/Zimmermann* AuA 2009, S. 568 (569); *Richardi* in Richardi BetrVG § 3 Rn. 64; *Friese* RdA 2003, S. 92 (101); *Thüsing* ZIP 2003, S. 693 (704); *Utermark* Organisation der Betriebsverfassung, S. 147.

731 *Teusch* Organisation der Betriebsverfassung, S. 37; *Rolf* Unternehmensübergreifende Betriebsratsstruktur, S. 14; wobei das Bundesarbeitsgericht diesen Umkehrschluss zurückweist (BAG v. 10.2.1988 – Az. 1 ABR 70/86 – AP Nr. 53 zu § 99 BetrVG). Aus § 3 BetrVG lässt sich jedenfalls nicht ableiten, dass die Organisationsregeln des Betriebsverfassungsgesetzes insgesamt dispositiv wären, *Löwisch/Rieble* § 1 TVG Rn. 137.

732 Regierungsentwurf zum BetrVG 1972 BT-Drucksache VI/2729, zitiert nach *Teusch* Organisation der Betriebsverfassung, S. 38f. (Fn. 82, 86).

733 Regierungsentwurf zur BetrVG-Reform 2001, BT-Drucksache 14/5741, S. 26.

734 *Pauli* AuR 2000, S. 411 (412).

735 *Gamillscheg* in FS Molitor, S. 133ff; *Heither* in FS Schaub, S. 295 (310); *Pauli* a.a.O.; *Trümner* in DKKW BetrVG § 3 Rn. 19.

736 *Franzen* NZA 2008, S. 250ff.

sungsgesetzes und ihre Verfassungsmäßigkeit wurden schon mehrfach überzeugend nachgewiesen.[737]

Dieser Ansicht folgend können die Tarifparteien derzeit keine Belegschaftsabstimmungen über organisatorische Fragen regeln, weder über die Wahl, noch die Abwahl von Betriebsräten.

b. Abstimmungen zu Sachfragen

Mehr Raum für Abweichungen vom Betriebsverfassungsgesetz wird den Tarifparteien im Bereich der materiellen Mitbestimmungsrechte zugestanden. Diese sind nur einseitig zwingende Arbeitnehmerschutzregeln: Eine Abweichung zugunsten der Arbeitnehmer ist möglich.[738]

Doch wurden solche Abweichungen stets nur im Zusammenhang mit tariflichen Kompetenzerweiterungen für den *Betriebsrat* diskutiert.[739] Eine unmittelbare Beteiligung der Arbeitnehmer zulasten der Betriebsratskompetenzen lässt sich hingegen nicht unter diese Regelungskompetenz fassen.

Der Grund dafür ist, dass es sich dabei letztlich auch um Organisationsfragen der Betriebsverfassung handelt. Wer einen Sachverhalt im Betrieb unter wessen Beteiligung regeln darf, ist keine Frage der materiellen Seite der Mitbestimmung. Zwar erhielten die Arbeitnehmer bei den hier in Frage stehenden Abstimmungsthemen Einfluss auf Sachfragen, z.B. indem sie ihrem Betriebsrat verbindliche inhaltliche Vorgaben für seine Tätigkeit machten. Doch die Tarifparteien würden mit entsprechenden Vereinbarungen in erster Linie die Kompetenzregeln der Betriebsverfassung verändern und ihr grundlegendes Organisationsprinzip der Repräsentativität beeinträchtigen. Wenn man den Tarifparteien aber schon versagt, die Funktion des Mitbestimmungsorgans Betriebsrat neu zu

---

737 Ausführliche Darstellungen liefern *Giesen* Tarifvertragliche Rechtsgestaltung für den Betrieb, S. 277ff.; *Teusch* Organisation der Betriebsverfassung, S. 27ff; *Utermark* Organisation der Betriebsverfassung, S. 40ff.; *Spinner* Vereinbarte Betriebsverfassung, S. 115ff.; *Gistel* Gewillkürte Betriebsverfassungsstruktur, S. 85ff.

738 Zuletzt BAG v. 24.8.2004 – Az. 1 ABR 28/03 – NZA 2005, S. 371; BAG v. 18.8.1987 – Az. 1 ABR 30/86 – AP Nr. 23 zu § 77 BetrVG 1972; BAG v. 10.2.1988 – Az. 1 ABR 70/86 – AP Nr. 53 zu § 99 BetrVG mit Anm. *Lunk*; BAG v. 31.1.1995 – Az. 1 ABR 35/94 – AP Nr. 56 zu § 118 BetrVG; *Däubler* in DKKW BetrVG Einl. Rn. 77ff.; *Heither* in FS Schaub, S. 295 (308).

739 *Lerch/Weinbrenner* AiB 2012, S. 243ff.

definieren[740], muss es ihnen erst recht verwehrt werden, die Belegschaft zu einem Mitbestimmungsakteur zu erheben.

Auch Tarifklauseln über Belegschaftsabstimmungen zu Sachfragen sind somit nicht möglich.

2. Ermächtigung zur Ratifizierung von Tarifklauseln

Die zweite Variante möglicher tariflicher Abstimmungsregeln betrifft die Ratifizierung von Betriebsstrukturtarifverträgen durch die betroffenen Belegschaften. Hier würden die Tarifparteien nicht das Betriebsverfassungsgesetz, sondern ihr selbst geschaffenes Recht zur Abstimmung stellen.

Die Geltung der gewillkürten Betriebsstruktur wäre dann nicht vom Willen der Tarifparteien, sondern vom Willen der Betriebsangehörigen abhängig. Darin liegt keine Delegation von Normsetzungsbefugnissen durch die Tarifparteien auf die Belegschaft, denn dies würde voraussetzen, dass dem Delegatar der Tarifmacht ein Spielraum für eine eigenständige Regelung eingeräumt wird[741], indem zum Beispiel ein Tarifvertrag nur einen Korridor für Wochenarbeitszeiten vorgibt, die konkrete Regelung der Arbeitszeit aber den Betriebsparteien überlässt.[742] Die Ratifizierung von Tarifverträgen würde anders laufen: Den Arbeitnehmern würde ein abschließendes Regelwerk vorgelegt, über dessen Inhalt sie nicht disponieren könnten. Von ihrem Abstimmungsergebnis wäre nur die Geltung der Tarifklauseln abhängig, so wie die Tarifparteien sie ausgehandelt haben.

Grundsätzlich können die Tarifparteien sowohl die schuldrechtliche Wirksamkeit ihrer Vereinbarungen als auch ihr In-Kraft-Treten gegenüber den Adressaten aufschiebend bedingen.[743] Dies ergibt sich aus der Rechtsnatur des Tarifvertrags als Vertrag und aus der daraus folgenden Anwendbarkeit des allge-

---

740 *Löwisch/Rieble* TVG § 1 Rn. 143.

741 *Thüsing* in Wiedemann TVG § 1 Rn. 259ff.; *Baumann* Delegation tariflicher Regelungsbefugnisse, S. 60; *Rieble/Klumpp* in MünchArbR § 169 Rn. 3.

742 So geschehen im Leber-Rüthers-Kompromiss der Metall-Tarifpartner von 1984, siehe dazu BAG v. 18.8.1987 – Az. 1 ABR 30/86 – AP Nr. 23 zu § 77 BetrVG 1972; BAG v. 2.12.1987 – Az. 5 AZR 602/86 – AP Nr. 21 zu § 2 FeiertagslohnzahlungsG; BAG 7.7.1988 – Az. 8 AZR 472/86 – AP Nr. 22 zu § 11 BUrlG.

743 *Löwisch/Rieble* TVG § 1 Rn. 202.

meinen Vertragsrechts auf sein Zustandekommen.[744] Aufschiebende Bedingung kann auch die Zustimmung Dritter sein. Ein Beispiel ist die Zustimmung einer Tarifkommission.[745]

Allerdings ist die Belegschaft anders als die Tarifkommission kein Organ der Koalitionen. Das Votum der Arbeitnehmer ist auch nicht vergleichbar mit der Urabstimmung von Koalitionsmitgliedern, die auf diesem Wege an der demokratischen Willensbildung ihrer Vereinigung teilhaben.[746] Zur Teilnahme an der Belegschaftsabstimmung wären alle Betriebsangehörigen unabhängig von ihrer Mitgliedschaft in einer Gewerkschaft abstimmungsberechtigt. Es widerspricht aber der Koalitionsfreiheit der Organisierten, dass die Vereinbarungen ihrer Koalitionen von der Zustimmung von Außenseitern abhängen.

Umgekehrt spricht gegen tarifliche Ratifizierungsklauseln auch, dass sie als betriebsverfassungsrechtliche Normen für Nichtorganisierte nur kraft Gesetzes gelten (§ 3 Abs. 2 TVG). Führte man Abstimmungen ein, würde die Normgeltung nicht mehr durch das demokratisch legitimierte Gesetz begründet, sondern in das Belieben der Belegschaftsmehrheit gestellt wird. Dafür reicht die aktuelle gesetzliche Ermächtigungsgrundlage nicht aus.

Aus genau diesem Grund hat das Bundesarbeitsgericht den Tarifparteien untersagt, Abstimmungen über Tarifverträge nach § 3 Abs. 1 BetrVG zu ermöglichen.[747] Im konkret entschiedenen Fall hatten die Parteien unter Geltung des § 3 BetrVG 1972 vereinbart, dass für Betriebe an drei Standorten ein einheitlicher Betriebsrat gewählt werden sollte. Der Tarifvertrag ermöglichte es aber den Arbeitnehmern, durch Abstimmung doch die Wahl eines eigenständigen Betriebsrats einzuleiten.

Damit hätten die Tarifparteien ihre Regelungskompetenz überschritten, befand das Gericht. § 3 BetrVG 1972 ermächtige nur sie dazu, *selbst* Abweichun-

---

744 *Zachert* in Kempen/Zachert TVG § 1 Rn. 19; ErfK/*Franzen* § 1 TVG Rn. 23.; a.A. *Thüsing* in Wiedemann TVG § 1 Rn. 4ff., der eine Anwendbarkeitsprüfung der jeweiligen BGB-Normen fordert.

745 *Rieble/Klumpp* MünchArbR § 165, Rn. 10f.; *Oetker* in JKO Tarifvertragsrecht § 3 Rn. 3.

746 Siehe dazu nur *Schüren* Legitimation, S. 216ff., der in Anlehnung an die amerikanische Praxis fordert, Tarifabschlüsse grundsätzlich einer Ratifizierung durch die Gewerkschaftsmitglieder zu unterwerfen.

747 BAG v. 10.11.2004 – Az. 7 ABR 17/04 – AiB 2005, S. 619 mit krit. Anm. *Stather.*

gen von den Betriebsratsstrukturen zu regeln. Da betriebsverfassungsrechtliche Organisationsnormen zwingendes Recht seien, seien tarifliche Abweichungen nur zulässig, „wenn und soweit es das Gesetz ausdrücklich zulässt". Tarifklauseln über Belegschaftsabstimmungen habe der Gesetzgeber nicht vorgesehen, deshalb könnten die Tarifparteien sie auch nicht einführen.[748] Denn dies würde bedeuten, dass sie ihre ausnahmsweise durch tarifdispositive Einzelnormen gewährte Regelungsbefugnis an Dritte weitergäben.[749]

Diese Rechtsprechung hat auch nach der Reform des § 3 Abs. 1 BetrVG von 2001 noch Bestand.[750] Dem Urteil ist im Ergebnis zuzustimmen. Es verdeutlicht aber das gegenwärtige Dilemma von Betriebsstrukturtarifverträgen: Einerseits ist ihre Legitimationsgrundlage schwach, denn sie liegt nicht im freiwilligen Beitritt der Betroffenen zu einer Koalition, sondern im Gesetz. Andererseits ist es den Tarifparteien nicht möglich, diese legitimatorische Schwäche selbst zu beseitigen, indem sie die Arbeitnehmer zur Ratifizierung ihrer Klauseln ermächtigen. Denn das Gesetz, das ihnen Regelungsbefugnisse zugesteht, trägt entsprechende Klauseln nicht. Es ist daher wünschenswert, dass der Gesetzgeber den Tarifparteien dies ermöglicht oder unmittelbar eine Ratifizierung vorsieht.

II. Betriebliche Abstimmungsregeln

1. Regelung durch Betriebsvereinbarungen

Auch die Betriebsparteien kommen als Urheber für gewillkürte Abstimmungsregeln in Frage. Es wurde bereits herausgearbeitet, dass die betriebsverfassungsrechtlichen Teilhaberechte den Arbeitnehmern zustehen und vom Betriebsrat für diese ausgeübt werden.[751] Rechtsverbindliche Abstimmungen einzuführen, würde bedeuten, dass die Arbeitnehmer als originäre Rechtsträger in gewissen Bereichen die Kompetenz zur eigenen Ausübung ihrer Rechte zurückerhielten.

Durch eine Betriebsvereinbarung wäre dies möglich, wenn die Betriebsparteien dazu befugt wären, betriebliche Wahrnehmungsbefugnisse abweichend

---

748 BAG v. 10.11.2004 – Az. 7 ABR 17/04 – AiB 2005, S. 619.

749 Im Ergebnis ebenso: *Thüsing* in Wiedemann TVG § 1 Rn. 295 (m.w.N.); *Löwisch/ Rieble* TVG § 1 Rn. 340f., § 4 Rn. 237.

750 a.a.O. unter I 3 b aa (4) bb).

751 § 3 A II (S. 145ff.).

vom Betriebsverfassungsgesetz zu regeln (a.), oder wenn sie ihre Vereinbarungen einer Ratifizierung durch die Belegschaft unterwerfen könnten (b.).

a. Betriebsvereinbarungen über Abstimmungsrechte der Arbeitnehmer

aa. Abstimmungen zu organisatorischen Fragen

Nach ganz herrschender Meinung können die Betriebsparteien ebenso wenig wie die Tarifparteien die organisatorischen Vorgaben der Betriebsverfassung verändern soweit nicht der Gesetzgeber Öffnungsklauseln wie z.B. § 86 Abs. 1 BetrVG (Betriebsvereinbarung über das Beschwerdeverfahren) vorgesehen hat.[752] Die Betriebsparteien können insbesondere nicht einvernehmlich die Vorschriften über die Betriebsratswahl oder die Mandatsdauer von Betriebsräten ändern.[753] Der Betriebsrat kann sich auch nicht entgegen § 23 BetrVG freiwillig einer Abberufung durch die Belegschaft unterwerfen, er kann nur zurücktreten (§ 13 Abs. 2 Nr. 3 BetrVG).[754]

Diese Sperrwirkung des Betriebsverfassungsgesetzes für die Betriebsautonomie wird wie für die Tarifautonomie daraus abgeleitet, dass die betriebliche Teilhabe nicht auf privatautonomen, sondern auf gesetzlichen Regeln basiert.[755] Die Funktionsfähigkeit dieses Zwangsmodells setzt zwingende einheitliche Regeln voraus.[756] Tatsächlich wollte der Gesetzgeber mit dem Betriebsverfassungsgesetz 1972 kein beliebig wandelbares Teilhabemodell schaffen, sondern diese Strukturen zum Schutz der Arbeitnehmer möglichst einheitlich für alle Betriebe festlegen.[757] Vereinzelte Öffnungsklauseln sollten ausdrücklich nicht den Eindruck einer Flexibilität des gesamten Modells erwecken.

---

752 BAG v. 10.2.1988 – Az. 1 ABR 70/86 – AP Nr. 53 zu § 99 BetrVG 1972; LAG München 26.6.2008 – Az. 4 Sa 3/08 – AiB 2008, S. 608; *Fitting* BetrVG § 77 Rn. 48; *v. Hoyningen-Huene* MünchArbR § 210 Rn. 20; *Kreutz* in GK-BetrVG § 77 Rn. 93; *Lorenz* in Düwell BetrVG § 77 Rn. 28, 31; *Neumann-Duesberg* Betriebsverfassungsrecht, S. 261; *Franzen* NZA 2008, S. 250ff.; *Schmidt* Verzicht auf Befugnisse, S. 55; *Spinner/Wiesenecker* in FS Löwisch, S. 375 (382).

753 Siehe nur *Fitting* BetrVG § 14 Rn. 7.

754 Vgl. *Trittin* in DKKW § 23 Rn. 2; *Fitting* BetrVG § 23 Rn. 1a, 5.

755 *Franzen* NZA 2008, S. 250ff.

756 *Franzen* a.a.O., S. 250, der sodann darlegt, wie sich in der Praxis dennoch Abweichungen einschleichen, ohne dass die Funktionsfähigkeit der Betriebsverfassung beeinträchtigt würde.

757 *Schmidt* Verzicht auf Befugnisse, S. 54; BT-Drucks. VI/1786, S. 36.

Diese Ansicht überzeugt: Könnten Betriebsrat und Arbeitgeber über die organisatorischen Regeln der Betriebsverfassung disponieren, bestünde das Risiko, dass sich der Betriebsrat aus Unerfahrenheit und Unkenntnis auf eine Schwächung seiner Kompetenzen einlässt. Insbesondere könnten solche Betriebsvereinbarungen das Schutzniveau des Betriebsverfassungsrechts für Minderheiten unterwandern. Umgekehrt könnten die Betriebsparteien die Befugnisse des Betriebsrats auch zulasten der Arbeitnehmer ausweiten, etwa indem sie eine Wahlperiode verlängern – auch deshalb ist diese Regelungskompetenz für Abstimmungsregeln abzulehnen.

bb. Abstimmungen zu Sachfragen

Ob Betriebsvereinbarungen dagegen die Belegschaftsbeteiligung an Sachfragen regeln können, ist eine andere Frage. Soweit ersichtlich, wurde sie bisher in der Literatur und Rechtsprechung nur im Zusammenhang mit § 28a BetrVG oder hinsichtlich eines Kompetenzverzichts des Betriebsrat zugunsten des *Arbeitgebers* diskutiert – nicht aber zugunsten der Belegschaft.

Nach allgemeiner Ansicht sind Betriebsvereinbarungen unzulässig, in denen der Betriebsrat eine pauschale Einschränkung oder Aufhebung seiner Befugnisse akzeptiert.[758] Das Bundesarbeitsgericht hat aber Vereinbarungen gebilligt, die den Arbeitgeber zur einseitigen Regelung mitbestimmungspflichtiger Sachverhalte ermächtigen.[759] Dies sei zulässig, solange die Substanz des Mitbestimmungsrechts unberührt bleibe. Dem Arbeitgeber dürfe nicht der gesamte Sachverhalt zur alleinigen Gestaltung überlassen werden, die Betriebsvereinbarung dürfe ihm aber Regelungsspielräume eröffnen.[760] Zulässig sind danach Betriebsvereinbarungen, die den Arbeitgeber unter konkreten Bedingungen zur einseiti-

---

758 BAG v. 26.4.2005 – Az. 1 ABR 1/04 – NZA 2005, S. 884; *Schmidt* Verzicht auf Befugnisse, S. 50 (m.w.N.); *v. Hoyningen-Huene* Betriebsverfassungsrecht § 2 Rn. 21ff.; *Wiese* in GK-BetrVG § 87 Rn. 5; *Säcker/Oetker* RdA 1992, S. 16 (23).

759 BAG v. 3.6.2003 – Az. 1 AZR 349/02 – BAGE 106, 204; BAG v. 26.7.1988 – Az. 1 AZR 54/87 – AP Nr. 6 zu § 87 BetrVG 1972 Provision; BAG v. 28.10.1986 – Az. 1 ABR 11/85 – AP Nr. 20 zu § 87 BetrVG 1972 Arbeitszeit = NZA 1987, S. 248; eingehend *Säcker/Oetker* RdA 1992, S. 16ff.

760 BAG v. 26.4.2005 – Az. 1 AZR 76/04 – NZA 2005, S. 892; BAG v. 3.6.2003 – Az. 1 AZR 349/02 – BAGE 106, 204; BAG v. 26.11.1998 – Az. 6 AZR 335/97 – NZA 1999, S. 1108; BAG v. 7.9.1956 – Az. 1 AZR 646/54 – BAGE 3, 207 = AP Nr. 2 zu § 56 BetrVG.

gen Anordnung von Mehrarbeit berechtigen.[761] Unwirksam ist die Errichtung eines paritätisch besetzten Gremiums, das Lohnzuschläge verteilt und in dem in Pattsituationen die Stimme des Arbeitgebers den Ausschlag gibt.[762]

Wenn Betriebsvereinbarungen somit einen fast „mitbestimmungsfreien Zustand"[763] herstellen können, liegt der Gedanke nahe, dass sie erst recht eine Mitbestimmung durch die Belegschaft regeln können. In ihrem Interesse findet Mitbestimmung schließlich statt.[764] Die Kompetenzen des Betriebsrats würden so zwar beschnitten, doch für die Arbeitnehmerseite als Ganze gingen keine Regelungsbefugnisse verloren; diese würden vielmehr vom Betriebsrat auf die – originär berechtigten – Arbeitnehmer verlagert.

Denkbar sind Betriebsvereinbarungen, wonach die Belegschaft anstelle des Betriebsrats über Schichtpläne, Mehrarbeit oder Provisionsgrundsätze mitentscheiden darf. Diese Konstellationen sind zugegeben etwas theoretisch: Die in der Rechtsprechung behandelten Rahmenvereinbarungen dienten dazu, Mitbestimmung zu vereinfachen und dringende unternehmerische Entscheidungen zu beschleunigen.[765] Abstimmungen wären aufwendiger und unberechenbarer als die reguläre Betriebsratsbeteiligung. Trotzdem ist denkbar, dass die Betriebsparteien einen Bedarf für direkte Teilhabe der Arbeitnehmer sehen. Der Gesetzgeber hat diesem Bedarf Rechnung getragen durch § 28a BetrVG.

Zwischen möglichen Abstimmungsvereinbarungen und den derzeit geschlossenen Rahmenvereinbarungen bestünde aber ein grundlegender Unterschied: Letztere wurden von der Rechtsprechung gebilligt, soweit der Betriebsrat sein Beteiligungsrecht durch Abschluss der Betriebsvereinbarung erschöpfend ausgeübt hatte. Die Parteien hatten den Sachverhalt abstrakt geregelt, der Arbeitgeber durfte nur in diesen Grenzen punktuelle Entscheidungen allein treffen.[766] So war die Vereinbarung kein Verzicht oder eine Übertragung von Rege-

---

761 BAG v. 3.6.2003 – Az. 1 AZR 349/02 – BAGE 106, 204 (unter II 2).

762 BAG v. 26.4.2005 – Az. 1 AZR 76/04 – NZA 2005, S. 892.

763 BAG v. 28.10.1986 – Az. 1 ABR 11/85 – AP Nr. 20 zu § 87 BetrVG 1972 Arbeitszeit.

764 BAG v. 29.11.1983 – Az. 1 AZR 523/82 – BAGE 44, 260 = AP Nr. 10 zu § 113 BetrVG 1972.

765 *Säcker/Oetker* RdA 1992, S. 16 (17).

766 BAG v. 28.10.1986 – Az. 1 ABR 11/85 – AP Nr. 20 zu § 87 BetrVG 1972 Arbeitszeit = NZA 1987, S. 248; dazu Anmerkung *Blomeyers* in SAE 1987, S. 277 (279f.); *Säcker/Oetker* RdA 1992, S. 16 (22).

lungsmacht durch den Betriebsrat auf den Arbeitgeber, sondern eine „Konkretisierung“[767] oder „gemeinsame Ausgestaltung des Mitbestimmungsrechts“[768] durch die Parteien.

Abstimmungsregeln würden weiter gehen, indem sie Sachverhalte nicht verbindlich regelten, sondern dem Votum der Belegschaft überließen. Es würde der Versuch unternommen, Akteuren Kompetenzen zu übertragen, die vorher keine besaßen. Solche Vereinbarungen sind als verkappte Zuständigkeitsregeln zu verstehen, und damit als unzulässiger Eingriff in den organisatorischen Bereich der Betriebsverfassung. Auch Betriebsvereinbarungen über Abstimmungen zu Sachfragen sind folglich nicht möglich.

b. Ratifizierung von Betriebsvereinbarungen durch die Belegschaft

Denkbar ist aber, dass die Betriebsparteien die Wirksamkeit ihrer Vereinbarungen unter den Vorbehalt einer Ratifizierung durch die Belegschaft stellen. Aus der Natur der Betriebsvereinbarung als Vertrag ergibt sich, dass ihre Wirksamkeit in Anwendung des allgemeinen Vertragsrechts grundsätzlich aufschiebend bedingt werden kann.[769]

Allerdings würde die Bedingung einer Ratifizierung bedeuten, dass der Betriebsrat das Ergebnis seiner Verhandlungen zur Disposition der Belegschaft stellt. Dies widerspricht der zuvor geschilderten Rolle des Gremiums als Interessenvermittler.[770] Der Betriebsrat ist kraft Gesetzes zur Vornahme dieses Interessenausgleichs formal legitimiert[771] und auch verpflichtet, nicht aber die Belegschaftsmehrheit. Diese Mehrheit würde sich in der Abstimmung durchsetzen, infolgedessen hätten Betriebsvereinbarungen, welche die Minderheit begünstigen oder die Belegschaft zulässigerweise belasten[772], geringe Chancen auf einen Abstimmungserfolg. Infolgedessen käme es entweder zu keiner Betriebsvereinbarung, obwohl womöglich ein regelungsbedürftiger Sachverhalt existiert, oder die Betriebsparteien müssten einen zweiten Anlauf für eine neue Betriebsver-

---

767 *Wiese* RdA 1968, S. 454 (456).

768 *Säcker/Oetker* RdA 1992, S. 16 (22).

769 *Fitting* BetrVG § 77 Rn. 16, 18ff. (20).

770 § 3 A II 3 b cc (S. 157).

771 S. oben § 1 A III 3 b cc (S. 61).

772 BAG v. 12.12.2006 – Az. 1 AZR 96/06 – BAGE 120, 308.

einbarung unternehmen, bei der ein erheblicher Einigungsdruck auf den Betriebsrat in Richtung des Mehrheitsinteresses bestünde.

Der Gesetzgeber kann zu dem Schluss kommen, dass eine Ratifizierung von Betriebsvereinbarungen trotzdem geboten ist[773], nicht aber der Betriebsrat. Ratifizierungsklauseln in Betriebsvereinbarungen sind somit auch nicht möglich.

2. Einseitige Kompetenzübertragung durch den Betriebsrat

Da Betriebsvereinbarungen über Abstimmungsrechte ausscheiden, stellt sich die Frage, ob der Betriebsrat einseitig Belegschaftsvoten ermöglichen könnte. Er könnte beschließen, eine Angelegenheit nicht zu regeln, sondern den Sachverhalt der Betriebsversammlung zur Entscheidung vorzulegen.

Darin läge kein unzulässiger Verzicht auf Teilhaberechte. Ein solcher Verzicht kommt schon deshalb nicht in Frage, weil der Betriebsrat dafür Träger dieser Rechte sein müsste[774], was er nach der hier vertretenen Ansicht nicht ist.[775]

In dem Beschluss läge auch kein Verzicht auf Wahrnehmungsbefugnisse des Betriebsrats. Zwar kann ein Verzicht jeden rechtlichen Vorteil betreffen und ist nicht auf subjektive Rechte beschränkt.[776] Doch bewirkt er, dass der Berechtigte einen Vorteil aufgibt, ohne ihn auf Dritte zu übertragen – der rechtliche Vorteil erlischt damit.[777] Ziel des Betriebsratsbeschlusses wäre es aber gerade, dass die Arbeitnehmer rechtswirksam anstelle des Gremiums handeln können.

Eine einseitige Übertragung von Befugnissen durch den Betriebsrat auf die Arbeitnehmer ist nach ganz herrschender Meinung nur zulässig, wenn der Gesetzgeber sie ausdrücklich zulässt.[778] Wegen der Höchstpersönlichkeit des Wahlamts können die Betriebsratsmitglieder sich ihrer Normsetzungsbefugnis nach

773 Zu einem entsprechenden Abstimmungskonzept § 4 E (S. 249).

774 Zum Verzicht von Rechten durch den Betriebsrat s. eingehend *Joussen* RdA 2005, S. 31 (32f.); zu den Begriffen Verzicht und Delegation *Schmidt* Verzicht auf Befugnisse, S. 4ff.

775 Siehe oben A II 1 (S. 148).

776 *Wiese* RdA 1968, S. 455 (456).

777 *Joussen* RdA 2005, S. 31 (32); *Kleinschmidt* Verzicht, S. 2 (m.w.N.).

778 Siehe nur BAG v. 23.6.1992 – 1 ABR 9/92 – AP Nr. 55 zu § 77 BetrVG 1972 = NZA 1993, S. 229 sowie *Wiese* in GK-BetrVG § 87 Rn. 5; *Heinze* ZfA 1989, S. 53 (67f.); differenzierend *Joussen* RdA 2005, S. 31.

§ 77 BetrVG nicht entledigen, und zwar weder durch Delegation auf den Betriebsausschuss (§ 27 Abs. 3 S. 2 BetrVG) noch durch Übertragung auf die Arbeitnehmer als Träger der Teilhaberechte. Eine Ausnahme bildet § 28a BetrVG.[779]

Hier lässt sich eine Parallele zu Grenzen der Kompetenzübertragung von Staatsorganen auf supranationale Organisationen ziehen. Diese Grenzen wurden durch das Bundesverfassungsgericht zuletzt definiert im Urteil über die Beteiligung Deutschlands an Hilfsmaßnahmen für die überschuldete Hellenische Republik und an der Errichtung der Europäischen Finanzstabilisierungsfazilität („Euro-Rettungsschirm").[780] Im Mittelpunkt des Urteils stand die Frage, ob die deutschen Beteiligungsgesetze die Budgetverantwortung des Bundestags wahren oder ob sie eine unzulässige Aushöhlung der Haushaltsautonomie bzw. eine unzulässige haushaltspolitische Ermächtigung anderer Organe bewirken.

Das Gericht billigte die Rettungsgesetze im Ergebnis, stellte aber klar, dass die Abgeordneten als Repräsentanten des Volkes sich ihrer Verantwortung über Einnahmen und Ausgaben nicht entäußern dürfen.[781] Das Demokratieprinzip und das Wahlrecht der Bürger verböten es, „wesentliche Bestandteile des Budgetrechts", nämlich die Festlegung über Art und Höhe von Abgabenlasten für die Bürger an andere Organe zu übertragen. Nicht nur die Übertragung von Kompetenzen im rechtstechnischen Sinne, schon der faktische Kontrollverlust über Budgetfragen durch Errichtung eines „Leistungsautomatismus" sei verfassungswidrig.

Ebenso muss der Betriebsrat „Herr seiner Entschlüsse"[782] bleiben und darf weder die Beschlussfassung auf Dritte übertragen noch die inhaltliche Gestaltung der Beschlüsse gänzlich diesen überlassen und so deren Weisungen folgen. Zwar steht im Fall des Bundestags eine Kompetenzaushöhlung zugunsten anderer Staaten oder einer supranationalen Organisation in Frage, während der Betriebsrat seine Befugnisse nicht betriebsexternen Dritten, sondern den originär berechtigten Arbeitnehmer übertragen würde. Entscheidend ist aber, dass in bei-

---

779 BAG v. 23.6.1992 a.a.O.; *Engels* in FS Wißmann S. 302 (309); *Fitting* BetrVG § 28a Rn. 6f., 23; *Reitze* ZBVR online 2011, S. 22 (24); siehe auch *Neumann-Duesberg* Betriebsverfassungsrecht S. 460ff.

780 BVerfG v. 7.9.2011 – Az. 2 BvR 987/10; 1099/10; 1485/10 – NJW 2011, S. 2946ff.

781 BVerfG a.a.O. unter C I 1 b.

782 BVerfG a.a.O. unter C I 2 a.

den Fällen dem Kompetenzträger keine Verfügungsbefugnis über seine Kompetenzen zusteht. Dem Bundestag steht diese nicht zu, weil seine Haushaltsautonomie als „wesentliche Ausprägung der rechtsstaatlichen Demokratie" für ihn „nicht entäußerbar" ist.[783] Der Betriebsrat kann seine Kompetenzen nicht zurückgeben, weil sie ihm nicht durch privatrechtlichen Willensakt übertragen wurden, sondern er sie ausschließlich aus dem Gesetz ableitet, das ihm folglich auch eine Verfügungsgewalt über diese Kompetenzen im Sinne einer Entäußerung explizit einräumen müsste. In beiden Fällen würde eine rechtswidrige Kompetenzübertragung das Wahlrecht der Vertretenen verletzen, da für sie wirksame Entscheidungen auf nicht demokratisch oder gesetzlich legitimierte Akteure übertragen würden.[784]

Einseitig kann der Betriebsrat daher nur beschließen, vorerst keinen Gebrauch von Regelungsbefugnissen zu machen, bis die Meinung der Belegschaft in der Betriebsversammlung erfragt wurde.[785] Doch dieses Votum kann allenfalls zeitlich aufschiebend wirken, ist sonst rechtlich wirkungslos und ersetzt nicht das Tätigwerden des Betriebsrats selbst.

III. Vereinbarungen zwischen Belegschaft und Arbeitgeber

Neben Abstimmungsregeln in Betriebsvereinbarungen und Tarifverträgen sind auch Vereinbarungen unmittelbar zwischen der Belegschaft und dem Arbeitgeber denkbar. Es ist sehr wahrscheinlich, dass viele privatautonome Vertretungsregeln, die in jedem zehntem Betrieb existieren[786], den Arbeitgeber zur Beachtung von Abstimmungsergebnissen der Arbeitnehmer verpflichten.

Doch obwohl diese Träger der Mitbestimmungsrechte sind, können sie die diesbezüglichen Wahrnehmungsbefugnisse nicht an sich ziehen. Vereinbarungen von Belegschaft und Arbeitgeber können weder die gesetzlichen Vorgaben über Wahl oder Abberufung des Betriebsrats ändern noch die Belegschaft oder Betriebsversammlung als rechtsfähiges Mitbestimmungsorgan etablieren.

---

783 BVerfG a.a.O. unter C I 1 a; 2 b.

784 BVerfG a.a.O. unter C I 2 a.

785 Siehe dazu *Franzen* NZA 2008, S. 250ff.; *Wiese* RdA 1968, S. 455ff.; *Schmidt* Verzicht auf Befugnisse, S. 13f.; *Joussen* RdA 2005, S. 31ff.; *Säcker/Oetker* RdA 1992, S. 16.

786 *Hauser-Ditz/Hertwig/Pries* WSI-Mitteilungen 2009, S. 70 (71).

Entsprechende Abstimmungsregeln sind somit rechtlich nicht verbindlich.

IV. Ergebnis

Es gibt nach geltendem Recht keinen Spielraum für gewillkürte Abstimmungsregeln: weder durch Tarifvertrag noch durch Betriebsvereinbarung oder Vereinbarung zwischen Belegschaft und Arbeitgeber noch durch einseitige Maßnahmen des Betriebsrats.

§ 4 Belegschaftsabstimmungen im Teilhabesystem der Betriebsverfassung

Im folgenden Teil der Arbeit werden Modelle für gesetzliche Abstimmungsregeln entwickelt. Zwei Kategorien möglicher Belegschaftsabstimmungen lassen sich identifizieren: Zum einen kann den Arbeitnehmern Einfluss verschafft werden auf die organisatorische Ausgestaltung des Systems, das ihrer Teilhabe dient. Dies kann die Wahl des Betriebsrats betreffen (A), dessen Abberufung (B), sowie tarifvertragliche Regelungen der betrieblichen Mitbestimmungsstruktur (C).

Die zweite Abstimmungskategorie betrifft inhaltliche Fragen der betrieblichen Ordnung. Dabei ist zu überlegen, ob Beschlüsse der Belegschaft dem Betriebsrat gegenüber verbindlich ausgestaltet werden sollten (D) und ob die Arbeitnehmer am Abschluss oder am Wirksamwerden von Betriebsvereinbarungen beteiligt werden sollten (E).

Für jede Abstimmung werden zunächst Verfahrensregeln entwickelt. Sodann werden diese Regeln dahingehend bewertet, ob sie die grundrechtlich geschützten Belange der Beteiligten wahren und ob sie sich mit den Funktionsbedingungen der Betriebsverfassung vereinbaren lassen.

A. Abstimmung über die Wahl eines Betriebsrats

I. Das Abstimmungsmodell

Zwei Vorschläge berücksichtigen den Belegschaftswillen für die Errichtung eines Betriebsrats: Entweder kann eine Mindestbeteiligung für die Wirksamkeit der Betriebsratswahl vorausgesetzt werden oder es kann vor der Wahl eine gesonderte Abstimmung nach dem Vorbild der Sprecherausschusswahl (§ 7 Abs. 2 SprAuG) erfolgen. Wie bereits dargelegt überzeugen die Argumente für das zweite Modell.[787]

787 Siehe dazu § 1 B II 4 (S. 76).

1. Abstimmungsgegenstand

Zur Abstimmung würde die Frage gestellt, ob die Belegschaft die Errichtung eines Betriebsrats befürwortet. Diese Abstimmung sollte zwingend vor jeder erstmaligen Betriebsratswahl und nach jeder Auflösung eines amtierenden Betriebsrats abgehalten werden.

Darüber hinaus sollte der Belegschaft die Möglichkeit zugestanden werden, sich gegen die Neuwahl eines Betriebsrats zu entscheiden. Denn auch ohne dass dieser grobe Pflichtverstöße begangen hätte, können die Arbeitnehmer eine abermalige Wahl ablehnen, etwa weil sie zu dem Schluss kommen, dass die Institution sich nicht bewährt hat.

Diesem Bedürfnis lässt sich Rechnung tragen, indem vor Neuwahlen einem Quorum von 25 Prozent der Wahlberechtigten ein Antragsrecht für die Einberufung einer Abstimmungsversammlung zugestanden wird. Dieses Quorum entspricht dem des § 43 Abs. 3 S. 1 BetrVG für die Einberufung von Betriebsversammlungen; wie in diesem Fall hätten die Antragsteller ihr Wahlrecht dem amtierenden Betriebsrat zu beweisen, etwa in Form einer Unterschriftenliste.[788]

2. Ablauf der Abstimmung

Die Abstimmung sollte geheim sein und ist in das Wahlverfahren für den Betriebsrat zu integrieren. Angelehnt an die Sprecherausschusswahl müsste sie nach Einsetzung des Wahlvorstandes und vor der eigentlichen Wahl stattfinden. Wird die Wahl aus der Mitte der Belegschaft oder durch eine Gewerkschaft initiiert, empfiehlt es sich, die Abstimmung in der Betriebsversammlung gem. § 17 Abs. 2 BetrVG abzuhalten. Die Versammlungsteilnehmer müssten dafür wie nach geltendem Recht mit relativer Mehrheit eine Versammlungsleitung wählen[789]; nach der Wahl übernähme der Wahlvorstand die Verfahrensleitung.

Zu bevorzugen ist, dass die Abstimmung unmittelbar im Anschluss an die Wahl des Wahlvorstands stattfindet. So könnten die Arbeitnehmer unter dem Eindruck der Aussprache über Vorteile und Nachteile der Wahl abstimmen. Das Sprecherausschussgesetz schreibt diese Gleichzeitigkeit nicht vor: Zwar ist die Urabstimmung „unverzüglich“ durchzuführen (§ 7 Abs. 2 S. 2 SprAuG), aber diese Vorgabe wird einhellig als „so schnell wie möglich“ interpretiert – sodass

---

788 Vgl. *Weber* in GK-BetrVG § 43 Rn. 41; *Fitting* § 43 Rn. 40.

789 BAG v. 14.12.1965 – Az. 1 ABR 6/65 – AP Nr. 5 zu § 16 BetrVG; *Thüsing* in Richardi BetrVG § 17 Rn. 15.

ein nachträgliches schriftliches Verfahren oder ein Votum in einer späteren Versammlung möglich ist.[790] Diese Trennung von Wahlversammlung und Urabstimmung sollte im Fall der Betriebsratswahl nur ausnahmsweise zulässig sein, etwa wenn die sofortige Abstimmung praktisch nicht durchführbar wäre oder wenn sie die Betriebsversammlung so in die Länge ziehen würde, dass die betrieblichen Abläufe unzumutbar gestört würden.[791] Für Betriebe bis zu einer bestimmten Größe – bis zu 500 Abstimmungsberechtigte scheinen handhabbar – sollte die Gleichzeitigkeit zwingend vorgeschrieben werden. Die Initiatoren der Wahl sollten dazu verpflichtet werden, die Abstimmung vorzubereiten, z.B. durch Bereitstellen von Stimmkarten.

3. Kompetenzen von Gesamt- und Konzernbetriebsrat

Nach geltendem Recht fällt die Wahlversammlung aus, wenn ein Gesamt- oder Konzernbetriebsrat den Wahlvorstand einsetzt. Für eine Belegschaftsabstimmung müsste die Rechtslage wieder auf den Stand vor der BetrVG-Reform von 2001 zurückgeführt werden, als Wahlinitiativen in erster Linie den Arbeitnehmern zustanden.[792] Dies kann entweder geschehen, indem den Gesamt- und Konzernbetriebsräten die Kompetenz zur Einsetzung eines Wahlvorstandes ganz entzogen wird oder indem auch für den Fall einer von ihnen initiierten Wahl eine Abstimmung zur Regel erhoben wird.

Es spricht grundsätzlich nichts dagegen, Gesamt- und Konzernbetriebsrat weiterhin die Initiierung einer Betriebsratswahl zu ermöglichen. Die Einschätzung des Reformgesetzgebers von 2001 dürfte zutreffen, dass es Belegschaften gibt, die diese Unterstützung benötigen und schätzen, oder die sich auf Initiative des Gesamt- oder Konzernbetriebsrats überhaupt erstmals mit der Frage eines Betriebsrats befassen.[793] Entscheidend ist, dass die überbetrieblichen Gremien das Verfahren *de lege ferenda* nur noch in Gang setzen könnten. Die Entscheidung, ob gewählt wird, läge bei den Arbeitnehmern. So könnten Gesamt- und

---

790 *Hromadka/Sieg* SprAuG § 7 Rn. 18 (m.w.N.).

791 Zu den Nachteilen einer Trennung von Wahlversammlung und Abstimmung siehe *Allinger* NZA 1990, S. 552.

792 Siehe dazu § 2 A I 1 b (S. 93).

793 Begründung des Regierungsentwurfs zum BetrVG-Reformgesetz, BT-Drucksache 14/5741, S. 27; *Wendeling-Schröder* DB 2002, S. 206.

Konzernbetriebe weiterhin die vom Gesetzgeber gewünschte „Aufbauhilfe" leisten, ohne die Betriebsangehörigen zu bevormunden.

Dem Vorschlag *Hanaus*[794] folgend ist der Einfluss der Gesamt- und Konzernbetriebsräte auf die Einladung zu einer Betriebsversammlung und auf Vorschläge für die Besetzung des Wahlvorstands zu beschränken (entspr. dem geltenden § 17 Abs. 3 BetrVG).

4. Abstimmungsrecht und Feststellung der Abstimmungsberechtigten

Fraglich ist, ob alle Teilnehmer der Betriebsversammlung abstimmungsberechtigt sein sollten oder nur diejenigen, die *wahlberechtigt* sind. Das Sprecherausschussgesetz fordert die mehrheitliche Zustimmung aller wahlberechtigten leitenden Angestellten (§ 7 Abs. 2 S. 4 SprAuG).

Würde man das Abstimmungsrecht an das Wahlrecht zum Betriebsrat koppeln, ergäbe sich die Schwierigkeit, dass zum Zeitpunkt der Abstimmung noch keine Wählerliste vorläge. Formale Voraussetzung für die Ausübung des Wahlrechts ist die Eintragung des Arbeitnehmers in diese Liste (§ 2 Abs. 3 WO)[795], die nach Einsetzung des Wahlvorstands von diesem erstellt wird (§ 2 Abs. 1 S. 1 WO). Da die Urabstimmung gleichzeitig mit der Wahl des Wahlvorstands erfolgen sollte, ließen sich die Abstimmungsberechtigten noch nicht identifizieren.

Dies spricht dafür, die Vorgabe des § 17 Abs. 2 S. 1 BetrVG zu übernehmen, nach welcher der Wahlvorstand in der Betriebsversammlung von allen *anwesenden teilnahmeberechtigten* Arbeitnehmern gewählt wird.[796] Dies entspricht den Regeln für Abstimmungen nach § 3 Abs. 3 S. 1 BetrVG (Wahl eines unternehmenseinheitlichen Betriebsrats) und § 4 Abs. 1 S. 2 BetrVG (Teilnahme eines betriebsratslosen selbständigen Teilbetriebs an der Betriebsratswahl im Hauptbetrieb), die ebenfalls nicht die Wahlberechtigung der Abstimmungsteilnehmer verlangen.[797]

---

794 RdA 2001, S. 66 (69).

795 BAG v. 5.3.1974 – Az. 1 ABR 19/73 – AP Nr. 1 zu § 5 BetrVG 1972; *Thüsing* in Richardi BetrVG § 2 WO Rn. 6; *Schneider/Homburg* in DKKW § 2 WO Rn. 13.

796 *Jacobs* Wahlvorstände, S. 113; *Schneider* in DKKW § 17 Rn. 10.

797 *Franzen* in GK-BetrVG § 4 Rn. 20; *Fitting* BetrVG § 4 Rn. 30, ErfK/*Eisemann* § 4 BetrVG Rn. 5.

Ohnehin überschneidet sich der Teilnehmerkreis der Betriebsversammlung (§ 42 Abs. 1 S. 1 BetrVG) weitestgehend mit dem Kreis der Wahlberechtigten (§ 7 Abs. 1 BetrVG): Beide knüpfen an den Arbeitnehmerbegriff nach § 5 Abs. 1 BetrVG an. Zwar würde ein Abstimmungsrecht aller Versammlungsteilnehmer mehrere Gruppen von Nicht-Wahlberechtigten begünstigen, beispielsweise nicht volljährige Arbeitnehmer (§ 7 S. 1 BetrVG), Leiharbeitnehmer, die nicht länger als drei Monate im Betrieb eingesetzt werden sollen (§ 7 S. 2 BetrVG) oder Ein-Euro-Jobber[798]. Diese Nicht-Wahlberechtigten könnten dazu beitragen, dass nicht gewählt wird – zu Lasten der wahlberechtigten Befürworter einer Betriebsratsgründung.

Dieser Nachteil ist letztlich hinzunehmen, zumal diese Gruppen im Regelfall klein sein dürften. Ein Betriebsrat ist zuständig für den Schutz und die Förderung *aller* im Betrieb tätigen Personen (§ 75 BetrVG). Auch Nicht-Wahlberechtigte können seine Sprechstunden besuchen (§ 39 BetrVG) und Beschwerden bei ihm anbringen (§ 85 Abs. 1 BetrVG). Zudem betreffen viele Mitbestimmungsrechte des Betriebsrats diese Arbeitnehmer unmittelbar, etwa die Mitbestimmung über die Festlegung der Arbeitszeit oder die Überwachung der Belegschaft. Es ist daher vertretbar, alle Versammlungsteilnehmer teilhaben zu lassen an der Entscheidung, ob gewählt wird.

5. Mindestquorum für eine Betriebsratswahl

Abstimmungsregeln sollten nicht das aktuelle Missverhältnis von Minderheitenschutz und Mehrheitsprinzip ins Gegenteil verkehren. Die Hürden für eine Betriebsratswahl sollten nicht unverhältnismäßig hoch gesetzt werden. Schwierig ist die Bestimmung des erforderlichen Quorums.

§ 7 Abs. 2 S. 4 SprAuG verlangt für eine erfolgreiche Urabstimmung die Zustimmung der Mehrheit aller leitenden Angestellten im Betrieb. Diese Regelung sollte in zweierlei Hinsicht nicht unverändert für Abstimmungen über Betriebsratswahlen übernommen werden: Erstens sollte nur die Zustimmung der *Versammlungsteilnehmer* berücksichtigt werden und nicht die aller Arbeitnehmer. Zweitens sollte das *Zustimmungsquorum* gesenkt werden.

a. Zustimmung nur der Versammlungsteilnehmer

Die erstgenannte Abweichung wird den Abstimmungsregeln des geltenden Betriebsverfassungsgesetzes besser gerecht. Sie entspricht den Vorgaben für die

798 *Weber* in GK-BetrVG § 42 Rn. 16; *Engels* NZA 2007, S. 8 (9).

Wahl des Wahlvorstands (§ 17 Abs. 2 S. 1 BetrVG)[799] und für die Beschlussfassung in der Betriebsversammlung (§ 45 S. 2 BetrVG). In beiden Fällen zählt die relative Mehrheit der Versammlungsteilnehmer, und nicht die Mehrheit aller Betriebsangehörigen oder aller Wahlberechtigten.[800]

Anderes gilt zwar für Wahlabstimmungen nach § 3 Abs. 3 S. 1 und § 4 Abs. 2 S. 1 BetrVG, die jeweils die Zustimmung der Mehrheit *aller Arbeitnehmer* voraussetzen. Doch gerade diese Vorgabe erzeugt Umsetzungsprobleme und vergrößert das Risiko von Wahlanfechtungen: So ist beispielsweise fraglich, welcher Stichtag für die Feststellung der Arbeitnehmerzahl des Betriebs zugrunde zu legen ist.[801]

In den Gesetzesmaterialien zum Sprecherausschussgesetz findet sich keine Begründung für das Zustimmungserfordernis aller Wahlberechtigten.[802] Die Regelung dürfte einerseits dem Umstand geschuldet sein, dass diese Gruppe überschaubar ist, und andererseits, dass nicht alle leitenden Angestellten immer persönlich an einer Wahlversammlung teilnehmen können.[803] Während ihrer Treffen läuft die Arbeit in ihren Verantwortungsbereichen weiter und kann ihre Präsenz zwingend erfordern. Dagegen werden „einfache" Arbeitnehmer selten aus diesem Grund an der Teilnahme an Betriebsversammlungen gehindert sein.

Den Betriebsratsgegnern bürdet zwar diese Festlegung auf anwesende Abstimmungsteilnehmer eine Verhinderungslast auf: Beteiligen sie sich nicht an der Abstimmung, kann der Betriebsrat *ohne* ihre Zustimmung errichtet werden. Dies ist jedoch eher zu akzeptieren als das Gegenteil: Zählt man die Stimmen der Abwesenden, so läuft dies darauf hinaus, ihr Fernbleiben als konkludente Ablehnung der Wahl zu werten. Dabei kann der Grund dafür auch Gleichgültigkeit sein oder die Erwartung, es würden sich schon genug Betriebsratsbefürworter finden. In einer Abwesenheit liegt daher weder eine konkludente Erklä-

---

799 *Schneider/Homburg* in DKKW BetrVG § 17 Rn. 8

800 *Fitting* BetrVG § 42 Rn. 38f.; *Neumann-Duesberg* Betriebsverfassungsrecht, S. 209; *Annuß* in Richardi BetrVG § 45 Rn. 28f.

801 *Fitting* BetrVG § 3 Rn. 91, 95ff.; *Trümner* in DKKW BetrVG § 4 Rn. 54; *Däubler* AuR 2001, S. 1 (3).

802 S. die einschlägige Passage in der Begründung des gemeinsamen Fraktionsentwurfs von CDU/CSU und FDP v. 16.6.1988, BT-Drucksache 11/2503 (S. 38).

803 Vgl. *Sieg* AuA 2009, S. 578 (579).

rung[804] noch ein „beredtes Schweigen"[805]. Einer nur mutmaßlichen Ablehnung durch Abwesende sollte aber nicht dasselbe Gewicht verliehen werden wie der ausdrücklichen Zustimmung (oder Ablehnung) durch Anwesende.

Dies entspricht den Regeln gesellschaftsrechtlicher Beschlussfassung: Für wirksame Beschlüsse der Hauptversammlung einer Aktiengesellschaft wird nicht die Stimmenmehrheit aller Anteilseigner vorausgesetzt (§ 133 Abs. 1 AktG), für Beschlüsse der Gesellschafterversammlung einer GmbH nicht die Mehrheit aller Gesellschafter (§ 51 Abs. 3 GmbHG), für Beschlüsse der Mitgliederversammlung von Vereinen nicht die Zustimmung aller Vereinsmitglieder (§ 32 Abs. 1 S. 3 BGB). Dies gilt jeweils auch für satzungsändernde Beschlüsse (§ 179 Abs. 2 S. 1 AktG[806]; § 53 Abs. 2 S. 1 GmbHG[807]; § 33 Abs. 1 S. 1 BGB[808]), die in ihrer Tragweite – z.B. im Fall einer Änderung der Zweckbestimmung einer Gesellschaft – mit der Entscheidung über eine Betriebsratswahl vergleichbar sind.

Es ist den Arbeitnehmern zuzumuten, die ihnen eingeräumte Selbstbestimmung aktiv wahrzunehmen. Wer keinen Betriebsrat wünscht – und dazu beitragen kann, dass dessen Befürworter um den erwünschten Schutz gebracht werden – sollte ihn verhindern müssen, indem er an der Betriebsversammlung teilnimmt. Das Abstimmungsrecht der Wahlbefürworter würde entwertet, könnten sie von der passiven Mehrheit überstimmt werden. Deren Boykott ist nur im aktuellen, von Fremdbestimmung geprägten Modell als symbolischer Protest legitim.[809]

b. Mehrheitsprinzip und Minderheitenschutz

§ 7 Abs. 2 S. 4 SprAuG verlangt als Schwelle für eine Sprecherausschusswahl die absolute Mehrheit der Abstimmungsberechtigten. Für die Frage einer Betriebsratswahl ist diese Schwelle aus den folgenden Erwägungen zu hoch: Unter Geltung eines Abstimmungsregimes wären schutzsuchende Arbeitnehmer darauf angewiesen, dass ihre Betriebskollegen entweder das gleiche Schutzbedürfnis

---

804 Vgl. dazu *Medicus* BGB AT Rn. 334.

805 Dazu *Larenz/Wolf* BGB AT § 28 Rn. 69.

806 *Hüffer* AktG § 179 Rn. 14.

807 *Roth/Altmeppen* GmbHG § 53 Rn. 18.

808 Mit Ausnahme der Änderung des Vereinszwecks, § 33 Abs. 1 S. 2 BGB.

809 *Löwisch* BB-Forum 2006, S. 664f.

hegen wie sie oder dass sie dazu bereit sind, auf Kosten der eigenen Vertragsfreiheit das fremde Schutzinteresse zu akzeptieren. Der Gesetzgeber muss mit der Festlegung des Abstimmungsquorums folglich eine Mindestzahl freiwilliger Beitritte zu diesem Schutzpakt der Belegschaft definieren. Von dieser Grenze an wird die Wirkung des Paktes kraft Gesetzes auf diejenigen erstreckt, die sich ihm verweigern.

Nur dem durch die Betriebsratswahl verfassten Arbeitnehmerkollektiv gewährt der Gesetzgeber Schutz- und Teilhaberechte. Die Arbeitnehmer könnten keine alternative *betriebliche* Vertretung zu ihrem effektiven Schutz errichten; das Betriebsverfassungsgesetz misst ihren privatautonom geschaffenen Vertretungen keine Rechte bei.[810] Bei der Urabstimmung über die Betriebsratswahl ginge es somit um alles oder nichts – den gesetzlichen Rundum-Schutz oder keine Interessenvertretung. Die Unterlegenen wären auf den Schutz Dritter – Gewerkschaften oder Gerichte – verwiesen.

Eine Kombination dieses Vertretungsmonopols des Betriebsrats mit einer hohen Errichtungsschranke widerspräche dem ausgeprägten Minderheitenschutz, der die Betriebsverfassung auszeichnet. Nicht nur dient sie primär dem Schutz des Einzelnen, der Betriebsrat hat Minderheitenbelange zu achten und darf sie, wenn dies geboten erscheint, gegen die Mehrheit durchsetzen.[811] Das Verhältniswahlrecht sichert Minderheiten einen Platz in Gremien (§ 14 Abs. 2 S. 1 und § 27 Abs. 1 S. 3 BetrVG) und Schutz bei ihrer Amtsausübung (z.B. durch § 28 Abs. 1 S. 2 i.V.m. § 27 Abs. 1 S. 3 und § 38 Abs. 2 S. 1 BetrVG).

In diesem System muss eine Belegschaftsgruppe, die den Schutz des Betriebsrats ablehnt, eine qualifizierte Größe erreichen, bevor ihre Belange dem Schutzbedürfnis der Minderheit vorzuziehen ist. Deshalb ist für die Entscheidung gegen einen Betriebsrat eine qualifizierte Mehrheit zu verlangen.

c. Bestimmung des Abstimmungsquorums

Das Quorum sollte in die existierenden Minderheitenschutzregeln eingebettet werden. Die Schwelle für die Ausübung organisatorischer Teilhaberechte liegt überwiegend bei einem Viertel der Wahlberechtigten (z. B. §§ 23 Abs. 1 S. 1, 43 Abs. 3 S. 1 BetrVG). An dieser Schwelle sollte sich das notwendige Quorum für eine Betriebsratswahl orientieren. Dies entspräche den Abstimmungsmehrheiten

---

810 Siehe oben § 2 A I 4 b (S. 116).

811 Siehe dazu oben unter § 3 A II 3 b cc (S. 157).

im Gesellschaftsrecht für satzungsändernde Beschlüsse.[812] Für eine Entscheidung *gegen* einen Betriebsrat sollte somit eine Mehrheit von 75 Prozent der anwesenden Stimmberechtigten verlangt werden.

6. Rechtsfolge und Geltungsdauer des Abstimmungsergebnisses

Votieren mehr als 25 Prozent der Stimmberechtigten für einen Betriebsrat, wäre das Verfahren nach den geltenden Wahlregeln fortzuführen. Anderenfalls würde es nicht fortgeführt. Die Regeln für einen Antrag auf gerichtliche Einsetzung des Wahlvorstands sind insofern anzupassen (§ 17 Abs. 4 S. 2 i.V.m. § 16 Abs. 2 BetrVG) – angesichts der Urabstimmung kann das Antragsrecht von drei Arbeitnehmern oder einer Gewerkschaft nicht aufrechterhalten werden. Dieses Antragsrecht sollte sich auf eine gerichtliche Prüfung des Abstimmungsverfahrens beschränken.

Fraglich ist, welche Haltbarkeit dem Abstimmungsergebnis zu verleihen ist. Betriebsexterne Wahlinitiatoren – Gewerkschaften, Gesamtbetriebsrat und Konzernbetriebsrat – sollten erst zum nächsten regelmäßigen Wahltermin (§ 13 Abs. 1 BetrVG) wieder eine Wahlversammlung einberufen können.

Hierzu enthalten das Sprecherausschussgesetz und seine Wahlordnung keine Regeln, die sich übernehmen ließen. Das Belegschaftsvotum muss in jedem Fall eine Mindestgeltung haben, sonst könnten die Initiatoren durch mehrmalige Initiativen große Unruhe und erhebliche Kosten erzeugen. Da die Aussprache in der Wahlversammlung den Arbeitnehmern Gelegenheit bietet, sich die Vorteile eines Betriebsrats und die Risiken seiner Ablehnung vor Augen zu führen, ist es vertretbar, sie für eine Mindestfrist daran zu binden. Die Frist sollte jedoch kürzer sein als eine Wahlperiode. Dafür spricht, dass sich die Belegschaftsstruktur in kürzerer Zeit als in vier Jahren grundlegend ändern kann. Neu hinzugekommene Arbeitnehmer sollten in angemessener Frist über eine Vertretung mitentscheiden können.

Auch können Betriebe in wirtschaftliche Schwierigkeiten geraten, die Betriebsänderungen erfordern, zu deren Nachteilsausgleich ein Betriebsrat dann doch willkommen sein dürfte.[813] Für die Abwendung akuter Krisen kommt eine Wahl zwar in aller Regel zu spät: Ein Betriebsrat, der erst gewählt wird, nachdem die Planung für eine geplante Betriebsänderung schon abgeschlossen wurde

---

812 Dazu zuvor unter a (S. 180).

813 Dazu *Däubler* in FS Wißmann, S. 275 (275f.).

und ihr Vollzug begonnen hat, kann weder Verhandlungen über einen Interessenausgleich verlangen, noch den Abschluss eines Sozialplans.[814]

Die Arbeitnehmer sollten aber immerhin Gelegenheit haben, ihr Votum über einen Betriebsrat angesichts eines schleichenden Niedergangs ihres Unternehmens revidieren zu können. Dafür erscheint eine Mindestbindungswirkung des Abstimmungsergebnisses von zwei Jahren angemessen. Sie entspricht der Wertung des § 13 Abs. 2 Nr. 1 BetrVG, der bei starker Fluktuation der Belegschaft eine Neuwahl nach 24 Monaten gestattet. Mit Ablauf dieser Frist könnten somit drei Wahlberechtigte (wie nach dem geltenden § 17 Abs. 3 BetrVG) eine neue Wahlversammlung einberufen.

II. Die Bewertung des Modells

Bedenken stellen sich bei diesem Abstimmungsmodell hinsichtlich der Rechte der unterlegenen Minderheit, die einen Betriebsrat befürwortet. Zu prüfen ist daher, ob das Modell die Interessen dieser Minderheit mit denen der Betriebsratsgegner an einer eigenen Wahrnehmung ihrer Rechte angemessen in Ausgleich bringt.

1. Kein „Anspruch auf Betriebsrat"

Ein Abstimmungserfolg der Betriebsratsgegner nähme den Betriebsratsbefürwortern die Möglichkeit, das einzige gesetzlich anerkannte Gremium zur Ausübung ihrer Mitwirkungsrechte im Betrieb zu installieren. Die Zulässigkeit dieser Entscheidung ist an den Grundrechten der betroffenen Arbeitnehmer zu messen. Diesen steht zwar nach allgemeiner Ansicht kein eigenständiges Grundrecht auf (betriebliche oder unternehmerische) Mitbestimmung zu.[815]

Aber die wohl herrschende Meinung leitet aus der Berufsfreiheit der Arbeitnehmer (Art. 12 Abs. 1 GG) verstärkt durch das Sozialstaatsprinzip des Art. 20

---

814 BAG v. 20.4.1982 – Az. 1 ABR 3/80 – BAGE 38, 284; BAG v. 28.10.1992 – Az. 10 ABR 75/91 – DB 1993, S. 385f.; *Däubler* in FS Wißmann, S. 275.

815 So aber *Däubler* Grundrecht auf Mitbestimmung, S. 129ff.; a.A. zur Unternehmensmitbestimmung BVerfGE 50, 290 (349); zur Betriebsverfassung BVerfG v. 6.11.1979 – Az. 1 BvR 81/76 – BVerfGE 52, 283 (298); *Wiese* in GK-BetrVG Einl. Rn. 48; zum Streitstand *Triemel* Minderheitenrechte, S. 10ff.

Abs. 1 GG, sowie zusätzlich[816] aus dem Allgemeinen Persönlichkeitsrecht (Art. 2 Abs. 1 GG i.V.m. Art. 1 Abs. 1 GG) einen Schutzanspruch der Arbeitnehmer gegen den Staat ab, ein Mindestmaß an betrieblicher Mitbestimmung zu etablieren, um dem Arbeitgeber keine grenzenlose Gestaltungsmacht zu belassen.[817] Für die Gestaltung des konkreten Schutzniveaus dieses Systems habe der Gesetzgeber aber einen großen Spielraum.

Im vorliegenden Fall würden Abstimmungen das System der Betriebsverfassung nicht beseitigen. Der Gesetzgeber würde aber die Geltung der Teilhaberechte vor Hürden stellen, indem er ihre Umsetzung durch Mitbestimmungsorgans zur Abstimmung stellt. Nach verbreiteter Ansicht darf er Mitbestimmung nicht „übermäßig erschweren"[818]. Ein Maßstab für die Übermäßigkeit von Mitbestimmungsschranken fehlt allerdings.

2. Verhältnismäßigkeit von Abstimmungen

Nicht nur die Interessen der Betriebsratsbefürworter genießen grundrechtlichen Schutz, dies gilt auch für die ablehnende Haltung der Gegner gegenüber einer Fremdvertretung: Die aus Art. 2 Abs. 1 GG abgeleitete Privatautonomie sichert die Freiheit vor fremdgesetzten Vereinbarungen wie denen der Betriebsparteien.[819] Insofern dienen Belegschaftsabstimmungen über Betriebsratswahlen einem legitimen Ziel.

Positive und negative Ausprägungen von Grundrechten sind zwar nicht immer gleichgewichtig – der Schutz *durch* und der Schutz *gegen* Regelungen Drit-

---

816 *Scholz* in Maunz/Dürig GG Art. 12 Rn. 116; *Ellenbeck* Grundrechtsfähigkeit des Betriebsrats, S. 95f.; allgemein zum Verhältnis von Berufsfreiheit und allgemeinem Persönlichkeitsrecht BVerfG v. 31.10.1984 – Az. 1 BvR 35, 356, 794/82 – BVerfGE 68, 193 (223f.).

817 BVerfG v. 26.5.1970 – Az. 2 BvR 311/67 – BVerfGE 28, 314 (323); *Kempen* AuR 1986, S. 129 (132f.); *Kisker* in FS Geiger, S. 243 (246ff.); *Wiese* in GK-BetrVG Einl. Rn. 63; *ders.* ZfA 2006, S. 1 (5); *Lambrich* Tarif- und Betriebsautonomie, S. 225; a.A. *Lohse* Grenzen gesetzlicher Mitbestimmung, S. 46ff; differenzierend *Bremeier* Personelle Reichweite der Betriebsverfassung, S. 113, 122ff.

818 *Lambrich* Tarif- und Betriebsautonomie, S. 225; *Jahnke* Tarifautonomie und Mitbestimmung, S. 39.

819 Zu den verfassungsrechtlichen Implikationen der Fremdbestimmung durch Betriebsvereinbarungen s. *Kreutz* Grenzen der Betriebsautonomie, S. 115ff.

ter könnten ein unterschiedliches Gewicht haben.[820] Doch gerade für den ähnlich gelagerten Fall der positiven und negativen Koalitionsfreiheit haben Bundesverfassungsgericht[821] und Bundesarbeitsgericht[822] beide Ausprägungen für grundsätzlich gleichwertig erklärt. Zwar ist Vorsicht geboten bei einem unmittelbaren Vergleich der staatlichen Betriebsverfassung und dem privatautonomen Tarifsystem.[823] Meines Erachtens lassen sich die Grundgedanken der Urteile dennoch auf die Betriebsverfassung übertragen: Entscheidend ist, dass sie dem Schutz vor kollektiven *Vereinbarungen* – ob privatautonom oder kraft gesetzlicher Grundlage getroffen – und vor ihrer Wirkung auf einzelvertragliche Absprachen dasselbe Gewicht einräumen, wie dem Schutz durch diese.

Eine unerwünschte Vertretung durch Betriebsräte beschert den Betroffenen trotz Geltung des Günstigkeitsprinzips wirtschaftliche Nachteile, etwa in Gestalt der Kosten der Betriebsverfassung. Diese trägt zwar gem. §§ 40, 41 BetrVG der Arbeitgeber; eine Umlage auf die Arbeitnehmer ist unzulässig. Faktisch findet diese Umlage freilich statt, denn der Arbeitgeber verbucht Mitbestimmungskosten als Lohnnebenkosten, was in Gehaltsverhandlungen und bei möglichen Betriebsänderungen zu Buche schlägt.

In diesem Zusammenhang ist zu berücksichtigen, dass die Rechtsprechung in den vergangenen Jahren die betriebliche Schutzwirkung außerbetrieblicher Akteure erheblich ausgebaut und damit die Folgen von Betriebsänderungen für betriebsratslose Betriebe gemildert hat. So wurden z.B. Arbeitskämpfe gerichtet auf den Abschluss von Tarifsozialplänen anerkannt[824], in denen typischerweise Kündigungsfristen, Abfindungen, Weiterbildungsmaßnahmen oder die Einrichtung eines Härtefonds geregelt werden. Zusätzlich haben die Gerichte Unterstützungsstreiks anderer Belegschaften gebilligt. Dazu zählen auch Arbeitsniederle-

---

820 BVerfGE 94, 268 (283f.); *Schmiege* Organisationsstrukturen, S. 264.

821 BVerfGE 50, 290 (367); BVerfG v. 15.7.1980 – Az. 1 BvR 24/74, 439/79 – BVerfGE 55, 7 (21).

822 BAG v. 29.11.1967 – Az. GS 1/67 – BAGE 20, 175 (215).

823 Gegen eine Übertragbarkeit *Teusch* Organisation der Betriebsverfassung, S. 80ff.

824 BAG v. 24.4.2007 – Az. 1 ABR 252/06 – AP Nr. 2 zu § 1 TVG Sozialplan = DB 2007, 1924ff.; ebenso LAG Schleswig-Holstein v. 27.3.2003 – Az. 5 Sa 137/03 – AP Nr. 165 zu Art. 9 GG Arbeitskampf; LAG Niedersachsen v. 2.6.2004 – Az. 7 Sa 819/04 – AP Nr. 164 zu Art. 9 GG Arbeitskampf; siehe auch *Fischinger* Arbeitskämpfe bei Standortverlagerung, S. 27ff.

gungen in anderen Betrieben desselben Konzerns.[825] Zwar darf sich der Arbeitskampf nicht gegen die unternehmerische Entscheidung selbst richten.[826] Dennoch dürfte schon die Aussicht auf einen Streik diese Planung beeinflussen.[827] Ein rechtzeitiger Beitritt würde auch Nicht-Gewerkschaftsmitglieder Ansprüche aus Tarifsozialplänen sichern; zudem wenden die Arbeitgeber diese in der Praxis auf alle Betriebsangehörigen an.[828] So finden auch Arbeitnehmer betriebsratsloser Betriebe Schutz gegen die Folgen von Betriebsänderungen, und dies unabhängig von den Schwellenwerten des § 111 BetrVG.[829]

Vor diesem Hintergrund kann nicht pauschal angenommen werden, dass „im Extremfall eine Arbeitnehmerin oder ein Arbeitnehmer im Betrieb genügen muss", um die Belange aller anderen aufzuwiegen.[830] Vielmehr erscheint es aus Sicht des Minderheitenschutzes nicht unverhältnismäßig, die Zustimmung von einem Viertel der (anwesenden) Arbeitnehmer vorauszusetzen. Eine Stimme der Befürworter wiegt so drei der Contra-Fraktion auf.

3. Systemgerechtigkeit

Abstimmungen würden auch die positive und negative Wahlfreiheit der Arbeitnehmer in einen besseren Ausgleich bringen als das geltende Recht.

a. Grundsatz der Freiwilligkeit der Betriebsratswahl

Die Betriebsverfassung geht von einer freiwilligen Institutionenbildung aus. Anders als unter Geltung des Betriebsrätegesetzes sieht sich der Staat nicht mehr in der Verantwortung für die Gründung von Betriebsräten und verfolgt betriebs-

---

825 BAG v. 19.6.2007 – Az. 1 AZR 396/06 – NZA 2007, S. 1055ff.; dazu *Däubler* in DKKW BetrVG § 111 Rn. 13e.

826 *Bauer/Krieger* NZA S. 2004, S. 1019 (1022); *Gaul* RdA 2008, S. 13 (18); *Henssler* in FS Richardi, S. 553 (565f.); *Kaiser* in FS Buchner, S. 385 (387); *Wank* RdA 2009, S. 1 (7); a.A. ArbG Frankfurt v. 15.3.2005 – Az. 5 Ca 4542/04 – AuR 2005, S. 153; *Kühling/Bertelsmann* NZA 2005, S. 1017ff.; vermittelnd *Däubler* in DKKW BetrVG § 111 Rn. 13c (Ausschluss des Streikrechts nur, soweit ein inhabergeführter Betrieb betroffen ist), *Hensche* AuR 2004, S. 443ff.

827 *Ricken* ZfA 2008, S. 283 (286, 291); *Rolfs/Clemens* NZA 2004, S. 410 (414ff.).

828 *Gaul* RdA 2008, S. 13 (14)

829 *Lipinski/Ferme* DB 2007, S. 1250; *Kühling/Bertelsmann* NZA 2005, S. 1017 (1022).

830 *Rose* KritJ 2001, S. 157 (162).

ratslose Betriebe nicht mehr mit polizeilichen Bußgeldbescheiden.[831] Das Errichtungsgebot des Betriebsrätegesetzes wurde schon durch das BetrVG 1952 beseitigt: Die Wahl sollte rechtlich geschützt, aber nicht staatlich erzwingbar sein.[832] Die Reformen von 1972 und 2001 haben an diesem Prinzip festgehalten, haben aber zugleich das Fehlen staatlicher Betriebsratserrichtungskontrolleure durch neue private Errichtungshelfer wie Gewerkschaften oder Gesamtbetriebsräte kompensiert. Dies haben die Reformgesetzgeber nicht mit einem rechtlichen Müssen, sondern mit einem sozialpolitischen Wollen erklärt: Es gelte, den Trend schrumpfender Betriebsratszahlen zu bremsen.[833]

b. Negative und positive Wahlfreiheit

In den Wahlvorschriften des Betriebsverfassungsgesetzes wird eine negative Wahlfreiheit (oder negative Mitbestimmungsfreiheit[834]) der Arbeitnehmer nicht erwähnt. Sie ist aber anerkannt: Für das BAG bedeutet sie nicht nur Schutz vor Zwang bei der Wahlentscheidung, sondern auch die Freiheit, nicht zu wählen.[835] Diese Freiheit hat keinen Verfassungsrang[836], umgekehrt gibt es allerdings auch keine verfassungsrechtlich garantierte positive Wahlfreiheit, in Gestalt eines Anspruchs auf Betriebsratswahlen.

Wie weit die negative Wahlfreiheit der Betriebsbürger reicht, verdeutlicht ein Vergleich mit den Rechten der Staatsbürger: Letztere können unstreitig nicht die Wahl und die Konstituierung der Staatsorgane verhindern.[837] Der Staatsbürger muss das parlamentarische System dulden, denn es muss nicht „errichtet"

---

831 *Reichold* Betriebsverfassung als Sozialprivatrecht, S. 312f.

832 *Neumann-Duesberg* Betriebsverfassungsrecht S. 84, 239; *Reichold* Betriebsverfassung als Sozialprivatrecht, S. 312, 451.

833 *Reichold* Betriebsverfassung als Privatrecht, S. 451 (Fn. 278) sowie *Rieble* ZIP 2001, S. 133ff.

834 Zur Diskussion gestellt von *Rieble* ZIP 2001, 133 (135f.).

835 BAG v. 6.12.2000 – Az. 7 ABR 34/99 – BAGE 96, 326; ebenso *Kreutz* in GK-BetrVG § 14 Rn. 10, 26ff.; *Rieble* ZIP 2001, S. 133 (135); *Trute* in v. Münch/Kunig GG Art. 38 Rn. 35ff.

836 *Kreutz* in GK-BetrVG § 14 Rn. 11.

837 *Stern* StaatsR I § 10 II 7.

werden wie ein Betriebsrat, sondern wurde durch Inkrafttreten des Grundgesetzes statuiert.[838]

Dagegen hat der Gesetzgeber mit seiner Grundsatzentscheidung über die freie Betriebsratsbildung die negative Wahlfreiheit der Betriebsbürger so weit gefasst, dass sie grundsätzlich die Ablehnung der Vertretung an sich umfasst. Zwar wurden gleichzeitig Mechanismen wie das „Mentorenprinzip" geschaffen, die diese Freiwilligkeit in Richtung einer obligatorischen Vertretung einschränken.[839] Doch vom Grundsatz der Freiwilligkeit ist noch kein Gesetzgeber abgerückt. Mit Abstimmungen über eine Betriebsratswahl würde der Gesetzgeber dieser von ihm selbst begründeten negativen Wahlfreiheit gerecht. Er würde auch die privatrechtliche Natur der Betriebsverfassung hervorheben, in der Interessenvertretung durch Dritte eine Zustimmung des Interessenträgers voraussetzt.[840]

c. Reichweite der positiven Mitbestimmungsfreiheit?

Wie die negative Mitbestimmungsfreiheit das Recht umfasst, sich gegen eine Wahl zu wehren, umfasst die positive Wahlfreiheit der Betriebsratsbefürworter das Recht, sich für die Wahl einzusetzen. Allerdings dürfte es für einen effektiven Schutz dieser Freiheit nicht geboten sein, die *Schwelle zur Verwirklichung* von Teilhabe so niedrig anzusetzen sind, wie das Gesetz es aktuell tut.

In einem Teilhabesystem, das auf Freiwilligkeit beruht, kann die positive Wahlfreiheit nicht so weit gehen, dass nur drei ihrer Träger eine Wahl zu Lasten einer beliebigen Zahl Dritter erzwingen können. Für die Wahrung der positiven Mitbestimmungsfreiheit genügt es, dass der Arbeitnehmer effektiv teilhaben kann *an dem Meinungsbildungsprozess*, dessen Ergebnis die Wahl eines Betriebsrats sein oder eben nicht sein kann. Die so verstandene positive Mitbestimmungsfreiheit umfasst ein Rederecht jedes Wahlberechtigten in einer Debatte über die Betriebsratswahl, die Befugnis, im Betrieb für einen Betriebsrat zu

---

838 Auch die negative Koalitionsfreiheit nach Art. 9 Abs. 3 GG schützt Arbeitnehmer weder davor, dass Andere Koalitionen bilden, noch davor, dass deren Vereinbarungen eine Fernwirkung auf sie entfalten; BVerfG v. 24.5.1977 – Az. 2 BvL 11/74 – BVerfGE 44, 322 (352); BVerfG v. 15.7.1980 – Az. 1 BvR 24/74 und 1 BvR 439/79 – BVerfGE 55, 7 (22); BAG v. 28.3.1990 – Az. 4 AZR 536/89 – AP Nr. 25 zu § 5 TVG; *Wiedemann* in Wiedemann TVG Einl. Rn. 294; *Löwisch/Rieble* in MünchArbR § 155, Rn. 2; *Teusch* Organisation der Betriebsverfassung, S. 81ff.

839 *Jacobs* Wahlvorstände, S. 22f.

840 Hierzu bereits unter § 1 A III 2 (S. 50).

werben, und die Teilnahme an der Abstimmung. Diesem Schutz wird das hier vorgeschlagene Abstimmungsmodell mehr als gerecht – zusätzlichen Schutz bietet es durch eine niedrige Zustimmungsschwelle von 25 Prozent der anwesenden Wähler und durch die Möglichkeit eines neuen Votums nach zwei Jahren.

III. Ergebnis

Das hier vorgeschlagene Abstimmungssystem ist mit den grundrechtlichen Belangen der Betriebsratsbefürworter in Einklang. Es ermöglicht den Arbeitnehmern, ihren positiven oder negativen Mitbestimmungswunsch frei zu bilden und zu äußern. Zugleich werden die Ergebnisse so freiheitsförderlich wie möglich gewichtet. So wird die Prämisse der Freiwilligkeit der Betriebsratswahl am besten verwirklicht.

B. Abstimmung über die Amtsenthebung von Betriebsräten

§ 23 Abs. 1 BetrVG verdeutlicht, dass der Betriebsrat der Belegschaft nicht unmittelbar verantwortlich ist: Die Belegschaft kann die Amtsenthebung seiner Mitglieder oder die Auflösung des Gremiums nur bei Gericht beantragen, diese Sanktionen aber nicht selbst und mit unmittelbarer Wirkung ergreifen. Die Enthebung setzt eine objektiv erhebliche und offensichtlich schwerwiegende Pflichtverletzung voraus, und nicht nur einen Vertrauensverlust der Wähler.[841]

Ein Abstimmungsregelwerk könnte hier ansetzen und unmittelbare Verantwortlichkeit des Betriebsrats gegenüber den Arbeitnehmern herstellen – die, wie bereits festgestellt[842], die eigentlichen Träger der betrieblichen Teilhaberechte sind. Wo Rechtsträger und Rechtsausübungsberechtigter nicht identisch sind, sollte es ein effektives Kontrollrecht der Vertretenen über Vertreter geben. Es ist zu bezweifeln, dass die Kontrolle der Gerichte auf Rechtsverstöße diesen effektiven Schutz der Arbeitnehmer gewährleistet.

841 BAG v. 5.9.1967 – Az. 1 ABR 1/67 – AP Nr. 8 zu § 23 BetrVG.

842 § 3 A II (S. 145).

I. Das Abstimmungsmodell

1. Abstimmungsgegenstand

Abstimmungen könnten die Abberufung einzelner Betriebsratsmitglieder oder die Auflösung des gesamten Gremiums betreffen. Da Gesamt- oder Konzernbetriebsräte nicht von den Arbeitnehmern gewählt oder abberufen werden, erübrigen sich Abstimmungen auf Betriebs- oder Konzernebene. Gegen ein Belegschaftsvotum über EBR und SE-Betriebsrat wurde schon Stellung bezogen.[843] Die Abstimmungsfrage könnte lauten: „Soll Betriebsratsmitglied X seines Amtes enthoben werden?“ beziehungsweise „Soll der Betriebsrat aufgelöst werden?“

Im letzteren Fall betrifft die Abstimmung nur die Frage der Beseitigung des aktuellen Gremiums. Die Entscheidung über eine Neuwahl ist damit nicht verbunden, denn die Abstimmungsberechtigten sollen das Vertrauensverhältnis zu den amtierenden Betriebsräten bewerten, nicht die grundsätzliche Frage nach einer Vertretung. Ist der Auflösungsantrag erfolgreich, kann eine Neuwahl eingeleitet werden. Da aber der Betrieb zu diesem Zeitpunkt betriebsratslos ist, wäre abermals eine Urabstimmung über die Wahl nach dem soeben vorgeschlagenen Konzept (§ 4 A I) abzuhalten.

2. Abstimmungsverfahren

Die Abstimmung sollte nur auf Antrag erfolgen, für den eine Mindestunterstützung durch Unterschriften nachzuweisen wäre. Darin liegt keine Verletzung des Grundsatzes der geheimen Wahl.[844] In Anlehnung an die Abberufung von Arbeitnehmer-Aufsichtsräten (§ 23 Abs. 2 S. 2 MitbestG; § 12 Abs. 1 S. 2 DrittelbG, § 37 i.V.m. §§ 8ff. SEBG) könnte über den Abberufungsantrag in einer geheimen Abstimmung in der Betriebsversammlung entschieden werden. So wäre eine Aussprache möglich und die betroffenen Betriebsräte könnten sich zu den Antragsgründen äußern.

Der Anlass der Versammlung ist den Arbeitnehmern in der Einladung zwingend mitzuteilen. Die Abstimmung sollte nicht nur in einer außerplanmäßigen, sondern auch in einer regulären Betriebsversammlung nach § 43 BetrVG mög-

---

843 Unter § 2 A I 1 d aa (S. 99).

844 Vgl. BVerfG v. 13.6.1956 – Az. 1 BvR 315, 309 u. 286/53 – BVerfGE 5, 77 (82) sowie BVerfG v. 12.10.2004 – Az. 1 BvR 2130/98 – AP Nr. 2 zu § 12 MitbestG; *Henssler* in Ulmer/Habersack/Henssler § 23 MitbestG Rn. 2.

lich sein; auch dann wäre der Tagesordnungspunkt „Amtsenthebungsantrag" in der Einladung anzukündigen. So lassen sich *ad-hoc*-Abberufungen durch spontane Mehrheiten verhindern.

Die Verfahrensleitung sollte nicht der Betriebsrat innehaben, sondern ein unabhängiger Wahlvorstand, der auch die Zulässigkeit des Abberufungsantrags zu prüfen hätte (§ 84 Abs. 1 S. 1 der 1. WO). Fraglich ist, wie dieser zu benennen ist. Im Fall der Abberufung von Aufsichtsräten übertragen die Wahlordnungen der Mitbestimmungsgesetze diese Zuständigkeit dem Betriebsrat (§ 82 i.V.m. §§ 3ff. der 1. WO zum MitbestG). Das Gremium dürfte aber für die Benennung des Wahlvorstands für sein eigenes Abberufungsverfahren nicht der geeignete Akteur sein. Angesichts der zentralen Rolle des Wahlvorstands im Abberufungsverfahren – ihm obläge die Prüfung der Zulässigkeit des Antrags und die Leitung der Abstimmungsversammlung – ist seine Neutralität unbedingt zu gewährleisten.

Soweit nur einzelne Betriebsratsmitglieder von dem Amtsenthebungsantrag betroffen sind, genügt es, diese von dem Beschluss über die Benennung des Wahlvorstands auszuschließen.[845] Richtet sich der Antrag gegen das gesamte Gremium, könnte die Vorschrift der 1. Wahlordnung zum Mitbestimmungsgesetz für betriebsratslose Betriebe übernommen werden, nach der die Betriebsversammlung den Wahlvorstand wählt (§ 5 Abs. 4 der 1. WO). Dies würde seine Unabhängigkeit sichern, das Verfahren allerdings auch deutlich teurer und komplizierter machen, da zwei Betriebsversammlungen notwendig wären: eine für die Wahl des Wahlvorstands und eine für die Abstimmung über den Abberufungsantrag. Diese Verfahrensschritte lassen sich nicht in einer Versammlung durchführen, da der Wahlvorstand Zeit zur Prüfung des Abberufungsantrags und zur Erstellung der Liste der Abstimmungsberechtigten braucht.

Das Risiko eines parteiischen Wahlvorstands erscheint nicht groß genug, um zwei Betriebsversammlungen zu rechtfertigen. Es besteht die Gefahr, dass das Amtsenthebungsverfahren dann gar nicht genutzt würde. Stattdessen könnte das Abstimmungsregelwerk den Arbeitnehmern gestatten, in der Abstimmungsversammlung einen neuen Wahlvorstand zu wählen, falls sie das vom Betriebsrat benannte Gremium ablehnen.

---

845 Dies wird für Abberufungsanträge gegen Aufsichtsräte, die gleichzeitig Betriebsräte sind, empfohlen von *Henssler* in Ulmer/Habersack/Henssler § 23 MitbestG Rn. 15.

3. Materielle Antragsvoraussetzungen?

Amtsenthebungsanträge gegen Aufsichtsräte sind voraussetzungslos möglich. Dies sollte auch für Anträge gegen amtierende Betriebsräte gelten, denn materielle Antragsvoraussetzungen könnten nur darin bestehen, dass die Antragsteller entweder Anhaltspunkte für einen Rechtsverstoß geltend machen oder Gründe für ihren Vertrauensverlust in die Vertreter nennen. Im ersten Fall gäbe es keine neutrale Instanz, die diese Vorwürfe bewerten könnte, im zweiten Fall wäre der Vertrauensverlust selbst schon gar nicht rechtlich prüfbar.

Eine Begründungspflicht der Antragsteller gegenüber der Betriebsversammlung für die gewünschte Amtsenthebung gesetzlich festzulegen, erscheint auch entbehrlich. Zwar hat das Bundesverfassungsgericht in seinem Urteil über die Abwahlregeln des Bremischen Personalvertretungsgesetzes besonders kritisch hervorgehoben, dass für Amtsenthebungsanträge gegen Personalräte „kein besonderer Grund" notwendig war.[846] Doch dürfte diese Begründung im hier vorgeschlagenen Modell auch ohne eine Rechtspflicht stets erfolgen: Die Initiatoren müssten zwangsläufig in der Betriebsversammlung für ihr Anliegen werben, um die notwendige Zustimmungsrate zu erreichen.

4. Antragsrecht und Antragsquorum

Naheliegend ist es, das Antragsrecht für Amtsenthebungen von Betriebsräten an das Wahlrecht zum Betriebsrat zu koppeln. Dies entspricht den Vorgaben der Mitbestimmungsgesetze für die Abberufung von Aufsichtsräten (§ 23 Abs. 1 S. 2 Nr. 1 MitbestG; § 12 Abs. 1 S. 1 DrittelbG; § 37 Abs. 1 S. 2 Nr. 2 SEBG). Dafür spricht auch, dass die Abberufung *actus contrarius* zur Wahl des Betriebsrats ist. Die Antragsberechtigung hätte der Wahlvorstand festzustellen.

An das Antragsquorum sind höhere Anforderungen zu stellen als nach Drittelbeteiligungsgesetz oder SEBG: Nach § 37 Abs. 1 S. 2 Nr. 2 SEBG sind drei wahlberechtigte Arbeitnehmer antragsberechtigt, nach Drittelbeteiligungsgesetz genügt ein Fünftel der Wahlberechtigten (§ 12 Abs. 1 S. 1 DrittelbG). Für eine Amtsenthebung von Betriebsräten ist sowohl zu deren Schutz vor querulatorischen Anträgen als auch zum Schutz des Betriebsfriedens vor inflationären Anträgen ein höheres Quorum vorauszusetzen.

Die Antragshürde des § 23 Abs. 1 S. 2 Nr. 1 MitbestG – drei Viertel der wahlberechtigten Arbeitnehmer – ist allerdings unangemessen hoch. Sie trägt

846 BVerfGE 51, 77 (92).

zur Schwerfälligkeit und Bedeutungslosigkeit des Abberufungsverfahrens bei.[847] Es empfiehlt sich daher, die Stimmenzahl für die Einberufung der Betriebsversammlung zu verlangen, also 25 Prozent der Wahlberechtigten (§ 43 Abs. 3 S. 1 BetrVG).

5. Abstimmungsrecht und notwendige Stimmenmehrheit

Zur Abstimmung sind alle zu diesem Zeitpunkt wahlberechtigten Betriebsangehörigen zuzulassen – und nicht etwa nur die zum Zeitpunkt der Wahl Stimmberechtigten.[848] Denn die Vertretungsbefugnis des Betriebsrats erstreckt sich auch auf die nach der Wahl hinzugekommenen Arbeitnehmer.

Für einen erfolgreichen Amtsenthebungsantrag sollte ein ähnlich hohes Abstimmungsquorum verlangt werden, wie nach dem Mitbestimmungsgesetz, also eine Mehrheit von drei Vierteln der Abstimmungsberechtigten (§ 23 Abs. 1 S. 2 Nr. 1 MitbestG) und nicht nur der abgegebenen Stimmen (§ 12 Abs. 1 S. 2 DrittelbG).

6. Rechtsfolge der Abstimmung

Scheitert der Antrag, absolviert das betroffene Betriebsratsmitglied oder das gesamte Gremium seine Wahlperiode ordnungsgemäß.

Wird die qualifizierte Mehrheit für eine Amtsenthebung oder Auflösung erreicht, sollte die Rechtsfolge dem Modell der Aufsichtsrats-Abwahl entsprechen. Wäre danach ein einzelner Betriebsrat betroffen, verlöre er sein Mandat mit sofortiger Wirkung (§ 23 MitbestG, § 12 DrittelbG).[849] In diesen Fällen würde der nächstplatzierte Kandidat auf der Liste des betroffenen Betriebsrats nachrücken, so wie es auch im Fall des Ausschlusses kraft gerichtlicher Entscheidung geschieht (§ 24 Nr. 5 BetrVG).

Wird das gesamte Gremium aufgelöst, führt dies dazu, dass der Betriebsrat als solcher aufhört zu existieren – wie im Fall einer gerichtlichen Auflösung.[850] Anders als nach § 23 Abs. 2 S. 1 BetrVG wäre aber mangels Beteiligung des

---

847 *Wißmann* in WWKK § 23 MitbestG Rn. 2 (m.w.N.); *Henssler* in Ulmer/Habersack/Henssler § 23 MitbestG Rn. 1; *Kraushaar* BB 2003, S. 1614 (1617).

848 *Kleinsorge* in WWKK § 12 DrittelbG Rn. 8.

849 *Raiser* § 23 MitbestG Rn. 6.

850 *Thüsing* in Richardi BetrVG § 23 Rn. 66f.

Gerichts dieses nicht sogleich dazu verpflichtet, einen neuen Wahlvorstand einzusetzen. Die Wahl eines neuen Betriebsrats könnte entspr. § 13 Abs. 2 Nr. 5 BetrVG erfolgen, setzte aber eine abermalige Urabstimmung voraus.

II. Die Bewertung des Modells

Die ausschließlich gerichtliche Abberufbarkeit der Betriebsräte wird als „tragendes Grundprinzip" der Betriebsverfassung bewertet.[851] Das Bundesverfassungsgericht zählt die große Stabilität des –vergleichbaren – Personalratsamts zur „Rechtstradition" und zu „den Grundprinzipien des Betriebsverfassungs- und Personalvertretungsgesetzes".[852] Gegen eine Reform zugunsten von Abberufungen durch die Belegschaft bestehen Bedenken sowohl hinsichtlich des Schutzes betrieblicher Minderheiten als auch hinsichtlich der Rechtsstellung des Betriebsrats.

1. Entgegenstehende Rechte betrieblicher Minderheiten

Ein gewichtiges Argument gegen Abstimmungen über amtierende Betriebsräte ist, dass die Voten zwangsläufig Mehrheitsentscheidungen wären. Wie hoch auch immer das notwendige Quorum für eine Amtsenthebung angesetzt wird – sofern die Abstimmung nicht einstimmig erfolgt, gäbe es stets eine unterlegene Minderheit.[853] Ihre Rechte sind im Folgenden zu prüfen.

a. Reichweite des Minderheitenschutzes

aa. Schutzniveau des Betriebsverfassungsgesetzes

Für kleine Arbeitnehmergruppen gelten im Betriebsverfassungsrecht eine Vielzahl institutioneller Schutzvorschriften: Das Verhältniswahlrecht erleichtert ihren Vertretern den Zugang zum Betriebsrat (§ 14 Abs. 2 S. 1 BetrVG) und zu Ausschüssen (§ 27 Abs. 1 S. 3 BetrVG sowie § 28 Abs. 1 S. 2 i.V.m. § 27 Abs. 1 S. 3 BetrVG) sowie eine Freistellung (§ 38 Abs. 2 S. 1 BetrVG). Für besonders wichtige Betriebsratsbeschlüsse, etwa über den Rücktritt des Gremiums (§ 13 Abs. 2 Nr. 3 BetrVG) oder Geschäftsordnungsfragen (§ 36 BetrVG) sind qualifizierte Mehrheiten erforderlich.

---

851 So das Bundesverfassungsgericht für Personalräte in BVerfGE 51, 77 (90f.)

852 BVerfGE 51, 77 (94).

853 *Krugmann* Recht der Minderheiten, S. 119 (123).

Einen „absoluten Minderheitenschutz" kennt die Betriebsverfassung aber nicht[854]: Betriebsräte können z.B. von ihren Amtskollegen aus dem Betriebsausschuss abberufen werden. Wurden sie per Verhältniswahl gewählt, ist eine Zustimmung von drei Vierteln aller Betriebsratsmitglieder nötig (§ 27 Abs. 1 S. 5 BetrVG).[855] Unter gleichen Bedingungen können freigestellte Betriebsräte diesen Status verlieren (§ 38 Abs. 2 S. 8 i.V.m. § 27 Abs. 1 S. 5 BetrVG).

Während das Verhältniswahlrecht seit 1952 im Betriebsverfassungsrecht verankert ist[856], wurden die flankierenden Minderheitenschutzregeln erst im Laufe der Zeit hinzugefügt. Diese Reformen wurden damals mitunter als überflüssig oder schädlich abgelehnt, was den wechselhaften Stellenwert des betriebsverfassungsrechtlichen Minderheitenschutzes verdeutlicht. Als der Gesetzgeber 1988 die notwendige Zustimmung für Wahlvorschläge von einem Zehntel auf ein Zwanzigstel der Wahlberechtigten senkte (§ 14 Abs. 4 S. 1 BetrVG), und die Verhältniswahl als Regelmodus für Betriebsausschussmitglieder und freigestellte Betriebsratsmitglieder vorschrieb[857], stieß das Vorhaben auf heftige Kritik. Es hieß, die Reform gefährde die Geschlossenheit des Betriebsrats[858], verkompliziere die Arbeitsabläufe und beschere den Betrieben nicht mehr Demokratie, sondern Anarchie oder gar „Weimarer Verhältnisse"[859]. Geboten sei die Reform ohnehin nicht, da der Betriebsrat kein Parlament sei.[860]

In den darauffolgenden Jahren fand der institutionelle Minderheitenschutz nicht nur mehr Akzeptanz, er entwickelte sich geradezu zu einem Dogma, das viele Autoren bis in alle Verästelungen der Betriebsverfassung geachtet sehen wollten.[861] Als der Gesetzgeber bei der BetrVG-Reform von 2001 erwog, Min-

854 BAG v. 28.10.1992 – Az. 7 ABR 2/92 – AP Nr. 16 zu § 38 BetrVG 1972.

855 *Raab* in GK-BetrVG § 27 Rn. 31; *Fitting* § 27 Rn. 46.

856 § 13 Abs. 3 S. 1 BetrVG 1952, zitiert nach *Fitting* BetrVG (3. Aufl. 1953); s. auch *Arnold* Entstehung des BetrVG 1952, S. 114.

857 BT-Drucksache 11/2503.

858 *Richardi* AuR 1986, S. 33.

859 So *Hanau* AuR 1988, S. 261 (264f.); ähnlich *Herschel* Anm. zu BVerfGE 67, 369ff. in AuR 1985, S. 62 (64).

860 *Richardi* a.a.O. (S. 37f.); *Konzen* RdA 2001, 76 (88); *Hanau* AuR 1988, S. 261 (265).

861 Vgl. nur *Klein* Minderheitsgewerkschaften, 4. Kapitel, der für alle Ebenen der Betriebsverfassung ein größtmögliches Minderheitenschutzniveau mit Verfassungsrang entwickelt.

derheitenschutzregeln von 1988 teilweise rückgängig zu machen, den Minderheiten-Gruppenschutz zu beseitigen (was auch geschah) und in Kleinbetrieben die Mehrheitswahl vorzuschreiben (heute § 14a BetrVG) wurde dies als „minderheitenschädlich“ abgelehnt.[862] Urteile des Bundesarbeitsgerichts, wonach Nachfolger freigestellter Betriebsratsmitglieder mit einfacher Mehrheit gewählt werden können, auch wenn die ursprünglich Freigestellten per Verhältniswahl bestimmt wurden[863], erfuhren aus Gründen des Minderheitenschutzes Kritik.[864] Eher möge die nächststärkere Liste den Nachrücker stellen, hieß es, als dass ihn die Mehrheit bestimmen dürfe.[865] Ebenfalls zum Schutz der Minderheit wird vertreten, der Betriebsrat müsse seine Vertreter im Gesamtbetriebsrat per Verhältniswahl wählen.[866]

Umgekehrt werden selten Bedenken geäußert gegen § 3 Abs. 3 BetrVG oder § 4 Abs. 1 S. 2 BetrVG, die für grundlegende Organisationsentscheidungen für den Betrieb nur eine einfache Mehrheit in der Belegschaft verlangen. Minderheitenbelange sind aber durchaus von Relevanz für die Frage, ob ein „fremder“ Betriebsrat einen betriebsratslosen Betriebsteil vertreten soll, oder ob ein unternehmenseinheitlicher Betriebsrat gewählt werden soll: Solche Neugliederungen können etwa dazu führen, dass die Wählerschaft im Betrieb zum Nachteil der Mitglieder einer Kleingewerkschaft umgestaltet wird.

Das Minderheitenschutzkonzept des Betriebsverfassungsgesetzes gilt somit nicht uneingeschränkt und seine Rezeption ist widersprüchlich.

---

862 So *Dütz* DB 2001, S. 1306 (1307); ähnlich *Löwisch* BB 2001, S. 726ff.

863 Z.B. wenn nur ein Nachrücker zu wählen ist: BAG v. 28.10.1992 – Az. 7 ABR 2/92 – AP Nr. 16 zu § 38 BetrVG 1972, oder wenn die Minderheitenliste erschöpft ist: BAG v. 25.4.2001 – Az. 7 ABR 26/00 – AP Nr. 8 zu § 25 BetrVG 1972.

864 So z.B. *Wiese* Anm. zu BAG v. 25.4.2001 a.a.O.; *ders.* Anm. zu BAG v. 28.10.1992 AR-Blattei ES 530.6.2.; *Peter* AiB 2002, S. 282 (286), die beide eine Gesamt-Neuwahl aller Freigestellten nach Verhältniswahlregeln fordern. Ähnlich die Anmerkungen zu der zitierten BAG-Entscheidung von *Welkoborsky* AIB 2003, S. 185ff.; *Wolff* SAE 2002, S. 102ff.

865 *Wedde* in DKKW § 38 Rn. 58; ErfK/*Eisemann* § 35 BetrVG Rn. 6.

866 *Trittin* in DKKW BetrVG § 47 Rn. 30; *Löwisch* BB 2002, S. 1366 (1367); *Annuß* in Richardi BetrVG § 47 Rn. 29 (der dem Gremium die Entscheidungsfreiheit gewähren will, ob die GBR-Mitglieder durch Beschluss oder Verhältniswahl bestimmt werden); a.A. *Fitting* BetrVG § 47 Rn. 33; *Kreutz* in GK-BetrVG § 47 Rn. 38 und wohl auch BAG v. 21.7.2004 – Az. 7 ABR 58/03 – AP Nr. 13 zu § 47 BetrVG 1972.

bb. Verfassungsrechtlich gebotenes Schutzniveau

Die Verfahrensregeln der Betriebsverfassung verdeutlichen, dass diese nach demokratischen Prinzipien organisiert ist. Verschiedentlich wird die demokratische Legitimation der Betriebsräte auch als notwendige Bedingungen dafür angesehen, dass der Arbeitgeber deren Mitbestimmung dulden muss.[867]

Verfassungsrechtlich ist dies aber nicht geboten: Das Demokratieprinzip des Art. 20 Abs. 1 GG verlangt, dass der Staat und die Gebietskörperschaften nach demokratischen Prinzipien zu strukturieren sind, verordnet aber nicht die „Demokratie als Lebensform“[868]. Der Gesetzgeber wird durch Art. 20 Abs. 1 GG weder berechtigt noch verpflichtet, die Institutionen der Privatwirtschaft zu demokratisieren.[869] Ebenso wenig wie das Grundgesetz die Verhältniswahl für Wahl zum Bundestag gebietet[870], muss der Gesetzgeber diese in den Betrieben vorsehen.[871] Er durfte etwa in § 14a Abs. 5 BetrVG regeln, dass in kleinen Betrieben Wahlvorstand und Arbeitgeber den Wahlmodus vereinbaren können.

Wenn aber der Gesetzgeber eine Verhältniswahl vorschreibt, muss er deren sachgerechte Durchführung gewährleisten und darf die Schutzwirkung dieser Systementscheidung nicht durch widersprechende Verfahrensregeln untergraben.[872] Dies ergibt sich aus dem Gebot der Systemgerechtigkeit und Folgerichtigkeit einfachgesetzlicher Wertungen, das aus Art. 3 Abs. 1 GG abgeleitet wird.[873] Für die Wahlregeln der Betriebsverfassung gilt das Gebot der Systemge-

867 *Dütz* DB 2001, S. 1306 (1308).

868 *Stern* StaatsR I § 18, S. 627ff (630).

869 Gegen die Geltung des Demokratieprinzips für die Organisation der Sozialversicherung z.B. BVerfG v. 11.10.1960 – Az. 1 BvL 2, 35/59 – BVerfGE 11, 310 (321); siehe auch *Dreier* in Dreier GG Art. 20 Rn. 59; *Triemel* Minderheitenschutz, S. 22f.

870 Siehe nur BVerfG v. 10.4.1997 – Az. BvF 1/95 – BVerfGE 95, 335 (349); *Magiera* in Sachs GG Art. 38 Rn. 106 (m.w.N.).

871 *Wiese* in GK-BetrVG Einl. Rn. 49f.; *Thüsing* in Richardi BetrVG § 14a Rn. 2; a.A. *Klein* Minderheitsgewerkschaften, S. 288ff. Gegen ein verfassungsrechtliches Gebot der Verhältniswahl für Personalräte BVerwG v. 27.9.1990 – Az. 6 P 23.88 – AP Nr. 2 zu § 19 BPersVG; offen gelassen von BAG v. 25.4.2001 – Az. 7 ABR 26/00 – AP Nr. 8 zu § 25 BetrVG 1972.

872 BVerfG v. 16.12.1958 – Az. 1 BvL 3/57, 4/57, 8/58 – BVerfGE 9, 20 (28); BVerfG v. 7.11.1971 – Az. 1 BvR 338/68 – BVerfGE 34, 103 (115).

873 *Jarass/Pieroth* GG Art. 3 Rn. 29; *Kirchhof* in HdB StR V § 124 Rn. 222ff.; *Bremeier* Personelle Reichweite der Betriebsverfassung, S. 72f.

rechtigkeit in besonderem Maße, da es sich um ein Zwangssystem handelt, das keinen Raum für privatautonome Organisationsregeln lässt.[874]

Das Bundesverfassungsgericht hat die Anforderungen an die Systemgerechtigkeit der Wahlvorschriften zu Arbeitnehmervertretungen in zwei Urteilen über das Bundespersonalvertretungsgesetz konkretisiert. Diese Grundsätze gelten auch für Betriebsratswahlen.[875] Nach dieser Rechtsprechung sind die staatsrechtlichen Minderheitenschutzgebote auf betriebliche Wahlen zu übertragen. Die von Art. 3 Abs. 1 GG gebotene Wahlchancengleichheit wirke als ungeschriebenes Verfassungsrecht auf alle gesetzlichen Wahlregeln.[876]

Wenn die Organisationsregeln der Betriebsverfassung somit keine Systemgerechtigkeit für Minderheiten gewährleisten, liegt darin ein Eingriff in Rechte der wahlberechtigten Arbeitnehmer. Das Bundesverfassungsgericht hat zudem festgestellt, dass die Schutzwirkung der Verhältniswahl auch Minderheitengewerkschaften umfasst, die nicht unverhältnismäßig in der Vertretung ihrer Mitglieder im Betrieb (Art. 9 Abs. 3 GG) eingeschränkt werden dürften.[877]

Aus dieser Rechtsprechung ergibt sich, dass *Zugang* zum Betriebsrat und *Teilhabe* im Betriebsrat für Minderheiten zu sichern sind.[878] Im Zusammenspiel mit dem Urteil des Bundesverfassungsgerichts über die Abberufungsregeln des Bremischen Personalvertretungsgesetzes[879] ergibt sich, dass auch ihr *Verbleib* im Betriebsrat zu sichern und ihnen Schutz vor willkürlicher Abberufung zu gewähren ist.

b. Feststellung der Systemwidrigkeit von Abstimmungen

Für betriebliche Minderheiten bedeuten Abstimmungen über die Amtsenthebung amtierender Betriebsräte Beeinträchtigungen auf zwei Intensitätsstufen: Unmit-

---

874 *Dütz* DB 2001, S. 1301 (1306); *Jacobs* Wahlvorstände, S. 18ff. (21).

875 BVerfG v. 23.3.1982 – Az. 2 BvL 1/81 – BVerfGE 60, 162 (171) und BVerfG v. 16.10.1984 – Az. 2 BvL 20, 21/82 – BVerfGE 67, 369ff.; dazu *Löwisch* BB 2001, S. 726; *Richardi* AuR 1986, S. 33.

876 BVerfGE 60, 162 (167).

877 BVerfGE 60, 162 (169) sowie BVerfG v. 24.2.1999 – Az. 1 BvR 123/93 – BVerfGE 100, 214 (222ff.); dazu eingehend *Klein* Minderheitsgewerkschaften, S. 82ff.; 268ff.

878 Siehe dazu auch BVerfG v. 13.6.1989 – Az. 2 BvR 1/88 – BVerfGE 88, 188 (222) über die Teilnahme parlamentarischer Minderheiten an der Arbeit der Bundestagsausschüsse.

879 BVerfGE 51, 77; siehe auch § 2 A I 2 (S. 106).

telbar betroffen sind sie, wenn ihre kraft Verhältniswahl in den Betriebsrat gelangten Vertreter von der Belegschaftsmehrheit beseitigt werden. Mittelbar können ihre Rechte beeinträchtigt sein durch den Verhaltensdruck, dem ihre Vertreter infolge ihrer drohenden Abberufung unterliegen.

aa. Mittelbare Wirkung: Störung der Amtsausübung des Betriebsrats

[1] Keine Beseitigung des freien Mandats

Auch wenn man Betriebsräten mit der herrschenden Meinung ein freies Mandat ähnlich dem von Abgeordneten zugesteht, würden ihre Amtsenthebung per Abstimmung kein imperatives Mandat begründen: Dieses setzt voraus, dass der Mandatsträger Weisungen seiner Wähler befolgen muss.[880] Die hier entwickelten Abberufungsregeln führten zum *Erlöschen* des Betriebsratsmandats und nicht zu dessen Weiterführung in Weisungsabhängigkeit von der Belegschaft. Wie das Bundesverfassungsgericht im Urteil über das Bremische Personalvertretungsgesetz formuliert, rückt eine betriebliche Abberufung der Arbeitnehmervertreter deren Status nur „in die Nähe eines imperativen Mandats"[881].

[2] Übermäßige Nähe zu imperativem Mandat?

Diese Nähe ergibt sich durch die mittelbare Wirkung der Abstimmungsregeln auf die Amtsführung der Betriebsräte: Eine drohende Abberufung erhöht die Verbindlichkeit von Wünschen und Forderungen der Wählerschaft deutlich. Von dieser „disziplinierenden Wirkung" dürfte vor allem die Belegschafts*mehrheit* profitieren, die eine Amtsenthebung herbeiführen könnte. Es ist nicht auszuschließen, dass das Gremium bei seinen Beschlüssen berechtigte, aber weniger populäre Belange von Minderheiten vernachlässigen könnte. So könnte das Ziel der Verhältniswahl, Minderheiteninteressen im Betriebsrat angemessen zu Gehör zu bringen, verfehlt werden. Die Mandatsträger sind den Interessen aller Arbeitnehmer verpflichtet; eine reine Fokussierung auf Mehrheitsbelange widerspräche einer effektiven Teilhabe der gesamten Belegschaft.[882]

Dass Abstimmungen über Abberufungen diese Wirkung hätten, ist jedoch nicht zwangsläufig zu erwarten. Es besteht nur das *Risiko* einer Systemwidrigkeit. Gegen dessen Verwirklichung bietet das hohe Abstimmungsquorum von drei Vierteln der Wahlberechtigten ein hohes Maß an Sicherheit – ein höheres,

---

880 *Badura* in HdB StR Bd II § 25 Rn. 35ff.

881 BVerfGE 51, 77 (94f.).

882 In diese Richtung auch BVerfGE 51, 77 (92f.); dazu schon unter § 3 A II 3 b cc (S. 157).

als die Vorschrift des Bremischen Personalvertretungsgesetzes, die das Bundesverfassungsgericht kassierte. Diese Norm hatte für die Abberufung von Personalräten nur die absolute Mehrheit der Wahlberechtigten verlangt. Die Schwelle von 50 Prozent Zustimmung ist deutlich leichter zu überwinden, als die hier empfohlene von 75 Prozent.

[3] Erfahrungen mit den Mitbestimmungsgesetzen

Gegen ein konkretes Risiko der Beeinträchtigung von Minderheitenrechten sprechen die Erfahrungen mit Aufsichtsratsabberufungen nach den Mitbestimmungsgesetzen. In deren Entstehungsphase wurden ähnliche Bedenken geäußert, etwa durch den damaligen BAG-Präsidenten *Gerhard Müller*:

> *„Bei dieser Regelung [§ 23 MitbestG, Anm. d. Verf.] ist die Möglichkeit – ich wähle meine Worte sehr sorgfältig – gegeben, dass ein Interessenmandat sich ausbreiten kann. Zwar ist die Sperrmehrheit von drei Vierteln beachtlich, aber der Beschluss braucht nicht mit Gründen versehen zu werden und ist nicht gerichtlich überprüfbar. Hier werden Sie deswegen mit der Möglichkeit eines Einfalltors der Interessentenvertretung rechnen müssen.“*[883]

Müller empfahl, die gerichtliche Nachprüfbarkeit der Abberufungsgründe vorzuschreiben, sodass die Gerichte sachwidrige Abberufungen verhindern könnten, wie den „diskriminierenden Rausschmiss aus einem Verein“.

Bekanntlich hat die Aussicht auf diese möglichen Folgen der Abberufung den Gesetzgeber nicht von deren Regelung abgehalten. Die Praxis bestätigt diese Einschätzung: Abberufungen von Aufsichtsräten durch die Arbeitnehmer oder ihre Delegierten werden äußerst selten versucht und gelingen noch seltener.[884] Die einhellige Meinung in der Literatur geht davon aus, dass die Unabhängigkeit der Aufsichtsräte durch Abberufungsregeln nicht beeinträchtigt wird. Das hohe Zustimmungserfordernis erteile dem imperativen Mandat eine „deutliche Absage“.[885]

---

883 Protokoll der 52. Sitzung des Ausschusses für Arbeit und Sozialordnung v. 16.10.1974, S. 32 (33).

884 *Wißmann* in WWKK§ 23 MitbestG Rn. 10; ein anschauliches Beispiel ist BDA-Präsident *Dieter Hundt*, der trotz mehrerer Abberufungsversuche noch immer im Aufsichtsrat des VfB Stuttgart sitzt, s. *Ralph Bollmann* „Der Immerwährende“, F.A.S. vom 31.07.2011, S. 32.

885 *Wißmann* in WWKK § 23 MitbestG Rn. 1; ebenso *Ulmer/Habersack* in Ulmer/Habersack/Henssler § 23 MitbestG Rn. 2, 78.

Der Gesetzgeber darf im Rahmen seiner Einschätzungsprärogative darauf vertrauen, dass der Schutz des Dreiviertel-Quorums Betriebsräte ebenso schützt wie Aufsichtsräte.

[4] Erfahrungen mit Österreichs Arbeitsverfassungsgesetz

Hinsichtlich der Unbedenklichkeit von Abstimmungen für die Amtsführung der Betriebsräte kann sich der Gesetzgeber auf Erfahrungen in Österreich stützen. Das österreichische Arbeitsverfassungsgesetz ermöglicht es der Belegschaft, den Betriebsrat als Ganzen des Amtes zu entheben (§§ 42 Abs. 1 Nr. 4, 49 Abs. 2 S. 2 ArbVG[886]). Die dafür erforderliche Abstimmung findet in der Belegschaftsversammlung statt, die Verfahrensleitung hat – anders als hier empfohlen – der Betriebsrat inne (§ 46 ArbVG).[887]

Die Abstimmung kann schon auf Antrag nur eines einzigen Arbeitnehmers erfolgen.[888] Für die Amtsenthebung ist eine Zwei-Drittel-Mehrheit der abgegebenen Stimmen – bei Anwesenheit von mindestens der Hälfte der Stimmberechtigten in der Versammlung – nötig. Weitere inhaltliche Voraussetzungen für den Amtsenthebungsantrag bestehen nicht, insofern gleichen die Vorschriften dem deutschen Drittelbeteiligungsgesetz und Mitbestimmungsgesetz.

---

886 *§ 42 ArbVG [Aufgaben der Betriebs(Gruppen, Betriebshaupt)versammlung]*

(1) Der Betriebs(Gruppen)versammlung obliegt: (...)

4. Beschlussfassung über die Enthebung des Betriebsrats

(2) Der Gruppenversammlung obliegt überdies die Enthebung eines Betriebsratsmitgliedes gemäß § 64 Abs. 1 Z 4 (...).

§ 49 ArbVG [Stimmberechtigung und Beschlussfassung]

(2) Zur Beschlussfassung ist die Anwesenheit von mindestens der Hälfte der stimmberechtigten Arbeitnehmer erforderlich. Die Beschlüsse werden mit einfacher Mehrheit der abgegebenen Stimmen gefasst. Beschlüsse über die Enthebung des Betriebsrates (§ 42 Absl Z 4) oder eines Betriebsratsmitgliedes (§ 42 Abs. 2) bedürfen der Mehrheit von zwei Drittel der abgegebenen Stimmen. (...) Abstimmungen über die Bildung eines gemeinsamen Betriebsrates im Sinne des § 40 Abs. 3 und über Enthebungen haben geheim zu erfolgen.

887 *Kallab* in Zeller Kommentar § 42 ArbVG Rn. 17f., § 46 Rn. 2, 5; *Strasser/Jabornegg* Arbeitsrecht S. 298.

888 *Kallab* in Zeller Arbeitsrecht § 42 ArbVG Rn. 17.

Allerdings kann der österreichische Betriebsrat nur als *Gremium* abberufen werden.[889] Individuelle Amtsenthebungen gestattet das Arbeitsverfassungsgesetz nur in engen, objektiv eindeutigen Grenzen (§§ 42 Abs. 2, 64 Abs. 1 Nr. 4 ArbVG[890]): Der Belegschaftsvertreter muss die Zugehörigkeit zu seiner Wählergruppe – in Österreich gilt noch das Gruppenprinzip, §§ 40 Abs. 2, 41 ArbVG – verloren haben. Stimmberechtigt sind nur die Mitglieder derjenigen Gruppe, die den Vertreter zuvor gewählt hat, und es gilt eine kurze Ausschlussfrist von vier Wochen ab dem Verlust der Gruppenzugehörigkeit.

Das österreichische System hat somit viele Schutzmechanismen für Minderheiten und für das freie Betriebsratsmandat etabliert. Wenn nur der Betriebsrat als Ganzer abberufen werden kann, können Mehrheitsfraktionen auf diesem Wege nicht den Minderheitenschutz der Verhältniswahl aushebeln. Dennoch dürfte auch von der Abberufbarkeit des gesamten Betriebsrats eine gewisse „disziplinierende Wirkung" zugunsten der Mehrheitsmeinung in der Belegschaft ausgehen. Der österreichische Gesetzgeber sah in dieser Regelung offensichtlich keine Gefahr für die Schutzwirkung der Verhältniswahl oder die Funktionsfähigkeit des Betriebsrats, zumindest maß er der direkten Verantwortlichkeit der Betriebsräte gegenüber ihren Wählern mehr Gewicht bei. Das österreichische Arbeitsverfassungsgesetz erklärt das Betriebsratsmandat ausdrücklich für „weisungsfrei" (§ 115 Abs. 2 ArbVG[891]), die Literatur interpretiert die Betriebsräte einhellig als Träger eines freien Mandats.[892] Rechtsvergleichende Untersuchungen über deutsche und österreichische Betriebsräten kommen zwar zu dem Schluss, dass letztere einen schwächeren Status hätten. Doch dies wird nicht mit

---

889 *Mosler* in Zeller Arbeitsrecht § 115 Rn. 26.

890 *§ 64 ArbVG [Beginn und Erlöschen der Mitgliedschaft]*

(1) Die Mitgliedschaft zum Betriebsrat beginnt mit Annahme der Wahl und erlischt, wenn (...)

4. die Arbeitnehmergruppe, die das Mitglied in den Betriebsrat gewählt hat, dieses wegen Verlustes der Zugehörigkeit zu dieser Gruppe binnen vier Wochen enthebt.

891 *§ 115 ArbVG [Grundsätze der Mandatsausübung, Verschwiegenheitspflicht] (2) Die Mitglieder des Betriebsrats sind bei Ausübung ihrer Tätigkeit an keinerlei Weisungen gebunden. Sie sind nur der Betriebs(Gruppen)versammlung verpflichtet.*

892 So etwa *Mosler* in Zeller Arbeitsrecht § 115 Rn. 21 (m.w.N.).

ihrer Abberufbarkeit begründet, sondern mit schwächeren Beteiligungsrechten gegenüber dem Arbeitgeber.[893]

Dass die Abberufungsregeln sehr geringe praktische Bedeutung haben, lässt sich auch daraus ersehen, dass zwischen 1970 und 2011 keine Rechtsprechung zu ihnen vorliegt.

[5] Zwischenergebnis

Die mittelbaren Folgen der Abberufungsmöglichkeit begründen keine durchgreifenden Bedenken gegen das Abstimmungsmodell. Eine solche Einschätzung des Gesetzgebers wäre in der Praxis auf die Probe zu stellen und die Wirkung der Abstimmungsregeln zu beobachten, sodass sich notfalls Anpassungen treffen ließen.

bb. Unmittelbare Wirkung: Verlust gewählter Vertreter

Größere Bedenken bestehen hinsichtlich der unmittelbaren Wirkung von Abberufungen auf die Belange von Minderheiten. Sie gelten zwar nicht der Auflösung des *gesamten Betriebsrats*, denn infolgedessen verlören alle Arbeitnehmervertreter ihr Mandat – auch diejenigen der Mehrheit. Wohl aber gelten sie der Abberufung *einzelner* Betriebsräte.

Unter Geltung des Verhältniswahlrechts gelangen auch Kandidaten in den Betriebsrat, die von der Mehrheit der Wähler nicht unterstützt werden, etwa weil sie einer Minderheitengewerkschaft angehören.[894] Wird die Wählermehrheit dazu ermächtigt, einzelne Mandate wieder zu entziehen, könnte sie diejenigen Betriebsräte abberufen, deren Mandat sie gar nicht erteilt hat. Dies wird durch ein Abberufungsquorum von drei Vierteln der Wahlberechtigten nicht verhindert, da die Wahlregeln des Betriebsverfassungsrechts keine Mindeststimmenzahl vergleichbar der Fünf-Prozent-Hürde für die Wahl von Vertretern verlangen. Wenn Minderheitenvertreter einerseits durch das Verhältniswahlrecht privilegiert werden, andererseits aber ihre Vertreter ohne sachliche Gründe wieder abberufen werden können, liegt darin eine Systemwidrigkeit des Wahlrechts.

Diese stellt nicht zwangsläufig eine Verletzung des Rechts auf Chancengleichheit aus Art. 3 Abs. 1 GG dar, ist dafür aber ein Indiz.[895] Steht hinter der

893 *Karacz* Arbeitnehmerinteressenvertretungen, S. 143 (m.w.N.) bewertet beide Gremien als gleich „autonom“.

894 Vgl. *Löwisch* BB 2001, S. 726.

895 BVerfG v. 10.11.1981 – Az. 1 BvL 18, 19/77 – BVerfGE 59, 36 (49).

Minderheitenliste eine Minderheitengewerkschaft, läge zusätzlich ein Eingriff in die Koalitionsfreiheit nach Art. 9 Abs. 3 GG vor[896], da ihre Vertreter von Mitgliedern der konkurrierenden Mehrheitsgewerkschaft abberufen werden könnten. Die Tatsache, dass auch der Nachfolger des abberufenen Mitglieds von der Minderheitenliste stammen würde, schließt diese Beeinträchtigung nicht aus. Denn die Liste könnte erschöpft sein oder von vorneherein nur einen Kandidaten enthalten haben.[897] Zudem umfasst die Chancengleichheit der Wahl auch die Gestaltung der Wahlvorschlagsliste und damit das Recht, die Reihenfolge der Kandidaten zu bestimmen.[898]

c. Rechtfertigung der Systemwidrigkeit

An die Rechtfertigung systemwidriger Ordnungsregeln stellt die Rechtsprechung wechselnd hohe Anforderungen: Einmal wird argumentiert, die Wahlrechtsklauseln müssten einem Ziel dienen, dessen Gewicht der Bedeutung des Systemverstoßes angemessen ist.[899] Dann wieder soll es genügen, dass die Gründe für die Regelung „plausibel" oder „hinreichend" sind.[900] Hinsichtlich der Gewichtung der Gründe genießt der Gesetzgeber einen weiten Beurteilungsspielraum.[901]

aa. Gewicht des Eingriffs durch Abberufungen

[1] Tragweite für das Verhältniswahlsystem

Das Verhältniswahlsystem an sich steht der Abwahl von Mandatsträgern nicht im Wege. Das verdeutlicht das Urteil über die Abberufungsregeln des Bremischen Personalvertretungsgesetzes: Ihre Unwirksamkeit wurde auf einen Verstoß gegen Bundesrecht gestützt – nicht darauf, dass der Minderheitenschutz an sich Abberufungen unter allen Bedingungen verbiete.[902] Das Gericht schloss

---

896 Nicht aber die Koalitionsfreiheit des einzelnen Gewerkschaftsvertreters im Betriebsrat, vgl. BVerfGE 51, 77 (87).

897 Zur Zulässigkeit nur eines Wahlvorschlags BAG v. 29.6.1965 – Az. 1 ABR 2/65 – AP Nr. 11 zu § 13 BetrVG.

898 Vgl. BVerfGE 60, 162 (166); *Schneider/Homburg* in DKKW BetrVG § 14 Rn. 19.

899 BVerfG v. 15.5.1984 – Az. 1 BvR 464, 605/81 – BVerfGE 67, 70 (84f.); BVerfG v. 19.10.1982 – Az. 1 BvL 39/80 – BVerfGE 61, 138 (148).

900 *Osterloh* in Sachs GG Art. 3 Rn. 98 (m.w.N.); *Latzel* Gleichheit, S. 50.

901 BVerfG v. 8.6.2004 – Az. 2 BvL 5/00 – BVerfGE 110, 412 (436).

902 BVerfGE 51, 77 (91ff.).

sich zwar den Bedenken des Gesetzgebers gegen die Folgen von Abwahlmöglichkeiten an, stellte das gerichtliche Abberufungsmonopol aber nicht als zwingende Bedingung für Systemgerechtigkeit dar.[903]

Den Verhältniswahlsystemen für Arbeitnehmervertretungen sind Abberufungen nicht fremd: Das Beispiel der Arbeitnehmer-Aufsichtsräte wurde bereits geschildert. Auch für sie schreibt das Mitbestimmungsgesetz als regulären Wahlmodus die Verhältniswahl vor, sowohl für die mittelbare (§ 15 Abs. 1 S. 1 MitbestG) als auch für die direkte Wahl (§ 18 S. 3 i.V.m. § 15 Abs. 1 S. 1 MitbestG). Das gleiche gilt für die Wahl der Delegierten (§ 10 Abs. 1 MitbestG). Obwohl Arbeitnehmergruppen somit auf allen Ebenen des Wahlverfahrens konkurrierende Listen aufstellen können, ist die spätere Abberufung der Aufsichtsräte unabhängig von ihrer Listenzugehörigkeit möglich.[904]

Gewiss dürfen Parallelen der betrieblichen und unternehmerischen Teilhabesysteme nicht überstrapaziert werden. Anders als Betriebsräte sind Aufsichtsräte nicht dem Wohl des einzelnen Arbeitnehmers verpflichtet und verfügen über keine Mitspracherechte bei personellen Einzelmaßnahmen. Ihre Kontrolltätigkeit wirkt sich nur mittelbar auf Minderheiten aus. All dies rechtfertigt ein geringeres Schutzniveau für Minderheiten als im Fall der Betriebsratswahl. Doch auch die Betriebsverfassung gestattet voraussetzungslose Abberufungen von Minderheiten durch die Mehrheit aus dem Betriebsausschuss oder aus dem Status der Freistellung (§§ 27 Abs. 1 S. 5, 38 Abs. 2 S. 8 BetrVG). Dies verdeutlicht, dass der Gesetzgeber die Funktionsfähigkeit einer Interessenvertretung mitunter dem Minderheitenschutz überordnet und eine Dreiviertel-Mehrheit als ausreichenden Schutz vor Willkür betrachtet. Nur vereinzelt wird ein zusätzlicher Schutz gegen „rechtsmissbräuchliche Abberufungen“ verlangt: Gegen Abberufungen „unter Ausnutzung“ einer Dreiviertel-Mehrheit zu Lasten der Minderheit könnten die Betroffenen vor Gericht ziehen.[905]

Im Ergebnis erweisen sich Abberufungsregeln somit als vergleichsweise geringer Systembruch.

---

903 BVerfGE 51, 77 (92f.).

904 *Sieg/Siebels* NZA 2002, S. 697 (700, 702); für die Wahl der Delegierten *Wißmann* in WWKK§ 10 MitbestG Rn. 50ff.; für die Wahl der Aufsichtsräte durch Delegierte *Henssler* in Ulmer/Habersack/Henssler § 15 MitbestG Rn. 25 (26).

905 *Löwisch/Kaiser* BetrVG § 27 Rn. 11; *Klein* Minderheitsgewerkschaften, S. 383f.

[2] Tragweite für die Belange von Minderheiten

Für die betroffenen Wähler ist eine Abwahl „ihrer Vertreter" von erheblichem Gewicht, da diese nicht nur in ihrer Amtsausübung beeinträchtigt würden, sondern ihr Amt selbst verlieren würden. Existieren keine „Nachrücker", würde die Chance der Minderheit, die Mehrheitsmeinung im Betriebsrat zugunsten ihrer berechtigten Anliegen zu beeinflussen, ganz beseitigt. Zwar kann der Minderheitenschutz nicht weiter reichen, als die Wahlliste der Minderheit.[906] Dennoch verlören infolge der Abberufung des Minderheitenvertreters die Mehrheitsentscheidungen des Betriebsrats (§ 33 BetrVG) erheblich an Legitimation.[907]

Noch dazu müsste die Mehrheit für die Abberufung von Minderheitsvertretern keine Pflichtverletzung darlegen. Eine gerichtliche Kontrolle wäre nur auf Verfahrensfehler zu erwirken. Somit ist die Abberufung von erheblichem Gewicht für die von der Verhältniswahl geschützten Minderheitenrechte.

bb. Gewicht der Gründe für Abberufungen

Ein legitimer Grund für die betriebliche Abberufung von Betriebsräten ist, dass in einer gesetzlichen Zwangsordnung wie der Betriebsverfassung auch die Mehrheit davor geschützt werden muss, von Betriebsräten vertreten zu werden, denen sie nicht vertraut. Derzeit wäre dieser Schutz nicht einmal zu erlangen, wenn die Arbeitnehmer die Abberufung *einstimmig* befürworteten. Rechtsschutz nach § 23 BetrVG reicht angesichts seiner Dauer nicht aus.[908] Das Mehrheitsprinzip hat in einer demokratischen Verfassung kein höheres Gewicht als der Minderheitenschutz.[909]

Die Abberufung würde auch die Funktionsfähigkeit der Mitbestimmung stärken, die nicht nur die Rechtstreue der Betriebsräte, sondern auch das Vertrauen der Vertretenen voraussetzt. Dieses Vertrauen manifestiert sich derzeit nur einmalig bei der Wahl, so wie das Mandat der Bundestagsabgeordneten das Vertrauen der Wähler gerade am Wahltag abbildet. Der Gesetzgeber kann zu dem Schluss kommen, der Funktionsfähigkeit der Betriebsverfassung werde es besser gerecht, wenn das Vertrauen der Vertretenen über die gesamte Wahlperiode verlangt wird.

---

906 BAG v. 29.4.1992 – Az. 7 ABR 74/91 – AP Nr. 15 zu § 38 BetrVG 1972.

907 Vgl. *Häberle* JZ 1977, S. 241 (243); *Krugmann* Recht der Minderheiten, S. 137 (139).

908 S. oben § 3 A II 3 b bb (S. 155).

909 BVerfG v. 6.10.1970 – Az. 2 BvR 225/70 – BVerfGE 29, 154 (165); *Böckenförde* HdB StR II § 24 Rn. 52; *Hanau* AuR 1988, S. 261 (265).

cc. Ausgleich der Belange durch die Abstimmungsregeln

[1] Verhältnismäßigkeit der Verfahrensregeln

Das hier vorgeschlagene Verfahren ist das mildeste Instrument, um den Zielen der Abberufung gerecht zu werden. Schon die Antragshürde von 25 Prozent bietet mehr Schutz als z.B. Abberufungsregeln für Betriebsräte nach dem österreichischen Arbeitsverfassungsgesetz, die den formlosen Antrag *eines* Arbeitnehmers in der Betriebsversammlung genügen lassen.[910] Die Dreiviertel-Hürde für die Abberufung gewährleistet, dass die vom Gesetzgeber als schutzwürdig erachtete Belegschaftsmehrheit Vertrauensbrüche von einem erheblichen Gewicht geltend machen muss. Ein höheres Quorum hätte prohibitive Wirkung.

Weitere Entlastungen auf Verfahrensebene sind nicht zu erreichen: Weder kann die Abberufung an materielle Kriterien gebunden werden, noch kann wegen des Wahlgeheimnisses ein Sonderschutz der Minderheitenwähler gewährleistet werden. Abstimmungen getrennt nach Arbeitern und Angestellten wie im österreichischen Arbeitsverfassungsgesetz (§ 64 Abs. 1 Nr. 4 ArbVG) scheiden seit Abschaffung des Gruppenprinzips aus. Eine vergleichbare Trennung der Arbeitnehmer und leitenden Angestellten sehen auch die Abberufungsregeln der Mitbestimmungsgesetze nicht vor.

[2] Verhältnismäßiger Ausgleich von Systemwidrigkeit und Regelungsziel

Mit dem Erlass von Abstimmungsregeln würde die „Ewigkeitsgarantie"[911] des Betriebsratsmandats in den Fällen beseitigt, in denen einem Mandatsträger das Vertrauen einer qualifizierten Mehrheit fehlt. Die Grundprinzipien des Verhältniswahlrechts gebieten es nicht, dass der Gesetzgeber den Verbleib der Minderheitenvertreter im Amt unter allen Bedingungen gegen den Willen der Mehrheit garantieren muss. Er darf dem Anliegen einer qualifizierten Mehrheit entsprechen, nicht vertrauenswürdige Pflichtvertreter aus dem Amt zu entfernen.

Schon jetzt ist es im betrieblichen Verhältniswahlsystem möglich, dass die Betriebsratsmehrheit die Teilhabe von Minderheitenvertretern mit Dreiviertelmehrheit schmälern kann. Es fragt sich, warum einerseits die Unzufriedenheit der Betriebsratsmehrheit genügt, um die Minderheit um Teilhabe im Betriebsausschuss oder eine Freistellung zu bringen, andererseits die Unzufriedenheit einer gleichgroßen *Wähler*gruppe unbeachtlich ist. Mit Minderheitenschutz ist dieser Unterschied nicht zu rechtfertigen. Das geltende Recht verlagert nur die

---

910 *Kallab* in Zeller Arbeitsrecht § 42 ArbVG Rn. 17.

911 *Klein* Minderheitsgewerkschaften, S. 383.

Machtkämpfe von Belegschaftsfraktionen in den Betriebsrat. Abstimmungsregeln würden stattdessen ein öffentliches, transparentes Verfahren ermöglichen.

Erfahrungsgemäß verliert auch die Zugehörigkeit eines Betriebsratsmitglieds zu einer Minderheitenliste im Verlauf der Amtsperiode an Bedeutung. Auf die Dauer überwiegt im Betriebsrat bei allen Differenzen das gemeinsame Interesse an der Gestaltung des betrieblichen Zusammenseins und an einer Eingrenzung der Arbeitgeberherrschaft.[912] Wie das BAG formuliert: *„Es kann und muss erwartet werden, dass die Betriebsratsmitglieder die Interessen aller Arbeitnehmer vertreten, ohne Rücksicht darauf, wer sie gewählt hat.“*[913] Anderes gilt allenfalls in Betrieben, die Schauplatz einer extremen Gewerkschaftskonkurrenz sind. Dass diese Betriebe die Mehrheit stellen, wurde noch nicht belegt.[914]

Der Gesetzgeber darf im Rahmen seiner Einschätzungsprärogative davon ausgehen, dass eine gezielte Schwächung der Minderheit durch Abberufungen die Ausnahme ist und die überwiegende Zahl der Abberufungen aus legitimen Motiven erfolgt. Dies lässt sich mit einem hohen Abstimmungsquorum weitestgehend gewährleisten. Folgt man der Ansicht von *Löwisch/Kaiser*[915] und *Klein*[916], dass Abberufungen unter Ausnutzung einer Dreiviertelmehrheit rechtsmissbräuchlich sein können, hätten Betroffene außerdem die Möglichkeit, Rechtsschutz zu erlangen (§ 826 BGB).

d. Ergebnis

Abberufungen amtierender Betriebsräte begründen keine Verletzung der verfassungsrechtlich gebotenen Chancengleichheit betrieblicher Minderheiten.

2. Entgegenstehende Belange der Betriebsräte

Es wurde bereits festgestellt, dass der Gesetzgeber über einen weiten Spielraum für die Gestaltung der Organisation der Betriebsverfassung verfügt. Er kann das

---

912 Dieser Konsens ist Legitimation für die Geltung des Mehrheitsprinzips, vgl. *Häberle* JZ 1977, S. 241 (243).

913 BAG v. 1.6.1976 – Az. 1 ABR 99/74 – AP Nr. 1 zu § 28 BetrVG 1972.

914 *Klein* Minderheitsgewerkschaften, S. 68ff. beschränkt sich auf die Darstellung des Phänomens Gewerkschaftskonkurrenz, ohne Daten für dessen Tragweite in Betrieben zu liefern.

915 BetrVG § 27 Rn. 11.

916 Minderheitsgewerkschaften, S. 383f.

System in Richtung betrieblicher Abberufungsregeln verändern, solange seine Organisationsentscheidungen nicht verfassungsrechtliche Grundsätze oder Grundrechte der Beteiligten verletzen.

In dieser Hinsicht sind auch die Belange der Betriebsräte zu bedenken, deren Mandat die Belegschaft durch Abstimmungen beenden könnte. Dabei ist zu unterscheiden zwischen den unterschiedlichen Rechten des Kollektivorgans Betriebsrat und Rechten der einzelnen Mandatsträger.

a. Rechte des Betriebsrats als Gremium

Bei der Wahrnehmung seiner Rechte übt der Betriebsrat als Gremium keine eigenen Grundrechte aus und auch nicht Grundrechte der Arbeitnehmer.[917] Das Gremium ist aber nach wohl herrschender Ansicht eingeschränkt grundrechtsfähig nach Art. 19 Abs. 3 GG und wird – obwohl nicht rechtsfähig – von allen Grundrechten geschützt, die wesensmäßig auf es anwendbar sind.[918] Die abstrakte Grundrechtsfähigkeit des Betriebsrats ergibt sich daraus, dass seine Mitbestimmung grundrechtlichen Belangen der Arbeitnehmer dient. Wenn der Gesetzgeber zwingend vorschreibt, welche Repräsentanten die Arbeitnehmerrechte wahrnehmen, müssen die Repräsentanten bei der Ausübung ihres drittschützenden Amtes effektiv geschützt werden.[919] Der Schutz richtet sich nicht nur gegen unverhältnismäßige Eingriffe durch die Exekutive und die Gerichte, sondern auch gegen gesetzgeberische Eingriffe, welche die Betriebsratsbefugnisse zum Nachteil der Arbeitnehmer beschneiden.[920]

Abberufungsregeln könnten allenfalls einen Eingriff in die allgemeine Handlungsfreiheit des Betriebsrats nach Art. 2 Abs. 1 GG darstellen.[921] Es ist

---

917 BVerfGE 28, 314 (323).

918 LAG Schleswig-Holstein v. 30.9.2008 – Az. 2 TaBV 25/08 – Beck RS 2010 Nr. 67392 (offen gelassen in der Revisionsentscheidung des BAG v. 17.3.2010 – Az. 7 ABR 95/08 – DB 2010, S. 1649ff.); *Richardi* in Richardi BetrVG Einl. Rn. 116f.; *Wiese* in GK-BetrVG Einl. Rn. 69; *Dütz* Grundrechtsschutz von Betriebsräten, S. 30ff.; *Ellenbeck* Grundrechtsfähigkeit des Betriebsrats, S. 99.

919 *Wiese* in FS 50 Jahre Bundesarbeitsgericht, S. 1127; *Richardi* in Richardi BetrVG Einl. Rn. 116.

920 *Kutsch* Schutz des Betriebsrats und seiner Mitglieder, S. 58f.; zur Einschränkung der Meinungsfreiheit von Betriebsratsmitgliedern durch § 74 Abs. 2 BetrVG 1972 siehe BVerfG v. 28.4.1976 – Az. 1 BvR 71/73 – BVerfGE 42, 133 (140f.).

921 Die Vereinigungsfreiheit nach Art. 9 Abs. 1 GG schützt nur die freie Bildung gesellschaftlicher Gruppen und ist auf den Zwangsverband Betriebsrat nicht anwendbar, vgl.

umstritten, ob dieses Grundrecht auf Betriebsräte anwendbar ist.[922] Diese Frage kann hier aber offen bleiben, da der Schutz des Art. 2 Abs. 1 GG sich, wenn überhaupt, nur auf die Wahrnehmung der gesetzlich festgelegten Aufgaben des Betriebsrats erstrecken kann.[923] Abberufungsregeln betreffen nicht die Mandatsausübung, sondern bewirken eine *Umgestaltung des Betriebsratsmandats*. Da der Betriebsrat „nur existiert, weil das Gesetz ihn vorsieht"[924], kann er nicht davor geschützt sein, dass der Gesetzgeber die Bedingungen seines Fortbestehens ändert – noch dazu, wenn dies zugunsten der Arbeitnehmer geschieht. Nur zu ihrem Schutz wird dem Betriebsrat Grundrechtsschutz eingeräumt.

Art. 2 Abs. 1 GG verhindert somit nicht, dass der Gesetzgeber Betriebsräte unter eine politische Verantwortlichkeit stellt.

b. Rechte des einzelnen Betriebsratsmitglieds

Anders als das Organ Betriebsrat sind seine Mitglieder als natürliche Personen Grundrechtsträger. Soweit das Betriebsverfassungsgesetz sie in der Ausübung ihrer Grundrechte einschränkt, müssen die Vorschriften am Maßstab dieser Rechte gemessen werden – z.B. sind Grenzen für politische Äußerungen durch Betriebsräte an deren Meinungsfreiheit (Art. 5 Abs. 1 GG) zu messen.[925] Die Betriebsratsarbeit *selbst* ist aber keine grundrechtlich geschützte Selbstverwirklichung[926], ebenso wenig wie das Engagement im Gemeinderat[927] oder die Aus-

---

BVerfG v. 18.12.1974 – 1 BvR 430/65, 259/66 – BVerfGE 38, 281 (303f.); *Ellenbeck* Grundrechtsfähigkeit des Betriebsrats, S. 120. Art. 9 Abs. 3 GG ist nicht anwendbar, da der Betriebsrat keine Koalition freiwilliger Mitglieder, sondern gesetzlicher Repräsentant aller Betriebsangehörigen ist, (für Personalräte:) BVerfGE 28, 314 (323f.); a.A. *Dütz* Grundrechtsschutz von Betriebsräten, S. 66.

922 Dafür: *Dütz* Grundrechtsschutz von Betriebsräten, S. 61f.; dagegen: *Ellenbeck* Grundrechtsfähigkeit des Betriebsrats S. 134ff.

923 *Dütz* Grundrechtsschutz von Betriebsräten, S. 61f.; *Scherer* Vereinbarte Mitbestimmung, S. 109f.

924 *Kraft* ZfA 1984, S. 67; ähnlich *Reichold*: Der Betriebsrat partizipiere nur als „Vermittler der Freiheit für die hinter ihm stehenden Arbeitnehmer" kraft Art. 19 Abs. 3 GG an deren verfassungsrechtlich geschützten Befugnissen (Betriebsverfassung als Sozialprivatrecht, S. 225).

925 BVerfG v. 28.4.1976 – Az. 1 BvR 71/73 – BVerfGE 42, 133; BAG v. 17.3.2010 – Az. 7 ABR 95/08 – DB 2010, S. 1649ff.

926 *Wiese* in GK-BetrVG Einl. Rn. 70; *Ellenbeck* Arbeitnehmerbeteiligung, S. 55f.; *Kutsch* Schutz des Betriebsrats, S. 10.

übung eines Bundestagsmandats[928]. Einschränkungen der Betriebsratskompetenzen werden daher nicht am Maßstab der Grundrechte gemessen.

Dennoch hat das Bundesverfassungsgericht im Fall des Bremischen Personalvertretungsgesetzes entschieden, dass ein *Entzug des Mandats* – auch durch die Wähler – einen Eingriff in die allgemeine Handlungsfreiheit des betroffenen Betriebsratsmitglieds nach Art. 2 Abs. 1 GG darstellen kann. In dem Beschluss, der auf Betriebsräte übertragbar ist[929], heißt es:

Der Beschwerdeführer „genießt als gewähltes Mitglied des Personalrats Schutz gegen von außen kommende rechtswidrige Eingriffe in seine Stellung. (...) Die vorzeitige Abberufung aus einem solchen Ehrenamt bedeutet einen rechtlichen Nachteil, gegen den unter Berufung auf seine durch Art. 2 Abs. 1 GG umfassend geschützte Rechtsstellung sich der Beschwerdeführer mit der Verfassungsbeschwerde jedenfalls dann wehren kann, wenn er geltend macht, in dieser Rechtsstellung durch eine Maßnahme verletzt zu sein, die auf einer nichtigen Gesetzesvorschrift beruht."[930]

Die Rechtsprechung ist verwunderlich: Das Verfassungsgericht gewährt dem Betriebsrat Grundrechtsschutz zum *Erhalt* seiner Funktion, obwohl deren *Ausübung* selbst nicht grundrechtlich geschützt ist. Die Rechtsordnung gewährt gewählten Vertretern – mit Ausnahme der Bundestagsabgeordneten – grundsätzlich kein Recht auf Erhalt ihres Amts gegen den Willen einer qualifizierten Wählermehrheit: Aufsichtsräte könnten sich verfassungsgerichtlich nicht gegen ihre Abberufung wehren. Auch direkt gewählte Bürgermeister sind vor einer Abwahl durch ihre Wähler nicht gefeit.[931] Der Grundrechtsschutz der Betriebsräte kann nicht weiter gehen als derjenige kommunaler Wahlbeamten, zumal das hier vorgeschlagene Abberufungsquorum deutlich höher ist als dasjenige, das die Kommunalverfassungen für die Abwahl von Bürgermeistern vorsehen.

§ 23 BetrVG ermöglicht auch bereits eine Auflösung des Betriebsrats unabhängig davon, ob *alle* Mitglieder an dem groben Pflichtverstoß des Gremiums beteiligt waren. Der einzelne Mandatsträger verliert sein Mandat auch dann,

---

927 Vgl. für Personalräte BVerfGE 28, 314 (323), für Gemeinderäte *Burgi* Kommunalrecht § 12 Rn. 33.

928 *Magiera* in Sachs GG Art. 38 Rn. 52.

929 Siehe oben § 2 A I 2 d bb (S. 106).

930 BVerfGE 51, 77 (86f.).

931 Siehe oben § 2 A I 2 d cc (S. 107).

wenn er gegen den pflichtwidrigen Beschluss gestimmt hat, sich enthalten hat oder gar nicht anwesend war.[932] So etabliert das Gesetz auf verfassungsgemäße Weise eine politische Kollektivverantwortung aller Mandatsträger für Beschlüsse des Gremiums. Erst recht muss es zulässig sein, einzelne Betriebsräte für die eigene Mandatsführung politisch verantwortlich zu machen.

Ein Grundrechtsschutz gegen den Entzug des Betriebsratsmandats ist daher abzulehnen.

III. Ergebnis

Eine Abberufung von Betriebsräten im Wege der Belegschaftsabstimmung ließe sich in die deutsche Betriebsverfassung integrieren. Weder würde durch das Drohpotential des Verfahrens die Betriebsratsarbeit übermäßig beeinträchtigt. Noch widerspräche dies dem Schutz von Belegschaftsminderheiten oder den Rechten der betroffenen Mandatsträger.

C. Ratifizierung von Betriebsstrukturtarifverträgen

In der Reihe der Belegschaftsabstimmungen über organisatorische Fragen betrifft das dritte Modell die Teilhabe der Arbeitnehmer an einer Fremdgestaltung ihrer Vertretungsstrukturen. Derzeit können die Tarifparteien nach § 3 Abs. 1 BetrVG Tarifverträge zur Gestaltung der betrieblichen Mitbestimmung schließen, ohne dass die so organisierten Arbeitnehmer an dieser Entscheidung teilhaben. Die genannten Gründe[933] sprechen dafür, eine Ratifizierung dieser Regelungen durch die betroffenen Arbeitnehmer zu prüfen.

I. Das Abstimmungsmodell

1. Gegenstand der Abstimmung

Die Abstimmungsfrage lautete, ob die Betriebsangehörigen den jeweiligen Tarifvertrag billigen, der ihre Vertretungsstruktur regelt.

---

932 BAG v. 22.6.1993 – Az. 1 ABR 62/92 – AP Nr. 22 zu § 23 BetrVG; *Thüsing* in Richardi BetrVG § 23 Rn. 54; *Oetker* in GK-BetrVG § 23 Rn. 99f. (m.w.N.).

933 S. oben § 2 A I 4 b bb [2] (S. 120).

Fünf Regelungsbereiche stehen den Tarifparteien nach § 3 Abs. 1 BetrVG offen. Nr. 1 bis 3 betreffen Vertretungen, die alternativ zu den gesetzlich vorgesehenen Betriebsräten errichtet werden und diese ersetzen. Nr. 4 und 5 gestatten die Errichtung von Mitbestimmungsgremien, die zusätzlich zu existierenden, gesetzlichen Betriebsräten operieren. Je nach Variante ist der Fremdeinfluss auf die betriebliche Mitbestimmung unterschiedlich intensiv und der Bedarf nach einer Ratifizierung unterschiedlich groß.

a. Zusätzliche Vertretungen (§ 3 Abs. 1 Nr. 4 und 5 BetrVG)

Vergleichsweise schwach fällt der externe Regelungseingriff durch die Tarifparteien im Fall der § 3 Abs. 1 Nr. 4 und 5 BetrVG aus, die „nur“ die Ergänzung bestehender Betriebsräte durch weitere Gremien gestatten. Diese tarifvertraglich geschaffenen Organisationen erlangen nicht den Status von Betriebsräten (sonst würden sie in § 3 Abs. 5 S. 2 BetrVG erwähnt[934]) und verfügen infolgedessen über keine Mitbestimmungsrechte.[935] Sie haben keinen gestaltenden Einfluss auf die Rechte der einzelnen Arbeitnehmer, sodass ihre Akzeptanz durch eine Belegschaftsabstimmung weniger dringend erscheint.

Dies gilt vor allem für die Gremien nach § 3 Abs. 1 Nr. 5 BetrVG: Sie sollen die Bindung zwischen Belegschaft und Betriebsrat stärken, falls letzterer räumlich weit entfernt ist oder falls Sprachbarrieren existieren.[936] Den Arbeitnehmern steht es frei, auf die Vermittlung dieser kompetenzlosen Gremien zu verzichten. Ihnen ist es eher zumutbar, sich den Vermittlern zu entziehen, als es dem Arbeitgeber zumutbar ist, eine Abstimmung über diese Gremien zu dulden und zu finanzieren. Überdies werden diese Vertretungen nach demokratischen Prinzipien gewählt, was ihr Legitimationsdefizit hinreichend kompensiert.[937] Notfalls können Gegner dieser Einrichtung auch zum Boykott der Wahl aufrufen.[938]

Arbeitsgemeinschaften nach § 3 Abs. 1 Nr. 4 BetrVG sind dagegen keine gewählten Vertretungsorgane der Arbeitnehmer. Für ihre Errichtung verfügen

---

934 *Fitting* BetrVG § 3 Rn. 57.

935 Siehe die Begründung des Regierungsentwurfs zur BetrVG-Reform 2001, BT-Drucksache 14/5741 (S. 31); *Engels/Trebinger/Löhr-Steinhaus* DB 2001, S. 533; *Kraft/Franzen* in GK-BetrVG § 3 Rn. 17.

936 BT-Drucksache 14/5741 (S. 34); *Fitting* BetrVG § 3 Rn. 61

937 Vgl. *Gistel* Gewillkürte Betriebsverfassungsstruktur, S. 176f.

938 *Kraft/Franzen* in GK-BetrVG § 3 Rn. 26

die Tarifparteien über einen großen Spielraum. Sie können die Größe des Gremiums regeln, die Berufung und Abberufung seiner Mitglieder und deren Aufgaben.[939] Dass der Tarifvertrag zudem die Amtszeit der Arbeitsgemeinschaften frei regelt, kann dazu führen, dass sie länger existieren als die Betriebsräte, die zu koordinieren sind. Diese Kontinuität kann den Arbeitsgemeinschaften eine erhebliche Machtposition verleihen, in der sie – ungestört von Einflüssen des Arbeitgebers oder der Belegschaft (§ 78 BetrVG) – agieren können.[940]

Allerdings haben auch diese Gremien weder den Status noch die Kompetenzen von Betriebsräten. Diese könnten nach wie vor aus eigener Kompetenz agieren. Es kann von den Betriebsräten verlangt werden, dass sie sich diesen Freiraum erhalten und sich einem unbotmäßigen Einfluss der Arbeitsgemeinschaften entziehen. Es erscheint unangemessen, die Belegschaft abstimmen zu lassen über Gremien, die sich am Ende nur als „betriebsverfassungsrechtliche Stammtische“[941] erweisen könnten. Auch eine Abstimmung über Tarifverträge nach § 3 Abs. 1 Nr. 4 BetrVG ist daher nicht geboten.

b. Alternative Vertretungen (§ 3 Abs. 1 Nr. 1 bis 3 BetrVG)

Im Fall der Tarifverträge über alternative Gremien werden die Arbeitnehmer zu neuen Organisationseinheiten zusammengefasst, was innerhalb eines Unternehmens (§ 3 Abs. 1 Nr. 1 BetrVG), innerhalb einer Sparte (§ 3 Abs. 1 Nr. 2 BetrVG) und unternehmensübergreifend (§ 3 Abs. 1 Nr. 3 BetrVG) erfolgen kann. Insbesondere die letztgenannte Regelung wird offenbar häufig genutzt.[942] Die tariflichen Vertretungen verdrängen gem. § 3 Abs. 4 BetrVG gesetzliche Strukturen, sodass eine vorzeitige Wahl in der neuen Struktur das Mandat der existierenden Betriebsräte vorzeitig beendet.[943]

Bei aller Kritik an Fremdbestimmung wird hier nicht übersehen, dass diese Vereinbarungen oft den Interessen der Arbeitnehmer dienen. Tarifverträge können eine Zersplitterung der Mitbestimmungsorgane beseitigen durch Etablierung eines unternehmenseinheitlichen Gremiums. Sie können Betriebsräte schlagkräf-

---

939 *Fitting* BetrVG § 3 Rn. 56; *Trümner* in DKKW § 3 Rn. 87.

940 *Preis* in Wlotzke/Preis/Kreft BetrVG § 3 Rn. 18.

941 *Hanau* RdA 2001, S. 65 (66).

942 *Mückl/Gaul* NZA 2011, S. 657 (663).

943 Strittig vor allem im Fall der Spartenbetriebsräte, für die Ersetzung siehe *Thüsing* ZIP 2003, S. 693 (702); *Teusch* NZA 2007, S. 124 (126); dagegen *Däubler* AuR 2001, S. 285 (288).

tiger machen, indem sie die Gremien ihrer Fachkompetenz entsprechend nach Sparten organisieren.[944] Auch erlangen diese neu konstruierten Vertretungen durch ihre Wahl ein gewisses Maß an Legitimation.

Es bleibt jedoch ein Manipulationsrisiko, da die Tarifparteien mal finanzielle Interessen verfolgen können – z.B. der Arbeitgeber durch Ersparnis von Gremien[945] –, mal Machtinteressen – z.B. die Gewerkschaft durch Zuschnitt von Wahlkreisen für Betriebsräte. Auch können die Arbeitnehmer bei der Wahl der neuen Betriebsräte nicht über das Vertretungsmodell abstimmen, sondern nur über die *Personen* die darin agieren. Es kann aber sein, dass eine Belegschaft die gemeinsame Vertretung mit der Belegschaft eines Zulieferbetriebes an sich ablehnt, oder dass Arbeitnehmer mehrerer Betriebe einer Unternehmenssparte getrennte Vertretungen wünschen. In beiden Fällen ist es für die Vertretenen zweitrangig, welche Personen in den unerwünschten Gremien sitzen.

Die materiellen Voraussetzungen nach § 3 Abs. 1 Nr. 1 und 2 BetrVG setzen Tarifstrukturverträgen zudem keine strengen Grenzen. Auch die gerichtliche Kontrolle dieser Grenzen fällt großzügig aus[946]: So soll ein unternehmenseinheitlicher Betriebsrat nach Nr. 1a zulässig sein, wenn es „keine Anhaltspunkte dafür gibt", dass getrennte Betriebsräte leichter zu bilden sind[947], oder wenn der unternehmenseinheitliche Betriebsrat „ein Mindestmaß an Professionalität durch Aufgabenteilung, Spezialisierung und Freistellung" gewährleistet.[948]

Im Fall der „anderen Arbeitnehmervertretungsstrukturen" (Nr. 3) ist der Bedarf nach einem legitimierenden Belegschaftsreferendum besonders groß, da die Tarifvertragsparteien hiernach „fast alles"[949] zu einem Gremium mit Betriebsratsbefugnissen machen und sämtliche Organisationsprinzipien der Betriebsverfassung „über Bord werfen" können[950].

Zwar müssen die Strukturen nach dem Wortlaut des § 3 Abs. 1 Nr. 3 BetrVG „wirksam und zweckmäßig" sein, doch ist fraglich, ob die im Schrift-

---

944 Für diese und weitere Beispiele s. *Gaul/Mückl* NZA 2011, S. 657ff.

945 Zur Zulässigkeit finanzieller Erwägungen *Gaul/Mückl* NZA 2011, S. 657 (658f.).

946 *Friese* ZfA 2003, S. 92 (100); *Trümner/Sparchholz* AiB 2009, S. 98 (99) (m.w.N.).

947 ArbG Dresden v. 19.6.2008 – Az. 5 BV 25/08 – AE 2008, S. 300.

948 LAG Kiel, BB 2008, S. 2681.

949 *Preis* in Wlotzke/Preis/Kreft BetrVG § 3 Rn. 14.

950 *Preis* in Wlotzke/Preis/Kreft BetrVG § 3 Rn. 16; ebenso *Giesen* BB 2002, 1481 (1483).

tum geforderte restriktive Auslegung dieser Kriterien[951] in der Praxis stattfindet. Gerade die Vogelperspektive der Tarifparteien über Lieferketten und Betriebskooperationen könnte dazu führen, dass die Interessen „schwacher“ Betriebe denen der „starken“ übergeordnet werden. Dies erscheint solidarisch, widerspricht aber der Forderung des Gesetzgebers, nach der die tarifliche Struktur *allen* betroffenen Einheiten dienen soll.[952]

Dem Staatsbürger wird eine solche territoriale Fremdbestimmung und ein neuer Zuschnitt seiner politischen Vertretungsorgane durch den Gesetzgeber nicht zugemutet: Bei der Neugliederung des Bundesgebietes durch Bundesgesetz muss der Gesetzgeber nicht nur inhaltliche Bedingungen erfüllen (Art. 29 Abs. 1 GG), so wie § 3 Abs. 1 BetrVG neue tarifliche Strukturen an Bedingungen knüpft. Zusätzlich wird die geplante Neugliederung einem Volksentscheid unterstellt (Art. 29 Abs. 2 S. 1 GG). Das gleiche gilt für Gebietsänderungen durch Länderstaatsverträge. Um dem Willen der betroffenen Bevölkerungsgruppen gerecht zu werden, werden die Befugnisse des Bundesgesetzgebers bzw. der Staatsvertragspartner noch weiter eingeschränkt, als die hier vorgeschlagene Ratifizierung der Tarifnormen die Tarifparteien einschränkte: Der positive Volksentscheid ist Bedingung für das *Zustandekommen* des Neugliederungsgesetzes und des Vertrags, nicht erst für ihr *Inkrafttreten*.[953] Der Volksentscheid entfällt nur bei „geringfügigen Grenzkorrekturen“, die bis zu 50 000 Bürger betreffen (Art. 29 Abs. 6 S. 1 GG).[954]

Während somit für die Umgestaltung der Bundesländer grundsätzlich eine originäre Legitimation durch direkte Beteiligung der Bürger verlangt wird[955],

---

951 *Bauer/Herzberg* NZA 2011, S. 713 (719); *Fitting* BetrVG § 3 Rn. 48; *Thüsing* ZIP 2003, S. 693 (694f.); a.A. *Trümner* in DKKW BetrVG § 3 Rn. 85, der gerade wegen der Unschärfe der Begriffe den Tarifparteien einen großen Ermessensspielraum einräumen will.

952 An die „Dienlichkeit“ werden im Einzelnen unterschiedliche Anforderungen gestellt, vgl. *Trümner/Sparchholz* AiB 2009, S. 98 (99) (m.w.N.).

953 *Meyer-Teschendorf* in v. Mangoldt/Klein/Starck GG Art. 29 Rn. 35.

954 Aus Sicht des Demokratieprinzips ist dies problematisch (krit. *Erbguth* in Sachs GG Art. 29 Rn. 66; *Scholz* in Maunz/Dürig GG Art. 29 Rn. 106b), zumal die Bevölkerungsschwelle von einst 2000 auf jetzt 50 000 Einwohner angehoben wurde (s. *Meyer-Teschendorf* in v. Mangoldt/Klein/Starck GG Art. 29 Rn. 60f., der aber Volksentscheide in diesen Fällen nur für „verfassungspolitisch gewünscht“, nicht „verfassungsgeboten“ hält.

955 *Meyer-Teschendorf* in v. Mangoldt/Klein/Starck GG Art. 29 Rn. 23f.

haben die Betriebsangehörigen keinen Einfluss auf die direkte Umgestaltung ihrer Vertretungsstruktur – obwohl die Interessenlage vergleichbar ist. In beiden Fällen soll die Beteiligung der „umgestalteten“ Gruppen verhindern, dass eine Entscheidung über ihre Köpfe hinweg und gegen ihre tatsächlichen Interessen getroffen wird.

Deshalb sollte es den Arbeitnehmer ermöglicht werden, die Dienlichkeit von Strukturtarifverträgen nach § 3 Abs. 1 Nr. 1 bis 3 BetrVG unmittelbar zu bewerten.

2. Obligatorische Abstimmung

Die Abstimmung sollte nicht fakultativ, sondern obligatorisch vorgeschrieben sein. Denn die Tarifparteien dürften an der Ratifizierung ihrer Vereinbarung im Zweifel wenig Interesse haben, und die Arbeitnehmer könnten in Betrieben ohne Betriebsrat oder in Unternehmen mit mehreren, räumlich weit entfernten Betrieben erst gar nicht rechtzeitig von diesen Regelungen erfahren. Diese Befürchtung wird aktuell schon hinsichtlich des Abstimmungsrechts der Belegschaft über die Errichtung eines unternehmenseinheitlichen Betriebsrats nach § 3 Abs. 3 BetrVG geäußert.[956] Mit der obligatorischen Abstimmung erübrigt sich auch eine Erörterung der Antragsbefugnis.

Die Abstimmung könnte schriftlich oder in einer Betriebsversammlung abgehalten werden. Beides setzt voraus, dass die Abstimmenden über den Inhalt und die Rechtsfolge der Abstimmung hinreichend informiert werden. Den Tarifparteien sollte Gelegenheit zur Stellungnahme gegeben werden.

3. Einmalige Abstimmung

Im Laufe der Zeit kann die tariflich vorgegebene Vertretungsstruktur mit den gesetzlichen Strukturen neu hinzukommender Unternehmenseinheiten kollidieren. Dies kann z.B. infolge eines Betriebsübergangs geschehen, bei dem der Arbeitgeber Zukäufe tätigt.[957] Soweit die hinzugekommenen Arbeitnehmer schon über Betriebsräte verfügen, bleiben diese zwar beim Übergang ihres Betriebs bestehen.[958] Doch sobald der Arbeitgeber den erworbenen Betrieb umstrukturiert, kann der Betriebsrat des eingegliederten Betriebs entfallen (§ 21a Abs. 2

956 *Fitting* BetrVG § 3 Rn. 96.

957 LAG Kiel BB 2008, S. 2681.

958 BAG v. 11.10.1995 – 7 ABR 17/95 – AP Nr. 2 zu § 21 BetrVG 1972.

i.V.m. Abs. 1 S. 1 BetrVG). Im Detail ist umstritten, in welchem Umfang und unter welchen Voraussetzungen tarifliche Strukturen die gesetzlichen des hinzugekommenen Betriebes verdrängen.[959] Unumstritten ist nur, dass die Tarifparteien nicht im Voraus die Geltung ihrer Vereinbarung für zukünftig einzugliedernde Betriebe vereinbaren können.[960]

Die Klärung dieser Details kann hier unterbleiben. Entscheidend ist, dass Neu-Arbeitnehmer den Strukturtarifvertrag nicht abermals ratifizieren müssten. Er ist mit der erstmaligen Ratifizierung in Kraft getreten für die Bereiche, die er strukturiert. Falls andere Betriebe oder Betriebsteile in diese Bereiche eingegliedert werden, erstreckt sich der Tarifvertrag folglich auch auf sie und auf die betroffenen Belegschaften. Für diese Lösung spricht, dass auch unter Geltung des § 3 BetrVG 1972 die behördliche Zustimmung für einen Tarifvertrag nicht erneuert werden musste, wenn der Arbeitgeber Zukäufe tätigte. Dies war nur notwendig, wenn der Tarifvertrag inhaltlich geändert wurde, etwa in dem sein Geltungsbereich erweitert wurde.[961] Dies wäre hier nicht der Fall.

4. Stimmrecht

Bei den bislang vorgestellten Abstimmungsmodellen stößt die Zuteilung des Stimmrechts nicht auf Schwierigkeiten: Abstimmungsberechtigt für die Frage einer Betriebsratswahl sind die Teilnehmer der Betriebsversammlung, im Fall der Abwahl von Betriebsräten die Wahlberechtigten.

Bei Strukturtarifverträgen fällt die Beurteilung schwerer. Diese Vereinbarungen beseitigen den gesetzlichen Betrieb als Anknüpfungspunkt der Mitbestimmungsrechte und ersetzen ihn durch „andere Gebilde“.[962] Dabei werden Arbeitnehmer sowohl einbezogen in den Wirkungskreis des neuen Vertretungsgremiums als auch von ihm ausgeschlossen.

Grundsätzlich bietet es sich an, die Zustimmung „jeder einzelnen bisherigen Einheit“ zu der neu gebildeten Mitbestimmungsstruktur zu verlangen.[963] Dabei

---

959 Dazu eingehend *Trümner* FA 2007, S. 226ff (m.w.N.).

960 *Trümner* FA 2007, S. 226 (228f.).

961 *Fitting* BetrVG (18. Aufl., 1996) § 3 Rn. 68; *Galperin/Löwisch* BetrVG Bd. 1 (6. Aufl., 1982) § 3 Rn. 29.

962 *Giesen* BB 2002, 1480.

963 *Löwisch/Rieble* TVG § 1 Rn. 139.

wäre das Abstimmungsrecht grundsätzlich an das Wahlrecht für die tariflich gebildete Struktur zu knüpfen (§ 7 BetrVG). Dies entspräche dem Beteiligungsrecht für Volksentscheide nach Art. 29 GG, der die Zustimmung der Mehrheit der Bürger in allen Gebieten und Gebietsteilen voraussetzt, die geändert werden sollen.[964]

Diese Lösung kann für Betriebe im Einzelfall auf Schwierigkeiten stoßen.

a. § 3 Abs. 1 Nr. 1 BetrVG

Leicht fällt die Zuteilung des Abstimmungsrechts im Fall des unternehmenseinheitlichen Betriebsrats (§ 3 Abs. 1 Nr. 1 a BetrVG). Hier führen die Tarifklauseln dazu, dass die Arbeitnehmer in allen oder in mehreren Betrieben eines Unternehmens in den Wirkungskreis eines einheitlichen Betriebsrats einbezogen werden. Hier sind alle Arbeitnehmer abstimmungsberechtigt, die zu den einbezogenen Betrieben gehören (entspr. § 3 Abs. 3 BetrVG).

b. § 3 Abs. 1 Nr. 2 BetrVG

Schwieriger sind Fälle, in denen nicht nur Belegschaften *kombiniert*, sondern auch *aufgespalten* werden. Dies kann je nach Interpretation des § 3 Abs. 1 Nr. 2 BetrVG bei der Bildung von Spartenbetriebsräten geschehen. Denn die Organisation eines Unternehmens nach Sparten macht vor den gesetzlich definierten Grenzen eines Betriebs nicht halt. Aus dieser Tatsache ergab sich für den Gesetzgeber gerade der Bedarf einer tariflichen Öffnungsklausel.[965] Ein ganzes Unternehmen oder ein einzelner Betrieb können vollständig in Sparten aufgeteilt sein, es können aber auch innerhalb des Unternehmens oder Betriebs Spartenstrukturen neben spartenübergreifenden Zentralbereichen wie der Personalabteilung oder dem Rechnungswesen existieren.[966]

Es ist umstritten, ob die Tarifparteien in diesen Fällen überhaupt einen Spartenbetriebsrat vereinbaren können.[967] Teilweise wird dies abgelehnt[968], teilweise

---

964 *Sannwald* in Schmidt-Bleibtreu/Klein GG Art. 29 Rn. 29 und 44; *Meyer-Teschendorff* in v. Mangoldt/Klein/Starck GG Art. 29 Rn. 38.

965 Begründung zum Regierungsentwurf des BetrVG-ReformG 2001, BT-Drucksache 14/5741 S. 34.

966 Für weitere Modelle siehe *Friese* RdA 2003, S. 92 (93).

967 *Däubler* AuR 2001, S. 1 (2); *Hanau* RdA 2001, S. 65 (66); *Konzen* RdA 2001, S. 76 (87); *Kort* AG 2003, S. 13 (19).

968 ErfK/*Eisemann* § 3 BetrVG Rn. 5.

davon abhängig gemacht, ob der „Rest-Betrieb“ selbst gem. §§ 1, 4 BetrVG betriebsratsfähig wäre oder seinerseits tariflich strukturiert werden könnte.[969]

Soweit man den Tarifparteien diesen Gestaltungsspielraum zugesteht, wäre die neu geschaffene Spartenvertretung jedenfalls für die „Rest-Belegschaft“ nicht zuständig.[970] Dies spricht gegen ihr Stimmrecht bei der Ratifizierung des Tarifvertrags, denn so könnten die Abstimmenden mitentscheiden über die Errichtung einer neuen Vertretung, die für sie gar nicht zuständig wäre. Sie könnten einen Betriebsrat ablehnen, den sie selbst nie wählen könnten.

Allerdings wird diesen Arbeitnehmern unter Umständen auch „ihr“ gesetzlicher Betriebsrat genommen. Der Anknüpfungspunkt für ihre Teilhabe an der neuen Betriebsstruktur kann nicht die *künftige*, sondern muss die *aktuelle* gesetzliche Vertretungsstruktur sein, die durch den Tarifvertrag geändert würde. Die Tatsache, dass diese Arbeitnehmer nicht der Spartenstruktur angehören würden, die der tariflich vorgesehene Betriebsrat verträte, begründet gerade ihr besonderes Schutzbedürfnis. Diese Lösung entspricht ebenfalls der grundgesetzlichen Regelung für Neugliederungen des Bundesgebietes, die auch die Zustimmung aller betroffenen Bevölkerungsgruppen zu der neuen Gebietsaufteilung verlangt.[971]

Es bleibt folglich auch bei § 3 Abs. 1 Nr. 2 BetrVG bei einem Abstimmungsrecht aller Wahlberechtigten im Sinne des § 7 BetrVG.

c. § 3 Abs. 1 Nr. 3 BetrVG

Im Fall von § 3 Abs. 1 Nr. 3 BetrVG ist der mögliche Teilnehmerkreis der Ratifizierung so groß wie die Gestaltungsmacht der Tarifparteien. Auch hier ist am Grundsatz festzuhalten, dass alle wahlberechtigten Arbeitnehmer aller vom Tarifvertrag betroffenen Bereiche abstimmungsberechtigt sind. Stimmberechtigt sind auch Arbeitnehmergruppen, die nicht in die neue, tarifliche Vertretungsstruktur einbezogen werden. Denn – wie soeben festgestellt – kann dieser Ausschluss gerade eine besonders Schutzbedürftigkeit begründen.

Besonderheiten für das Stimmrecht können bestehen, wenn der Tarifvertrag Betriebe mit wechselndem Personal betrifft oder Einrichtungen mit kleiner

969 *Fitting* BetrVG § 3 Rn. 52; *Franzen* in GK-BetrVG § 3 Rn. 15; *Gistel* Gewillkürte Betriebsverfassungsstruktur, S. 49f.

970 *Richardi* in Richardi BetrVG § 3 Rn. 34; *Friese* RdA 2003, S. 92 (95).

971 *Meyer-Teschendorf* in v. Mangoldt/Klein/Starck GG Art. 29 Rn. 40.

Stammbelegschaft und vielen kurzzeitig Beschäftigten.[972] Die Ratifizierung durch Abstimmung ist in diesen Fällen nicht nur eine Momentaufnahme der Belegschafts*meinung* (wie alle Abstimmungen), sondern auch eine Momentaufnahme der Belegschaft selbst. Die legitimierende Wirkung, welche die Abstimmung für den Tarifvertrag erzeugen soll, ist in diesen Fällen folglich nur schwach ausgeprägt. Die Arbeitnehmer hätten über die Bildung einer Struktur zu befinden, der sie nur sehr kurzzeitig angehören.

In diesen Fällen stellt sich allerdings schon die Frage, ob der Tarifvertrag überhaupt dem Erfordernis der Dienlichkeit für die Arbeitnehmerinteressen genügt.[973] Es ist erwägenswert, in diesen Fällen das Abstimmungsrecht an eine Verweildauer von mindestens drei Monaten im Betrieb zu knüpfen, vergleichbar der geltenden Regelung für das Wahlrecht der Zeitarbeitskräfte (§ 7 S. 2 BetrVG) und vergleichbar § 4 Abs. 1 des Gesetzes zur Umsetzung von Art. 29 Abs. 6 GG: Auch diese Vorschrift knüpft die Teilnahme am Volksentscheid daran, dass der Bürger seit mindestens drei Monaten seinen Hauptwohnsitz im Abstimmungsgebiet hat.

5. Notwendige Mehrheit

Ist die Abstimmung unter den nunmehr definierten Teilnahmeberechtigten abgehalten worden, stellt sich die Frage, welches Zustimmungsquorum für eine erfolgreiche Ratifizierung erforderlich ist. Nach Ansicht der Verfasserin spricht nichts dagegen, die einfache Stimmenmehrheit vorauszusetzen. Es stellt sich hier kein spezifisches Minderheitenproblem, das im Voraus vom Gesetzgeber identifizierbar oder regelbar wäre. Insbesondere knüpfen die Tatbestandsmerkmale des § 3 BetrVG nicht an schutzwürdige Eigenschaften von Arbeitnehmern an. Auch für die Urabstimmung der Arbeitnehmer nach § 3 Abs. 3 BetrVG wird nicht die absolute Mehrheit (also die aller Stimmberechtigten), sondern nur die einfache Mehrheit (also die der abgegebenen Stimmen) verlangt.[974] Sofern alle Stimmberechtigten die Möglichkeit haben, an der Abstimmung teilzunehmen, liegt es in ihrer Hand, durch die Stimmabgabe eine unerwünschte Einflussnahme der Tarifparteien auf ihre Vertretungsstruktur zu verhindern.

972 *Fitting* BetrVG § 3 Rn. 50.

973 *Fitting* BetrVG § 3 Rn. 50.

974 *Löwisch/Kaiser* BetrVG § 3 Rn. 30.

Im Detail allerdings könnte die Bedingung einer insgesamt einfachen Stimmenmehrheit zu unbefriedigenden Ergebnissen führen: Zustimmung und Ablehnung könnten in verschiedenen Betrieben, Betriebsteilen, Sparten und Unternehmen in unterschiedlicher Häufung auftreten. So könnten die Arbeitnehmer eines Zulieferbetriebs z.B. mit großer Mehrheit dafür stimmen, mit der Belegschaft eines anderen, wirtschaftlich starken Betriebs in der Zulieferkette eine einheitliche Vertretung nach § 3 Abs. 1 Nr. 3 zu wählen. Mit ihrer großen Zustimmung könnten sie eine hohe Ablehnungsquote in dem anderen Betrieb kompensieren.

Bei der Ermittlung des Abstimmungsergebnisses ist deshalb die aktuelle Betriebszugehörigkeit der Stimmberechtigten zu berücksichtigen. Für die Ratifizierung ist jeweils die Mehrheit der abgegebenen Stimmen *in allen betroffenen Organisationseinheiten* vorauszusetzen, und zwar in deren Struktur vor Geltung des Tarifvertrags. Auch diese Lösung entspricht grundsätzlich den Mehrheitserfordernissen für Volksentscheide nach Art. 29 Abs. 3 S. 3 GG: Die Vorschrift will eine aufgedrängte Gebietsordnung auch dann verhindern, wenn die unmittelbar betroffene Bevölkerung dieses künftigen Gebiets ihr mehrheitlich zustimmt.[975]

Allerdings hat dieses Vetorecht der „Altbevölkerung“ Grenzen: Wenn die abzutrennenden „Neubürger“ des künftigen Gebiets der Neuordnung mit Zweidrittelmehrheit zustimmen, dann überwindet ihre qualifizierte Zustimmung eine Ablehnung mit einfacher Mehrheit im zurückbleibenden Bevölkerungsteil (Art. 29 Abs. 3 S. 4 1. Hs. GG). Mit dieser Regelung ließe sich auch bei Belegschaftsabstimmungen über betriebliche Strukturveränderungen das Gewicht der Stimmen dem Gewicht der betroffenen Belange anpassen: Die „zurückbleibenden Betriebsangehörigen“ verfügten zwar über ein Stimmrecht, könnten mit dessen Ausübung aber nicht von vorneherein die Betroffenen im „eigentlichen Umgliederungsgebiet“[976] majorisieren.

6. Rechtsfolge der Abstimmung

Wird der Tarifvertrag angenommen, tritt er vorbehaltlich anderer Wirksamkeitsbedingungen gegenüber seinen Adressaten – in diesem Fall Arbeitgeber und Be-

975 *Meyer-Teschendorf* in v. Mangoldt/Klein/Starck GG Art. 29 Rn. 40.

976 Vgl. *Meyer-Teschendorf* in v. Mangoldt/Klein/Starck GG Art. 29 Rn. 43.

triebsrat[977] – in Kraft. Eine erfolglose Ratifizierung würde dieses Inkrafttreten verhindern, hätte aber nicht die Unwirksamkeit des Tarifvertrags zur Folge. Denn die Wirksamkeit bestimmen – wie in § 3 B II festgestellt – Arbeitgeber(verband) und Gewerkschaft als Vertragsparteien.

Hier wäre die erfolgreiche Ratifizierung eine gesetzliche aufschiebende Bedingung des Inkrafttretens gegenüber den Adressaten. Vergleichbar ist dieses Wirksamkeitshindernis mit der behördlichen Zustimmung, die nach dem BetrVG 1972 noch für Strukturtarifverträge notwendig war. Auch nach dieser Vorschrift löste erst der zustimmende Beschluss der Behörde das betriebsverfassungsrechtliche Inkrafttreten des Tarifvertrags aus, und dies nicht rückwirkend, sondern nur mit Wirkung für die Zukunft.[978]

7. Geltungsdauer des Abstimmungsergebnisses

Wie im Fall der Betriebsratswahl ist auch bei dieser Abstimmung zu klären, wie lange ein negatives Votum der Belegschaft abermalige Ratifizierungsversuche sperren würde. Wenn der Gesetzgeber an dieser Regelungsbefugnis der Tarifparteien festhalten will, sollte es diesen möglich sein, innerhalb einer angemessenen Frist denselben oder einen neuen Tarifvertrag zur Abstimmung zu stellen.

Orientiert man sich auch hier am Vorbild der Bürgerbeteiligung an Gebietsneuordnungen (Art. 29 Abs. 2 GG), dann ergibt sich aus den einschlägigen Normen keine Karenzzeit zwischen zwei Volksentscheiden. Nur für Volksbegehren der Bürger über von ihnen erwünschte Gebietsordnungen hat der Gesetzgeber von der Möglichkeit des Art. 29 Abs. 6 S. 2 GG Gebrauch gemacht und eine Sperrzeit von fünf Jahren vorgesehen.[979]

Für Abstimmungen über Betriebsstrukturtarifverträge empfiehlt sich eine kürzere Dauer von höchstens zwei Jahren, die sich abermals mit Blick auf § 13 Abs. 2 Nr. 1 BetrVG rechtfertigen lässt. Innerhalb dieses Zeitraums kann sich die Zusammensetzung einer Belegschaft ändern, sodass ein neues Abstimmungsergebnis denkbar ist. Ändern kann sich auch die Organisation eines Betriebs, Unternehmens oder Konzerns beziehungsweise die Kooperation zwischen

---

977 *Giesen* Tarifvertragliche Rechtsgestaltung, S. 295; *Löwisch/Rieble* TVG § 4 Rn. 18.

978 *Dietz/Richardi* BetrVG Bd. 1 (6. Aufl., 1981) § 3 Rn. 54.

979 § 21 Abs. 1 des Gesetzes über das Verfahren bei Volksentscheid, Volksbegehren und Volksbefragung nach Art. 29 Abs. 6 des Grundgesetzes; *Jarass/Pieroth* GG Art. 29 Rn. 7.

Unternehmen, auf die § 3 Abs. 1 BetrVG den Tarifparteien eine Reaktionsmöglichkeit liefern will.

II. Die Bewertung des Modells

1. Entgegenstehende Belange der Tarifparteien

Hinsichtlich der Belange der Tarifparteien ist zu berücksichtigen, dass das Abstimmungsrecht der Belegschaft weiter ginge als früher die Kompetenz der Aufsichtsbehörden, die unter Geltung des § 3 Abs. 1 BetrVG 1972 Betriebsstrukturtarifverträge kontrollierten. Die Behörden waren zu einer Rechtskontrolle daraufhin ermächtigt, ob die Tarifverträge „den Grundgedanken des Betriebsverfassungsgesetzes nicht widersprechen“[980] und ob die Parteien die Grenzen ihrer Ermächtigung einhalten. Die herrschende Meinung zum BetrVG 1972 gestand der Behörde dabei einen Ermessensspielraum zu.[981]

Die Teilnehmer einer Belegschaftsabstimmung hingegen könnten den Tarifvertrag bedingungslos ablehnen – aus welchem rationalen oder irrationalen Grund auch immer. Hiergegen könnten die Tarifparteien keinen Rechtsschutz erlangen, anders als zuvor im Fall der behördlichen Zustimmungsverweigerung.[982]

Strukturtarifverträge zählen allerdings nur zum Randbereich der verfassungsrechtlich geschützten Aufgaben von Koalitionen, nämlich der Wahrung und Förderung der Arbeits- und Wirtschaftsbedingungen (Art. 9 Abs. 3 GG). Ihre Vereinbarungen über betriebsverfassungsrechtliche Organisationsnormen beruhen zwar auf originärer Regelungsmacht, Wirkung für alle Arbeitnehmer im Betrieb entfalten sie jedoch nur kraft der gesetzlichen Ermächtigungsgrundlage. Mit dem Abschluss des Strukturtarifvertrags üben sie daher gar nicht erst ihre Koalitionsfreiheit aus.[983]

---

980 Begründung zum Regierungsentwurf des BetrVG 1972, BT-Drucksache VI/1786, S. 36, zitiert nach *Richardi* BetrVG (7. Aufl., 1998) § 3 Rn. 48.

981 *Richardi* BetrVG (7. Aufl., 1998) § 3 Rn. 56; *Fitting* (18. Aufl., 1996) BetrVG § 3 Rn. 65 (jeweils m.w.N.); a.A. *Gamillscheg* in FS Molitor, S. 133 (137f.).

982 Str. war nur, ob die Zuständigkeit der Verwaltungsgerichte eröffnet war (so *Kraft* in GK-BetrVG (5. Aufl., 1994) § 3 Rn. 39.f) oder die der Arbeitsgerichte (so *Fitting* BetrVG (18. Aufl. 1996) § 3 Rn. 72).

983 *Friese* ZfA 2003, S. 237 (243); *Rieble* RdA 1993, S. 140 (142); *Säcker/Oetker* Tarifautonomie, S. 206ff.; *Schmiege* Organisationsstrukturen, S. 266; *Teusch* Organisation der Betriebsverfassung, S. 35.

Wenn aber der Gesetzgeber die Tarifparteien zu Regelungen jenseits ihrer originären Kompetenz ermächtigt, kann er sowohl deren Inhalt begrenzen als auch deren Wirksamkeit Bedingungen unterwerfen.[984] Ob Wirksamkeitsvoraussetzung eine behördliche Zustimmung oder eine Belegschaftszustimmung ist, fällt unter die gesetzgeberische Einschätzungsprärogative.[985] Aus Sicht der Tarifparteien bestehen somit gegen die Ratifizierung keine Bedenken.

2. Entgegenstehende Belange der unterlegenen Minderheit…

Je nach Abstimmungsergebnis beeinträchtigt die Ratifizierung entweder die Interessen der Minderheit, die den Tarifvertrag ablehnt, oder derjenigen Gruppe, die sich tarifvertraglichen Schutz wünscht.

a. ... im Fall einer erfolgreichen Ratifizierung

In diesem Fall erlangt der Tarifvertrag Gültigkeit auch für diejenigen Arbeitnehmer, die gegen ihn gestimmt haben. Soweit man in der Formulierung des § 3 Abs. 1 Nr. 3 BetrVG einen Verstoß gegen das Bestimmtheitsgebot sieht[986] oder in der Regelungsmacht der Tarifparteien eine Verletzung der negativen Koalitionsfreiheit der Nichtorganisierten[987] bzw. der positiven Koalitionsfreiheit der anderweitig Organisierten[988], blieben diese Bedenken für die unterlegene Minderheit unverändert bestehen. Das Abstimmungsergebnis legitimiert den Tarifvertrag nicht für die Minderheit, die gegen ihn stimmt, oder mildert den Eingriff in ihre Rechte. Hier gilt, was zuvor zu den Reformvorschlägen über gesetzliche Öffnungsklauseln für Tarifverträge gesagt wurde: Dass 50 Prozent oder

---

984 BVerfG v. 29.12.2004 – Az. 1 BvR 2283/03, 1 BvR 2504/03 und 1 BvR 2582/03 – AP Nr. 2 zu § 3 AEntG; BAG v. 3.4.2001 – AZ. 9 AZR 166/00 – AP Nr. 19 zu § 11 BUrlG Urlaubsgeld; *Löwisch/Rieble* TVG § 1 Rn. 102 (205).

985 Vgl. BVerfGE 94, 268 (293); *Trümner* in DKKW § 3 Rn. 13.

986 So *Giesen* Tarifliche Rechtsgestaltung, S. 309f. mit Verweis auf BVerfG v. 14.6.1983 – Az. 2 BvR 488/80 – BVerfGE 64, 208 (214f.); a.A. BAG v. 29.7.2009 – Az. 7 ABR 27/08 – NZA 2009, S. 1424; *Kraft/Franzen* in GK-BetrVG § 3 Rn. 69; *Friese* ZfA 2003, S. 237 (248ff.).

987 *Picker* RdA 2001, S. 257 (284); *Rieble* in Bauer/Rieble ArbR S. 25, 49; *Schmiege* Organisationsstrukturen, S. 262ff; a.A. BAG v. 29.7.2009 – Az. 7 ABR 27/08 – NZA 2009, S. 1424; *Teusch* Organisation der Betriebsverfassung, S. 76ff.; *Thüsing* ZIP 2003, S. 693 (694ff.).

988 *Richardi* in Richardi BetrVG § 3 Rn. 14; *Plander* NZA 2002, S. 483 (486); a.A. BAG v. 29.7.2009 – Az. 7 ABR 27/08 – NZA 2009, S. 1424.

99 Prozent der Arbeitnehmer eine Betriebsvereinbarung für „günstiger“ halten als den Tarifvertrag, stärkt nicht deren Legitimation.[989]

Deshalb kann hier offen bleiben, ob gar eine Pflicht des Gesetzgebers besteht, eine Ratifizierung zum Schutz der positiven wie negativen Koalitionsfreiheit verbindlich vorzuschreiben. Denn die mögliche Verletzung dieses Grundrechts durch § 3 Abs. 1 BetrVG – ob sie besteht, kann auch offen bleiben – würde nur durch ein Zustimmungserfordernis *aller* Arbeitnehmer im Betrieb beseitigt. Hinsichtlich des Grades ihrer Selbstbestimmung stünden aber auch die Abstimmungsverlierer mit der Ratifizierung besser da als ohne sie. Sie könnten überhaupt teilhaben an der Frage der Geltung des Betriebsstrukturtarifvertrages und ihre Zustimmung oder Ablehnung ausdrücken. Bedenken gegen die Abstimmung bestehen aus ihrer Sicht somit nicht.

b. ... im Fall einer gescheiterten Ratifizierung

Scheitert die Ratifizierung des Tarifvertrags, kommt die unterlegene Minderheit nicht in den Genuss der gewillkürten Mitbestimmungsstruktur, für die sie votiert hat. Im Fall der Gewerkschaftsmitglieder wird ihnen zudem der Schutz durch eine Vereinbarung ihrer Koalition versagt, und dies womöglich durch Außenseiter. Allerdings besteht schon kein schützenswerter Anspruch der Gewerkschaftsmitglieder gegen die Tarifparteien auf den *Abschluss* eines Strukturtarifvertrags.[990] Folglich besteht erst recht kein Anspruch darauf, dass eine solche Vereinbarung im Betrieb in Kraft tritt. Insofern sind die Arbeitnehmer auf den Schutz des gesetzlichen Mitbestimmungsstandards zu verweisen.

III. Ergebnis

Gegen eine Ratifizierungspflicht für Strukturtarifverträge bestehen keine Bedenken.

D. Weisungen an Betriebsräte

Die bislang entwickelten Abstimmungsmodelle betreffen organisatorische Fragen der Betriebsverfassung – nämlich ob und welche Mitbestimmungsstrukturen

989 Siehe oben § 1 B III 1 d (S. 84).

990 BAG v. 20.8.1986 – Az. 4 AZR 272/85 – AP Nr. 6 zu § 1 TVG Tarifverträge; *Dieterich* in FS Schaub, S. 117 (130ff.); *Säcker/Oetker* Tarifautonomie, S. 93.

es geben soll und ob die Arbeitnehmer gewählte Vertreter aus diesen Strukturen entfernen können sollten. Erwägenswert ist es aber auch, die Belegschaft auf Sachfragen der betrieblichen Ordnung verbindlich einwirken zu lassen und deren Regelung nicht ausschließlich Repräsentanten zu überlassen.

Im geltenden System sind entsprechende kollektiv-unmittelbare Teilhaberechte nicht enthalten. Alle Vorschläge, Beschwerden oder Beschlüsse der Arbeitnehmer zu Sachfragen sind dem Betriebsrat gegenüber unverbindlich. Dass die Arbeitnehmer Träger der Mitbestimmungsrechte sind, zeigt weder Wirkung im Innenverhältnis zwischen Belegschaft und Betriebsrat, noch im Außenverhältnis zwischen Belegschaft und Arbeitgeber. Infolgedessen können sich Betriebsräte über berechtigte Interessen der Belegschaft hinwegsetzen. Belegschaftsabstimmungen könnten dies verhindern.

I. Das Abstimmungsmodell

1. Zwei Gestaltungsmöglichkeiten

a. Regelung durch die Belegschaft oder auf Weisung der Belegschaft?

Ein Abstimmungskonzept für Sachfragen könnte die geltende Rechtslage in zwei Richtungen verändern: Es könnte den Abstimmungsberechtigten unmittelbar die Regelungsbefugnis für mitbestimmungspflichtige Sachverhalte übertragen. So könnte beispielsweise ein Abstimmungsergebnis als Erklärung auf den Abschluss einer Betriebsvereinbarung ausgestaltet werden oder als Zustimmungserklärung zu einer mitbestimmungspflichtigen Angelegenheit. Damit würde die Arbeitnehmerschaft zu einem neuen regelungsbefugten Mitbestimmungsorgan verfasst, das auch Partei einer Betriebsvereinbarung sein könnte und dessen Beschlüsse dem Arbeitgeber zu übermitteln wären.

Alternativ könnten Abstimmungen als Instrument eingesetzt werden, um eine stärkere inhaltliche Rückkoppelung zwischen Betriebsrat und Arbeitnehmern zu etablieren. Dann wäre weiterhin der Betriebsrat dasjenige regelungsbefugte Gremium, das die Mitbestimmungsrechte der Arbeitnehmer dem Arbeitgeber gegenüber und mit Wirkung für die Belegschaft ausübte. Der Betriebsrat wäre weiterhin Partei von Betriebsvereinbarungen. Nur im Innenverhältnis zu den Arbeitnehmern wäre das Gremium an deren kollektiv gebildeten Willen gebunden.

b. Bedenken gegen Abstimmungen mit „Außenwirkung"

Gegen eine unmittelbare Regelung von Sachfragen durch die Belegschaft spricht bereits, dass die Grundidee von Belegschaftsabstimmungen nach dem hier entwickelten Konzept darin besteht, Fehlentwicklungen des *repräsentativen* Teilhabesystems zu korrigieren. Ihr Ziel ist es nicht, eine direktdemokratische Beteiligungsform mit Wirkung gegenüber dem Arbeitgeber zu schaffen. Die Arbeitnehmer sollen nicht anstelle ihrer demokratisch gewählten Vertreter handeln, sondern deren Arbeit kontrollieren und steuern können.[991]

Eine darüber hinaus gehende direkte Beteiligung der Belegschaft an der betrieblichen Normsetzung würde auch auf praktische Hindernisse stoßen: Zum Beispiel könnte das Belegschaftskollektiv nicht den konkreten Inhalt von Betriebsvereinbarungen aushandeln, da die Vereinbarungen meistens sehr detailliert und komplex sind. Es ist ohnehin fraglich, welche dieser Vereinbarungen die Arbeitnehmer bei einer Abstimmung sinnvoll mit der Alternative „Ja oder Nein" abhandeln könnten.[992] Aushandeln könnten sie diese keinesfalls. Dies müsste weiterhin der Betriebsrat tun. Diese gespaltenen Kompetenzen würden Rechtsunsicherheit auf mehreren Ebenen erzeugen.

aa. Rechtsunsicherheit durch zusätzliche Fehlerquellen

Auf verfahrensrechtlicher Ebene würde die Aufspaltung von Verhandlungskompetenz und Abschlusskompetenz Rechtsunsicherheit für alle Beteiligten erzeugen – für Arbeitgeber, Betriebsräte und nicht zuletzt die Arbeitnehmer selbst.

Für den Arbeitgeber läge eine gesteigerte Rechtsunsicherheit darin, dass er es mit unterschiedlichen Kompetenzträgern zu tun hätte, deren Willensbildung jeweils mit Mängeln behaftet sein könnte. Schon nach geltendem Recht müssen Arbeitgeber Willensmängel von Betriebsratsmitgliedern und daraus resultierende Anfechtungen von deren Stimmen im Betriebsrat fürchten.[993] War etwa die Einladung zu einer Betriebsratssitzung fehlerhaft, oder litt die Beschlussfassung des Gremiums an Mängeln, handelt der Vorsitzende bei der Übermittlung der Beschlüsse nicht innerhalb von deren Rahmen (§ 26 Abs. 2 S. 1 BetrVG), sodass die Zustimmung zu Maßnahmen des Arbeitgebers unwirksam ist. Unwirksam ist

991 Siehe dazu § 1 B III 1 d (S. 84).

992 U.a. deshalb lehnt *Scholz* Volksabstimmungen auf Bundesebene ab, ZG 1994, S. 1 (30).

993 *Rieble* Selbstverantwortung, S. 337 (352f.).

die Zustimmung auch, wenn Betriebsratsmitglieder ihre Stimmabgabe wegen Irrtums anfechten.[994]

Die Folgen einer unwirksamen Zustimmung bürdet die herrschende, vom BAG entwickelte „Theorie der Wirksamkeitsvoraussetzung“ nicht dem Betriebsrat auf, in dessen Sphäre die Fehler aufgetreten sind, sondern dem Arbeitgeber: Seine Maßnahmen sollen im Verhältnis zum einzelnen Arbeitnehmer unwirksam sein.[995] So kann z.B. eine Anordnung von Mehrarbeit unwirksam sein, obwohl der Arbeitgeber von einer wirksamen Zustimmung des Betriebsrats ausgegangen war. Eine unmittelbare Beteiligung der Arbeitnehmer vermehrte diese Belastung des Arbeitgebers: Verfahrensfehler und Willensmängel der Betriebsratsmitglieder in der Verhandlungsphase einer Betriebsvereinbarung könnten je nach Ausgestaltung der Abstimmungsregeln durchschlagen auf das Abstimmungsergebnis – etwa weil der zur Abstimmung stehende Betriebsvereinbarungsentwurf auf Irrtum oder Täuschung beruhte.

Umgekehrt könnten Fehler im Abstimmungsverfahren und Willensmängel der Belegschaftsmitglieder entweder kraft Gesetzes oder durch Anfechtung zur Unwirksamkeit des Abstimmungsergebnisses führen. Auch die Übermittlung des Belegschaftswillens an den Arbeitgeber durch ein erklärungsberechtigtes Organ – sei es der Betriebsrat oder ein neu zu schaffender Akteur – wäre fehleranfällig. Die aus all dem folgende Rechtsunsicherheit träfe auch die Arbeitnehmer, die auf die Wirksamkeit ihrer eigenen Abstimmungsergebnisse nicht vertrauen könnten. Da viele der Normen, die unter ihrer Beteiligung entstünden, ihre Arbeitsverhältnisse unmittelbar gestalten, wäre die Unwirksamkeit dieser Vereinbarungen für die Arbeitnehmer von besonders großer Tragweite.

bb. Rechtsunsicherheit mangels Verantwortungsträgern

Rechtsunsicherheit entstünde in diesem Beteiligungsmodell auch auf materieller Ebene: Regelungsmacht und Regelungsverantwortung für eine Betriebsvereinbarung lägen nicht mehr bei einem Gremium, sondern zerfielen auf Arbeitnehmer und Betriebsrat. Der Betriebsrat wäre nur noch als eine Art Verrichtungsgehilfe dazu ermächtigt, Vereinbarungen inhaltlich mit dem Arbeitgeber zu entwi-

---

994 Dazu *Reitze* Der Betriebsratsbeschluss, S. 77 (80ff.).

995 Jedenfalls, soweit infolgedessen Ansprüche des Arbeitnehmers vereitelt oder geschmälert werden, BAG v. 7.9.1956 – Az. 1 AZR 646/54 – AP Nr. 2 zu § 56 BetrVG; aus jüngerer Zeit BAG v. 10.3.2009 – Az. 1 AZR 55/08 – AP Nr. 134 zu § 87 BetrVG 1972 Lohngestaltung; eingehend *Wiebauer* Sicherung der Mitbestimmung, S. 22ff. (m.w.N.), 164ff.

ckeln, er hätte jedoch keine Abschlussbefugnis. Die Arbeitnehmer hätten keinen Einfluss auf den Inhalt der Beschlussvorlagen, die ihnen unterbreitet würden, verliehen diesen aber mit ihrer Abstimmung Rechtsverbindlichkeit. So würde verschleiert, welcher Akteur inhaltlich verantwortlich ist für eine Regelung – Belegschaft oder Betriebsrat?

Zwar werden in vielen Situationen des Wirtschaftslebens Vereinbarungen erst durch Hilfspersonen ausgehandelt und später zwischen anderen Akteuren wirksam geschlossen. Aus dem Bereich des Tarifvertragsrechts ist etwa zu denken an die Einschaltung von Tarifkommissionen, die den Ergebnissen der Verhandlungsführer zustimmen oder sie ablehnen können. Doch die Funktionsfähigkeit dieser Modelle setzt voraus, dass im Voraus das Verhandlungsmandat und die Befugnisse der Hilfsperson klar umrissen werden. Im Fall der Betriebsvereinbarung lassen sich das Verhandlungsmandat des Betriebsrats und der gewünschte Inhalt der Vereinbarung schon aus praktischen Gründen nicht durch die Arbeitnehmerschaft festlegen. Selbst wenn dies möglich wäre – denkbar ist ein Forderungskatalog, den die Belegschaft in der Betriebsversammlung aufstellt –, dürfte es stets Konflikte über die Frage geben, welcher Kompromiss mit dem Arbeitgeber den Weisungen der Arbeitnehmer noch gerecht würde.

Diese Frage könnten Arbeitgeber und Betriebsrat im Laufe der Verhandlungen schwerlich klären – geschweige denn später ein Gericht. Die Abstimmung wäre angesichts dieser unklaren Grenzen der Verhandlungsmacht des Betriebsrats besonders anfällig für Anfechtungen. Nach parlamentarischem Vorbild Vermittlungsausschüsse oder Belegschaftsausschüsse einzusetzen, würde das Verfahren verlangsamen, verteuern und es wieder auf kleine Zirkel verlagern, denen es durch die Abstimmung gerade entzogen werden sollte.

Mit der Verantwortungsfrage einher geht die Frage der Haftung für die Folgen rechtswidriger bzw. unwirksamer Vereinbarungen. Die Betriebsräte – die schon nach geltendem Recht nur sehr eingeschränkt für Rechtsverstöße haften – wären schwerlich verantwortlich zu machen für Vereinbarungen, die sie nicht selbst geschlossen haben. Zwar dürften Rechtsverstöße in Betriebsvereinbarungen in aller Regel schon zurückgehen auf die Beschlussvorlage der Belegschaftsabstimmung, die von den Betriebsräten ausgehandelt wurde. Doch Wirksamkeit erlangte diese Vereinbarung erst durch den Beschluss der Belegschaft, sodass man von arbeitsteiligen Verstößen sprechen könnte, die Verantwortungslosigkeit auf mehreren Ebenen erzeugten.

c. Zwischenergebnis

Das Modell einer Belegschaftsabstimmung mit unmittelbarer Regelungswirkung für Sachfragen ist abzulehnen. Stattdessen ist dem Modell verbindlicher Weisungen der Belegschaft an den Betriebsrat der Vorzug zu geben.

2. Abstimmungsverfahren

In diesem Verfahren wäre der Betriebsrat nach wie vor sowohl verhandlungsbefugt als auch zum Abschluss von Verhandlungen berechtigt. Die Belegschaft wäre nur berechtigt, ihren Unterhändlern Vorgaben für den Inhalt der Vereinbarungen zu machen. Da dieses Abstimmungsmodell Fehlentwicklungen des *repräsentativen* Teilhabesystems korrigiert, indem die Arbeitnehmer die Betriebsratsarbeit inhaltlich beeinflussen könnten, wäre das Verfahren nur möglich in Betrieben mit Betriebsrat. Anderenfalls ginge die kollektive Willensbildung ins Leere. In Betrieben mit Betriebsrat sollten die Abstimmungen auf Antrag der Arbeitnehmer in der Betriebsversammlung stattfinden. Der Abstimmungsantrag könnte vor oder spontan in einer regulären quartalsmäßigen Versammlung (§ 43 Abs. 1 S. 1 BetrVG) gestellt werden. Die Arbeitnehmer könnten für die Abstimmung auch eine außerordentliche Betriebsversammlung nach dem geltenden § 43 Abs. 3 S. 1 BetrVG erwirken.

Das Arbeitnehmervotum ausschließlich in der Betriebsversammlung abzuhalten hätte mehrere Vorteile: Die Betriebsversammlung ist das geeignete Forum, in dem Abstimmungsthemen gebührend diskutiert werden könnten. Die begrenzte Zahl der Versammlungen würde gewährleisten, dass die Betriebe nicht durch inflationäre Anträge und damit einhergehende Debatten belastet würden. Betriebsversammlungen dürften sich durch Abstimmungen zwar verlängern, aber da sie ohnehin stattgefunden hätten, wäre das Mehr an Aufwand und Kosten geringer, als wenn die Abstimmungen zusätzlich zu den Versammlungen abgehalten würden. Das Mindestquorum von 25 Prozent der Wahlberechtigten für die Einberufung einer Betriebsversammlung gewährleistete zudem, dass nur zu Themen abgestimmt würde, die eine hinreichend große Aufmerksamkeit im Betrieb genießen.[996] Damit entfiele auch die Notwendigkeit, eine Höchstzahl von Abstimmungen im Jahr festzulegen.

---

996 Vgl. hierzu *Muckel* NVwZ 1997, S. 223 (227), der zu Antragsquoren für Bürgerentscheide feststellte: *„Es kann den Bürgern nicht zugemutet werden, ständig zu den Urnen zu eilen, um die Verwirklichung von Ideen zu verhindern, die sich irgendwelche Minderheiten einfallen lassen."* Das gleiche gilt für Abstimmungen im Betrieb.

Die Themen wären – soweit vorher bekannt – den Arbeitnehmern mit der Einladung mitzuteilen. Zuständig für die Formulierung der Abstimmungsfrage muss der Antragsteller sein, denn für Belegschaftsabstimmungen gilt insofern das gleiche wie für Volksentscheide: „Entscheidende Macht" über das Verfahren hat, wer die Abstimmungsfrage formuliert.[997] In der Betriebsversammlung ist zu gewährleisten, dass alle Stimmberechtigten ihre Argumente in verhältnismäßigem Umfang vortragen können. Dafür ist den Arbeitnehmern die Wahl einer neutralen Versammlungsleitung zu ermöglichen. Es sollte nicht festgehalten werden am Vorsitz des Betriebsratsvorsitzenden (§ 42 Abs. 1 S. 1 BetrVG), denn dieser könnte sonst ein Verfahren unsachgemäß beeinflussen, an dessen Ergebnis er gebunden wäre.

3. Initiativrecht des Betriebsrats oder Arbeitgebers?

Die Kommunalverfassungen der Bundesländer verleihen nicht nur den Gemeindebürgern, sondern auch Gemeinderäten ein Initiativrecht für Bürgerentscheide (sog. „Ratsbegehren").[998] Dem Betriebsrat ein solches Initiativrecht einzuräumen, würde aber dem hier vorgeschlagenen Abstimmungskonzept nicht gerecht. Nicht nur hat der Betriebsrat schon jetzt die Möglichkeit, unverbindliche Befragungen durchzuführen.[999] Die Abstimmung würde auch nicht in seinem Interesse erfolgen. Es bestünde das Risiko, dass die Voten als Druckmittel gegen den Arbeitgeber oder gegen eine rivalisierende Fraktion im Betriebsrat zweckentfremdet werden. Ein Antragsrecht für Betriebsräte ist daher ausdrücklich auszuschließen. Ein solches Verbot verhindert zwar nicht, dass der Betriebsrat trotzdem über Umwege die Abstimmung initiiert. Es könnte aber eine disziplinierende Wirkung entfalten – und Verstöße wären im Rahmen einer gerichtlichen Verfahrenskontrolle feststellbar.

Aus ähnlichen Gründen ist ein Initiativrecht des Arbeitgebers abzulehnen. Dieser wird durch das Betriebsverfassungsgesetz weitgehend von der Willensbildung der Belegschaft fern gehalten. Er hat in der Betriebsversammlung ein

---

997 *Böckenförde* in HdB StR III § 34 S. 33f. (Rn. 4f.).

998 Zum Beispiel: § 21 Abs. 1 GemO B.-W.; Art. 18a GO BY; § 20 Abs. 5 GO Bbg; § 20 KV M-V; § 22b Abs. 9 NGO; § 26 Abs. 1 S. 2 GO NW; § 21a Abs. 7 KSVG Saarl; § 24 Abs. 1 GO SA; § 26 Abs. 1 GO LSA; § 16g Abs. 1 GO S.-H.

999 Siehe dazu oben § 2 B II 3 (S. 138).

Rederecht, darf aber keine Anträge zur Abstimmung stellen.[1000] Dürfte er rechtsverbindliche Abstimmungen initiieren, könnte er die Belegschaft gegen den Betriebsrat in Stellung bringen, so wie das Management von Schlafhorst zum Beispiel versuchte, die Belegschaftsabstimmung als Druckmittel gegen die Gewerkschaft zu nutzen.[1001] Von solchen Motiven sollten Belegschaftsabstimmungen nicht geleitet sein, sondern es sollte bei der Möglichkeit des Arbeitgebers bleiben, unverbindliche Befragungen abzuhalten.

4. Gegenstand der Abstimmung

a. Zulässige Abstimmungsthemen

Das Themenspektrum für Abstimmungen ist nicht weiter zu ziehen als der aktuelle Zuständigkeitsbereich der Betriebsversammlung; an einigen Stellen wird die Themengrenze noch enger zu ziehen sein.

Die Betriebsversammlung kann aktuell Beschlüsse über alle Angelegenheiten treffen, die den Betrieb oder seine Arbeitnehmer unmittelbar betreffen (§ 45 BetrVG). Grenzen bestehen für parteipolitische Themen und Arbeitskampfmaßnahmen sowie in dem Gebot, den betrieblichen Frieden zu wahren (§ 45 S. 1 i.V.m. § 74 II BetrVG). Demnach sind Abstimmungen über tagespolitische Themen ohne betrieblichen Bezug („Sarrazin hat Recht“) oder zwingende gesetzliche Vorschriften („Nein zu Schutzkleidung“) ausgeschlossen.[1002]

Auch rein interne Angelegenheiten des Betriebsrats, wie dessen Geschäftsordnung (§ 36 BetrVG) oder die Übertragung von Aufgaben an Ausschüsse (§ 28 BetrVG), sollten nicht dem Willen der Belegschaft unterworfen sein. Darüber hinaus sind Abstimmungen zu beschränken auf Themen, derer sich auch der Betriebsrat annehmen darf. Denn Ziel dieses Teilhabeinstruments ist die Kontrolle einer guten Amtsführung durch den Betriebsrat und nicht, dass die Arbeitnehmer sich per Abstimmung neue Mitbestimmungsrechte zulasten des Arbeitgebers verschaffen könnten.

Die aktuellen Kompetenzgrenzen des Betriebsrats – etwa die Tarifautonomie der Tarifparteien (§ 77 Abs. 3 S. 1 BetrVG) – geben daher zwingende Gren-

---

1000 BAG v. 27.6.1989 – Az. 1 ABR 28/88 – AP Nr. 5 zu § 42 BetrVG 1972; *Fitting* BetrVG § 43 Rn. 32; *Berg* in DKKW § 43 Rn. 19; a.A. *Annuß* in Richardi BetrVG § 43 Rn. 55; *Weber* in GK-BetrVG § 43 Rn. 50.

1001 Siehe oben § 1 A II 3 a (S. 35).

1002 Hierzu *Annuß* in Richardi BetrVG § 45 Rn. 5ff.

zen für Abstimmungen vor. So kann sich die Betriebsversammlung *de lege lata* mit dem Stand von Tarifverhandlungen befassen und tarifpolitische Stellungnahmen abgeben.[1003] Sie könnte aber nicht dazu ermächtigt werden, den Betriebsrat per Abstimmung zu Verhandlungen über höhere Löhne zu verpflichten, denn dazu ist das Gremium in der Regel selbst nicht befugt.[1004] Der Betriebsrat könnte auch nicht wirksam dazu verpflichtet werden, den Arbeitgeber zum Verzicht auf eine geplante Betriebsänderung zu bewegen, auch dazu fehlte dem Gremium die Befugnis.[1005]

b. Grenzen zum Schutz einzelner Arbeitnehmer

Umgekehrt gibt es Themen, welche der Betriebsrat behandeln darf, die jedoch nicht der Abstimmungskompetenz der Belegschaft zu unterwerfen sind. An erster Stelle sind Beteiligungsrechte ohne kollektiven Bezug zu nennen, die nur individuelle Arbeitsverhältnisse betreffen. Die Persönlichkeitsrechte der Betroffenen verhindern, dass das Belegschaftsplenum sich mit diesen Themen befasst, oder gar dem Betriebsrat eine Richtung für seine Entscheidung vorgibt.

Zu den auszunehmenden Bereichen zählt demzufolge das Widerspruchsrecht des Betriebsrats gegen Kündigungen (§ 102 Abs. 3 KSchG) sowie sein Zustimmungsverweigerungsrecht hinsichtlich personeller Einzelmaßnahmen (§ 99 BetrVG). Auch im Bereich der erzwingbaren Mitbestimmungsrechte nach § 78 Abs. 1 BetrVG sind Tatbestände ohne kollektiven Bezug (Nr. 1: Disziplinarmaßnahmen gegen einzelne Arbeitnehmer[1006] oder Nr. 5: zeitliche Lage des Urlaubs einzelner Arbeitnehmer) von Abstimmungen auszunehmen.

Auch Maßnahmen nach § 104 BetrVG sind kein tauglicher Gegenstand von Abstimmungen. Danach kann der Betriebsrat vom Arbeitgeber die Entlassung oder Versetzung eines Arbeitnehmers fordern, der sich gesetzeswidrig verhalten oder den Betriebsfrieden wiederholt ernstlich gestört hat. Diese Maßnahme sollte nicht von der Belegschaft erzwungen werden können. Zwar gehen in der Praxis die meisten dieser Betriebsratsinitiativen auf Druck durch die Belegschaft

1003 *Fitting* § 45 Rn. 9.

1004 Vgl. BAG GS v. 3.12.1991 – Az. GS 1/90 – AP Nr. 52 zu § 87 BetrVG 1972 Lohngestaltung.

1005 *Oetker* in GK-BetrVG § 112 Rn. 27; ErfK/*Kania* § 112 BetrVG Rn. 8.

1006 Die nach wohl herrschender Ansicht auch mitbestimmungspflichtig sind; *Junker* Grundkurs Arbeitsrecht § 10 Rn. 750; *v. Hoyningen-Huene* Betriebsverfassungsrecht, § 12 Rn. 40.

zurück.[1007] Es wäre dem Betriebsfrieden aber abträglich, könnte das Belegschaftskollektiv über das Verhalten einzelner Arbeitnehmer öffentlich urteilen. Hier müssen bestehende Beschwerde- und Vorschlagsrechte genügen.

c. Grenzen zum Schutz des Arbeitgebers

Auch schutzwürdige Belange des Arbeitgebers geben den Abstimmungsthemen Grenzen vor: Die Belegschaft könnte die Betriebsratsmitglieder nicht dazu verpflichten, Betriebs- oder Geschäftsgeheimnisse öffentlich zu machen, die ihnen ausdrücklich im Schutz der Schweigepflicht offenbart wurden (§ 79 Abs. 1 BetrVG). Auch Abstimmungen, die direkt darauf zielen, Verpflichtungen des Arbeitgebers gegenüber der Belegschaft zu begründen – etwa die Forderung nach Mitsprache an der Unternehmensstrategie, nach Gehaltserhöhungen oder auch nach der Einrichtung eines Betriebskindergartens – wären unzulässig bzw. sie blieben unverbindlich. Hier wäre es der Belegschaft nur möglich, den Betriebsrat rechtswirksam zu entsprechenden Gesprächsversuchen zu verpflichten.

Abstimmungen könnten ferner eine Einigung zwischen den Betriebsparteien – beispielsweise einen Interessenausgleich – über mitbestimmungspflichtige Sachverhalte nicht erzwingen. Allenfalls sollten die Arbeitnehmer den Betriebsrat dazu verpflichten können, von einem erzwingbaren Mitbestimmungsrecht Gebrauch zu machen.

d. Beispiele für zulässige Abstimmungsthemen

Aus dem soeben entwickelten Rahmen ergeben sich folgende nicht abschließende Beispiele für zulässige Abstimmungsthemen:

- Erwirkung oder Abschaffung eines Rauchverbots im Betrieb
- Verhandlungen über eine neue Verteilung von Betriebsparkplätzen oder Werkswohnungen[1008]
- Kündigung einer Betriebsvereinbarung über die Arbeitszeiterfassung, Verhandlungen über eine neue Vereinbarung
- Aufforderung, einen Rahmensozialplan auszuhandeln
- Aufforderung, im Betrieb eine faire Lohnverteilung zu gewährleisten bzw. bei der nächsten Gehaltserhöhung Geringverdiener besonders zu berücksichtigen.

1007 Siehe bereits *Dieckhoff* DB 1963, S. 1574.

1008 Siehe dazu *Junker* in FS Kreutz, S. 170ff.

5. Stimmrecht und notwendige Mehrheit

Stimmberechtigt wären alle Versammlungsteilnehmer. Für einen erfolgreichen Abstimmungsantrag sollte die Mehrheit der abgegebenen Stimmen genügen. Soweit der Gesetzgeber Entscheidungen von besonderer Tragweite für Minderheiten identifiziert, kann er qualifizierte Mehrheiten vorschreiben. In der Regel dürfte es aber nicht möglich sein, Mehrheiten und Minderheiten *ex ante* zu definieren. Denn bei Belegschaftsabstimmungen dürften sich nicht nur strukturelle Minderheiten zeigen, die für den Gesetzgeber objektiv identifizierbar wären durch Alter, Geschlecht, Qualifikation, Herkunft usw. und somit gezielt schutzfähig wären.[1009] Vielmehr sind bei Belegschaftsabstimmungen auch „fluktuierende“ Minderheiten zu beachten, die sich je nach Abstimmungsthema bilden.[1010] Bei einer Betriebsvereinbarung über familienfreundliche Arbeitszeiten könnte je nach Belegschaftsstruktur die Gruppe der Single-Männer obsiegen, oder die der Familienväter und -mütter. Eine Privilegierung von und Schutzmaßnahmen für diese fluktuierenden Minderheiten kann der Gesetzgeber nicht treffen.[1011] Deshalb ist am Mehrheitsprinzip festzuhalten.

Für Abstimmungen, die nur bestimmte Belegschaftsgruppen oder Abteilungen betreffen, könnte der Beteiligtenkreis entsprechend eingeschränkt werden.

6. Rechtsfolge der Abstimmung

a. Rechtsfolge für den Betriebsrat

Ein positives Votum über den Abstimmungsantrag würde den Betriebsrat dazu verpflichten, sich mit dem Abstimmungsthema zu befassen. Die Befassungspflicht wäre nicht damit erfüllt, das Thema auf die Tagesordnung einer Betriebsratssitzung zu setzen. Dies können 5 Prozent der Arbeitnehmer bereits gemäß § 86a BetrVG erzwingen. Vielmehr würde das Abstimmungsergebnis die Pflicht begründen, den von der Belegschaft als regelungsbedürftig identifizierten Sachverhalt nach Möglichkeit innerhalb eines angemessenen Zeitraums zu regeln.

Zur Erfüllung dieses Ziels müsste der Betriebsrat die kollektive Willensäußerung der Arbeitnehmer auslegen nach den Grundsätzen, die für die Auslegung

---

1009 *Wiese/Raab* in GK-BetrVG § 35 Rn. 2, vgl. auch die Regierungsbegründung zum BetrVG-Reformentwurf von 2001, BT-Drucksache 14/5741, S. 10, 40).

1010 Zu den Begriffen *Triemel* Minderheitenschutz, S. 21.

1011 *Windbichler* RdA 1994, S. 268 (271).

rechtsgeschäftlicher Willenserklärungen gelten (§§ 133, 145 BGB): Er müsste das tatsächliche Begehren der Belegschaft ermitteln, und dürfte nicht nur an der Formulierung der Abstimmungsfrage haften.

Handelt es sich um einen Sachverhalt, der in der alleinigen Entscheidungskompetenz des Gremiums liegt, müsste dieses ihn in den zeitlichen und formellen Grenzen seiner Kompetenzen umsetzen. Beträfe das Belegschaftsvotum Angelegenheiten, die nur gemeinsam mit oder einseitig durch den Arbeitgeber zu regeln sind, würde der Betriebsrat der Umsetzungspflicht gerecht, wenn er alle zur Verfügung stehenden Mittel einsetzte, um den Belegschaftswunsch zu realisieren. Die Auswahl dieser Mittel stünde im Ermessen des Gremiums. Er könnte den Abschluss einer Betriebsvereinbarung anstreben, aber auch ein weniger formales Instrument wie die Regelungsabrede oder gar eine einseitige Regelung durch den Arbeitgeber. Falls das Abstimmungsergebnis den Wunsch nach einer bestimmten Regelungsform ausdrückt, müsste der Betriebsrat prüfen, ob diese rechtlich möglich und zur Erreichung des gewünschten Ziels zweckmäßig wäre – falls ja, würde sich sein Auswahlermessen auf null reduzieren und er müsste die gewünschte Regelungsform anstreben.

b. Rechtsfolge für den Arbeitgeber?

Das Abstimmungsergebnis würde nur den Betriebsrat binden, der Arbeitgeber wäre nicht zu seiner Umsetzung verpflichtet. Falls für die Erreichung des von der Belegschaft erwünschten Ziels eine Einigung zwischen Arbeitgeber und Betriebsrat notwendig ist, würde nur letzterer dazu verpflichtet, alle seinerseits verfügbaren Mittel für eine Einigung zu ergreifen. Ein Einigungszwang bestünde nicht. So wäre gewährleistet, dass der Arbeitgeber sich nicht einem neuen Mitbestimmungsorgan in Gestalt der Betriebsversammlung gegenüber sieht. Er wäre unter Geltung des Abstimmungsregimes nur dazu verpflichtet, sich ernsthaft mit den Anliegen der Belegschaft zu befassen, die ihn über den Betriebsrat erreichen. Diese Pflicht trifft ihn bereits jetzt, kraft des Gebots zur vertrauensvollen Zusammenarbeit (§ 2 Abs. 1 BetrVG).

7. Geltungsdauer des Ergebnisses

Die Betriebsräte sollten in ihrer Tätigkeit nicht von quartalsweise wechselnden Launen der Belegschaft getrieben werden. Deshalb ist es angezeigt, für Abstimmungsthemen nach Abschluss des Verfahrens eine Befassungssperre zu verhängen. Eine Befassungssperre von zwei Jahren erscheint angemessen.

8. Rechtsschutz bei Untätigkeit des Betriebsrats

Eine allgemeine Frist zur Umsetzung des Abstimmungsergebnisses sollte nicht festgelegt werden, dafür ist die Bandbreite der Abstimmungsthemen zu groß und der Aufwand für ihre Umsetzung zu unterschiedlich. Es genügt, dem Betriebsrat eine unverzügliche oder möglichst schnelle Umsetzung aufzugeben. Je nachdem, wie gravierend die Vernachlässigung der Umsetzungspflicht im Einzelfall ausfällt, könnte sie eine grobe Pflichtverletzung darstellen[1012], die eine gerichtliche Abberufung möglich machen würde (§ 23 Abs. 1 BetrVG).

9. Rechtsschutz gegen unzulässige Abstimmungsthemen

Betriebsräte sind gem. § 78 S. 1 BetrVG vor rechtswidriger Behinderung ihrer Mandatsausübung geschützt. Dieser Schutz richtet sich auch gegen absichtliche oder unbeabsichtigte Störungen durch die Arbeitnehmer.[1013] Wenn Abstimmungen Verfahrensfehler aufwiesen oder z.B. wegen eines unzulässigen Themas rechtswidrig wären, stünden dem Betriebsrat die Unterlassungsansprüche und Schutzrechte zu, die aus § 78 S. 1 BetrVG abgeleitet werden.[1014]

II. Die Bewertung des Modells

Die Abstimmungsregeln unterwerfen die Amtsführung des Betriebsrats den Weisungen der Belegschaftsmehrheit. Die Abstimmungsergebnisse dürften zwar meistens nur die Richtung der Betriebsratsarbeit vorgeben und den Betriebsräten einen weiten Gestaltungsspielraum für Details belassen. Dennoch könnte das Gremium die Grundlinien seiner Amtsführung nicht mehr selbst bestimmen sondern müsste sie nach dem Belegschaftswillen ausrichten.

Im Folgenden wird untersucht, ob diese Neugestaltung des Betriebsratsmandats sich mit den Belangen des Betriebsrats vereinbaren lässt, ob sie den Schutz von Belegschaftsminderheiten gewährleistet und die Funktionsfähigkeit der betrieblichen Mitbestimmung erhält.

1012 *Oetker* in GK-BetrVG § 23 Rn. 18, mit konkreten Beispielen unter Rn. 103.

1013 *Schleusener* NZA 2001, S. 641; *Fitting* § 78 Rn. 6ff.; ErfK/*Kania* BetrVG § 78 Rn. 2.

1014 Vgl. BAG v. 19.7.1995 – Az. 7 ABR 60/94 – NZA 1996, 332ff.; *Kreutz* in GK-BetrVG § 78 Rn. 38ff.

1. Keine entgegenstehenden Belange des Betriebsrats

Es wurde bereits festgestellt, dass Betriebsratsarbeit keine Grundrechtsausübung ist.[1015] Es fehlt für Betriebsräte eine Parallelnorm zu Art. 38 Abs. 1 S. 2 GG, die ihrer aktuellen Weisungsfreiheit Verfassungsrang einräumte. Als zivilrechtliche Interessenvertreter sind Betriebsräte nicht grundgesetzlich geschützt vor einer unmittelbaren Bindung ihrer Amtsführung an den Willen der Arbeitnehmer. Vielmehr sind die Belegschaftsmitglieder aus Sicht der Belegschaftsvertreter höherrangige Normgeber, gegen deren Weisungen sie nicht ihre eigene Entscheidungsfreiheit ins Feld führen können. Ebenso wenig könnten sich Aufsichtsratsmitglieder gegen neue gesetzliche Weisungsrechte der Anteilseigner oder Arbeitnehmervertreter wehren.

2. Entgegenstehende Belange von Minderheiten

Verbindliche Abstimmungen könnten Minderheitenbelange unverhältnismäßig beeinträchtigen. Da eine erfolgreiche Abstimmung nur eine einfache Stimmenmehrheit erfordert, würde die Betriebsratsarbeit von der Belegschaftsmehrheit gesteuert. So entfiele die Abwägung zwischen Minderheiten- und Mehrheitsbelangen, die sonst der Betriebsrat vornimmt.

a. Schutzniveau für Minderheiten

Ein Schutz betrieblicher Minderheiten ist verfassungsrechtlich nicht geboten. Doch betriebliche Kleingruppen genießen durch die Anordnung der Verhältniswahl einen Schutz mit Verfassungsrang, den der Gesetzgeber nicht durch widersprüchliche Systementscheidungen unverhältnismäßig beeinträchtigen darf.[1016] Verstärkt wird dieser Schutzanspruch durch die Tatsache, dass die Betriebsverfassung eine zwingende Organisationsform ist.

b. Systemwidrigkeit der Abstimmungsregeln

Auf den ersten Blick widerspricht es dem Schutzzweck des Verhältniswahlrechts, wenn betriebliche Minderheiten ihre Vertreter in den Betriebsrat entsenden können, diese aber an die Weisungen der Belegschaftsmehrheit gebunden sind. Andererseits erschöpft sich die Teilhabe von Minderheiten im Betrieb schon jetzt darin, dass ihre Argumente überhaupt Gehör finden. Das Betriebsverfassungsgesetz sichert die Beteiligung ihrer Vertreter am Entscheidungspro-

---

1015 Siehe oben B II 2 (S. 210).

1016 Siehe oben B II 1 a bb (S. 199).

zess im Betriebsrat, erklärt für dessen Beschlüsse aber das Mehrheitsprinzip zur Regel (§ 33 Abs. 1 S. 1 BetrVG).

Das Betriebsverfassungsgesetz bietet keine Gewähr dafür, dass der Betriebsrat sich tatsächlich als neutrale Instanz über Mehrheitsinteressen hinwegsetzt, falls die Belange der Minderheit objektiv vorzugswürdig sind.[1017] Eine dahingehende gerichtliche Kontrolle hat der Gesetzgeber nicht vorgesehen, da anderenfalls die Gerichte ständig auf Antrag von Minderheiten in den Betriebsrat hineinregieren könnten.[1018] Auch das Verhältnis von Mehrheits- und Minderheitsfraktionen im Betriebsrat wurde weitgehend gerichtsfrei ausgestaltet: Die Minderheit kann Betriebsratsbeschlüsse nicht anfechten, sondern nur ihre Nichtigkeit feststellen lassen.[1019] Abweichende Voten dürfen die Unterlegenen nur in den Grenzen ihrer Geheimhaltungspflicht (§ 30 BetrVG) der Belegschaft oder dem Arbeitgeber kundtun.[1020]

Aus verfassungsrechtlicher Sicht bedeuten Belegschaftsabstimmungen daher keinen systemwidrigen Verlust an Minderheitenschutz. Sie würden das Schutzniveau, das durch die Verhältniswahl erreicht wird, nicht verringern. Im Gegenteil würden sie mehr Transparenz erzeugen, weil die Abstimmung verdeutlicht, welchen Rückhalt betriebliche Regelungen in der Belegschaft haben. Da diese Regelungen auf den tatsächlichen Willen der originär regelungsbefugten Akteure zurückgingen, und nicht auf den gewählter Gremien, hätten sie auch eine mindestens gleichwertige, wenn nicht größere Legitimation.

Der Systemgerechtigkeit ist daher Genüge getan, wenn alle Beschäftigten ein Abstimmungsrecht genießen und die Informations- und Beteiligungsrechte kleiner Gruppen bei der Initiierung von Abstimmungen und im „Abstimmungswahlkampf“ gewahrt bleiben. Beides ist nach dem hier skizzierten Abstimmungsmodell der Fall.

1017 Ähnlich *v. Hoyningen-Huene* Betriebsverfassungsrecht § 4 Rn. 38.

1018 LAG Frankfurt v. 21.4.1988 – Az. 12 TaBV 111/87 – BB 1988, S. 2320; siehe auch BAG Beschluss v. 1.6.1976 – Az. 1 ABR 99/74 – AP Nr. 1 zu § 28 BetrVG 1972; LAG Berlin Beschluss v. 12.5.1995 – Az. 16 TaBV 8/94 – BB 1996, S. 538.

1019 BAG v. 3.4.1979 – Az. 6 ABR 64/76 – AP Nr. 1 zu § 13 BetrVG 1972; LAG Frankfurt, BB 1988, S. 2320; *Thüsing* in Richardi BetrVG § 33 Rn. 39.

1020 *Wiese/Raab* in GK-BetrVG § 35 Rn. 31.

c. Zwischenergebnis

Aus Sicht des Minderheitenschutzes bestehen keine verfassungsrechtlich erheblichen Bedenken gegen Weisungen der Belegschaft an den Betriebsrat.

3. Funktionsstörung des betrieblichen Teilhabesystems

Maßstab für die Bewertung rechtsverbindlicher Belegschaftsabstimmungen ist nicht nur das Grundgesetz. Der direkte Einfluss der Belegschaft auf die Betriebsratsarbeit muss gemessen an den Zielen der einfachgesetzlichen Betriebsverfassung auch systemgerecht und praktikabel sein. Abstimmungsregeln verfehlten ihren Zweck, würden sie die Funktionsfähigkeit des betrieblichen Schutz- und Teilhabesystems untergraben.

a. Weisungsfreiheit des Betriebsrats als Funktionsbedingung

Für die Betriebsverfassung wären verbindliche Belegschaftsabstimmungen auch deshalb ein Paradigmenwechsel, weil der Betriebsrat zu keinem Zeitpunkt in der Geschichte der betrieblichen Arbeitnehmerbeteiligung in Deutschland verpflichtet war, den tatsächlichen Willen der Belegschaft umzusetzen. Auch im österreichischen Arbeitsverfassungsgesetz, das den Betriebsrat als Organ des Belegschaftsverbands versteht und die Achtung des Belegschaftswillens durch Abberufungsrechte sichert, ist eine inhaltlich unabhängige Amtsführung des Betriebsrats „absolut zwingend“[1021] vorgeschrieben (§ 115 Abs. 2 ArbVG).

Auch hier stellt sich somit die Frage, ob die Bindung des Betriebsrats an Weisungen der Arbeitnehmer die Funktionsfähigkeit der Mitbestimmung beeinträchtigen würde.

aa. Imperatives Mandat des Betriebsrats

Belegschaftsabstimmungen würden die Amtsführung der Arbeitnehmervertreter stärker beeinflussen, als etwa direktdemokratische Instrumente auf Landesebene die Landtagsabgeordneten beeinflussen: Ein erfolgreiches Volksbegehren bewirkt nur die Durchführung eines Volksentscheids. Und das Ergebnis des Volksentscheids gilt als Regelung des Sachverhalts *durch* die Bürger. Die Mandatsträger setzen diese Entscheidung nur um, deshalb werden direktdemokratische Beteiligungsinstrumente auch nicht als Eingriff in das freie Mandat der Landtagsabgeordneten bewertet.

1021 *Strasser/Jabornegg* Arbeitsverfassungsrecht, S. 484.

Belegschaftsabstimmungen hätten eine noch stärkere Wirkung: Die Betriebsräte wären nicht nur dazu verpflichtet, als Gremium Beschlüsse zu fassen, die den Belegschaftswillen umsetzen. Die Arbeitnehmer könnten den Betriebsrat auch dazu verpflichten, in eine bestimmte Richtung mit dem Arbeitgeber zu verhandeln, sich in den Verhandlungen besonders für eine bestimmte Regelung einzusetzen und bei mehreren Regelungsmöglichkeiten diejenige zu wählen, die dem Belegschaftswillen am besten gerecht würde. Darin liegt gerade keine punktuelle „Selbstvornahme" einer Regelung durch die Arbeitnehmer, wie direktdemokratische Instrumente sie bewirken. Sondern darin liegt eine längerfristige Steuerung der Arbeit auch der einzelnen Betriebsratsmitglieder. Darin kann man die Errichtung eines imperativen Betriebsratsmandats sehen. Ganz sicher würden die Abstimmungen aber das Betriebsratsamt im Sinne der Bundesverfassungsgerichtsentscheidung zum Bremischen Personalvertretungsgesetz „in die Nähe eines imperativen Mandats rücken".[1022]

bb. Wirkung auf die Funktionsfähigkeit der Mitbestimmung

Aus Legitimationsgesichtspunkten ist gegen Weisungen der Belegschaft nichts einzuwenden: Im Verhältnis zum Betriebsrat sind die Arbeitnehmer höherrangige Normgeber mit stärkerer Legitimation – wie es die Bürger im Verhältnis zu Gemeinderäten oder Landtagsabgeordneten sind. Auch von den Bedenken gegen weisungsabhängige Betriebsräte, die noch aus der Entstehungsphase des Betriebsrätegesetzes 1920 stammen[1023], könnte der Gesetzgeber sich lösen: Die Gremien drohen nicht in ein bundesweites Rätesystem eingemeindet zu werden. Im Gegenteil könnte ein stärkerer Einfluss der Arbeitnehmer auf die Betriebsräte durch Aussprache und Abstimmung in der Betriebsversammlung den derzeitigen Einfluss betriebsexterner Akteure oder dominanter Wählergruppen gerade mindern.[1024]

Für Weisungen spricht auch, dass sie das gängige Bild des Betriebsrats als Quasi-Parlamentarier beseitigen würden. Seine Unabhängigkeit ist kein Selbstzweck, seine Mandatsausübung keine Gewissensfrage, sondern sie erfolgt interessengebunden. Im Staat ist das Wahlrecht der Bürger darauf gerichtet, demokratische Prozesse nur zu ermöglichen, nicht aber darauf, sie inhaltlich zu kon-

---

1022 Vgl. BVerfGE 51, 77 (94f.).

1023 Dazu bereits unter § 3 A II 3 b aa (S. 152); zur Räteideologie *Stöckl* Verhältnis zwischen Betriebsrat und Arbeitgeber, S. 43ff.

1024 Siehe dazu schon § 1 A III 4 c (S. 68).

trollieren.[1025] In der privatrechtlichen Betriebsverfassung hingegen muss die Teilhabe der Arbeitnehmer mit der Wahl des Betriebsrats nicht beendet sein. Sie kann auch so weit gehen, dass die Vertretungstätigkeit des Betriebsrats von den Wählern inhaltlich gesteuert wird. Denn Betriebsräte sind weniger Mandatsträger, denn Amtsträger[1026], wenn nicht gar gesetzliche Auftragnehmer[1027]. Abstimmungen würden es den Arbeitnehmern ermöglichen, Inhalt und Ziele dieses Auftragsverhältnis zu präzisieren.[1028]

Ein so gelenkter Betriebsrat wäre nicht funktionslos[1029]: Die Eingrenzung der Abstimmungsthemen beließe ihm wesentliche Themen zur alleinigen Entscheidung. Bei der Umsetzung der Belegschaftsvoten verbliebe ihm eine erhebliche Gestaltungsmacht und Unabhängigkeit. So ist auch nicht zu befürchten, dass sich infolge des Machtverlusts des Betriebsrats nicht mehr genügend Kandidaten für die Wahl fänden. Wer von Beruf Betriebsrat werden will, „so wie andere Regierungsrat, oder Oberbergrat" (*Adomeit*[1030]), den überzeugen auch die Vorteile eines „gelenkten" Betriebsratsamtes (umfassender Kündigungsschutz sowie eine Befreiung von Arbeitspflichten bei Gehaltsfortzahlung im Fall einer Freistellung). Ziel der Mitbestimmung ist es ohnehin nicht, dem Repräsentationsorgan ein machtbewusstes Eigenleben zu ermöglichen – im Gegenteil widerspräche dies einer guten Betriebsrat-Governance.[1031]

Grundlegende Bedenken hinsichtlich der Funktionsfähigkeit der Betriebsverfassung ergeben sich somit aus der Weisungsabhängigkeit des Betriebsrats nicht.

1025 BVerfG v. 7.9.2011 – Az. 2 BvR 987/10; 2 BvR 1099/10; 2 BvR 1485/10 – NJW 2011, S. 2946ff.

1026 Zum Unterschied siehe *Heinrich* Amtsträgerbegriff, S. 670.

1027 *Heinze* ZfA 1988, S. 53 (66).

1028 Vgl. *Heinze* ZfA 1988, S. 53ff., nach dessen Ansicht aber das Verhältnis zwischen Betriebsrat und Belegschaft seinen „existenziellen Sinn" verlöre, wenn die Arbeitnehmer die Wahrung ihrer Interessen rechtsgeschäftlich gestalten könnten (S. 67).

1029 Dies wird oft als Argument gegen ein imperatives Mandat politischer Vertreter vorgebracht, etwa von *Stern* in BK-GG Art. 28, Rn. 45.

1030 NJW 2001, S. 1033 (1034).

1031 *Rittner* in FS Werner, S. 729 (733).

b. Repräsentativität als Funktionsbedingung

Die Betriebsverfassung ist umfassend repräsentativ ausgestaltet; kollektiv-unmittelbare Teilhabe ist die Ausnahme. Die Repräsentativität der Betriebsverfassung ist zwar nicht grundgesetzlich geboten, anders als die der Staatsverfassung (Art. 20 Abs. 2 S. 2; 28 Abs. 1 S. 2 GG).[1032] Aber sie könnte eine unverzichtbare Funktionsbedingung der betrieblichen Teilhabe sein, und sich mit direktdemokratischen Elementen nicht vereinbaren lassen.

Dem verfassungsrechtlich gebotenen Persönlichkeitsschutz und der Privatautonomie würde dasjenige Teilhabesystem am besten gerecht, das jeden Einzelnen unmittelbar in Entscheidungsprozesse einspannt. Stattdessen geht die Betriebsverfassung zu Recht davon aus, dass nicht jedes Belegschaftsmitglied seine Interessen dem Arbeitgeber gegenüber effektiv vertreten kann – und dass widerstreitende Absprachen mit allen Belegschaftsmitgliedern „auch nicht sein dürfen".[1033]

Die Existenz eines irgendwie gestalteten Repräsentationsorgans – nicht zwangsläufig ein Betriebsrat in der derzeitigen gesetzlichen Form – ist daher unverzichtbar für die Funktionsfähigkeit der Arbeitnehmerbeteiligung. Damit ist aber noch nicht gesagt, dass auch der völlige *Ausschluss* der Belegschaft aus dem Mitbestimmungs*verfahren* unverzichtbar ist.

Für diese Annahme spricht allerdings der hohe Wert, den der Verhandlungsprozess für eine effektive Teilhabe der Arbeitnehmer hat. Wie *Kisker* schreibt[1034], zielt die Mitbestimmung nicht auf die Herstellung bestimmter Ergebnisse, sondern bietet überhaupt erst ein Verfahren, an dessen Ende die Einigung über unterschiedlichste Ergebnisse steht. Es gelte nicht, jedem Beteiligten positiv oder negativ das „jeweils Seine" zuzuteilen, sondern alle in Entscheidungsprozessen „zusammenzuspannen".[1035]

Dieses Zusammenspannen erfolgt derzeit durch den Austausch von Betriebsrat und Arbeitgeber, in dem widerstreitende Interessen vorgetragen, gemeinsame Interessen identifiziert und Kompromisse ausgehandelt werden. Diesen Prozess, der durch das Gebot vertrauensvoller Zusammenarbeit und eine

---

1032 Vgl. *Burgi* Kommunalrecht § 11 Rn. 34.

1033 So schon *Reuter* ZfA 1975, S. 84 (87).

1034 So *Kisker* in FS Geiger, S. 243 (247).

1035 a.a.O. S. 248.; ähnlich *Hueck/Nipperdey* Lehrbuch des Arbeitsrechts Band II S. 1391; *Richardi* in Richardi BetrVG § 87, Rn. 8.

Schweigepflicht (§ 79 BetrVG) befördert wird[1036], dürften verbindliche Abstimmungen empfindlich stören. Denn sie setzen einzelne Verhandlungsziele der Arbeitnehmerseite betriebsöffentlich als unverrückbar voraus. Dies würde den Verhandlungsprozess nicht erübrigen, da das Abstimmungsergebnis schon aus praktischen Gründen nur Richtung und Rahmen der Gespräche vorgeben könnte. Den Betriebsparteien bliebe viel Spielraum für Kompromisse.

Dennoch bleibt es dabei, dass die Belegschaft mit der Abstimmung den Wunsch nach einem Verhandlungsergebnis ausdrückt, der aber nicht zwangsläufig erfüllbar ist. Insofern ist die direkte Beteiligung der Arbeitnehmer auch nicht vergleichbar mit direkter Bürgerbeteiligung. Letztere stört ebenfalls die Verhandlungsprozesse beispielsweise der Gemeinderatsfraktionen. Doch mit einem Bürgerentscheid erübrigt sich weiteres Verhandeln – der Verwirklichung des gewünschten Regelungsziels steht kein Akteur mit eigenen Rechten im Wege. In der Betriebsverfassung kann der Wille der Belegschaft am entgegenstehenden Willen des Arbeitgebers scheitern – und dieses Scheitern könnte durch das unverrückbare Verhandlungsziel der Arbeitnehmerseite erst ausgelöst werden. Infolgedessen drohen eine Erosion des Vertrauens in die Betriebsratsarbeit und eine Störung des Betriebsfriedens.

All dies verdeutlicht, dass Verhandlungen durch weitgehend unabhängige Repräsentanten für die Funktionsfähigkeit der Betriebsverfassung von grundlegender Bedeutung sind. Dies spricht nicht gegen eine direkte Beteiligung der Belegschaft, wohl aber gegen eine direkte Beteiligung in Form zwingender Weisungen durch rechtsverbindliche Abstimmungsergebnisse.

c. Entscheidungsverantwortung als Funktionsbedingung

Aus Sicht der Funktionsfähigkeit der Betriebsverfassung bestehen weiterhin Bedenken gegen die Wirkung von Belegschaftsweisungen auf die Verantwortlichkeit des Betriebsrats für seine Arbeit. Eine Verteilung von Regelungsmacht und inhaltlicher Regelungsverantwortung auf Belegschaft und Betriebsrat wurde bereits abgelehnt.[1037] Diese Teilung läge zwar bei Weisungen der Belegschaft nicht im rechtstechnischen Sinne vor, da der Betriebsrat sowohl den Inhalt der Betriebsvereinbarung gestalten als auch diese selbst schließen würde.

Dennoch wäre unter Geltung eines gelenkten Betriebsratsmandats die Verantwortung des Betriebsrats für seine Entscheidungen verwässert. Während im

---

1036 *V. Hoyningen-Huene* in FS Stahlhacke, S. 173 (178).

1037 Siehe zuvor unter § 4 D I 1 b (S. 230).

derzeitigen System das Gremium frühestens in der nächsten Betriebsversammlung, spätestens bei der nächsten Wahl Verantwortung für seine Amtsführung übernehmen muss, gäbe es unter Geltung von Abstimmungsregeln für Betriebsräte viele Wege, sich einer Verantwortung zu entziehen. Da sie auf Weisung handeln, wäre zweifelhaft, wer für Fehlentscheidungen gerade stehen muss: Die Arbeitnehmer könnten geltend machen, sie hätten diese oder jene letztlich rechtswidrige oder auch nur ungünstige Regelung in dieser Form nicht angeordnet. Die Betriebsräte könnten geltend machen, sie hätten gerne eine bessere oder rechtmäßige Regelung getroffen, hätten aber Weisungen erfüllen müssen. Ob der Betriebsrat eine günstigere Vereinbarung hätte durchsetzen können, wäre für die Arbeitnehmer nach wie vor nicht ersichtlich.

Unabhängig davon, ob die geschilderten Ausflüchte jeweils rechtlich schlüssig wären, wären sie praktisch fatal. Hier lauert eine tiefgreifende Funktionsstörung für die Betriebsverfassung infolge von Abstimmungen. Der Anspruch des Teilhabesystems, Regelungen zur Zufriedenheit möglichst vieler und in klarer Zuständigkeitsverteilung zu treffen, droht verfehlt zu werden. Die Trennung von inhaltlicher Gestaltungsmacht einerseits und der Verantwortung für Gestaltungsfehler andererseits widerspricht diametral dem Gedanken der guten betrieblichen Mitbestimmung, deren Herstellung gerade ein Ziel von Belegschaftsabstimmungen ist.[1038] Eine gute „Mitbestimmungsgovernance“ verlangt eine klare Zuweisung von Zuständigkeiten und Regelungsverantwortung. Stattdessen wären verantwortliche Akteure nicht mehr zweifelsfrei zu identifizieren. Das Recht der Arbeitnehmer, sich in die Betriebsratsarbeit einzumischen, dürfte nicht ihr Vertrauen in ihre Vertreter stärken.

Auch das ohnehin recht stumpfe Schwert eines gerichtlichen Abberufungsantrags gegen Betriebsräte wegen grober Pflichtverletzungen (§ 23 BetrVG) verlöre durch Weisungen weiter an praktischer Bedeutung, da die Verursachung der groben Pflichtverletzung den Betriebsräten nicht nachweisbar wäre. Dies würde bedeuten, ihnen die Prüfung der Forderungen der Arbeitnehmer auf rechtliche Zulässigkeit zu überantworten. Ob die Betriebsräte hierfür die nötige Kompetenz besitzen, ist fraglich.

Die geschilderten Wirkungen lassen sich auch nicht durch eine Anpassung des Abstimmungsmodells beseitigen.

1038 Siehe oben § 1 A III 4 (S. 63).

III. Ergebnis

Obwohl rechtsverbindliche Belegschaftsabstimmungen verfassungsrechtlich zulässig wären und insbesondere die Rechte der unterlegenen Minderheit nicht unverhältnismäßig beeinträchtigen würden, sind sie letztlich abzulehnen. Nicht, weil Schutz und Teilhabe im Betrieb zwingend einen Interessenausgleich durch neutrale Dritte voraussetzen. Auch spricht vieles dafür, das Dogma des freien Mandats nicht unberührt zu lassen. Verbindliche Weisungen würden aber den Mitbestimmungsprozess durch Repräsentanten unverhältnismäßig beeinträchtigen und die klare Identifizierung von Verantwortlichen für Fehlentscheidungen beseitigen. Beides sind aber grundlegende Funktionsbedingungen des betrieblichen Teilhabesystems.

Um den Arbeitnehmern dennoch mehr Einfluss auf die Betriebsratsarbeit zu geben, könnte alternativ zu einer Rechtsverbindlichkeit von Betriebsversammlungsbeschlüssen und einer Umsetzungspflicht nur eine Befassungspflicht des Betriebsrats mit diesen Beschlüssen geschaffen werden. Verschiedentlich wird diese schon in das geltende Recht hineininterpretiert[1039], diese Auffassung ist aber weder herrschende Meinung, noch wurde sie höchstrichterlich bestätigt. Nach dem Vorbild des § 86a S. 2 BetrVG könnte der Betriebsrat dazu verpflichtet werden, das Abstimmungsthema innerhalb einer bestimmten Frist auf die Tagesordnung einer Betriebsratssitzung zu setzen und in der folgenden Betriebsversammlung über den Ausgang der Befassung zu berichten. Eine weitere Alternative zu Abstimmungen könnte darin bestehen, den Betriebsrat in bestimmten grundsätzlichen Angelegenheiten dazu zu verpflichten, die Belegschaft vor dem Abschluss einer verbindlichen Vereinbarung einzubeziehen, sei es mit einer Befragung oder im Rahmen einer Betriebsversammlung.

Rechtsverbindliche Betriebsversammlungsbeschlüsse dagegen sind abzulehnen.

E. Ratifizierung von Betriebsvereinbarungen

Nachdem eine unmittelbare Regelung betrieblicher Angelegenheiten durch die Arbeitnehmer und rechtsverbindliche Weisungen an den Betriebsrat verworfen wurden, stellt sich die Frage, ob die Arbeitnehmer dazu berechtigt werden soll-

1039 *Joost* in MünchArbR § 224 Rn. 72; *Annuß* in Richardi BetrVG § 45 Rn. 31; *Weber* in GK-BetrVG § 45 Rn. 36.

ten, die vom Betriebsrat geschlossenen Vereinbarungen per Abstimmung zu ratifizieren. Anders als im Fall von Weisungen an den Betriebsrat lägen in diesem Modell die Verhandlungs- und die Abschlusskompetenz für Betriebsvereinbarungen weiterhin ausschließlich beim Betriebsrat. Die erfolgreiche Abstimmung wäre eine gesetzliche aufschiebende Bedingung für die Wirksamkeit der Betriebsvereinbarung. Die Verantwortung wäre somit klar verteilt: Der Betriebsrat verantwortete den Inhalt der Regelung, die Belegschaft ihr Wirksamwerden.

I. Das Abstimmungsmodell

1. Gegenstand und Verfahren der Abstimmung

Gegenstand der Abstimmung wäre die Frage, ob die Arbeitnehmer die Vereinbarung der Betriebsparteien billigen. Zur Ratifizierung sind grundsätzlich alle Arten von Betriebsvereinbarungen geeignet, denn alle Regelungen über Arbeitsbedingungen sind von Belang für die Arbeitnehmer. Dies gilt für Inhaltsnormen (etwa über die Arbeitszeit oder den Austausch von Personaldaten der Arbeitnehmer[1040]) ebenso wie für Abschlussnormen (etwa Auswahlrichtlinien, § 95 BetrVG[1041]) und Betriebsnormen (etwa über Pausenräume oder Arbeitsschutzregeln).

Der Ratifizierung sollten Vereinbarungen aller Ebenen offen stehen, also auch Gesamt- und Konzernbetriebsvereinbarungen. Abstimmungsbedarf besteht für die erstgenannten Vereinbarungen schon deshalb, weil der Gesamtbetriebsrat gem. § 50 Abs. 1 S. 1 BetrVG auch Betriebe ohne Betriebsrat vertritt. Über beide Vereinbarungen sollte zudem abgestimmt werden, weil die Betriebsräte den Gesamt- oder Konzernbetriebsräten ihre Regelungsbefugnisse übertragen dürfen (§ 50 Abs. 2 S. 1 bzw. § 58 Abs. 2 S. 1 BetrVG).

1040 Dazu *Kort* NZA 2010, S. 1267 (1269).

1041 Diese Vereinbarungen konnten nach § 1 Abs. 4 KSchG a.F. bereits zur Abstimmung gestellt werden in betriebsratslosen Betrieben, siehe oben § 2 B I 1 (S. 131).

2. Ausgenommene Themen

a. Betriebsverfassungsrechtliche Normen

aa. Betriebsstrukturvereinbarungen

Die gesetzlichen Vertretungsstrukturen für Betriebe können nicht nur durch Tarifvertrag, sondern auch durch Betriebsvereinbarung geändert werden (§ 3 Abs. 2 BetrVG). Allerdings spricht gegen eine Ratifizierungspflicht für diese Vereinbarungen, dass sie in der Praxis selten sein dürften. Die Regelungskompetenz der Betriebsparteien ist nachrangig zu derjenigen der Tarifparteien, und eine Befassungssperre für die Betriebsparteien gilt bereits dann, wenn im Unternehmen überhaupt ein „anderer Tarifvertrag" gilt (§ 3 Abs. 2 S. 1 BetrVG) – auch wenn dieser keine Regelung über Mitbestimmungsstrukturen trifft.[1042] Gegen die Ratifizierung spricht auch, dass Betriebsstrukturvereinbarungen, soweit sie von den gewählten Arbeitnehmervertretern geschlossen werden, mehr Legitimation besitzen als Tarifverträge.

Doch beide Argumente beseitigen den Abstimmungsbedarf letztlich nicht. Denn erstens besteht für die Betriebsräte, die eine solche Vereinbarung schließen ein Anreiz zu manipulativer Strukturierung des Betriebs: Mit dem Instrument des § 3 Abs. 2 BetrVG können die Gremien die Wahlberechtigten so einteilen, dass ihre Aussichten auf Wiederwahl steigen.[1043] Zweitens können sowohl der Gesamtbetriebsrat (§ 50 Abs. 1 S. 1 BetrVG) als auch der Konzernbetriebsrat (§ 58 Abs. 1 S. 1 BetrVG) Strukturvereinbarungen schließen mit Wirkung für Unternehmensteile, in denen kein Betriebsrat besteht. Die Legitimation dieser Vereinbarungen ist in diesen Fällen nur eine formalgesetzliche.[1044]

Umgekehrt können die Vereinbarungen des Gesamt- und Konzernbetriebsrats mit dem Arbeitgeber die Amtszeit bereits gewählter Betriebsräte in Untereinheiten des Unternehmens vorzeitig beenden (§ 3 Abs. 4 S. 2 BetrVG).[1045] Deshalb wird für diese Fälle im Schrifttum schon jetzt eine Zustimmung der betroffenen *Gremien* gefordert.[1046] Doch vorrangig sollten die betroffenen *Arbeit-*

1042 Dazu bereits unter § 2 A I 4 b bb [2] (S. 120).

1043 *Rieble* ZIP 2001, S. 133 (137f.)

1044 *Kraft/Franzen* in GK-BetrVG § 3 Rn. 40; *Trümner* in DKKW § 3 Rn. 126, der eine „betriebspolitische Legitimation" der Gesamtbetriebsräte für diese Fälle in Frage stellt.

1045 *Richardi* in Richardi BetrVG § 3 Rn. 80.

1046 *Richardi* in Richardi BetrVG a.a.O.; *Kraft/Franzen* in GK-BetrVG § 3 Rn. 41.

nehmer befragt werden. Denn dass ein Betriebsrat einer Strukturvereinbarung widerspricht, die ihn beseitigen würde, sagt wenig aus darüber, ob diese Vereinbarung den Interessen der betroffenen Arbeitnehmer dient. Nur ihr Votum kann Strukturvereinbarungen eine stärkere materielle Legitimation verleihen.

bb. Weitere betriebsverfassungsrechtliche Normen

Auszunehmen von der Ratifizierung sind dagegen diejenigen Betriebsvereinbarungen zu betriebsverfassungsrechtlichen Themen, die nur die Binnenorganisation der Mitbestimmungsorgane betreffen. Dazu zählen Vereinbarungen über die Freistellung von Betriebsratsmitgliedern (§ 38 Abs. 1 S. 3 BetrVG), über die Mitgliederzahl des Gesamtbetriebsrats (§ 47 Abs. 4 BetrVG), des Konzernbetriebsrats (§ 55 Abs. 4 BetrVG) und der Jugend- und Auszubildendenvertretung (§ 77 Abs. 4, 5 BetrVG) sowie Vereinbarungen über die Einrichtung einer ständigen Einigungsstelle (§ 76 Abs. 1 S. 2, 4 BetrVG). Diese Vereinbarungen berühren die Belange der Arbeitnehmer nur sehr mittelbar.

Anderes gilt zwar für Vereinbarungen über ein generelles Zustimmungserfordernis des Betriebsrats zu Kündigungen (§ 102 Abs. 6 BetrVG). Doch wird der Kündigungsschutz der Arbeitnehmer durch diese Vereinbarungen nur verstärkt; ihr Schutzniveau nach dem Kündigungsschutzgesetz bleibt daneben voll erhalten.[1047]

b. Sprüche der Einigungsstelle

Auszunehmen von der Ratifizierungspflicht wären auch Regelungen, die in der Einigungsstelle getroffen werden, beispielsweise ein Spruch über Auswahlrichtlinien (§ 95 Abs. 1 S. 2, 3 BetrVG) oder über die Lage der Arbeitszeit (§ 87 Abs. 1 Nr. 2, Abs. 2 BetrVG). Diese Regelungen haben im Bereich der erzwingbaren Mitbestimmung die Wirkung einer Betriebsvereinbarung (§§ 76 Abs. 5, 77 Abs. 2 S. 2 BetrVG).

Gegen ihre Ratifizierung spricht, dass der Einigungsstellenspruch nicht das Ergebnis eines Verhandlungsprozesses und einer gütlichen Einigung der Betriebsparteien ist. Er ist das Ergebnis einer innerbetrieblichen Zwangsschlichtung durch ein externes Organ. Der Einigungsstellenspruch simuliert eine Vereinbarung, wie sie die Betriebsparteien vernünftigerweise getroffen hätten.[1048] Eine neutrale Schlichtung dürfte nur für Konflikte notwendig sein, die von großer Bedeutung für die betriebliche Ordnung sind. Dies spricht dafür, die

---

1047 *Rieble* AuR 1993, S. 39 (47); *Fitting* BetrVG § 102 Rn. 126.

1048 BAG v. 22.1.2002 – Az. 3 ABR 28/01 – AP Nr. 16 zu § 76 BetrVG Einigungsstelle.

Arbeitnehmer gerade dann einzubinden. Doch sie nach der Schlichtung zu befragen, würde das Einigungsstellenverfahren entwerten, denn die Arbeitnehmer sind in diesem Fall Konfliktpartei. Wenn schon ein neutraler Schlichter nötig war, um eine Lösung zu erzielen, kann deren Gültigkeit nicht von der Zustimmung nur einer Partei abhängig sein. Nicht ohne Grund wird davon abgeraten, den Einigungsstellenvorsitz einem Betriebsangehörigen anzuvertrauen.[1049] Zudem müsste die Gegenseite, der Arbeitgeber, im Fall einer gescheiterten Ratifizierung eine abermalige Schlichtung finanzieren.

All dies würde auch nicht dem Zweck der Belegschaftsabstimmung dienen, eine gute „*Governance*" des Betriebsrats zu etablieren. Denn am Spruch der Einigungsstelle hat der Betriebsrat gerade keinen Anteil.

Aus den gleichen Gründen sind Betriebsvereinbarungen, die im freiwilligen Verfahren der Einigungsstelle entwickelt wurden, von der Ratifizierung auszunehmen. In beiden Fällen gewährt § 76 Abs. 7 BetrVG den Arbeitnehmern ein Mindestmaß an rechtlichem Schutz.[1050]

c. Interessenausgleich und Sozialplan

Auch Sozialpläne könnten zur Abstimmung gestellt werden. Diese Vereinbarungen zwischen Betriebsrat und Arbeitgeber über die Milderung der Folgen von Betriebsänderungen haben die Wirkung von Betriebsvereinbarungen (§ 112 Abs. 1 S. 3 BetrVG) bzw. werden vielfach als solche interpretiert.[1051] Abstimmungen sind auch möglich über den Interessenausgleich nach § 112 Abs. 1 S. 1 BetrVG, sofern man diesem die Wirkung einer Betriebsvereinbarung verleihen will[1052] und ihn nicht nur für eine Kollektivvereinbarung eigener Art ohne Wirkung für die Arbeitnehmer hält[1053], oder gar für eine Einigung ohne jegliche rechtliche Bindungswirkung[1054].

1049 Berg in DKKW BetrVG § 76 Rn. 19; *Fitting* BetrVG § 76 Rn. 16.

1050 *Preis* in Wlotzke/Preis/Kreft BetrVG § 76 Rn. 10.

1051 BAG v. 27.8.1975 – Az 4 AZR 454/74 – AP Nr. 2 zu § 112 BetrVG 1972; *Annuß* in Richardi BetrVG § 112 Rn. 171.

1052 Dies bejaht grundsätzlich *Matthes* in FS Wlotzke, S. 393 (393f.); differenzierend BGH v. 15.11.2000 – Az. XII ZR 197/98 – NJW 2001, S. 439ff.; *Fitting* BetrVG 112a Rn. 43ff.; *v. Hoyningen-Huene* Betriebsverfassungsrecht, § 15 Rn. 28; *Schweibert* in Willemsen/Hohenstatt/Schweibert/Seibt Umstrukturierung, C 193ff.

1053 BAG v. 23.9.2003 – Az. 1 AZR 576/02 – AP Nr. 43 zu § 113 BetrVG 1972 (II 3 b); BAG v. 14.11.2006 – Az. 1 AZR 40/06 – AP Nr. 181 zu § 112 BetrVG 1972; *Oetker* in

In der Praxis dürften die Abmilderung von Betriebsänderungen und der Ausgleich der daraus entstehenden Nachteile die Themen sein, an denen die Arbeitnehmer das größte Interesse haben. Sie werden unmittelbar teilhaben wollen an der Frage, welche Arbeitnehmer im Fall von Betriebsänderungen zu welchen Bedingungen ihren Arbeitsplatz verlieren oder behalten. Hier treffen die Betriebsparteien Entscheidungen mit besonders einschneidender Wirkung, indem sie die Belegschaft in mehr oder weniger schutzwürdige Gruppen unterteilen und ihnen unterschiedliche Sozialplanansprüche gewähren. Sozialpläne von einer Ratifizierung auszunehmen, dafür aber Voten über Bildungsurlaub oder betrieblichen Umweltschutz zu ermöglichen, erscheint widersinnig.

Andererseits wäre gerade auf diesem Gebiet die Legitimation der von der Belegschaft gesetzten Normen überaus schwach.[1055] Die Arbeitnehmer würden hier nicht die Ordnung ihres betrieblichen Miteinanders regeln, sondern die Fortgeltung oder Beseitigung der Arbeitsverträge ihrer Kollegen. Zudem schränkt die Mitbestimmung bei Betriebsänderungen die unternehmerische Freiheit des Arbeitgebers schon jetzt empfindlich ein. Zwingend gebotene Betriebsänderungen können sich durch die Ausschöpfung aller Arbeitnehmer-Beteiligungsrechte und durch zusätzliche, vom Gesetz nicht gedeckte Protest- und Verzögerungsaktionen der Arbeitnehmervertreter erheblich verzögern[1056] und verteuern[1057]. Mangels gesetzlicher Fristen können sich Gespräche auch über offensichtlich aussichtslose Interessenausgleiche über ein Jahr hinziehen, Sozialplanverhandlungen womöglich um ein weiteres Jahr. Danach ist eine langwierige Abwicklung der gewünschten Betriebsänderung einzukalkulie-

GK-BetrVG § 112, 112a Rn. 48f.; *Fitting* BetrVG 112a Rn. 44; *Willemsen/Hohenstatt* NZA 1997, S. 345 (352).

1054 LAG Rheinland-Pfalz v. 7.5.2001 – Az. 7 TaBV 1028/00 – veröffentlicht in Juris, *Annuß* in Richardi BetrVG § 112, Rn. 45f.; *Ehmann* in FS Kissel, S. 175 (177); *Löwisch* RdA 1989, S. 216 (217).

1055 Dazu bereits unter § 2 B I 1 (S. 131) zu § 1 Abs. 4 KSchG a.F.

1056 *Koch* schreibt, bei interessenausgleichspflichtigen Betriebsänderungen könne „selbst der beste Berater angesichts der Regelung in § 113 BetrVG noch nicht einmal ansatzweise sagen, wann die Maßnahmen nun tatsächlich umgesetzt werden können“ (ZfA 2002, S. 445 (447)) und berichtet von einer Vollzugsdauer von 18 Monaten für Kündigungen.

1057 In einem von *Eich* geschilderten Fall betrugen die Kosten für den Interessenausgleich einer Werksstillegung mit 800 Arbeitnehmern 50 Mio. Euro (ZfA 1988, S. 93 (97f.)).

ren.[1058] Die Ausschöpfung all dieser Rechte hat sich in der Praxis zu einem Druckmittel der Arbeitnehmerseite entwickelt. Schon durch die Andeutung, es drohe ein langwieriges Einigungsverfahren, sehen sich manche Arbeitgeber dazu gezwungen, ihr Sozialplanbudget zu erhöhen.[1059]

Könnten die Arbeitnehmer diese mühsam geschnürten Pakete mit einer Abstimmung wieder kassieren – gar in der trügerischen Hoffnung, die Betriebsänderung verhindern zu können –, würden Dauer und Kosten des Verfahrens so steigen, dass eine Verletzung der Unternehmerfreiheit zu befürchten ist. Es fragt sich auch, welche Regelung an die Stelle des verworfenen Sozialplans träte, der ohnehin häufig durch einen Einigungsstellenspruch zustande kommt.

Gegen die Ratifizierung des eigentlich freiwilligen Interessenausgleichs[1060] spricht, dass dieses Instrument infolgedessen seine praktische Bedeutung verlieren könnte: Wenn Arbeitgeber fürchten müssten, dass die Vereinbarungen – die ohnehin oft nicht ganz freiwillig abgeschlossen werden – von der Belegschaft zurückgewiesen werden und die Durchführung der Betriebsänderung infolgedessen noch länger dauert, dann dürften sie nur noch das unbedingt Notwendige unternehmen, um einen Nachteilsausgleich nach § 113 Abs. 3 S. 2 BetrVG zu vermeiden. Zwar ist das Risiko einer gescheiterten Ratifizierung von Sozialplan und Interessenausgleich nicht allzu groß, da beide Betriebsparteien in der Belegschaft für ihr Verhandlungsergebnis werben dürften. Doch darauf zu bauen läuft gerade dem Sinn der Ratifizierung zuwider. Die Abstimmung soll nicht dazu dienen, dass die Arbeitnehmer Betriebsvereinbarungen nur abnicken.

All dies spricht dafür, diese Vereinbarungen von Ratifizierungen auszunehmen.

3. Fakultative oder obligatorische Abstimmungen?

Der Gesetzgeber könnte Abstimmungen über Betriebsvereinbarungen ganz oder teilweise zwingend vorschreiben oder es den Betriebsparteien ermöglichen, ihre Vereinbarungen einvernehmlich zur Abstimmung zu stellen. Eine dritte Variante bestünde darin, der Belegschaft ein Initiativrecht auf Ratifizierung zu gewähren.

1058 Anschauliche Schilderung bei *Federlin* ZfA 1988, S. 99ff.; für eine Zweimonatsfrist in § 113 Abs. 3 BetrVG plädiert *Löwisch* BB 2005, S. 2580 (2581).

1059 *Willemsen/Hohenstatt* NZA 1997, S. 345ff.; *Röder/Baeck* Interessenausgleich und Sozialplan, S. 10ff.

1060 *Annuß* in Richardi BetrVG § 112 Rn. 23.

Für eine freiwillige Ratifizierung auf Initiative der Betriebsparteien spricht, dass diese besser als der Gesetzgeber beurteilen können, welche Relevanz der von ihnen geregelte Sachverhalt für die Belegschaft hat und welches Interesse die Arbeitnehmer an ihrer Beteiligung haben. Andererseits liegt das Risiko auf der Hand, dass die Betriebsparteien nach „steinigen und zeitraubenden Verhandlungen“[1061] selten freiwillig eine Abstimmung initiieren dürften. Einer effektiven unmittelbaren Teilhabe der Arbeitnehmer widerspräche es, Abstimmungen zur Disposition der Betriebsparteien zu stellen.

Dieses Problem lässt sich teilweise lösen durch eine Begrenzung der Ratifizierungspflicht auf ausgewählte Vereinbarungen. So sollte über Betriebsvereinbarungen über Mitbestimmungsstrukturen nach § 3 Abs. 2 BetrVG obligatorisch abgestimmt werden, wie es hier bereits für Tarifstrukturverträge vorgeschlagen wurde.[1062] Diese Fallgruppe ist inhaltlich für den Gesetzgeber klar abgrenzbar. Darüber hinaus würden sich bei einer differenzierten Lösung aber kaum überwindbare Abgrenzungsprobleme stellen: Der Gesetzgeber müsste „wichtige“ und „unwichtige“ Themenfelder identifizieren und Situationen definieren, in denen ein objektives Belegschaftsinteresse an einem Thema mutmaßlich groß genug ist, um eine Ratifizierung zu rechtfertigen. Dies ist nicht möglich, denn auch nach durchschnittlichem Empfinden banale Sachverhalte wie die Verteilung von Parkplätzen auf dem Betriebsgelände genießen mitunter höchste Anteilnahme der Arbeitnehmer, was jedoch nicht vorhersehbar ist. Auch eine Unterscheidung nach obligatorischen und freiwilligen Betriebsvereinbarungen ist nicht sinnvoll. Freiwillige Betriebsvereinbarungen können grundlegende Fragen betreffen wie die Auswahl von Kündigungs- oder Versetzungskandidaten[1063], Gewinnbeteiligungen und Sonderzahlungen an die Arbeitnehmer[1064] oder Vereinbarungen über Altersgrenzen[1065].

Letztlich ist eine Ratifizierungspflicht somit nur für Betriebsstrukturvereinbarungen zu befürworten. Stattdessen sollte die Abstimmung einvernehmlich

---

1061 *Klosterkemper* in FS Wißmann, S. 456 (466).

1062 Zuvor unter C I 2 (S. 219).

1063 BAG v. 26.7.2005 – Az. 1 ABR 29/04 – DB 2005, S. 2530ff.; zu diesen Vereinbarungen s. auch *Fuhlrott* ArbR Aktuell 2012, S. 108ff.

1064 BAG v. 28.11.1989 – Az. 3 AZR 118/88 – AP Nr. 6 zu § 88 BetrVG 1972; BAG v. 10.1.1991 – Az. 6 AZR 205/89 – AP Nr. 136 zu § 611 BGB Gratifikation.

1065 BAG v. 20.11.1987 – Az. 2 AZR 284/86 – AP Nr. 2 zu § 620 BGB Altersgrenze.

durch die Betriebsparteien zu initiieren sein. Würde man nur eine Seite dazu ermächtigen, könnte die Abstimmung zu einem Druckmittel im Verhandlungsprozess der Betriebsparteien werden. Zusätzlich wäre ein Antragsrecht für die Belegschaft zu schaffen. So würde die Gefahr minimiert, dass die Betriebsparteien Abstimmungen blockieren. Der Betriebsrat könnte dazu verpflichtet werden, in den quartalsmäßig vorgeschriebenen Betriebsversammlungen von laufenden Gesprächen über Betriebsvereinbarungen zu berichten und auf das Abstimmungsrecht der Arbeitnehmer hinzuweisen. Nach Abschluss der Betriebsvereinbarung wäre der Belegschaft eine Frist einzuräumen, innerhalb derer mit einem Quorum von 25 Prozent der Adressaten der Betriebsvereinbarung die Abstimmung beantragt werden könnte.

4. Abstimmungsrecht und notwendige Mehrheit für eine Ratifizierung

Abstimmungsberechtigt sollten alle Betriebsangehörigen sein, die von der Betriebsvereinbarung betroffen sind. Dies schließt leitende Angestellte oder Personen nach § 5 Abs. 2 BetrVG aus. In dem Fall, dass die Betriebsparteien den Geltungsbereich der Vereinbarung auf einzelne Arbeitnehmergruppen beschränkt haben, wären nur diese abstimmungsberechtigt. Für den Fall der Ratifizierung auf Antrag der Arbeitnehmer wäre ein Mindestquorum der Abstimmungsberechtigten vorauszusetzen. Es empfiehlt sich, das Quorum von 25 Prozent der Arbeitnehmer zu übernehmen, das derzeit für die Einberufung der Betriebsversammlung gilt (§ 43 Abs. 3 S. 2 BetrVG).

Grundsätzlich sollte wie im Fall der Ratifizierung von Strukturtarifverträgen auch für Betriebsvereinbarungen eine Zustimmung der einfachen Mehrheit der abgegebenen Stimmen genügen.[1066] Umso wichtiger ist es, im Abstimmungsverfahren Minderheitenmeinungen Gehör zu verschaffen. Vorbild könnten die von Rechtsprechung und Literatur entwickelten Vorgaben für den Minderheitenschutz im Wahlkampf zu Betriebsratswahlen sein.

5. Rechtsfolge der Abstimmung

Würde die Betriebsvereinbarung mit der Mehrheit der Stimmen angenommen, müsste der Arbeitgeber sie wie gewohnt umsetzen (§ 77 Abs. 1 BetrVG). Im Fall des Scheiterns wäre die Betriebsvereinbarung zwar von den Parteien wirksam geschlossen worden, es bestünde aber ein gesetzliches Vollzugshindernis.

1066 Dazu zuvor unter C I 5 (S. 223).

6. Geltungsdauer des Abstimmungsergebnisses

Auch für dieses Abstimmungsmodell ist das Interesse an nachhaltigen Abstimmungsergebnissen in Ausgleich zu bringen einerseits mit dem Bedürfnis der Arbeitnehmer, ihre Beschlüsse zu korrigieren, und andererseits mit dem Interesse der Betriebsparteien an der Umsetzbarkeit ihrer Regelung. Gescheiterte Betriebsvereinbarungen sollten erst nach einem angemessenen Zeitraum wieder zur Abstimmung zugelassen werden. Dies könnte durch ein Befassungsverbot für die Betriebsparteien erreicht werden, die in dieser Phase die identische Betriebsvereinbarung nicht noch einmal zur Abstimmung stellen dürften. Erwägenswert ist es, auch für neue Abstimmungen über eine veränderte Betriebsvereinbarung eine Abkühlungsphase zu verlangen, ähnlich der Sechs-Monatsfrist des § 1 Abs. 4 KSchG a.F.[1067] Allerdings dürfte es genügen, diese Phase auf drei Monate zu erstrecken. Innerhalb dieser Frist kann der Betriebsrat derzeit Betriebsvereinbarungen kündigen (§ 77 Abs. 5 BetrVG).

II. Die Bewertung des Modells

Die zuvor diskutierten Arbeitnehmervoten betrafen das Verhältnis zwischen den Arbeitnehmern und ihren Vertretern. Abstimmungen über die Wahl oder Abwahl von Betriebsräten, über Tarifstrukturverträge oder Weisungen an den Betriebsrat würden den Arbeitgeber in der Praxis nur insoweit betreffen, als dass er sie in seinem Betrieb dulden und sie womöglich finanzieren müsste. Anderes gilt für die Ratifizierung von Betriebsvereinbarungen: Sie würde unmittelbar die Sphäre des Arbeitgebers berühren, der Partei dieser Vereinbarung ist. Dies verdient bei der Bewertung der Abstimmungsregeln besonderes Augenmerk.

1. Die Folgen für den Betriebsrat

Für die Betriebsratsmitglieder bedeutet eine Ratifizierungspflicht von Betriebsvereinbarungen eine Einschränkung ihrer Befugnis, rechtsverbindliche Vereinbarungen mit dem Arbeitgeber zu schließen. Da die Betriebsräte aber nicht Träger der Mitbestimmungsrechte sind[1068] und in ihrer Betriebsratstätigkeit auch nicht grundrechtlich geschützt, bestehen hinsichtlich ihrer Interessen keine Bedenken. Es gibt keinen Kernbereich der Betriebsratstätigkeit, den der Gesetzge-

---

1067 Dazu *Giesen* ZfA 1996, S. 165 (166); s. auch § 2 B I 1 (S. 131).

1068 Siehe oben § 3 A II 2 (S. 149).

ber respektieren müsste, so wie er die unternehmerische Freiheit des Arbeitgebers respektieren muss.[1069]

Die Ratifizierungsregeln bewirken auch keinen Verlust der Weisungsunabhängigkeit, die Betriebsräte derzeit genießen. Denn sie könnten die Betriebsvereinbarung weiterhin frei von Weisungen der Arbeitnehmer aushandeln.

2. Die Folgen für den Arbeitgeber

a. Unmittelbare Wirkung

aa. Eingriff in die Unternehmerfreiheit?

Ratifizierungen von Betriebsvereinbarungen könnten die Unternehmerfreiheit der Arbeitgeber beeinträchtigen, sowohl die juristischer Personen[1070] als auch die natürlicher Personen („Arbeitgeber-Unternehmer"[1071]). Die Unternehmerfreiheit ist dem Wortlaut des Grundgesetzes nicht zu entnehmen, sie ist aber als Ausprägung der Berufs- und der Eigentumsfreiheit anerkannt und gewährleistet das Recht zur Gründung und selbstbestimmten Führung eines Unternehmens unabhängig von Personen, die an diesem nicht beteiligt sind.[1072] Der Arbeitgeber darf insbesondere die „Richtlinien seiner Unternehmenspolitik"[1073] selbst bestimmen, denn auch seine unternehmerische Entscheidungsfreiheit ist geschützt. Daraus folgt zwar kein Anspruch auf mitbestimmungsfreie Entscheidungen, wohl aber ein Schutz vor unverhältnismäßiger Einflussnahme der Arbeitnehmer.[1074]

1069 *Wiese* in GK-BetrVG Einl. Rn. 69, 76.

1070 BVerfGE 50, 290 (363f.).

1071 *Scholz* in Maunz/Dürig GG Art. 12, Rn. 128.

1072 BVerfGE 50, 290 (363); BVerfG (Kammerbeschluss) v. 18.12.1985 – Az. 1 BvR 143/83 – NJW 1986, 1601; *Clodius* Grundrechte im Betriebsverfassungsgesetz S. 38ff.; *Däubler* in Reform der Betriebsverfassung 2001, S. 11 (13); *Di Fabio* in Bitburger Gespräche 2006, S. 169; *Gubelt* in v. Münch/Kunig GG Art. 12 Rn. 18; *Henssler* in Reform der Betriebsverfassung, S. 33 (35); *v. Hoyningen-Huene* in FS Birk, S. 217 (221); *Hromadka* ZfA 2002, S. 383; *Müller* Berufsfreiheit des Arbeitgebers, S. 22ff; *Ossenbühl* AöR, S. 1 (3); *Papier* in HdB VerfR § 18 Rn. 48.

1073 *Walker* ZfA 2004, S. 501 (502).

1074 *Di Fabio* in Bitburger Gespräche 2006, S. 169; BVerfG NJW 1986, 1601 sowie BVerfG v. 11.2.1992 – Az. 1 BvR 890/84, 74/87 – BVerfGE 85, 226 (259ff.).

Auf den ersten Blick mag die Ratifizierung der Arbeitnehmer keine eigenständige Eingriffsqualität haben: Denn die Unternehmerfreiheit wird beeinträchtigt durch die Mitbestimmung *an sich.* Durch welchen Akteur sie erfolgt – ob unmittelbar durch die Arbeitnehmer, oder mittelbar durch den Betriebsrat – spielt für den Arbeitgeber keine Rolle. Allenfalls ändert sich das Gewicht des Eingriffs, sodass die Anforderungen an dessen Verhältnismäßigkeit steigen.

Trotzdem muss die Ratifizierung von Betriebsvereinbarungen, insbesondere wenn sie auf Antrag der Arbeitnehmer erfolgt, als eine zusätzliche Beschränkung der Unternehmerfreiheit mit berufsregelnder Tendenz bewertet werden: Der Gesetzgeber stellte dem Grundrechtsträger eine neue verbindliche Vorgabe für das „Ob" und „Wie" seiner unternehmerischen Betätigung.[1075] Der Arbeitgeber könnte Betriebsvereinbarungen nach ihrem Abschluss nicht unverzüglich umsetzen, sondern müsste seine Entscheidungsprozesse nach den Verhandlungen mit dem Betriebsrat in einem weiteren Verfahrensschritt dem neuen direktdemokratischen Element der Abstimmung unterwerfen. Diese bewirkt somit keine für den Arbeitgeber unempfindliche Kompetenzverschiebung zwischen Betriebsrat und Arbeitnehmern, sondern eine zusätzliche Einflussnahme der Arbeitnehmerseite auf die Organisation des Betriebs.

Dass diese Arbeitnehmerbeteiligung auch im Interesse des Unternehmers sein kann[1076], weil sie die Akzeptanz von Betriebsvereinbarungen steigern könnte, ändert an der Eingriffsqualität nichts. Denn für den Arbeitgeber dürfte ausschlaggebend sein, dass dieser „Luxus vielstimmiger Diskussionen und vielköpfiger Entscheidungen"[1077] seine Entscheidungen verzögert und verteuert. Das Mitbestimmungsverfahren wäre weniger planbar, da die Meinungsbildung in der Belegschaft einer anderen Dynamik folgt als die eines Gremiums aus vergleichsweise professionellen, da oft hauptberuflichen[1078] Arbeitnehmervertretern. Je nach Unternehmensgröße könnte es dem Arbeitgeber schwer fallen, seinen Interessen bei der Belegschaft Gehör zu verschaffen, zudem drohen querula-

---

1075 Zur Definition *Jarass/Pieroth* GG Art. 12 Rn. 14; zur regelmäßig berufsregelnden Tendenz arbeitsrechtlicher Vorschriften ErfK/*Dieterich/Schmidt* Art. 12 GG Rn. 20ff.

1076 Siehe zu dieser Frage *Jirjahn* ZAF 2005, S. 241 (245f.).

1077 *Picker* RdA 2001, S. 259 (267).

1078 *Stettes* Betriebsratswahlen 2010 – Eine Analyse auf Basis einer IW-Umfrage, S. 14f.; abrufbar unter http://www.iwkoeln.de/de/studien/iw-trends/beitrag/53411 (zuletzt abgerufen am 14.4.2012).

torische Minderheiten eine sachorientierte Meinungsbildung in der Belegschaft zu unterminieren.

Eine Überwindung dieser Konflikte durch die Einigungsstelle oder das Arbeitsgericht entfiele. Zudem ist die Belegschaft nicht eingebettet in das Pflichtensystem eines Betriebsrats: Arbeitnehmer sind nicht zur vertrauensvollen Zusammenarbeit mit dem Arbeitgeber verpflichtet und unterliegen bei der Abstimmung keiner gesteigerten Rücksichtnahmepflicht.[1079]

bb. Verhältnismäßigkeit der Beeinträchtigung

Da die Unternehmerfreiheit Bestandteil der Berufsfreiheit ist, sind Eingriffe am gleichen Maßstab zu messen wie Eingriffe in Art. 12 Abs. 1 GG.[1080] Abstimmungen betreffen die Berufsausübung durch den Arbeitgeber, deshalb genügen nach der Stufentheorie des Bundesverfassungsgerichts vernünftige Erwägungen des Gemeinwohls, um die Verhältnismäßigkeit des Eingriffs im engeren Sinne zu rechtfertigen.[1081]

[1] Gewichtung der beteiligten Belange

Die Ratifizierungspflicht dient dem legitimen sozialpolitischen Zweck, den Arbeitnehmern eine unmittelbare Teilhabe an betrieblichen Entscheidungen zu ermöglichen. Wie vom Bundesverfassungsgericht gefordert[1082] bestünde auch eine enge Verantwortungsbeziehung zwischen den Zielen des Gesetzgebers und der unternehmerischen Tätigkeit des Arbeitgebers: Der Arbeitgeber beherrscht den Bereich, in dem Selbstbestimmung und Teilhabe der Arbeitnehmer herzustellen sind. Diese Ziele sind auch nicht mit Mitteln zu erreichen, die den Arbeitgeber weniger belasten würden, zumal die hier vorgeschlagenen Ratifizierungen von Betriebsvereinbarungen nicht obligatorisch wären.

Die Verhältnismäßigkeit im engeren Sinne setzt grundsätzlich eine Gewichtung von Eingriffszweck und Eingriffsintensität des Abstimmungskonzeptes voraus. Im Bereich der Unternehmerfreiheit werden allerdings in der Literatur Be-

---

1079 BAG v. 26.5.1998 – Az. 1 AZR 704/97 – AP Nr. 98 zu § 87 BetrVG 1972; *v. Hoyningen-Huene* in FS Stahlhacke, S. 173 (179).

1080 *Tettinger/Mann* in Sachs GG Art. 12 Rn. 57; *Breuer* in HdB StR VIII § 170, Rn. 90; *Müller* Berufsfreiheit des Arbeitgebers, S. 55.

1081 BVerfG v. 16.3.1971 – Az. 1 BvR 52/66, 665/66, 667/66, 754/66 – BVerfGE 30, 292 (316); BVerfG v. 23.1.1968 – Az. 1 BvR 709/66 – BVerfGE 23, 50 (56).

1082 BVerfG v. 23.1.1990 – Az. 1 BvL 44/86, 48/87 – BVerfGE 81, 156 (197ff.); BVerfGE 85, 226 (235ff.).

denken gegen eine gleichgewichtige Behandlung der Arbeitnehmer- und Arbeitgeberbelange angemeldet. Es heißt, der Gesetzgeber müsse beim Erlass neuer Mitbestimmungsrechte in der dafür erforderlichen Interessenabwägung den Arbeitgeberbelangen grundsätzlich ein größeres Gewicht beimessen.[1083] Denn die Berufsfreiheit und das Persönlichkeitsrecht der Arbeitnehmer würden von der Rechtsordnung bereits umfassend geschützt, auch gingen sie das Arbeitsverhältnis freiwillig ein.[1084] Ein Mehr an Schutz und Teilhabe zulasten der Unternehmerfreiheit geböten die Arbeitnehmer-Grundrechte nicht. Das Sozialstaatsprinzip genüge auch nicht als Rechtfertigung für mehr Teilhaberechte.[1085]

Die herrschende Meinung geht aber davon aus, dass der Gesetzgeber die Belange beider Grundrechtsträger gleichgewichtig ansehen und in möglichst schonenden Ausgleich bringen muss.[1086] Für diese Ansicht spricht, dass die Beziehung zwischen Arbeitgeber und Arbeitnehmer aus Sicht der Grundrechte besonders „kollisionsträchtig" ist. Nicht jede dieser Kollisionen kann zugunsten des Arbeitgebers aufzulösen sein.[1087] Dies widerspräche auch der Auslegung von Art. 12 Abs. 1 GG durch das Bundesverfassungsgericht: Das Gericht räumt dem Gesetzgeber bei der Verfolgung wirtschaftlicher und sozialpolitischer Ziele einen besonders weiten Gestaltungsspielraum ein.[1088] Es verlangt ausdrücklich nicht, dass Berufsausübungsregeln so gestaltet und von den Gerichten so interpretiert werden müssen, dass die Freiheit des Unternehmers möglichst unberührt bleibt.[1089]

1083 *Loritz* ZfA 1991, S. 1 (14ff.); *Pietzcker* NVwZ 1984, S. 550 (554); a.A. ErfK/*Dieterich/Schmidt* Art. 12 GG Rn. 21 (m.w.N.).

1084 *Pietzcker* NVwZ 1984, S. 550 (554); *Kraft* in FS Rittner, S. 285 (297).

1085 *Loritz* ZfA 1991, S. 1 (15).

1086 *Breuer* HdB StR VIII § 170 Rn. 46f., 54, 87; *Dieterich* AuR 2007, S. 65; *Däubler* in Reform der Betriebsverfassung, S. 11 (17); *v. Hoyningen-Huene* in FS Birk, S. 217 (220); *Walker* ZfA 2004, S. 501 (534); *Clodius* Grundrechte im Betriebsverfassungsgesetz, S. 55.

1087 *Stern* StaatsR III/2 § 82 S. 631.

1088 BVerfG v. 22.5.1979 – Az. 1 BvL 9/75 – BVerfGE 51, 193 (208).

1089 BVerfG NJW 1986, S. 1601; ähnlich für Eingriffe durch Tarifnormen BAG v. 21.6.2000 – Az. 4 AZR 379/99 – DB 2001, S. 389 (390).

[2] Abwägung der Belange

Da somit eine Abwägung der Belange anzustellen ist, ist zunächst festzuhalten, dass Belegschaftsabstimmungen kein zwingend gebotenes Teilhabeinstrument sind. Sie befriedigen keine „signifikanten Schutzbedürfnisse" des Arbeitnehmers, und kompensieren kein „unkontrolliertes soziales Übergewicht des Arbeitgebers".[1090] Abstimmungen beseitigen Konstruktionsfehler des Mitbestimmungssystems, die nicht dem Arbeitgeber zuzurechnen sind. Der Eingriffszweck von Abstimmungen hat somit ein relativ geringes Gewicht.

Allerdings gilt dies auch für die Eingriffsintensität: Die Berufsfreiheit des Arbeitgebers wird nur auf der Ebene der Grundrechtsausübung beeinträchtigt und dies weniger durch die unmittelbare als durch die mittelbare Wirkung von Abstimmungen, nämlich durch deren Zusammenwirken mit den existierenden Teilhaberechten. Die Belegschaft würde weder Vertragspartner noch Verhandlungspartner des Arbeitgebers, noch könnte sie Änderungen an der Betriebsvereinbarung fordern, oder diese nur annehmen oder ablehnen. Auch wäre die Ratifizierung nicht obligatorisch, sondern erfolgte auf Wunsch beider Betriebsparteien oder auf Antrag von 25 Prozent der Belegschaft.

Auch ein Verstoß gegen das Übermaßverbot ist nicht zu befürchten. Dieser läge nur vor, würden Abstimmungen den Kernbereich der Arbeitgeberrechte berühren.[1091] Einen mitbestimmungsfreien Kernbereich der Unternehmerfreiheit hat das Bundesverfassungsgericht bislang nicht definiert.[1092] Es hat nur klargestellt, dass dieser Kernbereich je nachdem unterschiedlich weit zu ziehen ist, ob der betroffene Arbeitgeber ein mittelständischer Unternehmer-Eigentümer oder ein multinationaler Konzern ist.[1093] Das Übermaßverbot sei im Zweifel verletzt, wenn Mitbestimmungsrechte unmittelbare Eingriffe in unternehmerische Entscheidungen ermöglichten oder diese blockierten.[1094] Die Ratifizierung von Betriebsvereinbarungen würde den Arbeitnehmern aber keine neuen Themenfelder

---

1090 Dies nehmen als Maßstab für die Zulässigkeit von Eingriffen ErfK/*Dieterich/Schmidt* Art. 12 GG Rn. 21.

1091 Vgl. BVerfG v. 9.3.1994 – Az. 2 BvL 43/92 et.al. – BVerfGE 90, 145 (173); *Jarass/Pieroth* GG Art. 20 Rn. 86; *Henssler* in FS Richardi, S. 553 (558f.).

1092 ErfK/*Dieterich/Schmidt* Art. 12 GG Rn. 41; *Clodius* Grundrechte im Betriebsverfassungsgesetz, S. 43.

1093 BVerfGE 50, 290 (350).

1094 *Henssler* in Reform der Betriebsverfassung, S. 33 (41).

eröffnen, insbesondere keinen Einfluss auf unternehmerische Beschlüsse. Ihr Votum würde Bereiche betreffen, die ohnehin schon der Beteiligung des Betriebsrats unterliegen. Sensible Bereiche wie Sozialpläne und Einigungsstellensprüche wären zudem von der Abstimmung ausgenommen.

Diese Abwägung geht somit zugunsten von Abstimmungen aus. Ein Verstoß der Abstimmungsregeln gegen das verfassungsrechtliche Übermaßverbot nicht zu befürchten.

b. Mittelbare Wirkung

aa. Kumulative Wirkung von Beteiligungsrechten

Die Zumutbarkeit des Abstimmungsmodells für den Arbeitgeber darf nicht nur isoliert geprüft werden, sie muss im Kontext des existierenden Mitbestimmungssystems gesehen werden. Derzeit müssen Arbeitgeber eine Teilhabe der Arbeitnehmer auf bis zu vier Ebenen dulden: auf der individualrechtlichen Ebene durch Rechte des einzelnen Arbeitnehmers (§§ 81ff. BetrVG), auf kollektivrechtlicher Ebene durch Betriebsrat und Arbeitnehmer-Aufsichtsräte und auf tarifrechtlicher Ebene in Form von Arbeitskämpfen.[1095] Die Ratifizierung von Betriebsvereinbarungen würde eine fünfte Mitbestimmungsebene etablieren, die der Arbeitgeber organisatorisch und eventuell finanziell zu ermöglichen hätte.[1096]

Aus dieser „Über-Mitbestimmung"[1097] könnte sich eine unverhältnismäßige Beeinträchtigung der Unternehmerfreiheit ergeben. Ein aktuelles Beispiel für die kumulative Wirkung von Mitbestimmungsregeln ist die Wechselwirkung zwischen Betriebs- und Unternehmensmitbestimmung. Arbeitnehmeraufsichtsräte entwickeln sich durch Personenidentität mit Betriebsratsmitgliedern zunehmend zum „verlängerten Arm" der betrieblichen Mitbestimmung, umgekehrt erlangen die Betriebsräte Einfluss auf die Unternehmensstrategie.[1098]

1095 *Klosterkemper* in FS Wißmann, S. 456 (464)

1096 Zur Finanzierungsfrage sogleich unter 3 b (S. 270).

1097 Begriff von *Klosterkemper* in FS Wißmann, S. 456 (472f.); siehe auch *Scholz* Paritätische Mitbestimmung, S. 64ff.; *Badura/Rittner/Rüthers* Mitbestimmungsgesetz und Grundgesetz, S. 116; *Kraft* in FS Rittner S. 285 (302); *Weiss* in Bitburger Gespräche 2006, S. 9.

1098 *Klosterkemper* in FS Wißmann, S. 456 (462f.); *Weiss* in Bitburger Gespräche 2006, S. 9 (m.w.N.); *Gentz* in Bitburger Gespräche, S. 33 (34ff.; 39).

Ein weiteres Beispiel für mittelbare Eingriffe in die Unternehmerfreiheit sind Kompetenzüberschreitungen der Mitbestimmungsorgane unter Billigung der Gerichte. So beschränken sich Betriebsräte nicht auf die Funktion, das Direktionsrecht des Arbeitgebers einzugrenzen und seine Entscheidungen sozialverträglich umzusetzen. Den Gremien sind auch „selektive Übergriffe" auf unternehmerische Entscheidungen möglich.[1099] So hat das Bundesarbeitsgericht die Mitbestimmung über die Lage der Arbeitszeit (§ 87 Abs. 1 Nr. 2 BetrVG) fortentwickelt zu einem Mitbestimmungsrecht über die Betriebszeit des Unternehmens.[1100] Hinzu kommt der faktische Zwang zu Koppelungsgeschäften: Mancher Arbeitgeber muss seine Beschlüsse in mitbestimmungsfreien Bereichen gegen „Revancheaktionen" des Betriebsrats in anderen Bereichen absichern.[1101] All dies verdeutlicht: *„Die Kumulation zahlreicher Einzelrechte ergibt häufig mehr, als die bloße Addition auf den ersten Blick erkennen lässt."*[1102]

All dies widerspricht dem Gedanken einer guten Betriebsrat-Governance, die ein Ziel von Abstimmungen ist. Folglich ist zu prüfen, ob die Arbeitnehmervoten nicht das Gegenteil bewirken.

Fest steht, dass Abstimmungen den funktionalen „Pegelstand der Mitbestimmung"[1103] erhöhen würden: Der Betriebsrat könnte die Drohung mit einer Mobilisierung der Belegschaft für Ratifizierungsanträge als Druckmittel in Verhandlungen nutzen. Da Betriebsvereinbarungen oft Teil einer Paketlösung sind, könnten Ratifizierungen bewirken, dass diese Kompromisse scheitern oder offen gelegt werden. Diese Transparenz kann positiv wirken, langfristig aber vielleicht den unternehmerischen und den Arbeitnehmerbelangen widersprechen. Überdies könnte die Interpretation der Abstimmungsregeln durch die Gerichte dazu führen, dass dieses Instrument in „Notfällen" eben doch auf Bereiche ausgenutzt wird, die eigentlich ausgenommen sein sollten.

1099 *Kraft* in FS Rittner, S. 285 (287); ebenso *Weiss* in Bitburger Gespräche 2006, S. 9 (11); *Richardi* in Richardi BetrVG Einl. Rn. 53.

1100 BAG v. 31.8.1982 – Az. 1 ABR 27/80 – AP Nr. 8 zu § 87 BetrVG 1972 (gebilligt von BVerfG NJW 1986, 1601).

1101 *Martens* RdA 1989, S. 164 (171); *Loritz* ZfA 1991, S. 1 (18), zum Problem insgesamt *Rieble/Klumpp/Gistel* Rechtsmissbrauch in der Betriebsverfassung.

1102 *Loritz* ZfA 1991, S. 1 (19).

1103 Begriff von *Lohse* Grenzen gesetzlicher Mitbestimmung, S. 84, 108f.

Abstimmungsregeln könnten somit zusammen mit herkömmlichen Teilhaberechten der Arbeitnehmer eine Gesamtwirkung entfalten, für welche die aktuelle Rechtfertigungsgrundlage der Mitbestimmung nicht mehr genügt.

bb. Zumutbarkeit der Abstimmungsregeln

Für die Folgenabschätzung einer Ratifizierungspflicht von Betriebsvereinbarungen muss ein Maßstab gefunden werden, anhand dessen sich eine „übermäßige" Kumulation von Teilhaberechten und Verletzung der unternehmerischen Freiheit feststellen ließe.

[1] Keine Obergrenze im geltenden Recht

Zuvor wurde geschildert, dass betriebliche und unternehmerische Teilhabe bereits einen hohen Pegelstand der Mitbestimmung setzen. Man könnte annehmen, dass deshalb die geltenden Regeln die Zumutbarkeitsgrenze für den Arbeitgeber ziehen. Verschiedentlich wurde dies schon für das BetrVG 1972 vertreten: Die darin enthaltenen Mitbestimmungsrechte des Betriebsrats reichten „bis an die Grenze des verfassungsrechtlich Zulässigen"[1104]. Doch seither wurden diese Rechte noch erweitert. Auch für die aktuelle Rechtslage wird vereinzelt vertreten, dass sie für kleine, nicht als Kapitalgesellschaft verfasste Arbeitgeber die Grenze der Verfassungsmäßigkeit überschreite.[1105] Doch die ganz überwiegende Meinung in der Literatur geht davon aus, dass die Arbeitnehmer-Teilhaberechte nicht nur verfassungskonform sind[1106], sondern auch keine Obergrenze darstellen[1107]. Der Gesetzgeber könne noch „erheblich über den Status quo hinausgehen"[1108].

Auch aus der Rechtsprechung des Bundesverfassungsgerichts lässt sich nicht ableiten, dass eine Ausweitung des Status quo im Betriebsverfassungsrecht oder im Mitbestimmungsrecht die Grundrechte des Arbeitgebers verletzen würde. Die kumulative Wirkung von betrieblicher und unternehmerischer Mitbestimmung führt nach Ansicht des Gerichts zu keiner verfassungswidrigen Über-

---

1104 *Henssler* in Reform der Betriebsverfassung, S. 33 (68).

1105 So zum Beispiel *Lohse* Grenzen der Mitbestimmung, S. 89 (m.w.N.); Bedenken äußert auch *Kraft* in FS Rittner, S. 285 (302).

1106 *Richardi* in Richardi BetrVG Einl. Rn. 50ff.; *Hofmann* in Schmidt-Bleibtreu/Hofmann/Hopfauf GG Art. 15 Rn. 12 jeweils m.w.N.

1107 *Wiese* in GK-BetrVG Einl. Rn. 49 m.w.N.

1108 *Däubler* in Reform der Betriebsverfassung, S. 11 (18).

parität der Arbeitnehmerseite.[1109] Eine Obergrenze für gesetzgeberische Eingriffe zieht das Gericht im Mitbestimmungsurteil nur für die Zusammensetzung des Aufsichtsrates, in dem den Vertretern der Kapitalgeber ein Letztentscheidungsrecht zu belassen sei.[1110] Dabei stellte der Senat aber auch klar, dass er nur die konkret angegriffenen Mitbestimmungsregeln prüfe.[1111] Für die grundrechtskonforme Auslegung anderer Teilhaberechte, insbesondere aus dem Betriebsverfassungsgesetz, können somit durchaus andere Zumutbarkeitsgrenzen gelten.[1112]

Aus dem Grundgesetz selbst lässt sich nicht ableiten, wie viel (mehr) Mitbestimmung zumutbar ist.[1113] Für die Antwort auf solche rechtspolitisch geprägten Fragen liefert die Verfassung „nur mehr oder weniger zahlreiche unvollständige Anhaltspunkte“[1114]. Ebenso wenig wie das gegenwärtige Mitbestimmungsmodell verfassungsrechtlich geboten ist, ist somit seine Ausweitung verfassungsrechtlich verboten.[1115] Die Unternehmerfreiheit gebietet es im Übrigen nicht, das betriebliche Teilhabesystem in einer bestimmten Form auszugestalten[1116] – insbesondere nicht in repräsentativer Form. Die Existenz des Betriebsrats dient nicht primär dem Interesse des Arbeitgebers an möglichst unkomplizierten Kooperationspartnern und Entscheidungsabläufen.

Daraus ergibt sich, dass der Gesetzgeber nicht grundsätzlich daran gehindert ist, die Teilhabe der Arbeitnehmer durch maßvolle Abstimmungsregeln zu stärken.

[2] Funktionsfähigkeit des Betriebs als Maßstab

Eine Grenze für die kumulative Wirkung der Teilhaberechte könnte in der Funktionsfähigkeit der betroffenen Unternehmen liegen. Abstimmungsregeln wären

---

1109 BVerfGE 50, 290 (350).

1110 BVerfGE 50, 290 (350).

1111 BVerfGE 50, 290 (322).

1112 Dazu auch *Müller* Berufsfreiheit des Arbeitgebers, S. 59; *Kraft* in FS Rittner, S. 285 (287).

1113 Deshalb hilft auch der Hinweis von *Loritz* (ZfA 1991, S. 1 (14)) und *Dieterich* (AuR 2007, S. 65 (69)) nicht weiter, das Grundgesetz gebe die „äußerste Grenze“ der Mitbestimmung vor.

1114 *Hesse* Grundzüge des Verfassungsrechts S. 22.

1115 *Di Fabio* Bitburger Gespräche 2006, S. 163 (173).

1116 *Wiese* in GK-BetrVG Einl. Rn. 49; *Richardi* in Richardi BetrVG Einl. Rn. 42ff.

dann unverhältnismäßig, wenn sie den Betrieb des Arbeitgebers funktionsunfähig machen würden. Dieses „recht tatsächlich anmutende Zulässigkeitskriterium“[1117] wurde schon in der Debatte um die Einführung der Unternehmensmitbestimmung aufgebracht.[1118] Mal wurde es konkretisiert als „erhebliche, ungewöhnliche und nicht nur vorübergehende Herabsetzung der Leistungsfähigkeit des Betriebs“ infolge einer mitbestimmten Entscheidung.[1119] An anderer Stelle wurden Umsatzeinbußen in bestimmter Höhe oder die drohende Entlassung von 5 Prozent der Belegschaft genannt.[1120]

Diese Festlegungen erscheinen willkürlich, zumal die Kausalität zwischen Mitbestimmungsregeln und wirtschaftlichen Kennzahlen noch zu belegen ist. Letztlich lässt sich der Begriff der Funktionsfähigkeit des Unternehmens nicht normativ ausfüllen.[1121] Die Frage nach der Wirkung von Abstimmungsregeln ist eine Vorhersage der politischen und sozialen Wirklichkeit, in welcher die Regeln ihre Wirkung entfalten. Die Antwort kann in der Sozialstruktur der jeweiligen Belegschaft liegen, oder in der Einschätzung von Analysten und Rating-Agenturen, ob Betriebe mit lebhafter Abstimmungskultur sich schwerer damit täten, Investoren anzuziehen oder weniger kreditwürdig wären.

Derlei Vorhersagen zu wagen hieße, politische Ansichten und wirtschaftliche Erwartungen zur Basis einer rechtlichen Einschätzung zu machen.[1122] In wie vielen Betrieben Ratifizierungen von Betriebsvereinbarungen dazu führen, dass sich Arbeitnehmerrechte zu ihrer extremsten, das Unternehmen funktionsunfähig machenden Ausprägung addieren, lässt sich nicht abschätzen. Auf die mutmaßliche Gesamtwirkung einer Regelung lässt sich aber kein Regelungsverbot gründen.[1123]

Das Bundesverfassungsgericht sprach hinsichtlich der Folgen der Mitbestimmung für die Funktionsfähigkeit der Unternehmen von einer großen „Skala der Unsicherheitsfaktoren“, die eine Gesamtprognose über die Folgen nahezu

---

1117 *Mertens* RdA 1975, S. 89 (93).

1118 *Badura/Rittner/Rüthers* Mitbestimmungsgesetz und Grundgesetz S. 98ff.; heute *Wiese* in GK-BetrVG Einl. Rn. 71.

1119 BAG v. 22.5.1979 – Az. 1 ABR 17/77 – AP Nr. 4 zu § 111 BetrVG 1972.

1120 *Lohse* Grenzen gesetzlicher Mitbestimmung, S. 90.

1121 *Mertens* RdA 1975, S. 89 (93).

1122 Zu der methodischen Kritik an solchem Vorgehen *Scholz* Der Staat 1974, S. 91.

1123 *Beuthien* ZfA 1988, S. 1 (6).

„unmöglich“ mache.[1124] Das Gesetz könne Kooperation nur anregen, nicht aber sie herstellen. Der Gesetzgeber müsse vor einer Kodifizierung den Versuch einer Wirkungsprognose unternehmen.[1125] Dabei müsse das „erreichbare Material“ sachgerecht und vertretbar beurteilt werden und die Risiken der Rechtssetzung müssten nach Möglichkeit gesteuert werden. Außerdem seien die Kosten für die Betroffenen durch größtmögliche Rechtssicherheit und Rechtsklarheit zu minimieren.[1126] Wenn all dies gelingt, begründen Fehlprognosen nur eine nachträgliche Korrekturpflicht der Norm für den Gesetzgeber, aber nicht deren Verfassungswidrigkeit.[1127]

[3] Sozialrelevanz der Unternehmerfreiheit als Maßstab

Ein Hinweis auf die Zumutbarkeitsgrenze von Abstimmungsregeln könnte sich aber aus dem personalen Gehalt der Unternehmerfreiheit ergeben. Nach der Rechtsprechung des Bundesverfassungsgerichts ist der Schutz von Art. 12 Abs. 1 GG für Arbeitgeber unterschiedlich stark ausgeprägt: Da die Berufsfreiheit Ausdruck der individuellen Persönlichkeitsentfaltung sei, schwinde ihr Schutz, je größer ein Arbeitgeber ist und je weniger ein Unternehmen die Berufsausübung natürlicher Personen verkörpert.[1128] Entsprechend größer sei dann der soziale Bezug der unternehmerischen Tätigkeit und entsprechend intensiver dürfe der Gesetzgeber eingreifen, um diese Tätigkeit mit den „Freiheitsrealisierungsbedürfnissen“[1129] der Arbeitnehmer zu vereinbaren.

Während somit der Grundrechtsschutz der Arbeitgeber je nach Größe abgestuft ist, gilt dies nicht für die Intensität der betrieblichen Mitbestimmungsregeln. Zwar wird eine solche Anpassung im Schrifttum verschiedentlich gefordert[1130], sie ist jedoch weit von einer Durchsetzung entfernt. Auch das hier entwickelte Konzept für die Ratifizierung von Betriebsvereinbarungen wäre auf alle Betriebe anwendbar, in denen Betriebsvereinbarungen geschlossen werden können – also auf jeden Betrieb mit Betriebsrat. Internationale Konzerne wären

1124 BVerfGE 50, 290 (331f.).

1125 BVerfGE 50, 290 (333).

1126 BVerfGE 50, 290 (333f).

1127 BVerfGE 50, 290 (335); vgl. auch *Löwisch* in Bitburger Gespräche 2006, S. 19; *Martens* RdA 1975, S. 89 (96); *Breuer* HdB StaatsR VIII § 171 Rn. 30.

1128 BVerfGE 50, 290 (363f.); ErfK/*Dieterich/Schmidt* Art. 12 GG Rn. 38.

1129 *Papier* in HdB VerfR § 18 Rn. 49.

1130 *Henssler* in Reform der Betriebsverfassung, S. 33 (42).

ebenso betroffen wie Mittelständler oder Kleinbetriebe. Hier ist daher eine Zumutbarkeitsgrenze zu ziehen.

[4] Zwischenergebnis

Angesichts der mittelbaren Folgen der Ratifizierung von Betriebsvereinbarungen auf die Unternehmerfreiheit sind Anpassungen des oben entwickelten Modells notwendig.

3. Anpassungen zugunsten der Unternehmerfreiheit

a. Mindestgröße des Betriebs

Angesichts der Belastung durch die Mitbestimmung insbesondere für kleine Betriebe empfiehlt es sich, Abstimmungen erst von einer Mindest-Betriebsgröße an zu ermöglichen. Für eine Untergrenze spricht auch, dass gerade kleinere Betriebe sich häufiger selbst Teilhaberegeln geben, die von den Vorgaben des Betriebsverfassungsgesetzes abweichen.[1131] Wo wenige Betriebsräte existieren, sind Ratifizierungsregeln für Betriebsvereinbarungen weniger notwendig.

Die Grenze könnte bei 500 Arbeitnehmern gezogen werden.[1132] Kleine und mittlere Unternehmen bis zu dieser Größe sind überdurchschnittlich oft nicht mitbestimmt.[1133] Sofern Betriebsräte existieren, ist das Risiko ihrer „Verselbständigung" mutmaßlich geringer, damit schwindet der Bedarf für direktdemokratische Teilhabe der Arbeitnehmer. Die geringere Belegschaftsgröße erleichtert eine unmittelbare Rückkoppelung zwischen Arbeitnehmern und Repräsentanten. Hier ist das Anliegen von Abstimmungen, eine gute „Betriebsrat-Governance" zu erreichen, weniger dringend als in großen Unternehmen.

b. Finanzielle Lastenteilung

Ein Regelungskonzept für Belegschaftsabstimmungen sollte kostenbewusst sein. Zu einer solchen Gesetzesfolgenabschätzung hat sich nicht nur die Bundesregierung in § 44 GGO verpflichtet und die Ernsthaftigkeit dieses Ziels durch die Einrichtung eines „Normenkontrollrats" unterstrichen, der Gesetzesvorhaben auf

---

1131 *Hauser-Ditz/Hertwig/Pries* WSI-Mitteilungen 2009, S. 70 (71); *dies.* Industrielle Beziehungen 2006, S. 357ff.; *Däubler* in FS Wißmann, S. 275 (276).

1132 *Löwisch* empfiehlt eine Obergrenze von 100 Arbeitnehmern für die Anwendbarkeit der §§ 80 Abs. 2, 97 Abs. 2 S. 1; 99 und 102 Abs. 3 BetrVG in BB 2005, S. 2580 (2581).

1133 *Niedenhoff* Betriebsratswahlen, S. 6; *Stettes* Sozialer Fortschritt 2010, S. 199.

ihre Bürokratiekosten prüfen soll. Auch das Bundesverfassungsgericht[1134] und die Literatur[1135] verlangen vom Gesetzgeber eine verstärkte Prüfung der ökonomischen Implikationen von Gesetzesvorhaben.

Ein Regelwerk über Abstimmungen würde zwar keine Zahllasten im Sinne von Steuern oder Abgaben erzeugen, wohl aber einmalige und laufende Folgekosten.[1136] Zum Schutz der Unternehmerfreiheit sind unverhältnismäßige Kosten zu vermeiden.

aa. Versuch einer Kostenschätzung

Abstimmungen würden direkte Kosten (z.B. für Personal und Material) und indirekte Kosten (z.B. durch die Umsetzung eines Abstimmungsergebnisses) erzeugen. Letztere fielen nicht nur betriebsintern an, sondern könnten auch externe Dritte belasten: Abstimmungsergebnisse könnten die Kontakte zu Geschäftspartnern ebenso beeinflussen wie den Umgang mit Bewerbern, und sie könnten mittelbar gar die öffentliche Hand belasten, falls der Arbeitgeber infolge von Abstimmungen Ausgaben tätigt, die er an anderer Stelle im Personalbereich einsparen muss. Diese Folgen für Dritte abzuschätzen, würde den Rahmen dieser Arbeit sprengen.[1137] Hier wird deshalb nur der Versuch unternommen, die betriebsinternen, direkten Kosten zu überschlagen.

Indirekte Kosten – z.B. verzögerte Entscheidungsprozesse des Arbeitgebers einerseits, eine geringe Fluktuation der zufriedeneren Arbeitnehmer andererseits[1138] – bleiben ebenfalls mangels ihrer Vorhersehbarkeit außer Betracht. Um sie festzustellen sollte der Gesetzgeber regelmäßige Evaluationen vorschreiben.

Ohnehin sind bereits die direkten Abstimmungskosten schwierig zu beziffern. Ein Anhaltspunkt sind die Kosten des geltenden betrieblichen Mitbestimmungssystems, zu denen allerdings keine aktuellen, repräsentativen Zahlen vorliegen. Die jüngsten Untersuchungen sind nicht repräsentative Befragungen des Instituts der deutschen Wirtschaft (IW) in Köln von 2003[1139] und 2004[1140] sowie

---

1134 BVerfG v. 12.5.1992 – Az. 2 BvR 470/90, 650/90, 707/90 – BVerfGE 86, 90 (109).

1135 S. nur *Joussen* Gutachten zum 60. Deutschen Juristentag 1994, Bd. II/2, K174 (m.w.N.).

1136 Zum Unterschied von Zahllast und Folgekosten siehe *Tiebel* Überwälzte Kosten, S. 36ff.

1137 Zu den Berechnungsmethoden *Janson* Ökonomische Theorie, S. 58.

1138 S. zu diesen Auswirkungen von Mitbestimmung *Niedenhoff* Betriebsratswahlen, S. 6.; *Jirjahn* ZAF 2005, S. 214 (245f.).

1139 *Niedenhoff* Betriebsratswahlen und *Stettes* Effiziente Mitbestimmung.

eine Studie des Info-Instituts in Saarbrücken von 2006[1141]. Doch diese Untersuchungen lassen nicht nur Skaleneffekte unberücksichtigt, also die Tatsache, dass die Kosten von Teilhabeinstrumenten sich nicht zwangsläufig proportional zur Belegschaftsgröße entwickeln. Auch liegen die Ergebnisse der Studien weit auseinander.

IW-Forscher *Niedenhoff* beziffert die Kosten pro Arbeitnehmer und Jahr je nach Betriebsgröße auf durchschnittlich 391 Euro (bei weniger als 100 Arbeitnehmern) bzw. 430 Euro (100 bis 199 Arbeitnehmer), bzw. 654 Euro (200 bis 500 Arbeitnehmer).[1142] Die Info-Institut-Autoren *Bierbaum/Houben* kommen auf geringere Summen: Die Mitbestimmung koste in kleinen Betrieben pro Kopf und Jahr 260 Euro, in mittleren 273 Euro und bei bis zu 500 Arbeitnehmern 387 Euro.[1143]

Hier werden *Niedenhoffs* Zahlen berücksichtigt, da sie auf Befragungen der Arbeitgeber beruhen und nicht wie im Fall des Info-Instituts auf Schätzungen von Betriebsräten, die nicht alle Kosten des Arbeitgebers überblicken dürften. Unter den direkten Kosten von Gesetzen versteht man die Aufwendungen, die unmittelbar durch ihre Anwendung erzeugt werden.[1144] Im Fall von Belegschaftsabstimmungen sind Personal- und Sachkosten zu bedenken.

[1] Personalkosten

Personalkosten dürften der größte Kostenblock sein, dies sind sie schon jetzt für die betriebliche Mitbestimmung.[1145] Dabei fiele der Arbeitsausfall am stärksten ins Gewicht, sofern Abstimmungen während der Arbeitszeit vorbereitet, durchgeführt, ausgewertet und umgesetzt und nicht mit Überstunden verrechnet würden. Ein Anhaltspunkt sind die Kosten einer Betriebsratswahl. Diese belaufen sich nach *Niedenhoff* auf einen Mittelwert von 18,83 Euro je Arbeitnehmer. Der größte Posten in dieser Kalkulation ist mit 12,36 Euro die eigentliche Stimmab-

---

1140 *Niedenhoff* Kosten des Betriebsverfassungsgesetzes.

1141 *Bierbaum/Houben* Kosten und Nutzen der Mitbestimmung in KMU.

1142 a.a.O. S. 23ff.

1143 Da die Studie beim Info-Institut nicht mehr verfügbar ist, werden die Zahlen zitiert nach dem Informationsdienst des Instituts der Deutschen Wirtschaft 8/2006, S. 4ff., abrufbar über http://www.iwkoeln.de/Portals/0/PDF/iwd08_06.pdf (zuletzt abgerufen am 14.4.2012).

1144 *Tiebel* Überwälzte Kosten, S. 36ff.

1145 *Kraushaar* in BB Beilage 2005 Nr. 11 (S. 14f.).

gabe, da die Arbeitnehmer dafür meistens ihren Arbeitsplatz verlassen.[1146] Dies ist im Fall von Abstimmungen über die Wahl oder Amtsenthebung von Betriebsräten unvermeidlich, nicht jedoch unbedingt im Fall der Ratifizierung von Betriebsvereinbarungen.[1147]

In den Fällen, in denen Abstimmungen in einer Betriebsversammlung stattfänden, wäre ein Arbeitsausfall der gesamten Belegschaft zu berücksichtigen. Eine Betriebsversammlung kostet derzeit 146,69 Euro pro Teilnehmer[1148]; das Betriebsverfassungsgesetz verlangt vier Versammlungen im Jahr (§ 43 Abs. 1 S. 1 BetrVG). Auch ein sparsames Abstimmungsregelwerk, das schriftlichen Informationen und Abstimmungen den Vorrang gäbe, würde immerhin Personalkosten für deren Vorbereitung erzeugen.

[2] Sachkosten

Zusätzliche Kosten würden dem Arbeitgeber durch die Erfüllung seiner Informationspflichten, die Ausübung seiner Beteiligungsrechte sowie die Umsetzung der Abstimmungsergebnisse entstehen. Diese Ausgaben sind schwierig zu prognostizieren. Aktuell belaufen sich die jährlichen Ausgaben für gemeinsame Sitzungen der Arbeitgebervertreter mit dem Betriebsrat auf 24,65 Euro je Arbeitnehmer, die Ausgaben zur Erfüllung gesetzlicher Unterrichtungspflichten auf 14,98 Euro.[1149] Diese Höhe dürften Abstimmungskosten nicht erreichen, da sie seltener anfallen, als etwa die vom Gesetz gewünschten monatlichen Treffen der Betriebsparteien (§ 74 Abs. 1 S. 1 BetrVG). Hier wird ein Zwölftel dieser Summe als Basis für die möglichen Abstimmungskosten herangezogen (insgesamt 3,30 Euro).

Weitere Sachkosten von Abstimmungen sind von der Ausgestaltung des Verfahrens abhängig. Günstiger als ein schriftliches Verfahren ist ein elektronisches, das Papier- und Druckkosten spart, die sich im Fall der Betriebsratswahl immerhin auf 1,25 Euro je Arbeitnehmer belaufen.[1150]

1146 *Niedenhoff* Kosten des Betriebsverfassungsgesetzes, S. 45, Tabelle 7.

1147 Siehe oben § 4 A I 2 (S. 177) und B I 2 (S. 192).

1148 *Niedenhoff* Kosten des Betriebsverfassungsgesetzes, S. 48.

1149 *Niedenhoff* Kosten des Betriebsverfassungsgesetzes, S. 31f.

1150 *Niedenhoff* Kosten des Betriebsverfassungsgesetzes, S. 45, Tabelle 7.

[3] Kostenersparnis durch E-Voting?

Software für elektronische Belegschaftsabstimmungen ist im Handel erhältlich; für die verbreitete Intranet-Software „Sharepoint“ von Microsoft gibt es z.B. eine Erweiterung für Mitarbeiter-Abstimmungen zu kaufen. Arbeitgeber, die kein Intranet betreiben, könnten Abstimmungen über externe, zertifizierte Anbieter wie United Planet abwickeln.

Die Abstimmungsregeln sollten es grundsätzlich den Arbeitgebern überlassen, in welcher Form sie Arbeitnehmervoten durchführen möchten. Die gängigen Software-Anbieter gewährleisten eine anonyme, passwortgesicherte Anmeldung und Stimmabgabe der Arbeitnehmer. Allerdings bestehen Bedenken gegen diesen Abstimmungsmodus angesichts der jüngeren Rechtsprechung des Bundesverfassungsgerichts und Bundesarbeitsgerichts. Das Bundesverfassungsgericht hat 2009 die Regeln für eine Stimmabgabe über Wahlcomputer bei der Bundestagswahl 2005 für verfassungswidrig erklärt, da es den Wählern nicht möglich sei, alle wesentlichen Schritte ihrer eigenen Wahlhandlung und der Ermittlung des Wahlergebnisses zuverlässig und ohne besondere Sachkenntnis zu prüfen.[1151] Dies gebiete aber der Grundsatz der Öffentlichkeit der Wahl (Art. 38 i.V.m. Art. 20 Abs. 1, Abs. 2 GG). Infolgedessen hat der Gesetzgeber Vorbereitungen für elektronische Sozialwahlen ebenso aufgegeben wie den Einsatz eines bereits entwickelten Internetwahlsystems von T-Systems für die Sozialwahl.[1152]

Auch elektronische Betriebsratswahlen müssen den Vorgaben des Bundesverfassungsgerichts genügen. Die geltenden Wahlregeln sehen auch keine elektronische Stimmabgabe vor.[1153] An die Stimmabgabe für Belegschaftsabstimmungen dürften ähnlich strenge Anforderungen zu stellen sein, insbesondere bei Abstimmungen über die Wahl und Amtsenthebung von Betriebsräten, die nach dem hier entwickelten Konzept ohnehin in der Betriebsvereinbarung stattfinden sollten. Für Abstimmungen über Betriebsvereinbarungen könnte je nach deren Thema auch eine elektronische Wahl den Belangen der Teilnehmer gerecht werden. Da jedoch die Bandbreite der Themen so groß ist, fällt es schwer, Fallgruppen für diese unterschiedlichen Abstimmungsmodi zu entwickeln. Deshalb sollte grundsätzlich von E-Voting abgesehen werden.

1151 BVerfG v. 3.3.2009 – Az. 2 BvC 3/07, 4/07 – BVerfGE 123, 39.

1152 *Richard Sietmann* „Wahlen unter Geschäftsgeheimnis“, c't magazin 16/2009, S. 48f.

1153 *Berg/Heilmann* AiB 2009, S. 363 (363f.); *Schneider/Homburg* in DKKW § 18 Rn. 7e.

Immerhin ließe sich die betriebsinterne Ausschreibung für eine Abstimmung elektronisch verbreiten. Für Betriebsratswahlen ermöglicht dies die geltende Wahlordnung schon jetzt (§ 2 Abs. 4 S. 3 und 4, § 3 Abs. 4 S. 2 und 3 WO 2001), wenn auch nur unter strengen Bedingungen: Ist die elektronische Ausschreibung der einzige Verbreitungskanal, muss sichergestellt sein, dass alle Arbeitnehmer auf demselben Wege erreicht werden. Nach der Rechtsprechung muss zudem mit Passwörtern der alleinige Zugriff des Wahlvorstands auf die Ausschreibung gesichert sein.[1154]

Möglich wäre ferner eine elektronische Auszählung der Stimmen, die zur Betriebsratswahl 2010 schon in großem Umfang betrieben wurde.[1155] Dabei müsste aber die öffentliche Zugänglichkeit der Auszählung (entspr. § 18 Abs. 3 S. 1 BetrVG) gewährleistet sein.[1156]

[4] Zwischenergebnis

Insgesamt könnten sich allein die direkten Kosten einer Abstimmung im teuersten Fall – inklusive einer Betriebsversammlung, bei Installation einer neuen Abstimmungssoftware – auf eine niedrige dreistellige Summe je Arbeitnehmer belaufen. Hinzu kämen indirekte Kosten in nicht bekannter Höhe.

bb. Verteilungsgrundsätze für Abstimmungskosten

Fraglich ist, wer die zusätzlich zu den aktuellen Mitbestimmungskosten anfallende finanzielle Last zu tragen hätte. Nach geltendem Recht trägt der Arbeitgeber sämtliche Kosten der Umsetzung des Betriebsverfassungsgesetzes (§§ 37, 40, 41 BetrVG). Die Rechtsprechung des Bundesverfassungsgerichts lässt dem Gesetzgeber hierfür auch viel Raum: Eine Kostentragungspflicht des Arbeitgebers sei zulässig, wenn dieser in einer „engen Verantwortungsbeziehung" steht zu dem Zweck der Vorschrift, welche die Kosten erzeugt.[1157] Diese enge Bezie-

1154 BAG v. 21.1.2009 – Az. 7 ABR 65/07 – NZA-RR 2009, S. 481ff.; *Janson* DB 2006, S. 334; *Berg/Heilmann* AiB 2009, S. 363 (363f.).

1155 So meldete die Firma DocuScan am 1.4.2010 eine Rekord-Nachfrage nach ihrer Auszählungssoftware zur Betriebsratswahl: www.docuscan.de/unternehmen/news/201-betriebsratswahlen-2010.html (zuletzt abgerufen am 14.4.2012).

1156 Zu den konkreten Anforderungen LAG Berlin v. 16.11.1987 – Az. 12 TaBV 6/87 – NZA 1988, S. 481ff.

1157 BVerfG v. 15.12.1987 – Az. 1 BvR 563/85, 562/85, 974/86 – BVerfGE 77, 308 (336); BVerfGE 81, 156 (198).

hung wird vom Gericht weit interpretiert und umfasst z.B. auch die Beteiligung an den Kosten politischer Weiterbildungsveranstaltungen für Arbeitnehmer.[1158]

Verfassungsrechtlich geboten ist es aber nicht, den Arbeitnehmer von diesen Kosten gänzlich zu verschonen. Für Abstimmungen ist diese einseitige Kostenverteilung schon deshalb abzulehnen, da sie weder dem Arbeitgeber Anreize für ein mitbestimmungsfreundliches Verhalten setzen noch der Belegschaft Anreize liefern würde, Abstimmungen sparsam einzusetzen und die Umsetzungskosten niedrig zu halten.[1159] Deshalb sind auch andere Verteilungsgrundsätze zu prüfen.

[1] Verteilung nach Verursacherprinzip

Eine Lösung für die Verteilung von Kosten einer Rechtsvorschrift besteht darin, sie demjenigen aufzubürden, der überhaupt den Bedarf nach einer Regelung verursacht hat.[1160] Dies ist einerseits der Arbeitgeber, in dessen Herrschaftssphäre die „Auslieferungssituation" des Arbeitnehmers entsteht, die den Bedarf nach einem Ausbau der Beteiligungsregeln erzeugt. Der Arbeitgeber ist im vorliegenden Fall auch *„cheapest cost avoider"*[1161] im Sinne der ökonomischen Analyse des Rechts: Für ihn wäre die Verhinderung des aus Sicht des Gesetzgebers unerwünschten Zustandes organisatorisch und finanziell am ehesten möglich.

Andererseits ist zu bedenken, dass der Arbeitgeber den zu behebenden Zustand durch die Ausübung seiner Grundrechte herbeigeführt hat. In dieser Grundrechtsausübung wird er bereits erheblich eingeschränkt, indem der Gesetzgeber ihn dazu verpflichtet, eine Art Grundversorgung mit Teilhaberechten zu gewährleisten und zu finanzieren (§§ 37, 40, 41 BetrVG). Zwar verletzen diese Zahlungspflichten nicht die Eigentumsgarantie des Art. 14 GG[1162], und eine erdrosselnde Wirkung in Form einer grundlegenden Beeinträchtigung der Vermögensverhältnisse dürften zusätzliche Abstimmungskosten nicht entfalten.[1163] Dennoch gilt es, die Belastung des Arbeitgebers zu mildern, zumal der Bedarf für Abstimmungen nicht unmittelbar durch seine unternehmerische Tä-

---

1158 BVerfGE 77, 308 (334f.); BVerfGE 85, 226 (236); s. auch *Müller* Die Berufsfreiheit des Arbeitgebers, S. 50.

1159 *Stettes* Effiziente Mitbestimmung, S. 30.

1160 Vgl. *Janson* Ökonomische Theorie, S. 64f.

1161 *Adams* Ökonomische Theorie, S. 20f.

1162 *Wiese* in GK-BetrVG Einl. Rn. 56.

1163 Vgl. die Maßstäbe in BVerfG v. 8.3.1983 – Az. 2 BvL 27/81 – BVerfGE 63, 312 (327).

tigkeit verursacht wurde, sondern durch Fehlentwicklungen des gesetzlichen Mitbestimmungssystems. Den Arbeitgeber dafür in voller Höhe haftbar zu machen erscheint unverhältnismäßig

Deshalb ist es vertretbar, die Arbeitnehmer zumindest teilweise an der Finanzierung ihrer Selbstbestimmung in Form von Abstimmungen zu beteiligen. Ausgehend vom Verursacherprinzip muss man die Arbeitnehmer zumindest als Mitversucher der „Störung" ansehen, die das Abstimmungsregelwerk abstellen will.[1164] Vereinzelt wird zwar in der Literatur vertreten, das geltende Betriebsverfassungsgesetz wolle erreichen, dass der gesamten Arbeitnehmerschaft keinerlei Belastung irgendeiner Art aus der Mitbestimmung erwächst.[1165] Verfassungsrechtlich ist ein so weit gehender Schutz aber weder durch das Sozialstaatsprinzip noch durch die Persönlichkeitsrechte der Arbeitnehmer geboten.[1166] Diese Rechte verpflichten den Gesetzgeber nur dazu, eine effektive Ausübung von Teilhaberechten zu gewährleisten, nicht aber eine Teilhabe zum Nulltarif.[1167]

[2] Belastung von Profiteuren

Ein weiteres mögliches Finanzierungsprinzip der Abstimmungsregeln wäre, die Adressaten in dem Maße für ihre Umsetzung zahlen zu lassen, in dem sie von ihnen profitieren. Dieser Gedanke spricht für eine vorrangige Zahlungspflicht des Arbeitnehmers, vergleichbar einer Abstimmungsgebühr nach den Prinzipien des Abgabenrechts. Ähnlich eines Abstimmungsbeitrags ließe sich bei den Arbeitnehmern der Vorteil abschöpfen, der ihnen durch die Institution Belegschaftsabstimmung entsteht.[1168] Ob die Mitglieder der durch Abstimmungen begünstigten, eindeutig bestimmbaren Gruppe von ihrem Recht tatsächlich Gebrauch machen, muss außer Betracht bleiben. Entscheidend ist, dass sie dieses Angebot nutzen können.[1169] Für diese Lösung spricht, dass dem unmittelbaren

---

1164 *Janson* Ökonomische Theorie, S. 65.

1165 *Thüsing* in Richardi BetrVG § 40 Rn. 3

1166 Ähnlich *Buchner* NZA 2001, S. 633 (637).

1167 In Richtung einer Betriebsdemokratie zum Nulltarif argumentieren aber der Regierungsentwurf zur BetrVG-Reform 2001, BT-Drucksache 14/5741, S. 24 und der Abschlussbericht des Bundestags-Ausschusses für Arbeit und Sozialordnung, BT-Drucksache 11/3618, S. 6.

1168 Vgl. *Kirchhof* in HdB StaatsR V § 119 Rn. 17.

1169 *Kirchof* a.a.O. Rn. 62.

Abstimmungsertrag der Arbeitnehmer – nämlich ein gesteigerter Einfluss auf betriebliche Entscheidungen – kein Äquivalent auf Seiten des Arbeitgebers gegenübersteht. Ihm erwachsen aus der betrieblichen Mitbestimmung keine unmittelbaren, geschweige denn finanziell verlässlich messbaren Vorteile.[1170]

cc. Verteilungsmechanismus

Es bietet sich an, die laufenden Abstimmungskosten bis zu einer bestimmten Obergrenze auf die Belegschaft umzulegen und weitere Kosten, insbesondere die Personalkosten, dem Arbeitgeber zu übertragen. Vorbild könnte die österreichische Regelung für Betriebsratsumlagen sein (§ 73 ArbVG).[1171] Österreichische Arbeitgeber sind dazu verpflichtet, Betriebsratsmitglieder für die Erfüllung ihrer Tätigkeit freizustellen (§§ 116f. ArbVG) und dem Gremium „Sacherfordernisse" zur Verfügung zu stellen (§ 72 ArbVG), nicht aber finanzielle Mittel. Diese werden von den Belegschaften gestellt, falls sie in der Betriebsversammlung auf Antrag des Betriebsrats bei einer Mindestbeteiligung der Hälfte der Stimmberechtigten die Einrichtung einer Belegschaftsumlage beschließen (§ 73 Abs. 2 ArbVG). Dieser Beitrag, der jeweils höchstens 0,5 Prozent des Bruttoarbeitslohns betragen darf (§ 73 Abs. 1 S. 2 ArbVG) fließt in einen Betriebsratsfonds, der vom Betriebsrat verwaltet wird und auch anderen sozialen Zwecken dienen kann.

Für einen solchen Abstimmungsfonds sprechen praktische wie juristische Gründe.[1172] Aus praktischer Sicht würden die Debatte und die Abstimmung über die Etablierung des Fonds der Belegschaft die Kosten des neuen Teilhaberechtes vor Augen führen. Nur wenn die Arbeitnehmer dazu bereit sind, einen Beitrag dazu zu leisten, würde das Teilhabeinstrument überhaupt implementiert. So ließe sich verhindern, dass der Gesetzgeber den Arbeitgeber zur Finanzierung eines weiteren Mitbestimmungsmodells verpflichtet, an dem die Mehrheit der Arbeitnehmer nicht interessiert ist.

Die Lastenverteilung nach Ausgabenart bietet sich an, da es buchhalterisch unangemessen kompliziert sein dürfte, die Personalkosten für Abstimmungen

---

1170 *Stettes* Effiziente Mitbestimmung, S. 21f. Positiver fällt die Auswertung der betriebswirtschaftlichen Literatur über Mitbestimmungsrendite aus bei *Jirjahn* ZAF 2005, S. 241 (245ff.).

1171 Zur Übertragung des österreichischen Modells ins deutsche Recht eingehend *Karacz* ZESAR 2009, S. 273ff.

1172 Für die Aufnahme eines solchen Fonds in das BetrVG schon *Fischer* BB 2007, S. 997 (1000), der allerdings offen lässt, wer ihn füllen soll, Arbeitgeber oder Belegschaft.

aus dem gesamten Personalkostenblock herauszufiltern und den Arbeitnehmern aufzuerlegen. Insbesondere wenn Betriebsratsmitglieder an der Organisation von Abstimmungen beteiligt sind dürfte es schwierig sein, den daraus resultierenden Arbeitsausfall von dem Arbeitsausfall durch reguläre Betriebsratsarbeit zu trennen. Mit den Personalkosten würde der Arbeitgeber auch weiterhin den Großteil der Abstimmungskosten tragen. Nach österreichischem Vorbild könnten die Fondsbeiträge gedeckelt werden. So würde die finanzielle Last für die Arbeitnehmer keine prohibitive Höhe erreichen.

dd. Zulässigkeit des Verteilungsmodells

Ein Abstimmungsfonds ließe sich einrichten ohne die geltenden §§ 40, 41 BetrVG zu ändern. Zwar wird durch diese Vorschriften „die Überwälzung sämtlicher Mitbestimmungskosten auf den Arbeitgeber perfektioniert“[1173]. Trotzdem stehen die Vorschriften schon ihrem Wortlaut nach einer Kostenumlage auf die Belegschaft nicht im Wege: § 40 BetrVG beschränkt die Finanzierungspflicht des Arbeitgebers auf den gesetzlichen Aufgabenbereich *des Betriebsrats*.[1174] Sofern der Betriebsrat nicht zur Organisation und Durchführung der Abstimmungen verpflichtet wird, ergibt sich für den Arbeitgeber keine Kostentragungspflicht. Da Arbeitnehmervoten auch nicht den „Zwecken des Betriebsrates“ dienen würden, läge auch kein Verstoß gegen das Umlageverbot des § 41 BetrVG vor.

Auch Sinn und Zweck der §§ 40, 41 BetrVG laufen einer Umlage nicht zuwider: Die Vorschriften gehen zurück auf § 37 BRG. Ziel der Vorschrift war es, die Gewerkschaften vor finanziell zu potenten Betriebsräten zu schützen.[1175] Inzwischen dürfte dieses Risiko nicht mehr bestehen. Heute dient der Arbeitgeber deshalb als einzige Finanzierungsquelle der Betriebsräte, damit diese nicht in finanzielle Abhängigkeit einer Gewerkschaft geraten, sondern ihr Amt im Interesse der Vertretenen ehrenamtlich und unabhängig führen können.[1176] Diese Grundsätze der Amtsführung würden aber durch die Übertragung der Abstimmungskosten auf die Arbeitnehmer auch nicht gefährdet. In der Praxis bestehen die geschilderten Abhängigkeiten zwischen Betriebsräten und Gewerkschaften

1173 *Buchner* NZA 2001, S. 633 (637)

1174 *Franzen* in FS Adomeit, S. 173 (176).

1175 *Franzen* in FS Adomeit, S 173 (179); *Thüsing* in Richardi BetrVG § 41 Rn. 1.

1176 *Fitting* § 41 BetrVG Rn. 8.

ohnehin.[1177] Das Ehrenamtsprinzip wird zudem dadurch ausgehöhlt, dass manche Arbeitgeber dem Betriebsrat Sonderzulagen gewähren, die als Überstundenpauschalen oder ähnliche Aufwandsentschädigungen getarnt werden.[1178]

Bei der Umsetzung der Abstimmungsergebnisse durch die Betriebsparteien wären die §§ 40, 41 BetrVG wie bisher einzuhalten.

Die hier vorgeschlagene Verteilung der Abstimmungskosten auf Arbeitgeber und Belegschaft ist somit schon nach geltendem Recht möglich.[1179]

III. Ergebnis

Abstimmungen bedeuten eine Beeinträchtigung der Unternehmerfreiheit des Arbeitgebers und haben das Potential, den Pegelstand der Mitbestimmung insgesamt in eine unzumutbare Höhe zu treiben. Dennoch würden sie die Rechte des Arbeitgebers nicht in verfassungswidriger Weise beeinträchtigen.

Unzumutbare Härten lassen sich durch abgestufte Abstimmungsregeln beseitigen: Ratifizierungen sollten nur für Betriebe mit mehr als 500 Arbeitnehmern zugelassen werden, Abstimmungen wären nach Möglichkeit schriftlich oder elektronisch abzuhalten. Die Arbeitnehmer sollten an den Kosten beteiligt werden.

1177 *Rieble* NZA 2008, S. 276 (277).

1178 Siehe oben § 1 A III 4 b (S. 66)

1179 *Säcker* ZfA 2006, S. 99 (107).

§ 5 Ergebnisse

1. Die betriebliche Mitbestimmung wird oft als Ausprägung der Wirtschaftsdemokratie bezeichnet. Während aber in der Demokratie im staatsrechtlichen Sinne die Bürger über Instrumente wie Volksbegehren und Volksentscheid unmittelbar Einfluss auf die Gestaltung ihres Gemeinwesens nehmen können, gewährt die Betriebsverfassung den Arbeitnehmern bis auf wenige Ausnahmen keine direktdemokratischen Abstimmungsrechte.

2. Schutz und Teilhabe der Arbeitnehmer werden überwiegend realisiert über die Mitwirkungsbefugnisse des Betriebsrats. Doch im Widerspruch zu der Rechtsnatur der Betriebsverfassung als privatrechtlichem Teilhabesystem ist sowohl die Errichtung des Betriebsrats als auch seine Mitbestimmungstätigkeit weitestgehend der Zustimmung der Arbeitnehmer entzogen.

3. Das freie Entscheidung, Vertretungsorgane zu bilden, ist im geltenden Recht an den Status der Arbeitnehmer geknüpft: Die Wahl der Sprecherausschüsse beruht auf einer Abstimmung der leitenden Angestellten. Dagegen ist die Wahl des Betriebsrats von der Zustimmung der Belegschaft entkoppelt: Sie wird im Regelfall von demokratisch nicht legitimierten Einrichtungen initiiert und kann von nur drei Arbeitnehmern erzwungen werden (§ 17 BetrVG). Die Ungleichheiten setzen sich fort bei der Abwahl von Vertretungsorganen: Die Abwahl von Arbeitnehmer-Aufsichtsräten ist möglich, die von Betriebsräten nicht: Es bleibt nur der Antrag auf Amtsenthebung durch ein Gericht (§ 23 BetrVG). Auch die Struktur der Mitbestimmungsorgane ist dem Einfluss der Arbeitnehmer bis auf die Fälle der §§ 3, 4 BetrVG entzogen, während den nur formalgesetzlich legitimierten Betriebs- und Tarifparteien hierfür ein weiter Gestaltungsspielraum zusteht (§ 3 Abs. 1, 2 BetrVG).

4. Auf materieller Ebene ist die kollektiv-unmittelbare Teilhabe der Arbeitnehmer noch begrenzter: Seit mit § 1 Abs. 4 S. 2 KSchG a.F. der einzige Fall rechtsverbindlicher Belegschaftsabstimmungen zu Sachfragen beseitigt wurde, können die Betriebsangehörigen die Arbeit ihrer Vertreter nur über unverbindliche Anregungen (§ 80 Abs. 1 Nr. 3 BetrVG), Beschwerden (§§ 84f. BetrVG) und Vorschläge (§ 86a BetrVG) beeinflussen. Beschlüsse der Betriebsversammlung sind ebenfalls unverbindlich (§ 45 S. 2 BetrVG). Zwar verleiht der Gesetzgeber autonomen Arbeitsgruppen Regelungskompetenzen, deren Ausübung setzt aber die Zustimmung des Betriebsrats voraus (§ 28a BetrVG).

5. Diese mangelnden Einflussmöglichkeiten der Arbeitnehmer auf die Betriebsratsarbeit könnten ein Grund dafür sein, dass in der Praxis viele Belegschaften

aus dem gesetzlichen Teilhabesystem ausbrechen – indem sie entweder ihre Interessenvertretung selbst gestalten oder ganz auf sie verzichten. In der Praxis wurden auch Belegschaftsabstimmungen erprobt, sie erzeugten jedoch mangels ihrer gesetzlichen Ausgestaltung Kompetenzstreitigkeiten und Rechtsunsicherheit. Anläufe für Reformen verliefen im Sande.

6. Das geschilderte System geht auf Kosten der Selbstbestimmung der Arbeitnehmer, die das Primat einer privatrechtlich orientierten Betriebsverfassung sein müsste. Die Legitimation der betrieblichen Normsetzung durch den Betriebsrat ist dürftig, da sie nur formalgesetzlich begründet ist, nicht aber durch Vertrag oder individuelle Unterwerfung der betroffenen Arbeitnehmer. Die Entkoppelung der Betriebsräte von der Zustimmung und Kontrolle der Arbeitnehmer widerspricht dem Gedanken der *„Good Governance*“, der nicht nur auf gesellschaftsrechtliche Strukturen anwendbar ist, sondern auch eine gute betriebliche Mitbestimmung („Betriebsrat-Governance“) erfordert.

7. Ein geeignetes Instrument, um diese historisch gewachsenen Defizite zu beseitigen, ist die Belegschaftsabstimmung. Für diese direktdemokratische Beteiligungsform – die aber nicht als Mittel zur Demokratisierung der Betriebe missverstanden werden darf – unterbreitet die vorliegende Arbeit mehrere verfassungsrechtlich zulässige und systemkonforme Regelungsvorschläge.

8. Die Empfehlungen haben gemeinsam, dass sie dem kollektiv gebildeten Willen der Belegschaftsmitglieder Rechtsverbindlichkeit verliehen. Diese Rechtswirkung bestünde aber nicht im Verhältnis der Belegschaft zum Arbeitgeber, sondern im Verhältnis zwischen Belegschaft und Betriebsrat. Denn der dogmatische Ausgangspunkt für Belegschaftsabstimmungen ist die Erkenntnis, dass nicht der Betriebsrat oder das Belegschaftskollektiv Träger der betrieblichen Teilhaberechte sind, sondern die einzelnen Arbeitnehmer. Zur Verwirklichung ihrer Schutz- und Teilhaberechte hat der Gesetzgeber dem Betriebsrat nur Wahrnehmungskompetenzen zugewiesen. Rechtswirksame Abstimmungen wären Ausdruck dieser Kompetenzverteilung: Sie würden die Teilhabe der Rechtsträger an der Ausübung ihrer Rechte durch den Betriebsrat stärken.

9. Vor diesem Hintergrund werden fünf Abstimmungsmodelle konzipiert, die gesetzlich eingeführt werden müssten. Entsprechende Vereinbarungen der Tarifparteien und Betriebsparteien oder zwischen Belegschaft und Arbeitgeber sind nach geltendem Recht unwirksam. Insofern ist dies eine rechtspolitische Arbeit.

10. Abstimmung über die Wahl des Betriebsrats: Betriebsratswahlen sollten von einer vorherigen positiven Abstimmung der Arbeitnehmer abhängig gemacht werden. Dies würde die privatrechtliche Natur der Betriebsverfassung ausdrü-

cken: Im Privatrechtssystem setzt Interessenvertretung durch Dritte eine Zustimmung des Interessenträgers voraus. Für die Wahl ist eine Mindestzustimmung von 25 Prozent der Teilnehmer einer Wahlversammlung zu verlangen. Würde dieses Quorum verfehlt, könnte die Wahl nach zwei Jahren abermals initiiert werden.

11. Verfassungsrechtliche Bedenken hiergegen bestehen nicht – die Abstimmung wäre keine unverhältnismäßige Beeinträchtigung der grundrechtlichen Schutzansprüche der Arbeitnehmer. Sie würde vielmehr die Systementscheidung des Gesetzgebers für eine freiwillige Betriebsratswahl unterstreichen, die einer negativen Mitbestimmungsfreiheit der Betriebsangehörigen Rechnung trägt. Die positive Mitbestimmungsfreiheit der Betriebsratsbefürworter würde durch die Teilhabe an der Abstimmung und die weiterhin niedrige Errichtungsschwelle gewahrt.

12. Abstimmungen über die Amtsenthebung von Betriebsräten: Die Betriebsverfassung sollte nicht nur Schutz vor Rechtsverstößen des Betriebsrats bieten, sondern auch das Vertrauen der Wähler in ihre Vertreter schützen. Die Wahlberechtigten sollten unerwünschte Vertreter mit Dreiviertelmehrheit abberufen können. Aufsichtsräte und Bürgermeister sind nicht gegen eine Amtsenthebung geschützt, vielmehr können letztere ihr Amt schon mit Zustimmung der einfachen Mehrheit der Wähler verlieren. Es ist nicht ersichtlich, weshalb der Schutz der Betriebsräte weiter gehen sollte.

13. Aus verfassungsrechtlicher Sicht sind aber die Rechte betrieblicher Minderheiten zu beachten: Ihre per Verhältniswahl gewählten Vertreter könnten durch die Mehrheit aus dem Amt entfernt werden. Doch die hier vorgeschlagenen Abstimmungsregeln wahren die verfassungsrechtlich gebotene Systemgerechtigkeit. Sie fügen sich ein in eine Betriebsverfassung, die keinen absoluten Minderheitenschutz kennt und beispielsweise voraussetzungslose Abberufungen von Minderheitenvertretern aus dem Betriebsausschuss gestattet (§ 27 Abs. 1 S. 4 BetrVG). Erfahrungen aus dem Bereich der Unternehmensmitbestimmung und aus dem österreichischen Rechtsraum zeigen, dass das Zustimmungsquorum von drei Vierteln der Wahlberechtigten eine hohe Ämterstabilität und einen hinreichenden Schutz von Wählern und Gewählten sichert.

14. Abstimmungen über Betriebsstrukturtarifverträge: Zu empfehlen ist auch eine Ratifizierungspflicht für Betriebsstrukturtarifverträge. Mit diesen Vereinbarungen können die Tarifpartner die Arbeitnehmer abweichend vom gesetzlichen Modell zu neuen Mitbestimmungseinheiten zusammenfassen, ob innerhalb eines Unternehmens (§ 3 Abs. 1 Nr. 1 BetrVG), innerhalb einer Sparte (§ 3 Abs. 1

Nr. 4), oder unternehmensübergreifend (§ 3 Abs. 1 Nr. 3 BetrVG). Der Bedarf nach legitimierenden Abstimmungen ergibt sich insbesondere daraus, dass diese Tarifverträge das Gestaltungsrecht der Arbeitnehmer nach § 3 Abs. 3 BetrVG sperren und die Amtszeit bereits gewählter Vertreter vorzeitig beenden können. Dies kann von sachwidrigen Erwägungen beider Tarifparteien geleitet sein. Für diese Vereinbarungen sollte in Anlehnung an Volksabstimmungen über die Neugliederung des Bundesgebiets (Art. 29 GG) die Zustimmung der einfachen Mehrheit der Arbeitnehmer verlangt werden, und zwar in allen jeweils betroffenen Organisationseinheiten.

14. Da die Regelungskompetenz der Tarifparteien für betriebliche Fragen nur auf einer gesetzlichen Ermächtigung beruht und nicht auf ihre grundgesetzlich geschützte Tarifautonomie zurückzuführen ist, wirft das Abstimmungsmodell keine materiellrechtlichen Bedenken auf.

15. Rechtsverbindliche Weisungen an Betriebsräte: Um eine den Belegschaftsinteressen gerechte Amtsführung des Betriebsrats zu sichern, werden auch rechtsverbindliche Weisungen der Arbeitnehmer an ihre Vertreter geprüft. Diese Weisungen könnte die Belegschaft per Abstimmung in der Betriebsversammlung erteilen. Letztlich wird dieses Teilhabemodell aber verworfen. Verfassungsrechtlich wäre es umsetzbar, insbesondere würde es den Schutz der in der Abstimmung unterlegenen Minderheit wahren. Systemgerecht wäre auch die mit Weisungen verbundene Abkehr von der verbreiteten Vorstellung eines „freien Betriebsratsmandats“, die den Status der privatrechtlichen Interessenvertretung Betriebsrat sachwidrig dem Status parlamentarischer Repräsentanten angleicht.

16. Gegen Weisungen der Arbeitnehmer spricht aber, dass anders als in staatsrechtlichen Bürgerbeteiligungsverfahren der Wille der Abstimmungsteilnehmer durch den Betriebsrat nicht uneingeschränkt umsetzbar wäre. Dies setzte eine Einigung mit dem Arbeitgeber voraus. Scheiterte diese und damit auch die Umsetzung des Belegschaftswillens, könnte das Vertrauen der Arbeitnehmer in die Betriebsratsarbeit erodieren und die Funktionsfähigkeit der Betriebsverfassung nähme Schaden. Zudem würden Weisungen unkenntlich machen, wer die Verantwortung für Regelungen trägt. Sowohl der regelungsbefugte Betriebsrat als auch die weisungsbefugten Arbeitnehmer könnten sich einer Verantwortung für rechts- oder sachwidrige Regelungen entziehen. Damit würde diese Belegschaftsabstimmung das Ziel verfehlen, eine gute Betriebsrat-Governance herzustellen. Dieses Modell ist daher abzulehnen.

17. Abstimmungen über Betriebsvereinbarungen: Die Ratifizierung von Betriebsvereinbarungen durch die Belegschaft ist dagegen zu empfehlen. Aller-

dings wären Einigungsstellensprüche, Sozialpläne und betriebsverfassungsrechtliche Normen hiervon auszunehmen – mit Ausnahme von Betriebsvereinbarungen über abweichende Vertretungsstrukturen (§ 3 Abs. 2 BetrVG). Diese sollten wie Tarifstrukturvereinbarungen obligatorisch der Ratifizierung unterliegen, während darüber hinaus Betriebsvereinbarungen nur auf Antrag der Arbeitnehmer oder durch einvernehmlichen Beschluss der Betriebsparteien zur Abstimmung zu stellen wären.

18. Verfassungsrechtliche Bedenken gegen dieses Abstimmungsmodell bestehen hinsichtlich seiner mittelbaren Wirkung auf die Unternehmerfreiheit des Arbeitgebers. Die Abstimmungsrechte und die geltenden Mitbestimmungsrechte könnten eine Gesamtwirkung entfalten, die den Kernbereich der Arbeitgeberrechte verletzt. Zwar bildet der aktuelle „Pegelstand der Mitbestimmung“[1180] nicht deren verfassungsrechtliche Obergrenze ab. Auch das Kriterium der Funktionsfähigkeit der Betriebe steht Abstimmungen nicht im Wege.

19. Doch gebietet der Gedanke der Sozialrelevanz der Unternehmerfreiheit Anpassungen des Teilhabemodells. Er drückt aus, dass das Schutzniveau der Unternehmerfreiheit stärker ist, je mehr die unternehmerische Tätigkeit Ausdruck der Berufsausübung natürlicher Personen ist. Deshalb sollten die Abstimmungsregeln über Betriebsvereinbarungen nur ab einer Mindestgröße des Unternehmens von 500 Arbeitnehmern möglich sein. Zudem sollten die Kosten dieses Teilhabemodells nicht ganz dem Arbeitgeber aufgebürdet werden. Es empfiehlt sich, die Abstimmungskosten auf Belegschaft und Arbeitnehmer zu verteilen – Vorbild hierfür könnte der österreichische Betriebsratsfonds sein. Werden diese Anpassungen getroffen, bestehen gegen die Ratifizierung von Betriebsvereinbarungen keine Bedenken.

1180 Begriff von *Lohse* Grenzen gesetzlicher Mitbestimmung, S. 84, 108f.

Literaturverzeichnis

Gesetzesänderungen, Rechtsprechung und Literatur wurden berücksichtigt bis zum 31.04.2012

Adam, Roman F.: Die Lösung von Tarifverträgen in der Krise, DZWIR 2005, S. 236.

Adams, Michael: Ökonomische Theorie des Rechts: Konzepte und Anwendungen, Frankfurt 2004 (zitiert: *Adams* Ökonomische Theorie).

Adomeit, Klaus : Das Günstigkeitsprinzip – neu verstanden, NJW 1984, S. 26.

Adomeit, Klaus: Betriebsräte – noch zeitgemäß? NJW 2001, S. 1033.

Adomeit, Klaus: Regelung von Arbeitsbedingungen und ökonomische Notwendigkeiten. Eine Untersuchung zu aktuellen Fragen des deutschen Tarifrechts, München 1996 (zitiert: *Adomeit*, Regelung von Arbeitsbedingungen).

Adomeit, Klaus: Rechtsquellenfragen im Arbeitsrecht, München 1969 (zitiert: *Adomeit* Rechtsquellenfragen).

Allinger, Rainer: Erste praktische Erfahrungen mit der Bildung von gesetzlichen Sprecherausschüssen, NZA 1990, S. 552.

Annuß, Georg: Schwierigkeiten mit § 3 Abs. 1 Nr. 1 BetrVG?, NZA 2002, S. 290.

Arnold, Michael: Die Entstehung des Betriebsverfassungsgesetzes 1952, Freiburg 1978 (zitiert: *Arnold* Entstehung des BetrVG 1952).

Bader, Peter: Neuregelungen im Bereich des Kündigungsschutzgesetzes durch das arbeitsrechtliche Beschäftigungsförderungsgesetz, NZA 1996, S. 1125.

Badura, Peter/ Rittner, Fritz/ Rüthers, Bernd: Mitbestimmungsgesetz 1976 und Grundgesetz, München 1982 (zitiert: *Badura/Rittner/Rüthers* Mitbestimmungsgesetz und Grundgesetz).

Ballerstedt, Kurt: Probleme einer Dogmatik des Arbeitsrechts, RdA 1976, S. 5.

Battis, Ulrich/ Kersten, Jens: Demokratieprinzip und Mitbestimmung im Öffentlichen Dienst, DÖV 1996, S. 584.

Bauer, Jobst-Hubertus: Sprecherausschussgesetz mit Wahlordnung und Erläuterungen, 2. Auflage, München 1990 (zitiert: *Bauer* SprAuG).

Bauer, Jobst-Hubertus: Neues Spiel bei Betriebsänderung und Beschäftigungssicherung?, NZA 2001, S. 375.

Bauer, Jobst-Hubertus/ Willemsen, Eva Maria: Der (partei-)politische Betriebsrat, NZA 2010, S. 1089.

Bauer, Jobst-Hubertus/ Herzberg, Dana: Arbeitsrechtliche Probleme in Konzernen mit Matrixstrukturen, NZA 2011, S. 713.

Bauer, Jobst-Hubertus/ Rieble, Volker: Arbeitsrecht 2001, Köln 2002 (zitiert: *Bauer/Rieble* ArbR).

Baumann, Wolfgang: Die Rechtsstellung des Arbeitnehmers bei betriebsverfassungswidrigen Maßnahmen im Rahmen der §§ 99-101 BetrVG, Bayreuth 1987 (zitiert: *Baumann* Rechtsstellung des Arbeitnehmers).

Baums, Theodor (Hrsg.): Bericht der Regierungskommission Corporate Governance – Unternehmensführung – Unternehmenskontrolle – Modernisierung des Aktienrechts, Köln 2001 (zitiert: *Baums* Bericht der Regierungskommission Corporate Governance).

Bayreuther, Frank: Tarifautonomie als kollektiv ausgeübte Privatautonomie. Tarifrecht im Spannungsfeld von Arbeits-, Privat- und Wirtschaftsrecht, München 2005 (zitiert: *Bayreuther*, Tarifautonomie).

Bayreuther, Frank: Betriebsverfassungsrechtliche Konsequenzen eines Zuordnungsbeschlusses nach § 4 Abs. 1 S. 2 BetrVG, NZA 2011, S. 727.

Becker, Karina/ Brinkmann, Ulrich/ Engel, Thomas: „Hybride Beteiligung" im Betrieb? Sachkundige Beschäftigte und Arbeitsgruppen, WSI-Mitteilungen 2008, S. 305.

Behrens, Martin: Die Rolle der Betriebsräte bei der Werbung von Gewerkschaftsmitgliedern, WSI-Mitteilungen 2005, S. 329.

Belling, Detlev W.: Die Haftung des Betriebsrats und seiner Mitglieder für Pflichtverletzungen, Tübingen 1990 (zitiert: *Belling* Haftung des Betriebsrats).

Belling, Detlev W.: Das Günstigkeitsprinzip im Arbeitsrecht, Berlin 1984 (zitiert: *Belling* Günstigkeitsprinzip).

Benda, Ernst/ Maihofer, Werner/ Vogel, Hans-Jochen: Handbuch des Verfassungsrechts der Bundesrepublik Deutschland, 2. Auflage, Berlin 1995 (zitiert: *Bearbeiter* in HdB VerfR).

Benedikt, Felix: Die Kürzung von Tariflöhnen zur Sanierung – Eine verfassungskonforme Auslegung des § 3 Abs. 3 TVG entsprechend § 626 BGB, Frankfurt 2003 (zitiert: *Benedikt* Kürzung von Tariflöhnen).

Berg, Peter/ Heilmann, Micha: So läuft´s von Anfang an richtig! Tipps zur Betriebsratswahl, AiB 2009, S. 363.

Bergwitz, Christoph: Die Rechtsstellung des Betriebsrats, Berlin 2003 (zitiert: *Bergwitz*, Rechtsstellung des Betriebsrats).

Beuthien, Volker: Die Unternehmensautonomie im Zugriff des Arbeitsrechts, ZfA 1988, S. 1.

Biedenkopf, Kurt H.: Grenzen der Tarifautonomie, Karlsruhe 1964.

Biedenkopf, Kurt H.: Demokratisierung der Wirtschaft und Mitbestimmung in Betrieb und Unternehmen. Veröffentlicht in: *Streithofen, Heinrich/ Utz, Arthur F.* (Hrsg.): Demokratie und Mitbestimmung, Stuttgart 1970, S. 286 (zitiert: *Biedenkopf* Demokratisierung der Wirtschaft).

Bieder, Marcus: Das ungeschriebene Verhältnismäßigkeitsprinzip als Schranke privater Rechtsausübung, München 2007 (zitiert: *Bieder* Verhältnismäßigkeitsprinzip).

Bierbaum, Heinz/ Houben, Marion: Kosten und Nutzen der Mitbestimmung in KMU, Saarbrücken 2005.

Birk, Rolf: Das Belegschaftsreferendum. Veröffentlicht in: Festschrift für Günther Wiese zum 70. Geburtstag. Neuwied 1998, S. 43 (zitiert: *Birk* in FS Wiese).

Birk, Rolf: Betriebszugehörigkeit bei Auslandstätigkeit. Veröffentlicht in: Sozialpartnerschaft in der Bewährung. Festschrift für Karl Molitor. München 1988, S. 19 (zitiert: *Birk* in FS Molitor).

Blank, Michael (Hrsg.): Reform der Betriebsverfassung und Unternehmerfreiheit (Veröffentlichung der Otto-Brenner-Stiftung), Frankfurt 2001 (zitiert: *Blank* in Reform der Betriebsverfassung 2001)

Blanke, Sandro: Soziales Recht oder kollektive Privatautonomie?, Tübingen 2005 (zitiert: *Blanke* Soziales Recht).

Blanke, Thomas/ Rose, Edgar: Betriebsverfassung 2001: Flexible Mitbestimmung in modernen Zeiten, RdA 2001, S. 92ff.

Blanke, Thomas: Das allmähliche Reifen der Demokratie, dbr 2010 Nr. 3 S. 9

Blanke, Thomas: Europäische Betriebsräte-Gesetz – Europäische Mitbestimmung – SE, 2. Auflage, Baden-Baden 2006 (zitiert: *Blanke* EBRG).

Blomeyer, Wolfgang: Der Interessenkonflikt zwischen Arbeitnehmer und Betriebsrat bei Individualmaßnahmen. Veröffentlicht in: Gedenkschrift für Rolf Dietz. München 1973, S. 147 (zitiert: *Blomeyer* in GS Dietz).

Bobke-von Camen, Manfred H.: Auch Führungskräfte haben Sorgen und Nöte!, dbr 2011, S. 18f.

Boemke, Burkhard: Das arbeitsgerichtliche Zustimmungsersetzungsverfahren nach § 99 Abs. 4 BetrVG, ZfA 1992, S. 473.

Bogedan, Claudia/ Brehmer, Wolfram/ Seifert, Hartmut: Wie krisenfest sind betriebliche Bündnisse zur Beschäftigungssicherung?, WSI-Mitteilungen 2011, S. 51.

Borgwardt, Jürgen/ Fischer, Ansgar/ Janert, Wolf-Rüdiger: Sprecherausschussgesetz für leitende Angestellte, 2. Auflage, Wiesbaden 1990 (zitiert: *Bearbeiter* in Borgwardt/Fischer/Janert).

Bossmann, Timm: Tue Gutes und rede darüber, AiB 2011, S. 508.

Brecht, Holger: Die Umsetzung von Tarifverträgen auf Betriebsebene, Berlin 2003 (zitiert: *Brecht* Umsetzung von Tarifverträgen).

Bremeier, Karl-Friederich: Die personelle Reichweite der Betriebsverfassung im Lichte des Gleichheitssatzes (Art. 3 Abs. 1 GG), Berlin 2001 (zitiert: *Bremeier* Personelle Reichweite der Betriebsverfassung).

Brocker, Till: Unternehmensmitbestimmung und Corporate Governance, München 2006.

Buchner, Herbert: Kollektivgewalt und Individualwille bei der Gestaltung des Arbeitsverhältnisses. Veröffentlicht in: Festschrift für Reinhard Richardi zum 70. Geburtstag, München 2007, S. 79 (zitiert: *Buchner* in FS Richardi).

Buchner, Herbert: Öffnung der Tarifverträge im Spannungsfeld verfassungsrechtlicher Vorgaben und arbeitsmarktpolitischer Erfordernisse. Veröffentlicht in: Gedächtnisschrift für Meinhard Heinze, München 2005, S. 105 (zitiert: *Buchner* in GS Heinze).

Buchner, Herbert: Betriebsverfassungs-Novelle auf dem Prüfstand, NZA 2001, S. 633.

Burgi, Martin: Kommunalrecht, 3. Auflage, München 2010.

Burkiczak, Christian: Grundgesetz und Deregulierung des Tarifvertragsrechts, Berlin 2006 (zitiert: *Burkiczak* Deregulierung des Tarifvertragsrechts).

Clodius, Anke: Die Bedeutung der Grundrechte im Betriebsverfassungsgesetz unter besonderer Berücksichtigung der Rechtsprechung des Bundesverfassungsgerichts, Göttingen 2004 (zitiert: *Clodius*, Grundrechte im Betriebsverfassungsgesetz).

Däubler, Wolfgang: Die fragmentarische Betriebsverfassung. Veröffentlicht in: Festschrift für Peter Kreutz zum 70. Geburtstag. Köln 2010, S. 69 (zitiert: *Däubler* in FS Kreutz).

Däubler, Wolfgang: Die veränderte Betriebsverfassung – Erste Anwendungsprobleme, AuR 2001, S. 285.

Däubler, Wolfgang: Privatautonome Betriebsverfassung?, Veröffentlicht in: Arbeitsrecht im sozialen Dialog. Festschrift für Helmut Wißmann zum 65. Geburtstag. München 2005, S. 275 (zitiert: *Däubler* in FS Wißmann).

Däubler, Wolfgang/ Kittner, Michael/ Klebe, Thomas/ Wedde, Peter (Hrsg.): Betriebsverfassungsgesetz mit Wahlordnung und EBR-Gesetz, 13. Auflage, Frankfurt 2012 (zitiert: *Bearbeiter* in DKKW BetrVG).

Däubler, Wolfgang: Grundstrukturen der Betriebsverfassung – Eine kurze rechtsdogmatische Betrachtung, AuR 1982, S. 6.

Däubler, Wolfgang: Die Vereinbarung zur Errichtung eines Europäischen Betriebsrats. Veröffentlicht in: Tarifautonomie für ein neues Jahrhundert. Festschrift für Günter Schaub zum 65. Geburtstag. München 1998, S. 95 (zitiert: *Däubler* in FS Schaub).

Däubler, Wolfgang: Eine bessere Betriebsverfassung?, AuR 2001, S. 1.

Däubler, Wolfgang: Das Grundrecht auf Mitbestimmung und seine Realisierung durch tarifvertragliche Begründung von Beteiligungsrechten, 4. Auflage, Frankfurt 1976 (zitiert: *Däubler* Grundrecht auf Mitbestimmung).

Däubler, Wolfgang (Hrsg.): Tarifvertragsgesetz mit Arbeitnehmer-Entsendegesetz, 2. Auflage, Baden-Baden 2006 (zitiert: *Bearbeiter* in Däubler TVG).

Demirovic, Alex: Mitbestimmung und die Perspektiven der Wirtschaftsdemokratie, WSI-Mitteilungen 2008, S. 387.

Di Fabio, Udo: Neue verfassungsrechtliche Aspekte der Mitbestimmung? Veröffentlicht in: Bitburger Gespräche, Jahrbuch 2006/I, München 2006, S. 163 (zitiert: *Di Fabio* in Bitburger Gespräche 2006).

Dieckhoff, Ludwig: Druckkündigungen auf Drängen von Belegschaftsmitgliedern, DB 1963, S. 1574f.

Dieterich, Thomas/ Hanau, Peter/ Henssler, Martin/ Oetker, Hartmut/ Wank, Rolf, Wiedemann, Herbert: Empfehlungen zur Entwicklung des Tarifvertragsrechts, RdA 2004, S. 65 (zitiert: *Arbeitsgruppe Tarifvertragsrecht* RdA 2004).

Dieterich, Thomas: Flexibilisiertes Tarifrecht und Grundgesetz, RdA 2002, S. 1.

Dieterich, Thomas: Unternehmerfreiheit und Arbeitsrecht im Sozialstaat, AuR 2007, S. 65.

Dieterich, Thomas Die Grundrechtsbindung von Tarifverträgen. Veröffentlicht in: Tarifautonomie für ein neues Jahrhundert. Festschrift für Günter Schaub zum 65. Geburtstag. München 1998, S. 117 (zitiert: *Dieterich* in FS Schaub).

Donner, Sven: Kollektivrechtliche Vereinbarungslösungen im Bereich der Arbeitnehmerbeteiligung, Hamburg 2009 (zitiert: *Donner* Vereinbarungslösungen).

Dreier, Horst: Das Demokratieprinzip des GG, Jura 1997, S. 249.

Dreier, Horst (Hrsg.): Grundgesetz Kommentar, 2. Auflage, Tübingen 2006 (zitiert: *Bearbeiter* in Dreier GG).

Drohsel, Franziska: Vereinbarkeit gesetzlicher Öffnungsklauseln mit der Koalitionsfreiheit aus Art. 9 Abs. 3 GG, Berlin 2010 (zitiert: *Drohsel* Gesetzliche Öffnungsklauseln).

Dustmann, Ulrike: Die Regelung von Bürgerbegehren und Bürgerentscheid in den Kommunalverfassungen der Flächenstaaten in der Bundesrepublik Deutschland, Frankfurt 2000 (zitiert: *Dustmann* Bürgerbegehren und Bürgerentscheid in den Kommunalverfassungen).

Dütz, Wilhelm: Der Grundrechtsschutz von Betriebsräten und Personalvertretungen, Stuttgart 1986 (zitiert: *Dütz* Grundrechtsschutz von Betriebsräten).

Dütz, Wilhelm: Abschaffung des Minderheitenschutzes durch das BetrVerf-ReformG 2001, DB 2001, S. 1306.

Düwell, Franz Josef/ Lipke, Gert-Albert (Hrsg.): ArbGG Arbeitsgerichtsgesetz, 2. Auflage, Frankfurt 2005 (zitiert: *Bearbeiter* in Düwell/Lipke).

Düwell, Franz Josef: Betriebsverfassungsgesetz, 3. Auflage, Baden-Baden 2010 (zitiert: *Bearbeiter* in Düwell BetrVG).

Edenfeld, Stefan: Arbeitnehmerbeteiligung im Betriebsverfassungs- und Personalvertretungsrecht, Köln 2000 (zitiert: *Edenfeld* Arbeitnehmerbeteiligung).

Ehmann, Horst: Zur Rechtsverbindlichkeit von Betriebsvereinbarungen über den Fortbestand des Betriebes. Veröffentlicht in: Arbeitsrecht in der Bewährung – Festschrift für Otto Rudolf Kissel zum 65. Geburtstag. München 1994, S. 175 (zitiert: *Ehmann* in FS Kissel).

Ehmann, Horst: Zur Rechtsverbindlichkeit von Betriebsvereinbarungen über den Fortbestand eines Betriebes. Veröffentlicht in: Arbeitsrecht in der Bewährung – Festschrift für Otto Rudolf Kissel zum 65. Geburtstag. München 1994 (zitiert: *Ehmann* in FS Kissel).

Eich, Rolf-Achim: Rechtsmissbräuchliche Nutzung von Mitbestimmungsrechten durch den Betriebsrat (Koppelungsgeschäfte), ZfA 1988, S. 93.

Ellenbeck, Frank: Die Grundrechtsfähigkeit des Betriebsrats, Berlin 1996 (zitiert: *Ellenbeck*, Grundrechtsfähigkeit des Betriebsrats).

Ellguth, Peter: Betriebliche und überbetriebliche Interessenvertretung – Ergebnisse aus dem IAB-Betriebspanel 2005, WSI-Mitteilungen 2007, S. 155.

Engels, Gerd: Der neue § 28a BetrVG – Betriebsverfassungsrechtlicher Sündenfall oder Chance? Veröffentlicht in: Arbeitsrecht im sozialen Dialog. Festschrift für Helmut Wißmann zum 65. Geburtstag. München 2005, S. 302 (zitiert: *Engels* in FS Wißmann).

Engels, Gerd: Betriebsverfassungsrechtliche Einordnung von Ein-Euro-Jobbern, NZA 2007, S. 8.

Engels, Gerd/ Trebinger, Yvonne/ Löhr-Steinhaus, Wilfried: Regierungsentwurf eines Gesetzes zur Reform des Betriebsverfassungsgesetzes, DB 2001, S. 532.

Fabricius, Fritz/ Matthes, Hans-Christoph: Gemeinschaftskommentar zum Mitbestimmungsgesetz, Neuwied, Loseblattsammlung (zitiert: *Bearbeiter* in GK-MitbestG).

Fahrig, Stephan: Die Einführung eines Verhaltenskodexes und das Whistleblowing, Baden-Baden 2009 (zitiert: *Fahrig* Verhaltenskodex).

Federlin, Gerd: Verhandlungen über einen Interessenausgleich und den Abschluss eines Sozialplans, ZfA 1988, S. 99.

Fischer, Ulrich: Korruptionsbekämpfung in der Betriebsverfassung, BB 2007, S. 997.

Fischer, Ulrich: Das Ehrenamtsprinzip der Betriebsverfassung „post Hartzem“ – antiquiert oder Systemerfordernis? NZA 2007, S. 484.

Fischinger, Philipp S.: Arbeitskämpfe bei Standortverlagerung und –schließung, Berlin 2006.

Fitting, Karl/ Engels, Gerd/ Schmidt, Ingrid/ Trebinger, Yvonne/ Linsenmaier, Wolfgang: Betriebsverfassungsgesetz, 26. Auflage, München 2012 (zitiert: *Fitting* BetrVG).

Flatow, Georg/ Kahn-Freund, Otto: Betriebsrätegesetz v. 4. Februar 1920, 13. Auflage, Berlin 1931 (zitiert: *Flatow/Kahn-Freund* BRG 1920).

Franzen, Martin: Professionalisierung der Betriebsratsarbeit – Abschied vom Ehrenamt? Veröffentlicht in: *Rieble, Volker / Junker, Abbo* (Hrsg.): Unternehmensführung und betriebliche Mitbestimmung, München 2008, S. 48 (zitiert: *Franzen* in Unternehmensführung und betriebliche Mitbestimmung).

Franzen, Martin: Zwingende Wirkung der Betriebsverfassung, NZA 2008, S. 250.

Franzen, Martin: Die Freiheit der Arbeitnehmer zur Selbstbestimmung nach dem neuen BetrVG, ZfA 2001, S. 423.

Franzen, Martin: Tarifrechtssystem und Gewerkschaftswettbewerb – Überlegungen zur Flexibilisierung des Flächentarifvertrags, RdA 2001, S. 1.

Franzen, Martin: Betriebsratskosten und Umlageverbot. Veröffentlicht in: Gegen den Strich. Festschrift für Klaus Adomeit, Köln 2008, S. 173 (zitiert: *Franzen* in FS Adomeit).

Franzen, Martin: Betriebsvereinbarung - Alternative zu Tarifvertrag und Arbeitsvertrag?, NZA 2006, Beilage 3/2006, S. 107.

Friese, Birgit: Tarifverträge nach § 3 BetrVG im System des geltenden Tarif- und Arbeitskampfrechts, ZfA 2003, S. 237.

Friese, Birgit: Die Bildung von Spartenbetriebsräten nach § 3 Abs. 1 Nr. 2 BetrVG, RdA 2003, S. 92.

Friese, Birgit: Kollektive Koalitionsfreiheit und Betriebsverfassung, Berlin 2000 (zitiert: *Friese*, Kollektive Koalitionsfreiheit).

Frotscher, Werner/ Knecht, Ingo: Die vorzeitige Abberufung kommunaler Beigeordneter – Kritische Anmerkungen zu einem hessischen Sonderweg, DÖV 2003, S. 620.

Fuhlrott, Michael : Auswahlrichtlinien und Punkteschemata bei betriebsbedingten Kündigungen, ArbR Aktuell 2012, S. 108ff.

Galperin, Hans: Die Organstellung des Betriebsrats, RdA 1959, S. 321.

Galperin, Hans: Eine neue Betriebsverfassung?, BB 1971, S. 137.

Gamillscheg, Franz: 100 Jahre Betriebsverfassung, AuR 1991, S. 272.

Gamillscheg, Franz: Tarifverträge über die Organisation der Betriebsverfassung. Veröffentlicht in: Festschrift für Karl Molitor zum 60. Geburtstag, München 1988, S. 133 (zitiert: *Gamillscheg* in FS Molitor).

Gamillscheg, Franz: Die Grundrechte im Arbeitsrecht, Berlin 1989 (zitiert: *Gamillscheg* Grundrechte im Arbeitsrecht).

Gamillscheg, Franz: Die Solidarität als Rechtsbegriff. Veröffentlicht in: Festschrift für Erich Fechner zum 70. Geburtstag, Tübingen 1973 (zitiert: *Gamillscheg* in FS Fechner).

Gast, Wolfgang: Die Vollendung des Arbeitsrechts, BB 1992, S. 1634.

Gaul, Björn: Neue Felder des Arbeitskampfs: Streikmaßnahmen zur Erzwingung eines Tarifsozialplans, RdA 2008, S. 13.

Gaul, Björn/ Mückl, Patrick: Vereinbarte Betriebsverfassung – Was ist möglich, was sinnvoll?, NZA 2011, S. 657.

Geis, Max-Emanuel: Kommunalrecht, 2. Auflage, München 2011.

Gester, Heinz: Zur Rechtsnatur des Betriebsrats, RdA 1960, S. 406.

Giesen, Richard: Tarifvertragliche Rechtsgestaltung für den Betrieb, Tübingen 2002 (zitiert: *Giesen* Tarifvertragliche Rechtsgestaltung).

Giesen, Richard: Betriebsersetzung durch Tarifvertrag?, BB 2002, S. 1480.

Giesen, Richard: Die Sozialauswahl bei betriebsbedingter Kündigung nach neuem Recht, ZfA 1997, S. 145.

Gistel, Cornelia: Gewillkürte Betriebsverfassungsstruktur und Umstrukturierung, Baden-Baden 2006 (zitiert: *Gistel* Gewillkürte Betriebsverfassungsstruktur).

Goette, Wulf/ Habersack, Mathias: Münchener Kommentar zum Aktiengesetz, Band 2, 3. Auflage München 2008 (zitiert: *Bearbeiter* in MüKo AktG).

Grobys, Marcel: SE-Betriebsrat und Mitbestimmung in der Europäischen Gesellschaft, NZA 2005, S. 84.

Häberle, Peter: Das Mehrheitsprinzip als Strukturelement der freiheitlich-demokratischen Grundordnung, JZ 1977, S. 241.

Hanau, Hans: Individualautonomie und Mitbestimmung in sozialen Angelegenheiten, Köln 1994 (zitiert: *Hanau* Individualautonomie).

Hanau, Peter: Zur Neuregelung der leitenden Angestellten und des Minderheitenschutzes in der Betriebsverfassung, AuR 1988, S. 261.

Hanau, Peter: Denkschrift zu dem Regierungsentwurf eines Gesetzes zur Reform des Betriebsverfassungsgesetzes, RdA 2001, S. 65.

Hanau, Peter: Unklarheiten in dem Regierungsentwurf des Betriebsverfassungsgesetzes, BB 1971, S. 485.

Hanau, Peter: Die Deregulierung von Tarifverträgen als Problem der Koalitionsfreiheit (Art. 9 Abs. 3 GG), RdA 1993, S. 1.

Hänlein, Andreas: Die Legitimation betrieblicher Rechtsetzung, RdA 2003, S. 26.

Hauser, Ditz-Axel/ Hertwig, Markus/ Pries, Ludger: Andere Vertretungsorgane als Herausforderung für Betriebsräte?, WSI-Mitteilungen 2009, S. 70.

Hauser, Ditz-Axel/ Hertwig, Markus/ Pries, Ludger: Betriebsräte und „Andere Vertretungsorgane“. Verbreitung und Kontext betrieblicher Beschäftigtenvertretungen in der deutschen Privatwirtschaft, Industrielle Beziehungen 2006, S. 357.

Hayden, Ralf-Peter: Beteiligungsorientierte Betriebsratsarbeit, AiB 2010, S. 287.

Heinrich, Bernd: Der Amtsträgerbegriff im Strafrecht, Berlin 2001 (zitiert: *Heinrich* Amtsträgerbegriff).

Heinsius, Ines: Bitte recht freundlich!, dbr 2009, S. 20.

Heinze, Meinhard: Inhalt und Grenzen betriebsverfassungsrechtlicher Rechte, ZfA 1988, S. 53.

Heise, Dietmar/ Lembke, Mark/ Von Steinau-Steinrück, Robert: Betriebsverfassungsgesetz, Freiburg 2008 (zitiert: *Bearbeiter* in Heise/Lembke/v. Steinau-Steinrück BetrVG).

Heise, Dietmar: Günstigkeitsprinzip und betriebliche Bündnisse für Arbeit. Veröffentlicht in: 50 Jahre Bundesarbeitsgericht, München 2004, S. 657 (zitiert: *Heise* in FS 50 Jahre BAG).

Heither, Friedrich: Tarifvertragliche Gestaltung der Betriebsverfassung. Veröffentlicht in: Tarifautonomie für ein neues Jahrhundert. Festschrift für Günter Schaub zum 65. Geburtstag. München 1998, S. 295 (zitiert: *Heither* in FS Schaub).

Heldmann, Sebastian: Betrugs- und Korruptionsbekämpfung zur Herstellung von Compliance, DB 2010, S. 1235.

Hensche, Detlef: Tarifvertrag und Unternehmenspolitik, AuR 2004, S. 443.

Henssler, Martin: Der „Arbeitgeber in der Zange" – Rechtsfragen der Firmentarifsozialpläne. Veröffentlicht in: Festschrift für Reinhard Richardi zum 70. Geburtstag. München 2007, S. 553 (zitiert: *Henssler* in FS Richardi).

Hesse, Konrad: Grundzüge des Verfassungsrechts, 20. Auflage, Heidelberg 1999 (zitiert: *Hesse* Grundzüge des Verfassungsrechts).

Hettlage, Manfred C.: Keine Arbeitskämpfe gegen den Willen der Mehrheit!, BB 2004, S. 714.

Hettlage, Manfred C. : Demokratisierung des Streikrechts, ZRP 2003, S. 366.

Hettlage, Manfred C.: Sind Streiks ohne Urabstimmung „wilde Streiks"?, NJW 2004, S. 3299.

Hinrichs, Lars/ Plitt, Daniel: Die Wahl der Mitglieder des besonderen Verhandlungsgremiums in betriebsratslosen Gesellschaften bei SE-Gründung/ grenzüberschreitender Verschmelzung, NZA 2010, S. 204.

Hoechel, Thomas: Das Wahlmännermodell im Mitbestimmungsgesetz 1976, Frankfurt 1983.

Höfling, Wolfram/ Burkiczak, ,Christian: Das Günstigkeitsprinzip – ein grundrechtsdogmatischer Zwischenruf, NJW 2005, S. 469.

Hohenstatt, Klaus Stefan/ Dzida, Boris: Die „maßgeschneiderte“ Betriebsverfassung , DB 2001, S. 2498.

Hohenstatt, Klaus-Stefan/ Kröpelin, Andrea/ Bertke, Anne-Kathrin: Die Novellierung des Gesetzes über Europäische Betriebsräte (EBRG): Handlungsbedarf bei freiwilligen Vereinbarungen? NZA 2011, S. 1313ff.

Hohmann-Dennhardt, Christine: Entscheidungsstrukturen im Unternehmen und Arbeitnehmerinteressen, Baden-Baden 1980 (zitiert: *Hohmann-Dennhardt* Entscheidungsstrukturen).

Hommelhoff, Peter/ Hopt, Klaus J./ Werder, Axel (Hrsg.): Handbuch Corporate Governance, 2. Auflage, Köln 2009 (zitiert: *Bearbeiter* in Hommelhoff/Hopt/v.Werder Corporate Governance).

Hoops, Antje: Die Mitbestimmungsvereinbarung in der Europäischen Aktiengesellschaft (SE), Kenzingen 2009 (zitiert: *Hoops*, Mitbestimmungsvereinbarung).

Hoyningen-Huene, Gerrick von/ Meier-Krenz, Ulrich: Flexibilisierung des Arbeitsrechts durch Verlagerung tariflicher Regelungskompetenzen auf die Betriebe, ZfA 1988, S. 293.

Hoyningen-Huene, Gerrick von: Betriebsverfassungsrecht, 6. Auflage, München 2007 (zitiert: *v. Hoyningen-Huene* Betriebsverfassungsrecht).

Hoyningen-Huene, Gerrick von: Die Billigkeit im Arbeitsrecht, München 1978 (zitiert: *v. Hoyningen-Huene* Billigkeit im Arbeitsrecht).

Hoyningen-Huene, Gerrick von: Der Arbeitgeber zwischen Unternehmerfreiheit, Flexibilität und Arbeitnehmerschutz. Veröffentlicht in: Festschrift für Rolf Birk zum 70. Geburtstag, Tübingen 2008, S. 217 (zitiert: *v. Hoyningen-Huene* in FS Birk).

Hoyningen-Huene, Gerrick von: Grundfragen der Betriebsverfassung: Mitbestimmung – Betriebsrat – Betrieb – Betriebszugehörigkeit. Veröffentlicht in: Arbeitsgesetzgebung und Arbeitsrechtsprechung. Festschrift zum 70. Geburtstag von Eugen Stahlhacke, Neuwied 1995, S 173 (zitiert: *v. Hoyningen-Huene* in FS Stahlhacke).

Hoyningen-Huene, Gerrick von: Das Betriebsverhältnis, NZA 1989, S. 121.

Hoyningen-Huene, Gerrick von: Der Schutz des Individualwillens in der Betriebsverfassung, ZRP 1978, S. 181.

Hromadka, Wolfgang : Unternehmerische Freiheit – ein Problem der betriebsbedingten Kündigung?, ZfA 2002, S. 383.

Hromadka, Wolfgang: Bündnisse für Arbeit – Angriff auf die Tarifautonomie?, DB 2003, S. 42.

Hromadka, Wolfgang: Gesetzliche Öffnungsklauseln – unzulässige Einschränkung der Koalitionsfreiheit oder Funktionsbedingung der Berufsfreiheit?, NJW 2003, S. 1273

Hromadka, Wolfgang: Mehr Flexibilität für die Betriebe – Ein Gesetzesvorschlag, NZA 1996, S. 1233.

Hromadka, Wolfgang/ Sieg, Rainer: Kommentar zum Sprecherausschussgesetz, 2. Auflage, Köln 2010 (zitiert: *Hromadka/Sieg* SprAuG).

Hromadka, Wolfgang: 20 Jahre Sprecherausschusswahlen, ZfA 2010, S. 711.

Hueck, Alfred/ Nipperdey, Hans Carl: Lehrbuch des Arbeitsrechts, Zweiter Band: Kollektives Arbeitsrecht, 7. Auflage, Berlin und Frankfurt 1967 (zitiert: *Hueck/Nipperdey* Lehrbuch des Arbeitsrechts).

Hueck, Goetz: Die Betriebsvereinbarung. Wesen – Inhalt – Wirkung, Münster 1952 (zitiert: *Hueck* Die Betriebsvereinbarung).

Hüffer, Uwe: Aktiengesetz, 9. Auflage, München 2010 (zitiert: *Hüffer* AktG).

Isensee, Josef: Wirtschaftsdemokratie – Wirtschaftsgrundrechte – soziale Gewaltenteilung, Der Staat 1978, S. 161.

Isensee, Josef/ Kirchhof, Paul: Handbuch des Staatsrechts der Bundesrepublik Deutschland.
Band II Verfassungsstaat, 3. Auflage, Heidelberg 2004.
Band III Demokratie – Bundesorgane, 3. Auflage, Heidelberg 2005.
Band IV Aufgaben des Staates, 3. Auflage, Heidelberg 2006.
Band V Rechtsquellen, Organisation, Finanzen, 3. Auflage, Heidelberg 2007
Band VIII Grundrechte: Wirtschaft, Verfahren, Gleichheit, 3. Auflage, Heidelberg 2010. (zitiert: *Bearbeiter* in HdB StR)

Jacobi, Erwin: Grundlehren des Arbeitsrechts, Leipzig 1927 (zitiert: *Jacobi*, Grundlehren).

Jacobs, Kay-Uwe: Die Wahlvorstände für die Wahl des Betriebsrats, des Sprecherausschusses und des Aufsichtsrats, Kiel 1995 (zitiert: *Jacobs* Wahlvorstände).

Jacobs, Matthias/ Krause, Rüdiger/ Oetker, Hartmut: Tarifvertragsrecht, München 2007 (zitiert: *Bearbeiter* in JKO Tarifvertragsrecht).

Jahnke, Volker: Tarifautonomie und Mitbestimmung, München 1984.

Jannott, Dirk/ Frodermann, Jürgen (Hrsg.): Handbuch der Europäischen Aktiengesellschaft – Societas Europaea, Heidelberg 2005 (zitiert: *Bearbeiter* in HdB SE).

Jansen, Jan-Philip: Elektronische Kommunikation bei Betriebsratswahlen, DB 2006, S. 334.

Janson, Gunnar: Ökonomische Theorie im Recht, Berlin 2004 (zitiert: *Janson* Ökonomische Theorie).

Jarass, Hans D./ Pieroth, Bodo: Grundgesetz für die Bundesrepublik Deutschland, 11. Auflage, München 2011 (zitiert: *Jarass/Pieroth* GG).

Jawad, Alexander: Die rechtliche Stellung und die Rechtsfähigkeit des Betriebsrats, Aachen 2004 (zitiert: *Jawad* Rechtsfähigkeit des Betriebsrats).

Jirjahn, Uwe: Ökonomische Wirkungen des novellierten Betriebsverfassungsgesetzes – Was können wir vor dem Hintergrund zunehmender Globalisierung und veränderter arbeitsorganisatorischer Bedingungen erwarten?, ZAF 2005, S. 241.

Joussen, Jacob: Der Verzicht des Betriebsrats auf seine Mitbestimmungsrechte, RdA 2005, S. 31.

Junker, Abbo: Mitbestimmung des Betriebsrats bei Werkswohnungen – Status Quo und Gestaltungsoptionen. Veröffentlicht in: Festschrift für Peter Kreutz zum 70. Geburtstag, Köln 2010, S. 173 (zitiert: *Junker* in FS Kreutz).

Junker, Abbo: Individualwille, Kollektivgewalt und Staatsintervention im Arbeitsrecht, NZA 1997, 1305ff.

Junker, Abbo: „Bis ich mit dem Betriebsrat klar bin, hat die ausländische Konkurrenz längst geliefert“, BB 2004, S. 1.

Junker, Abbo: Der „Europäische Betriebsrat“ in rechtsvergleichender Perspektive, JZ 1992, S. 1100.

Junker, Abbo: Der Kündigungsschutz leitender Angestellter in rechtsvergleichender Perspektive. Veröffentlicht in: Festschrift für Rolf Birk zum 70. Geburtstag, München 2008, S. 265 (zitiert: *Junker* in FS Birk).

Junker, Abbo: Der Flächentarifvertrag im Spannungsverhältnis von Tarifautonomie und betrieblicher Regelung, ZfA 1996, S. 383.

Junker, Abbo: Grundkurs Arbeitsrecht, 10. Auflage, München 2011.

Kaiser, Dagmar: „Korrekt in weißen Socken" – § 87 Abs. 1 Nr. 1 BetrVG. Veröffentlicht in: Festschrift für Peter Kreutz zum 70. Geburtstag. Köln 2010, S. 183 (zitiert: *Kaiser* in FS Kreutz).

Kaiser, Dagmar: Standortsicherungs- und Tarifsozialpläne zwischen Tarif- und Betriebsverfassungsrecht. Veröffentlicht in: Festschrift für Herbert Buchner zum 70. Geburtstag. München 2009, S. 385 (zitiert: *Kaiser* in FS Buchner).

Kamphausen, Heinz: Neues zum Gruppen- und Minderheitenschutz, NZA 1991, S. 880.

Kappes, Karl-Heinz: Heilbare Probleme? Schwierigkeiten mit dem neuen Gesetz über Sprecherausschüsse der leitenden Angestellten, DB 1989, S. 1188.

Käppler, Renate: Die Betriebsvereinbarung als Regelungsinstrument in sozialen Angelegenheiten. Veröffentlicht in: Arbeitsrecht in der Bewährung – Festschrift für Otto Rudolf Kissel zum 65. Geburtstag. München 1994, S. 475 (zitiert: *Käppler* in FS Kissel).

Karacz, Maximilian C.: Arbeitnehmerinteressenvertretung in Deutschland und Österreich – Rechtsvergleich der Vor- und Nachteile für den Arbeitgeber in der Privatwirtschaft, Göttingen 2008 (zitiert: *Karacz* Arbeitnehmerinteressenvertretung).

Karacz, Maximilian C.: Senkung der Unternehmenskosten durch Einführung eines Betriebsratsfonds in Deutschland, ZESAR 2009, S. 273.

Kaufhold, Karl Heinrich: Die Diskussion um die Neugestaltung des Arbeitsrechts im Deutschen Reich und die Novelle zur Reichsgewerbeordnung 1891, ZfA 1991, S. 277.

Keller, Bernd/ Werner, Frank: Arbeitnehmerbeteiligung in der Europäischen Aktiengesellschaft (SE) – Eine empirische Analyse der ersten Fälle, WSI-Mitteilungen 2007, S. 604.

Kempen, Otto Ernst/ Zachert, Ulrich: Tarifvertragsgesetz, 4. Auflage, Frankfurt 2006 (zitiert: *Kempen/Zachert* TVG).

Kempen, Otto Ernst: Das grundrechtliche Fundament der Betriebsverfassung, AuR 1986, S. 129.

Kirchner, Christian: Grundstruktur eines neuen institutionellen Designs für die Arbeitnehmermitbestimmung auf der Unternehmensebene AG 2004, S. 197.

Kisker, Gunther: Ein Grundrecht auf Teilhabe an Herrschaft? Zur verfassungsrechtlichen Fundierung von Mitbestimmung. Veröffentlicht in: Verantwortlichkeit und Freiheit - Festschrift für Willi Geiger zum 80. Geburtstag. Tübingen 1989, S. 243 (zitiert: *Kisker* in FS Geiger).

Kisker, Olaf: Unternehmerische Mitbestimmung in der Europäischen Gesellschaft, der Europäischen Genossenschaft und bei grenzüberschreitender Verschmelzung im Vergleich, RdA 2006, S. 206 (zitiert: *Kisker* RdA 2006).

Kissel, Otto Rudolf: Gedanken zur Vertragsfreiheit. Veröffentlicht in: Europas universale rechtsordnungspolitische Aufgabe im Recht des dritten Jahrtausends. Festschrift für Alfred Söllner, München 2000, S. 143 (zitiert: *Kissel* in FS Söllner).

Klebe, Thomas/ Andrej Wroblewski: Verbotene Liebe? Individuelle und kollektive Freiheit im Arbeitsrecht. Baden-Baden 2010. Veröffentlicht in: Gedächtnisschrift für Ulrich Zachert, S. 313 (zitiert: *Klebe/Wroblewski* in GS Zachert).

Klein, Jens: Die Stellung der Minderheitsgewerkschaften in der Betriebsverfassung. Berlin 2007 (zitiert: *Klein* Minderheitsgewerkschaften).

Kleinschmidt, Jens: Der Verzicht im Schuldrecht, Tübingen 2004 (zitiert: *Kleinschmidt* Verzicht).

Klosterkemper, Heinrich: Über die Mitbestimmung und die Über-Mitbestimmung. Veröffentlicht in: Arbeitsrecht im sozialen Dialog. Festschrift für Helmut Wißmann zum 65. Geburtstag. München 2005, S. 456 (zitiert: *Klosterkemper* in FS Wißmann).

Köbler, Gerhard: Juristisches Wörterbuch, 14. Auflage, München 2007.

Koch, Walter: Kündigungsschutz im unternehmerischen Alltag, ZfA 2002, S. 445.

Konzen, Horst: Die Tarifautonomie zwischen Akzeptanz und Kritik, NZA 1995, S. 913.

Konzen, Horst: Privatrechtssystem und Betriebsverfassung, ZfA 1985, S. 459.

Konzen, Horst: Der Regierungsentwurf des Betriebsverfassungsreformgesetzes, RdA 2001, S. 76.

Konzen, Horst: Der Missbrauch betrieblicher Beteiligungsrechte. Veröffentlicht in: Festschrift für Wolfgang Zöllner. Band II, Köln 1998, S. 799 (zitiert: *Konzen* in FS Zöllner).

Kort, Michael: Betriebsverfassungsrecht als Unternehmensrecht, AG 2003, S. 13.

Kort, Michael: Schranken des Anspruchs des Betriebsrats auf Information gem. § 80 BetrVG über Personaldaten der Arbeitnehmer, NZA 2010, S. 1267.

Kowalski, André: Praxisfragen bei der Umwandlung einer Aktiengesellschaft in eine Europäische Gesellschaft (SE), DB 2007, S. 2243.

Kraft, Alfons: Von der Freiheit des Betriebsrats und ihren Grenzen (Stellungnahme zum Beitrag von Wilhelm Herschel), ZfA 1984, S. 67f.

Kraft, Alfons: Betriebliche Mitbestimmung und unternehmerische Entscheidungsfreiheit in der Rechtsprechung des Bundesarbeitsgerichts. Veröffentlicht in: Beiträge zum Handels- und Wirtschaftsrecht. Festschrift für Fritz Rittner. München 1991, S. 285 (zitiert: *Kraft* in FS Rittner).

Kramer, Stefan: Rechtsfragen der Bildung und Zusammensetzung eines Sprecherausschussgesetzes, BB 1993, S. 2153.

Kramer, Stefan : Rechtsfragen des Sprecherausschussgesetzes, Frankfurt 1993 (zitiert: *Kramer* Rechtsfragen des SprAuG).

Krause, Rüdiger: Gewerkschaften und Betriebsräte zwischen Kooperation und Konfrontation, RdA 2009, S. 129.

Kraushaar, Martin: Europäische Aktiengesellschaft (SE) und Unternehmensmitbestimmung, BB 2003, S. 1614.

Kraushaar, Martin: Ist die europäische Verhandlungslösung zur Regelung der Mitbestimmung bei grenzüberschreitenden Umstrukturierungen bereits ein ausgereiftes System? Veröffentlicht in: Perspektiven der Corporate Governance – Bestimmungsfaktoren unternehmerischer Entscheidungsprozesse und Mitwirkung der Arbeitnehmer. Baden-Baden 2007 (zitiert: *Kraushaar* in Perspektiven der Corporate Governance).

Kraushaar, Martin: Die Zukunft der Mitbestimmung im Spannungsfeld privater und öffentlicher Standortpolitik, BB Beilage 2005 Nr. 11, S. 14.

Kreutz, Peter: Grenzen der Betriebsautonomie, München 1979 (zitiert: *Kreutz*, Grenzen der Betriebsautonomie).

Kreutz, Peter: Grundsätzliches zum persönlichen Geltungsbereich der Betriebsvereinbarung, ZfA 2003, S. 361.

Krummel, Christoph: Betriebsrat und betriebliche Mitbestimmung im Arbeitskampf, BB 2002, S. 1418.

Kühling, Jürgen/ Bertelsmann, Klaus: Tarifautonomie und Unternehmerfreiheit. Arbeitskampf aus Anlass von Standortentscheidungen, NZA 2005, S. 1017.

Kühne, Jörg-Detlef/ Meißner, Friedrich: Züge unmittelbarer Demokratie in der Gemeindeverfassung –Bürgerentscheid, Bürgerbegehren, Bürgerversammlung u.a., Göttingen 1977 (zitiert: *Kühne/Meißner* Züge unmittelbarer Demokratie).

Kutsch, Stefan: Schutz des Betriebsrats und seiner Mitglieder, Frankfurt 1994 (zitiert: *Kutsch* Schutz des Betriebsrats).

Lambrich, Thomas: Tarif- und Betriebsautonomie. Ein Beitrag zu den Voraussetzungen und Grenzen des Tarifvorbehalts, insbesondere dem Erfordernis der Tarifbindung des Arbeitnehmers, Berlin 1999 (zitiert: *Lambrich* Tarif- und Betriebsautonomie).

Larenz, Karl/ Wolf, Manfred: Allgemeiner Teil des Bürgerlichen Rechts, 9. Auflage, München 2004 (zitiert: *Larenz/Wolf* BGB AT).

Larenz, Karl/ Canaris, Claus-Wilhelm: Methodenlehre der Rechtswissenschaft, 3. Auflage, Heidelberg 1995 (zitiert: *Larenz/Canaris* Methodenlehre der Rechtswissenschaft).

Latzel, Clemens: Gleichheit in der Unternehmensmitbestimmung, München 2010 (zitiert: *Latzel* Gleichheit).

Lehmann, Friedrich-Wilhelm: Betriebliches Bündnis für Arbeit mit und ohne Arbeitsrecht und mit dem EuGH als gesetzlichem Richter, BB 2010, S. 2821.

Leitmeier, Lorenz : Funktionen und Unterschiede der Nachwirkung von Tarifverträgen und Betriebsvereinbarungen, Berlin 2010 (zitiert: *Leitmeier* Nachwirkung).

Lerch, Sascha/ Weinbrenner, Lars: Aktive Gestaltung der Betriebsverfassung. Wie die Mitbestimmungsrechte des Betriebsrats erweitert werden können, AiB 2012, S. 243ff.

Lesch, Hagen: Dezentralisierung der Tarifpolitik und Reform des Tarifrechts, DB 2000, S. 322.

Linde, Klaus: § 28a BetrVG – nur „Sand im Betriebe“? Eine empirische Bestandsaufnahme, AiB 2004, S. 334 (zitiert: *Linde*, AiB 2004).

Linsenmaier, Wolfgang: Normsetzung der Betriebsparteien und Individualrechte der Arbeitnehmer, RdA 2008, S. 1.

Lipinski, Wolfgang/ Ferme, Marco: Erstreikbarkeit von Tarifsozialplänen zulässig – Erste Gedanken zu Gegenmaßnahmen der Arbeitgeber, DB 2007, S. 1250.

Lobinger, Thomas: Systemdenken im Betriebsverfassungsrecht, RdA 2011, S. 76.

Loritz, Karl-Georg: Unternehmerische Mitbestimmung in deutschen Großunternehmen und Qualität der Aufsichtsarbeit, ZfA 2009, S. 477.

Loritz, Karl-Georg: Sinn und Aufgabe der Mitbestimmung heute, ZfA 1991, S. 1.

Löwisch, Manfred: Betriebsverfassung in der Wirtschaft der Gegenwart – Überlegungen zur Reform des Betriebsverfassungsrechts, DB 1999, S. 2209.

Löwisch, Manfred: Maßnahmen zur Vereinfachung und Beschleunigung im Arbeitsrecht, BB 2005, S. 2580.

Löwisch, Manfred: Monopolisierung durch Mehrheitswahl?, BB 2001, S. 726.

Löwisch, Manfred: Billigkeitskontrolle von Sozialplänen, SAE 1985, S. 324.

Löwisch, Manfred, Kaiser, Dagmar: Kommentar zum Betriebsverfassungsgesetz, 6. Auflage, Frankfurt 2010 (zitiert: *Löwisch/Kaiser* BetrVG).

Löwisch, Manfred: Kommentar zum Sprecherausschussgesetz, 2. Auflage, Heidelberg 1994 (zitiert: *Löwisch* SprAuG).

Löwisch, Manfred/ Rieble, Volker: Tarifvertragsgesetz, 2. Auflage, München 2004 (zitiert: *Löwisch/Rieble* TVG).

Löwisch, Manfred: Änderung der Betriebsverfassung durch das Betriebsverfassungs-Reformgesetz.
Teil 1: Die neuen Regelungen im organisatorischen Teil, BB 2001, S. 1734.
Teil 2: Die neuen Regelungen zur Mitwirkung und Mitbestimmung, BB 2001, S. 1790.

Löwisch, Manfred: Probleme des Interessenausgleichs, RdA 1989, S. 216.

Löwisch, Manfred: Betriebsrat wider den Willen der Belegschaft?, BB-Forum 2001, S. 664f.

Löwisch, Manfred: Schutz der Selbstbestimmung vor Fremdbestimmung – Zur verfassungsrechtlichen Ambivalenz des Arbeitnehmerschutzes, ZfA 1996, S. 293.

Löwisch, Manfred: Neuabgrenzung von Tarifvertragssystem und Betriebsverfassung, JZ 1996, S. 820.

Löwisch, Manfred: Entsendung in den Gesamtbetriebsrat und Prinzip der Verhältniswahl, BB 2002, S. 1366.

Löwisch, Manfred (Hrsg.): Galperin/Löwisch – Kommentar zum Betriebsverfassungsgesetz. Band I / II, 6. Auflage, Heidelberg 1982 (zitiert: *Galperin/Löwisch* BetrVG).

Lunk, Stefan: Die Betriebsversammlung – das Mitgliederorgan des Belegschaftsverbandes, Frankfurt 1991 (zitiert: *Lunk* Betriebsversammlung).

Manz, Gerhard/Mayer, Barbara/ Schröder, Albert: Europäische Aktiengesellschaft SE, 2. Auflage, Baden-Baden 2010 (zitiert: *Bearbeiter* in Manz/Mayer/Schröder).

Martens, Klaus-Peter: Unternehmerische Mitbestimmung mit den Mitteln des Betriebsverfassungsrechts? RdA 1989, S. 164.

Martens, Klaus-Peter: Zum Fortbestand freiwilliger Sprecherausschüsse ohne Ablösung durch einen gesetzlichen Sprecherausschuss, NZA 1989, S. 409.

Maschmann, Frank/ Schipper, Jan: Mitbestimmung im Industriepark. Veröffentlicht in: Festschrift für Herbert Buchner zum 70. Geburtstag. München 2009, S. 607 (zitiert: *Maschmann/Schipper* in FS Buchner).

Matthes, Hans-Christoph: Rechtsfragen zum Interessenausgleich. Veröffentlicht in: Entwicklung im Arbeitsrecht und Arbeitsschutzrecht. Festschrift für Otfried Wlotzke. München 1996, S. 393 (zitiert: *Matthes* in FS Wlotzke).

Maunz, Theodor/ Dürig, Günter/ Herzog, Roman/ Scholz, Rupert (Hrsg.): Grundgesetz für die Bundesrepublik Deutschland, Loseblattsammlung (Stand Januar 2011, zitiert: *Bearbeiter* in Maunz/Dürig GG).

Medicus, Dieter: Allgemeiner Teil des BGB, 10. Auflage, München 2010 (zitiert: *Medicus* BGB AT).

Mertens, Hans-Joachim : Über politische Argumente in der verfassungsrechtlichen Diskussion der paritätischen Mitbestimmung, RdA 1975, S. 89.

Meyer, Hans/ Stolleis, Michael (Hrsg.): Staats- und Verwaltungsrecht für Hessen, 4. Auflage, Baden-Baden 1996 (zitiert: *Meyer/Stolleis* Staats- und Verwaltungsrecht Hessen).

Meyer-Cording, Ulrich: Die Rechtsnormen, Tübingen 1971.

Michael Krugmann: Das Recht der Minderheiten. Legitimation und Grenzen des Minderheitenschutzes, Berlin 2004 (zitiert: *Krugmann* Recht der Minderheiten).

Molitor, Erich: Über die Rechtsnatur der Betriebsvertretungen. Veröffentlicht in: Beiträge zu Problemen des neuzeitlichen Arbeitsrechts – Festschrift für Wilhelm Herschel. Stuttgart 1955, S. 105 (zitiert: *Molitor* in FS Herschel).

Moll, Wilhelm/ Roebers, Dorothea: Pauschale Zahlungen an Betriebsräte?, NZA 2012, S. 57.

Möschel, Wernhard: Tarifvertragsreform zwischen Ökonomie und Verfassung, BB-Forum 2005, 490.

Möschel, Wernhard: Dezentrale Lohnfindung und Tarifautonomie, BB 2003, S. 1951.

Muckel, Stefan: Bürgerbegehren und Bürgerentscheid – wirksame Instrumente unmittelbarer Demokratie in den Gemeinden?, NVwZ 1997, S. 223 (zitiert: *Muckel* NVwZ 1997).

Müller, Christoph: Europäische Betriebsräte-Gesetz (EBRG), Stuttgart 1997 (zitiert: *Müller* EBRG).

Müller, Christoph J.: Die Berufsfreiheit des Arbeitgebers. Einwirkungen des Art. 12 Abs. 1 GG auf das Individual- und Kollektivarbeitsrecht, Köln 1996 (zitiert: *Müller* Berufsfreiheit des Arbeitgebers).

Müller, Marion : Gemeinsam sind wir stark – Der Betriebsrat als Team, AiB 2008, S. 281

Müller-Franken, Sebastian: Die Befugnis zu Eingriffen in die Rechtsstellung des Einzelnen durch Betriebsvereinbarungen, Berlin 1997 (zitiert: *Müller-Franken* Eingriffe durch Betriebsvereinbarungen).

Müller-Glöge, Rudi/ Preis, Ulrich/ Schmidt, Ingrid: Erfurter Kommentar zum Arbeitsrecht, 10. Auflage, München 2010 (zitiert: ErfK/*Bearbeiter*).

Müller-Jentsch, Walther: Strukturwandel der industriellen Beziehungen. „Industrial Citizenship“ zwischen Markt und Regulierung, Wiesbaden 2007 (zitiert: *Müller-Jentsch* Strukturwandel).

Münch, Ingo von/ Kunig, Philip: Grundgesetz-Kommentar, 5. Auflage, München 2000 (zitiert: *Bearbeiter* in v. Münch/Kunig GG).

Naphtali, Fritz: Wirtschaftsdemokratie: ihr Wesen, Weg und Ziel, 4. Auflage, Köln 1977 (zitiert: *Naphtali* Wirtschaftsdemokratie).

Natzel, Ivo: Die Delegation von Aufgaben an Arbeitsgruppen nach dem neuen § 28a BetrVG, DB 2001, S. 1362.

Nebel, Andreas: Die Normen des Betriebsverbandes am Beispiel der ablösenden Betriebsvereinbarung, Heidelberg 1989 (zitiert: *Nebel* Normen des Betriebsverbandes).

Neef, Klaus: Wer schützt vor dem Betriebsrat?, NZA 2001, S. 361 (zitiert: *Neef* NZA 2001).

Nell-Breuning, Oswald von: Freiheit und Bindung im kollektiven Arbeitsrecht, Schriften der Gesellschaft für Sozialen Fortschritt e.V., Band 6, Bonn 1957 (zitiert: *v. Nell-Breuning* Freiheit und Bindung).

Nell-Breuning, Oswald von: Wirtschaft und Gesellschaft heute, Band II: Zeitfragen, Freiburg 1957 (zitiert: *v. Nell-Breuning*, Zeitfragen).

Nell-Breuning, Oswald von: Weisungsbefugnis und Mitbestimmung in der Unternehmensverfassung. Veröffentlicht in: *Troebst, Christian* (Hrsg.): Mitbestimmung und Selbstbestimmung. Experten bieten Lösungen an, Stuttgart 1970, S. 59 (zitiert: *v. Nell-Breuning*, Weisungsbefugnis und Mitbestimmung).

Nell-Breuning, Oswald von: Streit um Mitbestimmung, Frankfurt 1968.

Neumann-Duesberg, Horst : Betriebsverfassungsrecht, Berlin 1960 (zitiert: *Neumann-Duesberg* Betriebsverfassungsrecht).

Neumayr, Matthias/ Reissner, Gert-Peter: Zeller Kommentar zum Arbeitsrecht, Wien 2006 (zitiert: *Bearbeiter* in Zeller Arbeitsrecht).

Niedenhoff, Horst-Udo: Betriebsratswahlen – eine Analyse der Betriebsratswahlen von 1975-2006, Köln 2007 (zitiert: *Niedenhoff* Betriebsratswahlen).

Niedenhoff, Horst-Udo: Die direkten Kosten der Anwendung des Betriebsverfassungsgesetzes. Ergebnisse einer Unternehmensbefragung aus den Jahren 2003/2004; Köln 2004 (zitiert: *Niedenhoff*, Kosten des Betriebsverfassungsgesetzes).

Nießen, Christoph: Fehlerhafte Betriebsratswahlen, Frankfurt 2006.

Nikisch, Arthur: Dienstpflicht und Arbeitspflicht. Veröffentlicht in: Festschrift für Hans Carl Nipperdey: Zum 60. Geburtstag, München 1955, S. 65 (zitiert: *Nikisch* in FS Nipperdey).

Nill, Volker: Selbstbestimmung in der Arbeitsgruppe? Die Regelungen zur Gruppenarbeit im Betriebsverfassungs-Reformgesetz, Tübingen 2005 (zitiert: *Nill* Selbstbestimmung).

Nipperdey, Hans Carl: Das Mitbestimmungsrecht im öffentlichen Dienst. Zwei Rechtsgutachten. Stuttgart 1952 (zitiert: *Nipperdey* Mitbestimmungsrecht im öffentlichen Dienst).

Nolte, Jakob Julius: Das freie Mandat der Gemeindevertretungsmitglieder, DVBl. 2005, S. 870.

Nörr, Knut Wolfgang: Arbeitsrecht und Verfassung, ZfA 1992, S. 361.

Oetker, Hartmut: Unternehmerische Mitbestimmung kraft Vereinbarung in der Europäischen Aktiengesellschaft (SE). Veröffentlicht in: Festschrift für Horst Konzen zum 70. Geburtstag. Tübingen 2006, S. 635 (zitiert: *Oetker* in FS Konzen).

Oetker, Hartmut: Ausgewählte Probleme zum Beschwerderecht des Beschäftigten nach §13 AGG, NZA 2008, S. 264 (zitiert: *Oetker* NZA 2008).

Ohlendorf, Bernd/ Fuhlrott, Michael: Mitbestimmungsfreie Mitarbeiterbefragungen?, ArbR Aktuell 2010, S. 623.

Ossenbühl, Fritz: Die Freiheit des Unternehmers nach dem Grundgesetz, AöR 1990, S. 1.

Otto, Björn/ Walk, Werner: Entgeltflexibilisierung als Weg aus der Krise, BB 2010, S. 373.

Palandt, Otto (Hrsg.): Bürgerliches Gesetzbuch, 70. Auflage, München 2011 (zitiert: Palandt/*Bearbeiter*).

Pauken, Thomas: Praktische Konsequenzen der Änderung des Gesetzes über Europäische Betriebsräte, ArbR Aktuell 2012, S. 108ff.

Pauli, Hanns: Das Betriebsverfassungsgesetz 2001 – Anstoß zur dezentralen Regelung der Betriebsverfassung durch Tarifvertrag?, AuR 2000, S. 411.

Peter, Gabriele: Der Freistellungsanspruch nach § 38 Abs. 1 BetrVG, AiB 2002, S. 282.

Philipp, Wolfgang: Wahlmännerverfahren oder Urwahl?, DB 1976, S. 2303.

Picker, Eduard: Tarifautonomie – Betriebsautonomie – Privatautonomie, NZA 2002, S. 761.

Picker, Eduard: Betriebsverfassung und Arbeitsverfassung, RdA 2001, S. 259.

Picker, Eduard: Das Arbeitsrecht zwischen Marktgesetz und Machtansprüchen, ZfA 2005, S. 353.

Pietzcker, Jost: Art. 12 GG – Freiheit des Berufs und Grundrecht der Arbeit, NVwZ 1984, S. 550.

Plander, Harro: Verfassungsfragen aus Anlass des Entwurfs eines schleswig-holsteinischen Mitbestimmungsgesetzes, PersR 1990, S. 345.

Plander, Harro: Der Betrieb als Verhandlungsobjekt im Betriebsverfassungs- und sonstigen Arbeitsrecht, NZA 2002, S. 483.

Potthoff, Heinz: Arbeitsrecht und das Ringen um werdendes Recht, Berlin 1928 (zitiert: *Potthoff* Arbeitsrecht).

Potthoff, Heinz: Wesen und Ziel des Arbeitsrechts, Berlin 1922.

Pouyadou, Richard : Die Abhängigkeit des Arbeitnehmers vom Betriebsrat, München 1978 (zitiert: *Pouyadou* Abhängigkeit des Arbeitnehmers).

Preis, Ulrich: Probleme der Bezugnahme auf Allgemeine Arbeitsbedingungen und Betriebsvereinbarungen, NZA 2010, S. 361.

Raab, Thomas: Die Arbeitsgruppe als neue betriebsverfassungsrechtliche Beteiligungsebene – Der neue § 28a BetrVG, NZA 2002, S. 474.

Raab, Thomas: Der kollektive Tatbestand bei der Mitbestimmung in sozialen Angelegenheiten, ZfA 2001, S. 31.

Radbruch, Gustav: Der Mensch im Recht. Ausgewählte Vorträge und Aufsätze über Grundfragen des Rechts, Göttingen 1957 (zitiert: *Radbruch*, Mensch im Recht).

Raiser, Thomas/ Veil, Rüdiger: Mitbestimmungsgesetz und Drittelbeteiligungsgesetz, 5. Auflage, Berlin 2009 (zitiert: *Raiser/Veil*).

Rehder, Britta: Konfliktträchtige Konzessionen, Mitbestimmung 2004, S. 22.

Rehder, Britta: Legitimitätsdefizite des Co-Managements. Betriebliche Bündnisse für Arbeit als Konfliktfeld zwischen Arbeitnehmern und betrieblicher Interessenvertretung, Zeitschrift für Soziologie 2006, S. 227.

Reichert, Bernhard: Vereins- und Verbandsrecht, 12. Auflage, Köln 2010 (zitiert: *Reichert* Vereinsrecht).

Reichold, Hermann: Betriebsverfassung als Sozialprivatrecht, München 1995.

Reichold, Hermann: Die reformierte Betriebsverfassung 2001, NZA 2001, S. 857.

Reitze, Serge: Der Betriebsratsbeschluss. Verfahren und Beschlussmängelrecht, Heidelberg 1998 (zitiert: *Reitze* Der Betriebsratsbeschluss).

Reitze, Serge: Die Aufgabenverteilung im Betriebsrat und ihre Grenzen ZVBR online 2011, S. 22.

Reuter, Dieter: Möglichkeiten und Grenzen einer Auflockerung des Tarifkartells, ZfA 1995, S. 1.

Reuter, Dieter: Die Lohnbestimmung im Betrieb (ohne Mitbestimmungsproblematik) - Realität, rechtliche Einordnung, rechtspraktische Konsequenzen, ZfA 1993, S. 221.

Reuter, Dieter: Betriebsverfassung und Privatautonomie, ZfA 1975, S. 84.

Richardi, Reinhard: Betriebsratsamt und Gewerkschaft, RdA 1972, S. 8.

Richardi, Reinhard: Kollektivgewalt und Individualwille bei der Gestaltung des Arbeitsverhältnisses, München 1968 (zitiert: *Richardi* Kollektivgewalt).

Richardi, Reinhard/ Wlotzke, Otfried/ Wißmann, Hellmut/ Oetker, Hartmut (Hrsg.): Münchener Handbuch zum Arbeitsrecht. Band 1 und 2, 3. Auflage, München 2009 (zitiert: *Bearbeiter* in MünchArbR).

Richardi, Reinhard: Der Gesetzentwurf zur Verstärkung der Minderheitenrechte in den Betrieben und Verwaltungen (MindRG), AuR 1986, S. 33.

Richardi, Reinhard: Die neue Betriebsverfassung, München 2001.

Richardi, Reinhard: Tarifautonomie und Betriebsautonomie als Formen wesensverschiedener Gruppenautonomie im Arbeitsrecht, DB 2000, S. 42.

Richardi, Reinhard (Hrsg.): Betriebsverfassungsgesetz mit Wahlordnung, 13. Auflage, München 2012 (zitiert: *Bearbeiter* in Richardi BetrVG).

Ricken, Oliver: Der Sozialplantarifvertrag als zulässiges Arbeitskampfziel?, ZfA 2008, S. 283.

Rieble, Volker: Arbeitsmarkt und Wettbewerb. Der Schutz von Vertrags- und Wettbewerbsfreiheit im Arbeitsrecht, Heidelberg 1996 (zitiert: *Rieble* Arbeitsmarkt und Wettbewerb).

Rieble, Volker: Selbstverantwortung im Arbeitsrecht. Veröffentlicht in: *Riesenhuber, Karl* (Hrsg.): Das Prinzip der Selbstverantwortung: Grundlagen und Bedeutung im heutigen Privatrecht, Tübingen 2011, S. 337 (zitiert: *Rieble* Selbstverantwortung).

Rieble, Volker: Die Betriebsratsvergütung, NZA 2008, S. 276.

Rieble, Volker: § 102 Abs. 6 BetrVG – eine funktionslose Vorschrift?, AuR 1993, S. 39.

Rieble, Volker/ Klebeck, Ulf: Lohnungleichheit für Leiharbeit, NZA 2003, S. 23.

Rieble, Volker/ Klebeck, Ulf: Betriebsteil (§ 4 Abs. 1 BetrVG). Veröffentlicht in: Festschrift für Reinhard Richardi zum 70. Geburtstag, München 2007, S. 693 (zitiert: *Rieble/Klebeck* in FS Richardi).

Rieble, Volker: Die tarifliche Schlichtungsstelle nach § 76 Abs. 8 BetrVG, RdA 1993, S. 140.

Rieble, Volker: Schutz vor paritätischer Unternehmensmitbestimmung, BB 2006, S. 2018.

Rieble, Volker: Die Betriebsverfassungsgesetz-Novelle 2001 in ordnungspolitischer Sicht, ZIP 2001 133.

Rieble, Volker: Unternehmensmitbestimmung vor dem Hintergrund europarechtlicher Entwicklungen, NJW 2006, S. 2214.

Rieble, Volker: Zur Teilbarkeit von Betriebsversammlungen, AuR 1995, S. 245.

Rieble, Volker: Tarifvertrag und Beschäftigung, ZfA 2004, S. 1.

Rieble, Volker: Betriebsratsbegünstigung und Betriebsausgabenbezug, BB 2009, S. 2821.

Rieble, Volker/ Schul, Asusa: Arbeitsvertragliche Bezugnahme auf Betriebsvereinbarungen, RdA 2006, S. 339.

Rieble, Volker/ Gutzeit, Martin: Betriebsvereinbarungen und Unternehmensumstrukturierung, NZA 2003, S. 233.

Rieble, Volker/ Klumpp, Steffen/ Gistel, Cornelia: Rechtsmissbrauch in der Betriebsverfassung, München 2006.

Rieble, Volker: Unternehmensführung und betriebliche Mitbestimmung, München 2007.

Rieble, Volker (Hrsg.) : Zukunft der Unternehmensmitbestimmung, München 2004.

Rittner, Fritz: Mitbestimmung der Arbeitnehmer oder der Gewerkschaften? Rechtspolitische Grundfragen. Veröffentlicht in: Festschrift für Winfried Werner zum 65. Geburtstag. Berlin 1984, S. 729 (zitiert: *Rittner* in FS Werner).

Röder, Gerhard/ Baeck, Ulrich: Interessenausgleich und Sozialplan, 4. Auflage, München 2009 (zitiert: *Röder/Baeck* Interessenausgleich und Sozialplan).

Rolf, Christian: Unternehmensübergreifende Betriebsratsstruktur nach § 3 BetrVG, Köln 2004 (zitiert: *Rolf*, Unternehmensübergreifende Betriebsratsstruktur).

Rolfs, Christian/ Clemens, Fabian: Entwicklungen und Fehlentwicklungen im Arbeitskampfrecht, NZA 2004, S. 410

Rose, Edgar: Reform des Betriebsverfassungsgesetzes – Bürokratie oder Dialog?, KritJ 2001, S. 157.

Rosset, Christoph: Rechtssubjektivität des Betriebsrats und Haftung seiner Mitglieder, Heidelberg 1985 (zitiert: *Rosset* Rechtssubjektivität des Betriebsrats).

Roth, Günter H./ Altmeppen, Holger: Gesetz betreffend die Gesellschaften mit beschränkter Haftung (GmbHG), 6. Auflage, München 2009 (zitiert: *Roth/Altmeppen* GmbHG).

Rudkowski, Lena: Die Aufklärung von Compliance-Verstößen durch „Interviews", NZA 2011, S. 612.

Rüthers, Bernd: Betriebsverfassungsrechtliches Mitbestimmungsrecht und Individualbereich. Veröffentlicht in: *Rüthers, Bernd / Boldt, Gerhard:* Zwei arbeitsrechtliche Vorträge. München 1970 (zitiert: *Rüthers*, Mitbestimmungsrecht und Individualbereich).

Sachs, Michael (Hrsg.): Grundgesetz, 5. Auflage, München 2009 (zitiert: *Bearbeiter* in Sachs GG).

Säcker, Franz-Jürgen: Gruppenautonomie und Übermachtkontrolle im Arbeitsrecht, Berlin 1972 (zitiert: *Säcker* Gruppenautonomie).

Säcker, Franz-Jürgen: Die Unternehmensmitbestimmung – eine Chance zur Verbesserung der Corporate Governance? Veröffentlicht in: Festschrift für Reinhard Richardi zum 70. Geburtstag. München 2007, S. 777. (zitiert: *Sieg* in FS Richardi).

Säcker, Franz-Jürgen: Ein neuer Anlauf zur Reform des Arbeitsrechts und der Arbeitsgerichtsbarkeit, ZfA 2006, S. 99.

Säcker, Franz-Jürgen/ Oetker, Hartmut: Alleinentscheidungsbefugnisse des Arbeitgebers in mitbestimmungspflichtigen Angelegenheiten aufgrund kollektivrechtlicher Dauerregelungen, RdA 1992, S. 16.

Säcker, Franz-Jürgen/ Oetker, Hartmut: Grundlagen und Grenzen der Tarifautonomie, München 1992. (zitiert: *Säcker/Oetker* Tarifautonomie).

Säcker, Franz-Jürgen (Hrsg.): Münchener Kommentar zum Bürgerlichen Gesetzbuch. Band 1 (§§ 1 - 240 BGB), 5. Auflage, München 2006 (zitiert: MüKo/*Bearbeiter*).

Schäfer, Claus: Die WSI-Betriebsrätebefragung 2007 – Methoden und ausgewählte Ergebnisse, WSI-Mitteilungen 2008, S. 291.

Scharff, Bettina/ Zimmermann, André: Betriebsratswahlen 2010 – Effektive Strukturen gestalten, AuA 2010, S. 568.

Schaub, Günter/ Koch, Ulrich/ Linck, Rüdiger/ Vogelsang, Hinrich: Arbeitsrechts-Handbuch, 14. Auflage, München 2011 (zitiert: *Bearbeiter* in Schaub Arbeitsrechtshandbuch).

Scherer, Julia: Vereinbarte Mitbestimmung als Frage der (Teil-) Rechtsfähigkeit des Betriebsrats, Berlin 2002 (zitiert: *Scherer* Vereinbarte Mitbestimmung).

Scheuch, Erwin K.: Der „Demokratisierungsprozess" als gesamtgesellschaftliches Phänomen. Veröffentlicht in: *Streithofen, Heinrich/ Utz, Arthur F.* (Hrsg.): Demokratie und Mitbestimmung, Stuttgart 1970 .(zitiert: *Scheuch* in Demokratie und Mitbestimmung).

Schiefer, Bernd/ Worzalla, Michael 10 Jahre novelliertes Betriebsverfassungsgesetz. Eine Bestandsaufnahme, NZA 2011, S. 1396ff.

Schleusener, Axel Aino: Die betriebsverfassungsrechtliche Abmahnung, NZA 2001, S. 640.

Schmidt, Esther: Der Verzicht auf betriebsverfassungsrechtliche Befugnisse, Frankfurt 1995 (zitiert: *Schmidt* Verzicht auf Befugnisse).

Schmidt, Thorsten Ingo: Kommunalrecht, Tübingen 2011.

Schmidt-Bleibtreu, Bruno/ Hofmann, Hans/ Hopfauf, Axel: GG Kommentar zum Grundgesetz, 12. Auflage, Köln 2011 ((zitiert: *Bearbeiter* in Schmidt-Bleibtreu/Hofmann/Hopfauf GG).

Schmiege, Thorsten: Betriebsverfassungsrechtliche Organisationsstrukturen durch Tarifvertrag. Berlin 2007 (zitiert: *Schmiege* Organisationsstrukturen)

Schneevoigt, Ihno: Die Praxis der Mitbestimmung – Wie wirkt sich die Mitbestimmung auf die Entscheidungsprozesse im Unternehmen aus?, ZfA 2005, S. 233ff.

Scholz, Rupert: Die gemeinsame Verfassungskommission von Bundestag und Bundesrat, ZG 1994, S. 1.

Scholz, Rupert: Mitbestimmung unter dem Grundgesetz, Der Staat 1974, S. 91.

Scholz, Rupert: Paritätische Mitbestimmung und Grundgesetz. Verfassungsrechtliche Fragen zur gesetzlichen Einführung der paritätischen Unternehmensmitbestimmung, Berlin 1974 (zitiert: *Scholz*, Paritätische Mitbestimmung).

Schrammel, Walter: Zur Rechtsstellung des Betriebsrats. Veröffentlicht in: Festschrift Walter Schwarz zum 65. Geburtstag, Wien 1991, S. 295 (zitiert: *Schrammel* in FS Schwarz).

Schumann, Michael/ Kuhlmann, Martin/ Sanders, Frauke/ Sperling, Hans Joachim: VW-Auto 5000: Ein neues Produktionskonzept. Die deutsche Antwort auf den Toyota-Weg?, Hamburg 2006 (zitiert: *Schumann/Kuhlmann/Sanders/Sperling* VW-Auto 5000).

Schüren, Peter: Die Legitimation der tariflichen Normsetzung. Untersuchung zur Teilhabe der tarifunterworfenen Gewerkschaftsmitglieder an der tarifpolitischen Willensbildung in Deutschland und den Vereinigten Staaten von Amerika, München 1990 (zitiert *Schüren* Legitimation).

Schuster, Doris-Maria: Die rechtliche Stellung des mehrköpfigen Betriebsrats, Hamburg 2000 (zitiert: *Schuster* Mehrköpfiger Betriebsrat).

Seelig, Marie Louise: Heinz Potthoff – Arbeitsrecht als volkswirtschaftliches und sozialpolitisches Gestaltungsinstrument. Berlin 2008 (zitiert: *Seelig* Heinz Potthoff).

Siebert, Wolfgang: Die Mitwirkung und Mitbestimmung der Arbeitnehmer nach dem Betriebsverfassungsgesetz, BB 1952, S. 832.

Siebert, Wolfgang: Kollektivnorm und Individualrecht im Arbeitsverhältnis. Veröffentlicht in: Festschrift für Hans Carl Nipperdey: Zum 60. Geburtstag. München 1955, S. 119 (zitiert: *Siebert* in FS Nipperdey).

Sieg, Rainer: Arbeitnehmer im Banne von Compliance-Programmen – zwischen Zivilcourage und Denunziantentum. Veröffentlicht in: Festschrift für Herbert Buchner zum 70. Geburtstag. München 2009, S. 859 (zitiert: *Sieg* in FS Buchner).

Sieg, Rainer: Wahlen der leitenden Angestellten, AuA 2009, S. 578.

Sieg, Rainer: Leiten ohne zu leiden – Das Sprecherausschussgesetz in der betrieblichen Praxis. Veröffentlicht in: Festschrift für Reinhard Richardi zum 70. Geburtstag, München 2007, S. 777 (zitiert: *Sieg* in FS Richardi).

Sieg, Rainer/ Siebels, Dirk: Arbeitnehmervertreter im Aufsichtsrat – Vereinfachung des Wahlverfahrens, NZA 2002, S. 697.

Sinzheimer, Hugo: Das Rätesystem. Veröffentlicht in: *Kahn-Freund, Otto* et al. (Hrsg.): Hugo Sinzheimer. Arbeitsrecht und Rechtssoziologie. Gesammelte Aufsätze und Reden, Bd. 1. Frankfurt 1976 (zitiert: *Sinzheimer* Das Rätesystem).

Soergel, Hans Theodor (Hrsg.): Bürgerliches Gesetzbuch, 13. Auflage, Stuttgart 2000 (zitiert: Soergel/*Bearbeiter*).

Spinner, Günter: Die vereinbarte Betriebsverfassung. Ein Vergleich verschiedener Vereinbarungen zur Organisation der Betriebsverfassung, Baden-Baden 2000 (zitiert: *Spinner* Vereinbarte Betriebsverfassung).

Spinner, Günter/ Wiesenecker, Philipp: Unwirksame Vereinbarungen über die Organisation der Betriebsverfassung. Veröffentlicht in: Festschrift für Manfred Löwisch, München 2007, S. 375 (zitiert: *Spinner/Wiesenecker* in FS Löwisch).

Starck, Christian (Hrsg.): Kommentar zum Grundgesetz, Bd. 2 (Art. 20-82); 6. Auflage, München 2010 (zitiert: *v. Mangoldt/Klein/Starck* GG).

Stern, Klaus: Das Staatsrecht der Bundesrepublik Deutschland.
Band I: Grundbegriffe und Grundlagen des Staatsrechts. 2. Auflage, München 1984
Band III/2 Allgemeine Lehren der Grundrechte. München 1994 (zitiert: *Stern* StaatsR).

Stettes, Oliver: Verbreitung und ökonomische Effekte von Betriebsräten und alternativen Mitbestimmungsformen in der Industrie und deren Verbundbranchen, Sozialer Fortschritt 2010, S. 199.

Stettes, Oliver: Effiziente Mitbestimmung: Eine ökonomische Analyse, Köln 2007 (zitiert: *Stettes* Effiziente Mitbestimmung).

Stöckl, Siegfried: Das rechtliche Verhältnis zwischen Betriebsrat und einzelnem Arbeitnehmer. Frankfurt 1988 (zitiert: *Stöckl* Verhältnis zwischen Betriebsrat und Arbeitnehmer).

Strasser, Rudolf/ Jabornegg, Peter: Arbeitsrecht. Band II Kollektives Arbeitsrecht (Arbeitsverfassungsrecht), 4. Auflage, Wien 2001 (zitiert: *Strasser/Jabornegg* Arbeitsrecht).

Striedl, Hermann/ Troidl, Thomas: Mehr Demokratie im Gemeinderat, BayVBl. 2008, S. 289.

Teusch, Jan L.: Die Organisation der Betriebsverfassung durch Tarifvertrag, Berlin 2007 (zitiert: *Teusch* Organisation der Betriebsverfassung).

Teusch, Jan L.: Organisationstarifverträge nach § 3 BetrVG, NZA 2007, S. 124.

Teuteberg, Hans Jürgen: Geschichte der industriellen Mitbestimmung in Deutschland, Tübingen 1961 (zitiert: *Teuteberg* Industrielle Mitbestimmung).

Thüsing, Gregor: Vom verfassungsrechtlichen Schutz des Günstigkeitsprinzips – Eine Skizze zu neueren Thesen im Lichte der Rechtsprechung des BVerfG. Veröffentlicht in: Gedächtnisschrift für Meinhard Heinze. München 2005, S. 901 (zitiert: *Thüsing* in GS Heinze).

Thüsing, Gregor: Vereinbarte Betriebsratsstrukturen, ZIP 2003, S. 693.

Tiebel, Christoph: Überwälzte Kosten der Gesetze – eine empirische Analyse der Folgekosten für den Markt, Göttingen 1986 (zitiert *Tiebel* Überwälzte Kosten).

Trappehl, Bernhard/ Lambrich, Thomas: Unterlassungsanspruch der Gewerkschaft – das Ende für betriebliche Bündnisse für Arbeit?, NJW 1999, S. 3127.

Travlos-Tsanetatos, Dimitrios: Die Regelungsbefugnis der Betriebspartner und ihre Grenzen zum Einzelarbeitsverhältnis. Berlin 1974 (zitiert: *Travlos-Tsanetatos* Regelungsbefugnis der Betriebspartner).

Triemel, Martin : Minderheitenschutz in den Organisationsvorschriften der Betriebsverfassung. Diss. Konstanz 2005 (zitiert: *Triemel*, Minderheitenschutz).

Trümner, Ralf: Betriebsübergang und Zuordnungstarifverträge, FA 2007, S. 226.

Trümner, Ralf/ Sparchholz, Karsten: § 3 BetrVG und die „Dienlichkeit“, AiB 2009, S. 98.

Ulmer, Peter/ Henssler, Martin/ Habersack, Mathias: Mitbestimmungsrecht, 2. Auflage, München 2006 (zitiert: *Bearbeiter* in Ulmer/Henssler/Habersack).

Utermark, Silke: Die Organisation der Betriebsverfassung als Verhandlungsgegenstand, Frankfurt 2005 (zitiert: *Utermark* Organisation der Betriebsverfassung).

Van Hulle, Karel/ Maul, Silja/ Drinhausen, Florian: Handbuch zur Europäischen Gesellschaft (SE), München 2007 (zitiert: *Bearbeiter* in Van Hulle/Maul/Drinhausen).

Van Straelen, Carolin: Der Rollenkonflikt des Arbeitnehmervertreters zwischen Betriebsratsmitglied und Gewerkschaftsfunktionär, Frankfurt 2012 (zitiert: *Van Straelen*, Rollenkonflikt).

Veit, Barbara: Die funktionelle Zuständigkeit des Betriebsrats, München 1998 (zitiert: *Veit* Funktionelle Zuständigkeit).

Walker, Wolf-Dietrich: Die freie Unternehmerentscheidung im Arbeitsrecht, ZfA 2004, S. 501.

Waltermann, Raimund: Rechtsetzung durch Betriebsvereinbarung zwischen Privatautonomie und Tarifautonomie. Tübingen 1996 (zitiert: *Waltermann*, Rechtssetzung durch Betriebsvereinbarung).

Wank, Rolf: Aktuelle Probleme des Arbeitskampfrechts, RdA 2009, S. 1.

Weber, Christoph: Vom Klassenkampf zur Partnerschaft, ZfA 1993, S. 517

Weiss, Manfred: Mitbestimmung auf der Unternehmens- und Betriebsebene. Verzahnung oder Kumulation? Veröffentlicht in: Bitburger Gespräche, Jahrbuch 2006/I, München 2006, S. 9 (zitiert: *Weiss* in Bitburger Gespräche 2006, S. 9).

Weiss, Susanne/ Wöhlert, Helge-Torsten: Societas Europaea – Der Siegeszug des deutschen Mitbestimmungsrechts nach Europa? NZG 2006, S. 121.

Wendeling-Schröder, Ulrike: Mitbestimmung im öffentlichen Bereich und Demokratieprinzip, AuR 1987, S. 381.

Wendeling-Schröder, Ulrike: Das Arbeitsrecht in Betrieben ohne Betriebsrat, DB 2002, S. 206.

Werder, Axel von: Überwachungseffizienz und Unternehmensmitbestimmung, AG 2004, S. 166.

Wiebauer, Bernd: Kollektiv- oder individualrechtliche Sicherung der Mitbestimmung, München 2009 (zitiert: *Wiebauer* Sicherung der Mitbestimmung).

Wiebauer, Bernd: Unterlassungsanspruch gegen politische Betätigung des Betriebsrats, BB 2010, S. 3091.

Wiedemann, Herbert: Individueller und kollektiver Günstigkeitsvergleich. Veröffentlicht in: Arbeitsrecht im sozialen Dialog. Festschrift für Helmut Wißmann zum 65. Geburtstag. München 2005, S. 185 (zitiert: *Wiedemann* in FS Wißmann).

Wiedemann, Herbert (Hrsg.): Tarifvertragsgesetz mit Durchführungs- und Nebenvorschriften. 7. Auflage, München 2007 (zitiert: *Bearbeiter* in Wiedemann TVG).

Wiese, Günther: Zum Verzicht auf Befugnisse nach dem Betriebsverfassungsgesetz, RdA 1968, S. 455.

Wiese, Günther: Das neue Vorschlagsrecht der Arbeitnehmer nach § 86a BetrVG, BB 2001, S. 2267.

Wiese, Günther: Individuum und Kollektiv im Betriebsverfassungsrecht, NZA 2006, S. 1.

Wiese, Günther: Zur Freiheit der Meinungsäußerung des Betriebsrats und seiner Mitglieder im Außenverhältnis. Veröffentlicht in: 50 Jahre Bundesarbeitsgericht, München 2004, S. 1125 (zitiert: *Wiese* in FS 50 Jahre Bundesarbeitsgericht).

Wiese, Günther/ Kreuz, Peter/ Oetker, Hartmut/ Raab, Thomas/ Weber, Christoph/ Franzen, Martin: Betriebsverfassungsgesetz Gemeinschaftskommentar, Bd. 1 und 2, 9. Auflage, Köln 2010 (zitiert: *Bearbeiter* in GK-BetrVG)

Willemsen, Heinz Josef/ Hohenstatt, Klaus-Stefan: Zur umstrittenen Bindungs- und Normwirkung des Interessenausgleichs, NZA 1997, S. 345

Willemsen, Heinz Josef/ Hohenstatt, Klaus-Stefan/ Schweibert, Ulrike/ Seibt, Christoph H.: Umstrukturierung und Übertragung von Unternehmen, 3. Auflage, München 2008 (zitiert: *Willemsen/Hohenstatt/Schweibert/Seibt* Umstrukturierung).

Windbichler, Christine: Ist das Gruppenprinzip in der Betriebsverfassung noch aktuell?, RdA 1994, S. 268.

Windbichler, Christine/ Bachmann, Gregor: Corporate Governance und Mitbestimmung als „wirtschaftsrechtlicher ordre public“. Veröffentlicht in: Festschrift für Gerold Bezzenberger zum 70. Geburtstag Berlin 2000, S. 797 (zitiert: *Windbichler/Bachmann* in FS Bezzenberger).

Wisskirchen, Gerlind/ Glaser, Julia: Unternehmensinterne Untersuchungen. Teil 1: DB 2011, S. 1392, Teil 2: DB 2011, S. 1447.

Wißmann, Helmut : „Deutsche“ Europäische Aktiengesellschaft und Mitbestimmung. Veröffentlicht in: Festschrift für Herbert Wiedemann zum 70. Geburtstag, München 2002, S. 685 (zitiert: *Wißmann* in FS Wiedemann).

Wittgruber, Frank: Die Abkehr des Arbeitsrechts von der Vertragsfreiheit am Beispiel betrieblicher Mitbestimmung bei übertariflichen Zulagen, Berlin 1999 (zitiert: *Wittgruber* Abkehr von der Vertragsfreiheit).

Wlotzke, Otfried/ Preis, Ulrich/ Kreft, Burghard: Betriebsverfassungsgesetz, 4. Auflage, München 2009 (zitiert: Bearbeiter in *Wlotzke/Preis/Kreft* BetrVG).

Wlotzke, Otfried: Die Änderungen des Betriebsverfassungsgesetzes und das Gesetz über Sprecherausschüsse der leitenden Angestellten, DB 1989, S. 173.

Wlotzke, Otfried: Die geplanten Änderungen zum Betriebsverfassungsgesetz (außer „leitende Angestellte"). Veröffentlicht in: Sozialpartnerschaft in der Bewährung. Festschrift für Karl Molitor. München 1988, S. 397 (zitiert: *Wlotzke* in FS Molitor).

Wlotzke, Otfried/ Wißmann, Hellmut/ Koberski, Wolfgang/ Kleinsorge, Georg: Mitbestimmungsrecht, 4. Auflage, München 2011 (zitiert: *Bearbeiter* in WWKK).

Wolf, Ernst: Der Begriff Arbeitsrecht. Veröffentlicht in: 25 Jahre Bundesarbeitsgericht. München 1979, S. 709 (zitiert: *Wolf* in FS 25 Jahre BAG).

Wolf, Roland: Betriebsstrukturen und Betriebsratswahlen nach der Gesetzesnovelle 2001, JArbR Bd. 40 (2003), S. 99.

Wybitul, Tim/ Böhm, Wolf-Tassilo: Beteiligung des Betriebsrats bei Ermittlungen durch Unternehmen, RdA 2011, S. 362.

Zachert, Ulrich: Tarifvertrag, Günstigkeitsprinzip und Verfassungsrecht. Zur Verfassungsmäßigkeit des Vorschlags der CDU/CSU zu Änderungen des Tarifrechts, AuR 2004, S. 121.

Zinger, Georg Hannes: Die Internationalisierung der Belegschaften multinationaler Unternehmen mit Sitz in Deutschland, Berlin 2002 (zitiert: *Zinger* Internationalisierung).

Abkürzungen im Text sind entweder aus sich heraus verständlich oder richten sich nach *Kirchner, Hildebert / Butz, Cornelie* Abkürzungsverzeichnis der Rechtssprache, 6. Auflage, Berlin 2008.

Schriften zum Arbeitsrecht und Wirtschaftsrecht

Herausgegeben von Abbo Junker

- Band 1 Christoph-N. Lerche: Der Europäische Betriebsrat und der deutsche Wirtschaftsausschuß. Eine vergleichende Analyse der betrieblichen Mitwirkung der Arbeitnehmer vor dem Hintergrund der Globalisierung der Märkte. 1997.
- Band 2 Christian Walter Mecke: Zur rechtlichen Verbindlichkeit kollektiver Vereinbarungen in England. 1997.
- Band 3 Katja Francke: Die betriebliche Mitwirkung der Arbeitnehmer in Belgien. Unter Berücksichtigung vergleichender Aspekte zum deutschen Betriebsverfassungsrecht. 1997.
- Band 4 Christian Schulze: Die Zulässigkeit einstweiliger Verfügungen gegen Betriebsänderungen. 1998.
- Band 5 Stefan Miersch: Die Rechtsfolgen mitbestimmungswidriger Maßnahmen für das Arbeitsverhältnis. Eine zivilrechtsdogmatische Untersuchung. 1998.
- Band 6 Heike Wegner: Internationaler Verbraucherschutz beim Abschluß von Timesharingverträgen: § 8 Teilzeitwohnrechtegesetz. 1998.
- Band 7 Julia Wichmann: Dienstleistungsfreiheit und grenzüberschreitende Entsendung von Arbeitnehmern. 1998.
- Band 8 Johann-Volker Peter: Société par actions simplifiée (S.A.S.). Die Vereinfachte Aktiengesellschaft in Frankreich, eine Rechtsform für die Kooperation von Unternehmen. 1999.
- Band 9 Sylvia Schnelle: Der Europäische Betriebsrat in Spanien. Zugleich eine Einführung in das spanische Recht der Arbeitnehmervertretung. 1999.
- Band 10 Viktoria Bornhagen: Die Zumutbarkeit als Rechtsgedanke im Arbeitsrecht. 1999.
- Band 11 Thorsten Schacht: Der Übereilungsschutz beim arbeitsrechtlichen Aufhebungsvertrag. Arbeitnehmerschutz bereits de lege lata? 2000.
- Band 12 Marcus Hellmann: Immobilienkauf nach spanischem Recht. 1999.
- Band 13 Nicolaus Johannes Ehinger: Die juristischen Personen des öffentlichen Rechts als herrschende Unternehmen. 2000.
- Band 14 Alexander Lentz: Das kollektive Arbeitsrecht der Republik Südafrika. Eine Untersuchung mit Bezügen zum deutschen Recht. 2000.
- Band 15 Michaela Brunssen: Der Arbeitgeberverbandswechsel. Tarifrechtliche und arbeitskampfrechtliche Konsequenzen. 2000.
- Band 16 Morten Petersenn: Das Recht des Grundstückskaufs in Südafrika. 2000.
- Band 17 Stefan Krüger: Die umwandlungsrechtliche Haftungsregelung bei der Betriebsaufspaltung und ihre Analogiefähigkeit. 2001.
- Band 18 Jürgen Kitzinger: Der GmbH-Geschäftsführer zwischen Arbeits- und Gesellschaftsrecht. Im Blickpunkt: Zuständigkeit der Arbeitsgerichte. 2001.
- Band 19 Anja Ruge: Die Lohnersatzansprüche ehemaliger Zwangsarbeiter gegen deutsche Industrieunternehmen. 2001.
- Band 20 Michael Knoll: Die Sozialauswahl im Arbeitsrecht. 2001.
- Band 21 Britta Albrecht: Mediation im Arbeitsrecht. Individualarbeitsrecht und Betriebsverfassungsrecht. 2001.
- Band 22 Annusch Barten: Das System der Arbeitnehmervertretung in Frankreich. 2001.

Band 23 Diane Westera: Der Wiedereinstellungsanspruch nach wirksamer Kündigung. 2001.

Band 24 Kristin Doerlich: Die Tariffähigkeit der Gewerkschaft. Eine Analyse der Mächtigkeitsrechtsprechung des Bundesarbeitsgerichts im Lichte neuerer Erfahrungen. 2002.

Band 25 Tina Witten: Vertragsgestaltung und Gesetzesbindung im Recht der Zeitarbeit. 2002.

Band 26 Martin Hellfeier: Die Leistungszeit im Arbeitsverhältnis. Eine Untersuchung zum Fixschuldcharakter der Arbeitspflicht und zu den Folgen ihrer Nichterfüllung. 2003.

Band 27 Almut Maulshagen: Betriebliche Arbeitskampfregelungen. 2003.

Band 28 Maren Band: Tarifkonkurrenz, Tarifpluralität und der Grundsatz der Tarifeinheit. 2003.

Band 29 Manuela Schulz: Der Bereitschaftsdienst in öffentlich-rechtlich organisierten Krankenhäusern. Eine rechtliche Bewertung. 2003.

Band 30 Felix Benedikt: Die Kürzung von Tariflöhnen zur Sanierung. Eine verfassungskonforme Auslegung des § 3 III TVG entsprechend § 626 BGB. 2003.

Band 31 Tim Kaden: Individuelle Bündnisse für Arbeit und Günstigkeitsprinzip. 2003.

Band 32 Simone Kreiling: Die Erstreckung betrieblicher und betriebsverfassungsrechtlicher Tarifnormen auf Außenseiter. 2004.

Band 33 Carsten Beck: Betriebliche Mitbestimmung und Kündigungsschutz. Die Funktionen betrieblicher Mitbestimmung im und deren Einfluß auf den Kündigungsschutz nach dem KSchG. 2004.

Band 34 Jost Eder: Die Regelungsabrede als Alternative zur Betriebsvereinbarung bei der Gestaltung materieller Arbeitsbedingungen. 2004.

Band 35 Christian Pfab: Wirkungsweise und Reichweite tarifvertraglicher Öffnungsklauseln. 2004.

Band 36 Julia Amlang: Die unternehmerische Entscheidungsfreiheit bei „betriebsbedingten Kündigungen" im europäischen Rechtsvergleich. Kündigung aus wirtschaftlichen Gründen in Deutschland, Frankreich, Spanien, Großbritannien und Schweden. 2005.

Band 37 Alida Milthaler: Das Fragerecht des Arbeitgebers nach den Vorstrafen des Bewerbers. 2006.

Band 38 Doreen Peter: Nebentätigkeiten von Arbeitnehmern. Interessenkollisionen von Arbeitgebern und Arbeitnehmern. 2006.

Band 39 Julia V. C. Bartlog: Das Verhältnis von Gesetz und Tarifvertrag. 2006.

Band 40 Michael Fuhlrott: Der geschädigte Arbeitnehmer. Zur Verfassungsmäßigkeit des Ausschlusses von Schmerzensgeld in der Unfallversicherung sowie zur Herleitung der Haftung bei Eigenschäden im Hinblick auf das Verschuldensprinzip. 2006.

Band 41 Femke Reinecke: Leistungsbestimmung des Arbeitnehmers. 2006.

Band 42 Maria M. Bausback: Der Bestandsschutz des Arbeitsverhältnisses auf europäischer und internationaler Ebene. Entwicklungen vom Mittelalter bis zur Gegenwart. Teil 1 / Teil 2. 2007.

Band 43 Jens Günther: AGB-Kontrolle von Arbeitsverträgen. Analyse der deutschen Rechtslage nach der Schuldrechtsreform und vergleichende Betrachtung des österreichischen Kontrollsystems. 2007.

Band 44 Claudiana Triskatis: Ethikrichtlinien im Arbeitsrecht. 2008.

Band 45 Annette Bruder: Die Weitergabe von Insiderinformationen durch Arbeitnehmervertreter. 2008.

Band 46 Ute Dietrich: Nichtraucherschutz am Arbeitsplatz. 2008.

Band 47 Markus Ebert: Übertragung und Zuordnung von Versorgungsverpflichtungen gegenüber Arbeitnehmern im Rahmen einer umwandlungsrechtlichen Spaltung. 2008.

Band 48 Susanne Schneider: Broad-based Black Economic Empowerment in der Republik Südafrika. 2008.

Band 49 Mandy Reichel: Die Einbeziehung des Außenseiter-Arbeitgebers in den Verbandsarbeitskampf. 2008.

Band 50 Abbo Junker (Hrsg.): Betriebsübergang in Europa. Symposion aus Anlass des 10-jährigen Bestehens der Schriften zum Arbeitsrecht und Wirtschaftsrecht am 10.10.2008 in München. 2009.

Band 51 Till Bender: Vorschläge zur Neuordnung des Sonderkündigungsschutzes nach MuSchG und SGB IX. 2009.

Band 52 Manuela Rauch: Die geschlechtsbezogene Diskriminierung am Arbeitsplatz nach kalifornischem Recht. 2009.

Band 53 Tina Luise Allenberg: Das französische règlement intérieur d'entreprise. Die Arbeitsordnung im französischen Arbeitsrecht. 2009.

Band 54 Bernd Haas: Anwaltliches Mandatsverhältnis zum Betriebsrat. 2009.

Band 55 Martin Fröhlich: Die erweiterte Weisungsbefugnis des Arbeitgebers im spanischen Recht. 2009.

Band 56 Stefanie Lorenzen: Inhaltskontrolle beim Betriebsübergang. Die Anpassung tariflicher Arbeitnehmerpflichten nach Privatisierungen. 2009.

Band 57 Oliver E. Aldea: Das französische Kündigungsrecht im Spannungsfeld von Abfindungen und Bestandsschutz. 2010.

Band 58 Wolfgang Stock: Die Einsetzung einer Transfergesellschaft. Unter besonderer Berücksichtigung betriebsverfassungs- und arbeitsförderungsrechtlicher Vorgaben. 2010.

Band 59 Claudia Hagedorn: Zulässigkeit und Grenzen von Tarifsozialplänen. 2010.

Band 60 Daniela Quink: Inhaltskontrolle von Freiwilligkeitsvorbehalten in Arbeitsverträgen. 2010.

Band 61 Kathrin Kentner: Arbeitskampfmittel der Arbeitgeber. 2010.

Band 62 Angela Nunes Fernandes Gil Wolf: Arbeitnehmereinsatz im Ausland. Das auf doppelte Arbeitsverhältnisse anwendbare Recht am Beispiel der Vertragsgestaltung eines internationalen Konzerns. 2010.

Band 63 Annemarie Berthold: Whistleblowing in der Rechtsprechung des Bundesarbeitsgerichts. 2010.

Band 64 Malte Koch: Die Beteiligung von Arbeitnehmervertretern an Aufsichtsrats- und Verwaltungsratsausschüssen einer Europäischen Aktiengesellschaft. 2011.

Band 65 Agnes Maria Kollerbaur: Die französische Arbeitsinspektion. Eine Untersuchung unter besonderer Berücksichtigung ihrer Rolle bei Kündigungen. 2011.

Band 66 Marcus Christian Leinenweber: Landesschlichtungsgesetze? 2011.

Band 67 Frederike Cathérine Gärtner: Die gesetzliche Regulierung von Bahnstreiks in Frankreich. Arbeitskampf vs. Kontinuität öffentlicher Dienstleistungen. 2011.

Band 68 Carolin van Straelen: Der Rollenkonflikt des Arbeitnehmervertreters zwischen Betriebsratsmitglied und Gewerkschaftsfunktionär. 2012.

Band 69 Anna Maria Jordan: Entgeltdiskriminierung in Frauenberufen? 2012.

Band 70 Dominic Köstner: Compliance-Richtlinien im Unternehmen. Arbeits- und datenschutzrechtliche Implementierungsaspekte. 2012.

Band 71 Michael Kobler: Fremdeinflüsse auf die tarifliche Willensbildung. 2012.

Band 72 Anne Kraas: Zulässigkeit und Grenzen der arbeitsvertraglichen Entgeltflexibilisierung. 2012.

Band 73 Melanie Amann: Die Belegschaftsabstimmung. 2012.

www.peterlang.de